本书获 2015 年贵州省
出版传媒事业发展专项资金资助

"共和国民族之魂丛书"编委会

主　任：金星华

副主任：彭晓勇　宋　健　吴建民　张超美

策　划：张超美　孟志钢

编　委：（按姓氏笔画）

乔继堂　吴建民　张超美　宋　健

金星华　孟志钢（执行）　彭晓勇

共和国
少数民族非物质文化遗产传承人传（上）

Gongheguo shaoshuminzu feiwuzhiwenhuayichan chuanchengren zhuan

金星华 ◎ 主编
乔继堂 乔盖乔 ◎ 编著

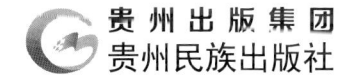

贵州出版集团
贵州民族出版社

图书在版编目（CIP）数据

共和国少数民族非物质文化遗产传承人传.上/金星华主编；乔继堂，乔盖乔编著.—贵阳：贵州民族出版社，2016.12（2020.7重印）

（共和国民族之魂丛书）

ISBN 978-7-5412-2286-3

Ⅰ.①共… Ⅱ.①金… ②乔… ③乔… Ⅲ.①少数民族—民间艺人—生平事迹—中国 Ⅳ.①K825.7

中国版本图书馆CIP数据核字（2016）第213368号

共和国民族之魂丛书
共和国少数民族非物质文化遗产传承人传（上）

主　　编：金星华
编　　著：乔继堂　乔盖乔
出版发行：贵州民族出版社
社址邮编：贵阳市观山湖区会展东路贵州出版集团大楼　　550081
电　　话：0851-86826871
传　　真：0851-86826871
印　　刷：山东龙岳文化传媒有限公司
版　　次：2016年12月第1版
印　　次：2020年7月第4次印刷
开　　本：787mm×1092mm　1/16
印　　张：26.75
字　　数：480千
定　　价：68.00元

目　录

前　言 ……………………………………………………………（1）

王安江——"歌疯子"的"古歌人生" ……………………………（1）
曹明宽——唱诵民族创世史诗的"活袍" …………………………（10）
李扎戈、李扎倮——老达保村的《牡帕密帕》"嘎木科" ………（16）
朱小和——三重身份的"摩批哈腊" ………………………………（24）
王玉芳——活在民间的"阿诗玛" …………………………………（31）
居素甫·玛玛依——堪与荷马媲美的大玛纳斯奇 …………………（38）
加·朱乃——当代传唱《江格尔》的杰出代表 ……………………（48）
黄达佳——如痴如醉的"布洛陀歌王" ……………………………（55）
郭有珍——"歌舞梅葛溢芬芳" ……………………………………（61）
李腊翁——"茶的民族"的史诗歌手 ………………………………（68）
桑　珠——《格萨尔》说唱家的"包仲"人生 ……………………（73）
哈孜木·阿勒曼——"哈萨克族'达斯坦'的活唱片" ……………（79）
彭祖秀——唱响"中国式的咏叹调" ………………………………（87）
谢庆良——刘三姐歌谣传承人 ………………………………………（93）
莫德格——"活着就是为了歌唱" …………………………………（102）
马金山——松鸣"花儿"红 …………………………………………（108）
玉素甫·托合提——"要尽最大努力把十二木卡姆传给年轻人" …（116）
雷美凤——"畲歌女王" ……………………………………………（123）
温桂元——"广西歌王""欢喜是唱歌" …………………………（129）
王妚大——会唱上千首民歌的"黎族歌后" ………………………（135）
潘萨银花——"侗乡最美女歌师" …………………………………（141）
岩瓦洛——一个富翁的"非遗"情怀 ………………………………（147）
杜秀英、杜秀兰——"故乡的歌曲我不会忘" ……………………（154）
张明星——让"山花儿"绚烂绽放 …………………………………（160）
排孜拉·依萨克江——民族歌曲"天天唱、月月唱、年年唱" …（167）

· 1 ·

胡格吉勒图——"把歌曲唱好才是王道" …………………………（172）
李汉良——钟情于民族文艺的"赤脚医生" ……………………（180）
那仁满都拉——谱写草原"安代传奇" …………………………（184）
金明春——"感觉我就是为象帽舞而生的" ……………………（191）
田仁信——首次把土家族摆手舞介绍到了全国 …………………（200）
石顺民——"我这一生都属于苗族鼓舞" ………………………（205）
王景才——从"地龙滚荆"到"滚山珠"的升华 ………………（212）
约　相——傣家"孔雀舞王" ……………………………………（220）
达珍区批——香格里拉的锅庄舞者 ………………………………（228）
阿　吾——土族於菟的世袭"拉哇" ……………………………（233）
库尔班·托合塔什——帕米尔高原的"鹰舞之王" ……………（239）
赵明华——瑶族长鼓舞王 …………………………………………（244）
月　香——传承"生命的舞蹈" …………………………………（250）
龙正福——"不管去到哪里都是我的舞台" ……………………（255）
班点义——爱鼓如命的"寨老" …………………………………（260）
高荣华——华安高山族同胞的拉手舞情结 ………………………（267）
白腊先——为振兴基诺族民间舞蹈不懈努力 ……………………（273）
杨文锦——普米族四弦乐舞传承人 ………………………………（278）
闭克坚——"一辈子都是农民，一生都在搞壮剧" ……………（284）
李福国——"傩戏一家班，技艺压三县" ………………………（292）
吴胜章——集众艺于一身的侗戏"戏师" ………………………（298）
黄朝宾——"拿起锄头就下地，穿上戏装即登台" ……………（305）
饶世光——谨记父亲的艺术传承教诲 ……………………………（311）
刀保顺——集编、演、教、研于一身的傣剧艺术家 ……………（316）
次旦多吉——"藏戏就是我的'命根子'" ……………………（321）
格桑旦增——"让勒布沟每个人都会唱门巴戏" ………………（329）
孟永香——为传承灯戏自建舞台 …………………………………（335）
李家显——"我十数折戏装了满满的一肚子" …………………（341）
劳斯尔——"幸福与快乐"的"乌力格尔"人生 ………………（348）
那音太——多才多艺的"乌钦"艺人 ……………………………（354）
吴明新——"伊玛堪"是人生的最大乐趣 ………………………（361）
莫宝凤——从"疯丫头"到"摩苏昆"传承人 …………………（368）

梁秀江——"传承八音技艺是贴钱都要做的事业" …………（374）
郭天禄——"一天不唱曲子，心里就像猫抓挠" …………（381）
连丽如——"我得为北京评书争口气" ……………………（388）
常宝霆——常派相声的"三蘑菇" ………………………（396）
玉　光——歌唱傣族历史的"娜婉" ……………………（404）

参考文献 ………………………………………………………（413）

后　记 …………………………………………………………（417）

前　言

如果说新世纪以来文化领域有什么热闹的大众话题的话，毫无疑问应该是"非物质文化遗产"。这个并非新创而充满创造力的领域，绝不仅是所谓精英的属地，而更是普罗大众的信念与实践。在这里，普罗大众才是绝对的主体，是他们的信念和实践，使人们重拾文化原本的意蕴和精彩，不仅蕴含丰富，而且精美绝伦。自然，这丰富多彩的文化的主体，我国少数民族堪称主力。于是，少数民族非物质文化遗产代表性传承人，进入人们的视野。

一

如果说20世纪世界历史进程有什么特点的话，毫无疑问可以说是"变而快"：变化之大，令人瞠目结舌；变化之快，令人目不暇接。短短一个世纪，人类走过了过去数百年、上千年的发展历程，而且变化的速度越来越快，电子信息领域的"摩尔定律"，用在20世纪人类社会发展上，似乎也不算言过其实。

变，必然意味着告别过去；变而快，似乎意味着漠视旧物。这一点，稍有世事阅历的人，必然有着深刻的体味。

不管是什么"历史轮回"还是"螺旋式上升"，反正到了20世纪末，随着工业化、城市化和全球化的普遍推进，对文化遗产的重视、对文化多元化的推崇，逐渐成为世界性的趋势。进入新世纪，伴随着各种梯度的文化自省和自觉，趋势成为潮流。

2001年，联合国教科文组织首次公布"人类口头和非物质文化遗产代表作名单"。其后，2003年和2005年又陆续公布，共达90项。2008年11月，联合国教科文组织宣布正式设立《人类非物质文化遗产代表作名录》。

2002年8月，我国文化部经过反复论证研究，向全国人大教科文卫委员会报送了《民族民间文化保护法（建议稿）》。

2003年10月，联合国教科文组织第32届大会通过了《保护非物质文化遗产公约》，于2006年4月生效。

2004年8月，我国全国人大常委会批准加入《保护非物质文化遗产公约》。在签署该条约的同时，把正在起草的《民族民间文化保护法》名称调整为《中华人民共和国非物质文化遗产法》。

2005年，文化部成立非物质文化遗产保护法立法工作小组，起草了《中华人民共和国非物质文化遗产保护法（草案送审稿）》，于2006年9月报请国务院审议。

2006年5月，国务院批准文化部确定公布第一批国家级非物质文化遗产名录518项。此后又陆续确定公布了三批国家级非物质文化遗产项目。

2009年，国务院下发了《关于加强我国非物质文化遗产保护工作的意见》等重要文件，确立了"非遗"保护工作的目标、方针和任务。

2010年6月，国务院第115次常务会议讨论通过了《中华人民共和国非物质文化遗产法（草案）》，并提请全国人民代表大会常务委员会审议。

2011年2月25日，第11届全国人大常委会第19次会议通过《中华人民共和国非物质文化遗产法》并公布，自2011年6月1日起施行。

二

进入新世纪以来，我国的非物质文化遗产保护在2004年迈出了扎实的步伐。这一年，文化部、财政部联合国家民委和中国文联，启动实施了旨在全面推动我国"非遗"保护工作的系统工程——中国民族民间文化保护工程，计划在2020年之前在我国初步建立起一个较为完备的"非遗"保护体系。2010年，第一次"非物质文化遗产普查"活动结束，针对现存"非遗"资源和"非遗"传承人进行了全面的走访调研，共召开普查座谈会7.1万余次，普查文字记录996万字，录音记录23.4万小时，拍摄图片477.4万张，汇编普查资料14.2万余册，"非遗"资源总量达97万余项。

在广泛普查的基础上，文化部门开始遴选国家级的非物质文化遗产项目。2006年5月20日，经国务院批准，文化部确定了第一批国家级非物质文化遗产项目名录518项，并予以公布。2008年6月14日，第二批国家级"非遗"项目名录510项和第一批国家级"非遗"扩展项目名录147项公布；2011年6月10日，第三批国家级"非遗"项目名录191项和国家级"非遗"扩展项目164项公布；2014年11月11日，第四批国家级"非遗"项目名录153项和扩展项目名录153项公布，并按照《中华人民共和国非物质文化遗产法》的表述，将"国家级非物质文化遗产名录"名称调整为"国家级非物质文化遗产代表性项目名录"。至此，我国的国家级非物质文化遗产代表性项目达到1372项。

文化部公布的非物质文化遗产代表性项目名录，仅仅是国家级的"非遗"项目名录。在此之外，我国各省、市、自治区也相继公布了各级非物质文化遗产项目名录，总数共达1万项之多。大部分市（地区）、县也公布了本级非物质文化遗产名录，项目数自然更为可观。由此，我国形成了国家、省、市、县四级非物质文化遗产项目名录。这在世界上可以说是洋洋大观、绝无仅有。

与确定公布代表性项目名录对应的是，国家级非物质文化遗产项目代表性传承人的遴选也相继展开，并陆续公布：2007年第一批226人，2008年第二批551人，2009年第三批711人，2012年第四批498人，共1986人。此外，全国省级非物质文化遗产代表性传承人共达9564人。

具体到我国少数民族的非物质文化遗产，首先就项目而言，少数民族国家级"非遗"共477项，占总数的34.77%。关于其统计学特征，有专家指出：一是项目类别数量相差较大，民间文学（66）、民间音乐（72）、民间舞蹈（90）、传统技艺（61）、民俗（96）数量较多，而传统戏剧（13）、曲艺（17）、传统体育、游艺与杂技（18）、民间美术（31）、传统医药（13）则较少；二是各少数民族项目数量相差悬殊，藏族68项，蒙古族45项，彝族30项，苗族27项，维吾尔族24项，土家族19项，哈萨克族14项，壮族13项，瑶族13项，朝鲜族13项，侗族12项，布依族和黎族各11项，傣族10项，其他少数民族都在10项以下，只有1项的少数民族为基诺族、保安族、仫佬族、乌孜别克族、独龙族、普米族、东乡族、塔塔尔族和高山族；三是各个省份项目数量参差不齐，多集中在西南、西北、东北及东南边疆地区，与我国少数民族的分布特征吻合。

其次，就代表性传承人而言，少数民族国家级"非遗"代表性传承人共506人，占总数的25.48%。其统计学特征，除了占全国总数比例较小之外，代表性传承人分布不均的现象比较突出，具体体现在项目、民族、性别、省份几个方面。这种现象，部分与少数民族"非遗"项目特征吻合。比如，项目多的，代表性传承人相应也多：民间文学"非遗"代表性传承人为61人，占少数民族"非遗"代表性传承人总数的12.06%；民间音乐90人，占17.79%；民间舞蹈91人，占17.98%；传统戏剧48人，占9.49%；曲艺22人，占4.35%；传统体育、游艺与杂技10人，占1.98%；民间美术40人，占7.91%；传统技艺85人，占16.80%；传统医药28人，占5.53%；民俗31人，占6.13%。项目多的省区，代表性传承人也多：西藏68人，云南63人，新疆60人，贵州60人，青海46人，内蒙古35人，湖南28人，四川20人，其他省份均在20人以下，部分省份甚至没有少数民族国家级"非遗"代表性传承人。

少数民族国家级"非遗"代表性传承人的族别数量，也与项目族别数量基本吻合：藏族122人，蒙古族50人，维吾尔族35人，苗族33人，土家族29人，回族26人，满族24人，彝族22人，侗族21人，傣族12人，其他民族均在10人以下。遗憾的是，有8个少数民族没有对应的国家级"非遗"代表性传承人，分别是怒族、门巴族、普米族、塔塔尔族、高山族、珞巴族、基诺族和独龙族。这成为本书收录部分省区级"非遗"传承人的动因，也说明"非遗"保护传承形势的急迫和严峻，以及"非遗"传承人认定和培护必须做出的改进和完善。

还需一提的是"中华非物质文化遗产传承人薪传奖"，这是由文化部"中国非物质文化遗产保护中心"主办的我国首个非物质文化遗产国家级专业奖项，旨在表彰为中华非物质文化遗产传承做出杰出贡献的各级非物质文化遗产传承人。"薪传奖"每年评选一次，每次评选杰出的非物质文化遗产传承人60名。自2012年首届评选颁奖以来，2013、2014年均曾评选颁奖。三届获奖人中，均有少数民族"非遗"传承人入选。

三

"非遗"文化热，人所共见。"热捧"固然需要，冷静思考也不能缺失；尤其是在我国非物质文化遗产保护与传承已经经过一段不算短的时间，似乎到了应该做些阶段性总结和展望的时刻。系统研究有专家在，这里且作一些片断式的感发性述说。

非物质文化遗产大多是原生态的，少数民族非物质文化遗产更其如此。"原生态"，意味着存在原本的生长环境，也就是专家学者所谓的"生境"。因此，保护和传承"非遗"，不能就"非遗"论"非遗"，同时还要保护和延续其"生境"；"生境"丧失，也就意味着"非遗"可能不再具有原生态意蕴，甚或彻底消失。《哈尼族四季生产调》唱道："屋里的种子没长嘴，种子叽里咕噜叫，种子没有娘，要去山洼找甜水做亲娘。"种子与山洼和甜水，或许就是"非遗"与其"生境"关系的生动写照，也道出了文化保护传承的真谛。工业化、城市化对"非遗""生境"的影响是人所共知的，我们固然不能阻止"化"的脚步，但也不能不长远计议、有所保留；否则，"留住乡愁"，没能留住"乡"，那留下的只能是"愁"。

国家的非物质文化遗产保护传承政策，受到了人们的普遍赞成和拥护。"非遗"名录的公布、"非遗"传承人的认定,是国家层面对非物质文化遗产的保护,这对非物质文化遗产的传承与发展起到了至关重要的作用。非物质文化遗产代表性传承人也在自己的领域努力推动非物质文化遗产的传承,如新疆曲子传承人郭天禄根据形势和民情编写了新曲子,和剧社同仁在农闲时节下乡演出,对乡村民风习俗的变化起到了积极作用。这也就说明,我们传统文化中有许多可资当代社会借鉴的元素,而且具有非常强固的影响力,一定要善加利用。

对于非物质文化遗产的传承前景,"担忧"似乎是少数民族"非遗"传承人的一个较为普遍的心理现状。面对外来强势文化的冲击,青年一代的心理大多失衡。打工他乡的习染、乡土环境的变迁、民族语言的疏离、文化老人的逝去、流行文化的进驻等种种因素,使原本应该是接棒者的青年一代,对民族民间文化越来越淡漠。仅仅依靠旅游、收藏等等,推动"非遗"的保护以及传承,显然是不现实的。这需要宏阔层面的观念转变,给多元化、本土化、原生态甚至是"旧",以一定的地位。

当然,"非遗"的保护与传承也不是不需要创新,或者说"新思维"。"俄罗斯族民居营造技艺"传承人张怀升对此深有体会,他说:"在我看来,如果不把俄罗斯族木工手艺当作谋生手段,而是当作业余兴趣(官员们也称之为'一门艺术')培养,成为一项手工技艺,年轻人一定会爱上它的。"这话,应该说不无道理。

自发与外促,原生与变革,坚守与创新,文化自觉与文化幻想——不仅"非遗"的保护与传承,传统文化的继承与发扬也总是存在着这样一些矛盾。处理好这些矛盾,会带来更大的活力。人类历史的发展,向来是充满张力的。进与滞,新与旧,创与承,土与洋……正是在一组组张力的作用下,人类历史的轨迹才总是在向着正确的方向前进。正因如此,也就不能鄙薄张力场中的每一项因素,这才算得上"王道"。

未来社会,与全球化并行不悖的(姑且不论去全球化甚至经济领域的去全球化),必然是多元化,尤其是文化的多元化。人类会像保护生物多样性一样,守护文化的多样性,守护人类不同族群的根脉,延续和体味知性生活的本真。

四

可以说,非物质文化遗产代表性传承人,是时下我国少数民族中最为耀眼、也最受关注的一个人群。由于非物质文化遗产的"非物质"和"传承"特性，这种遗产的"载体"或说"携带者"，就成为说明、展示遗产"存在"及其价值最为直截和恰切的媒介和管道。他们有着极高的曝光率和受关注度，媒体报道他们，学者研究他们，公众为他们"点赞"……自然，形诸文字的也就不在少数甚或不计其数。

这部《共和国少数民族非物质文化遗产传承人传》共两册。之所以给予比之英烈传、英豪传、文化学者传、科学家传、文学家传、艺术家传更大的篇幅，当然首先在于少数民族非物质文化遗产传承人这个群体出色的人物众多，也意在尽可能对这个群体及其所代表的文化遗产进行全面、集中的展示。不过，尽管如此，选择仍然是不可避免的。考虑因素，不外项目、民族、地域等方面的分布：同一"非遗"项目，不论涉及几个民族、多少地区，一般只选一位传承人；同一类型的相近项目，一般也只选其中一项、一人。所选自然是最具代表性的"国家级"传承人，他们占了绝大多数，同时也选了几位省、区级传承人。

四个批次的国家级"非遗"名录，项目名称并非一以贯之，而是有所调整。2012年公布的第四批，分类名称为：民间文学，传统音乐，传统舞蹈，传统戏剧，曲艺，传统体育、游艺与杂技，传统美术，传统技艺，传统医药，民俗。这应是在理论和实践不断检验的基础上确定的，可算是"定名"。这样，本集的写作也就以此作为分类的依据。

人物传记，传主生平事迹必然是写作的重点。不同的是，"非遗"传承人的"闪亮"，固然是他们个人成就所致，而"非遗"项目却也是他们不可须臾离开的"依托"。传承人与"非遗"项目是共生共荣的，因而写作中对"非遗"项目做林林总总的介绍也就成为必然，这对于了解"非遗"价值及其传承人都不无裨益。

当今中国，对非物质文化遗产的关注、追捧、研讨，热度不减，而且可以预料，这种热切的关注、倾心的追捧、悉心的研讨，还将持续下去。相应地，对少数民族非物质文化代表性传承人而言，热络的媒体报道、纷纭的专题研究，乃至联翩的传记出版，也将长期持续下去。因此，少数民族"非遗"传承人更为全面、深入的展示良可期待，我们这部传集抑或可继踵，从而塑造更为丰富多彩的"少数民族非遗传承人"群像。

王安江
——"歌疯子"的"古歌人生"

王安江（1940～2010），民间歌师，苗族古歌传承人。贵州台江人，苗族。曾任民办教师，回乡务农后，把大部分精力投入苗族古歌的收集，并整理成12部古歌。2007年成为第一批国家级非物质文化遗产项目（民间文学类）代表性传承人，2009年获"全国非物质文化遗产保护先进工作者"称号。出版有《王安江版苗族古歌》。

一、对歌失利，激发决心

1940年12月13日，王安江出生在贵州省台江县台盘乡棉花坪村。

台江县隶属贵州省黔东南苗族侗族自治州。黔东南是著名的歌舞之乡，那里无处不歌、无事不歌。而台江县素有"苗疆腹地"之称，享有"天下苗族第一县"的美誉。这里民族民间文化积淀丰厚、异彩纷呈。文化部公布的国家级非物质文化遗产名录中，台江县入选项目就有3个：苗族古歌、苗族姊妹节和反排木鼓舞。

台盘乡棉花坪村是一个美丽的苗寨，寨子北、西、南三面环山，马蹄形的台地散落着民居，整个寨子在群山的怀抱里就像一幅画。这里不仅环境优美，苗族民间文艺也十分活跃，人们的生活总是伴随着自己民族的歌唱。

王安江

王安江自年少时就喜欢苗族古歌，但是按照苗族的传统，古歌只有成年后方可拜师学习。12岁那年，王安江到姑妈家去玩，听到姑妈唱起忧郁的古歌，就学了几首，偶尔也在山上唱歌解乏。从此，他与苗族古歌结缘。

王安江是个肯学习的人，平日里重视看书学习，而且天赋聪慧。1954

王安江执着于古歌收集整理

年，14岁的王安江从台江城关翠文小学毕业，被县教育局安排到本县泗柳小学担任民办教师任教，3年后又调到其他小学去任教。

1962年，由于母亲重病卧床，又值"三年困难"时期，王安江结束了7年的民办教师生涯，与妻子杨荣美一起回家种地，挑起了生活的重担。与当地青壮年不同的是，王安江起早摸黑下地劳动，业余时间既不养斗牛、也不养鸟，而是对苗族古歌兴味有加。

然而，使王安江发奋学习、收集、传承苗族古歌，并因此深深迷恋以致"发疯"的，却是一次意外的尴尬。

正如同我国许多民族歌舞具有一定的仪式性一样，苗族古歌也多是在有关仪式和礼俗的场合演唱，而酒宴是其中最为重要的一环，婚礼上当然更不例外。

1967年苗年节，寨子里的一个男青年娶了邻近苗寨的一位姑娘。按照当地苗族婚俗，婚礼13天后男方家要组织10多人陪送新娘回门，当过民办教师的王安江成为陪送队伍中的一员。当陪送新娘的人们到新娘家喝了"拦门酒"进屋坐定后，寨上的人就带着酒菜陆续汇集到新娘家来陪客。"宴席"伊始，新娘家摆起了长条桌，把鸡头、鸭头对着男方家的来人，要他们唱歌"开席"。

谁知男方来人中没有人会唱，只好按当地的规矩出钱请人代唱。唱完开席古歌，酒席开始，男女双方的"盘歌"对唱随即开始。古歌唱法一般是主问客答或者客问主答，应对不上来就要被罚酒。男方家陪送的只有王安江稍能应付，而对方唱起深奥的古歌，他也应答不上来。一来一去，总是受罚喝酒，不到半夜，陪送新娘的男方客人就醉得东倒西歪，还被新娘寨子里的人们奚落了一番。

这种情形，在乡亲们看来有些"丢人败兴"，参与者自己也觉得"脸上无光"。这次经历深深刺痛了王安江，他心想："我还是当过老师的呐！真是丢脸！"正是这次刻骨铭心的经历，使他从此暗下决心，一定要学好古歌，成为出色的歌师。

二、拜师学歌，如醉如痴

下定决心之后，王安江随即付诸行动。婚礼之后不久，王安江就到那位新媳妇的娘家去，了解、学习苗族古歌。跟那里的歌师学了几天，王安江颇有收获，进一步增强了对古歌的兴趣，学习劲头十足。从此之后，但凡附近寨子里办红白喜事，对唱古歌的时候，他都要去"凑热闹"，聆听、记录，几乎到了如痴如醉的地步。

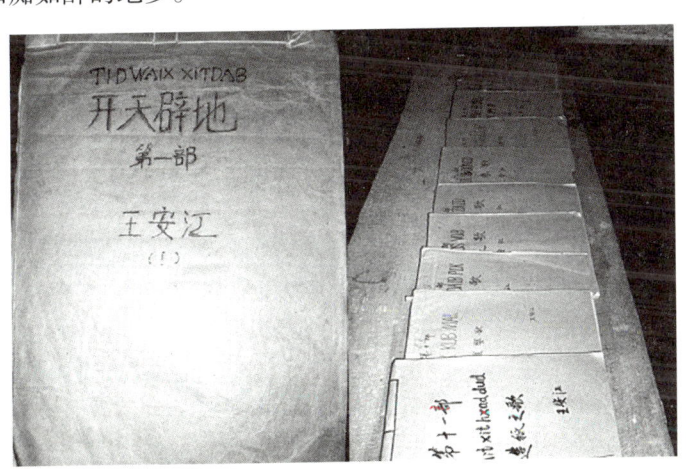

对于王安江来说，民办教师的经历意味着自己有了一定的文化素养，这对他学习古歌大有助益。经过四邻八寨的走访、学习，几年工夫下来，王安江学会了几百首古歌，成了当地小有名气的歌师，方圆几十里已经很难找出他的对手。

王安江收集整理的《苗族古歌》资料

不过，学会的越多，王安江对古歌就越是痴迷，崇敬之情就越浓厚；同时也使他认识到，苗族古歌博大精深、精妙绝伦，自己学到的不过是九牛一毛，要想学得更多更好，还要向老歌师请教。

有一年，王安江打听到凯里市凯棠乡大坪村有位叫勾塞祥（苗语译音，也作"顾沙""固沙"）的老人，精通古歌，便按当地学歌的规矩，选定吉日，带上一只鸡、一束摘糯、几条鱼和一元两角钱，前去求教。不巧的是，去了两次，老人都不在家。

不久，王安江第三次来到老歌师家，见到了正在家里编猪笼的勾塞祥老人。老人对这位"歌痴"早有耳闻，便说："你不是来学歌，而是来赛歌的。早已听说你的古歌唱得无人能比，今天我倒要看看你的本事。今天晚上咱们从天黑唱到天亮，谁是师傅才见分晓。"说完，便端出米酒摆在两人面前。王安江知道老人是在考察自己，于是先开口唱了起来：

鸭子游水塘，牯牛进斗场。我到你们寨，就听你安排。

古歌十二部，你要摆歌台，我就跟你来……

老人回唱道：

　　鸭子游水塘，牯牛进斗场。兄弟远方来，邀我摆歌台。
　　可知盘古开，运金又运银，还有《仰阿莎》……

两人你来我往，一直唱到天明，难分高下。

勾塞祥老人说："再唱下去也难分胜负。年轻人，你这样的徒弟，我想收也不敢收呀！"

从此，两人成了忘年交，老歌师传给王安江许多难得的苗族古歌。

三、牢记师嘱，"不务正业"

在学歌的过程中，王安江发现，宝贵的苗族古歌靠的是一代又一代的口头传承，这种传承方式极其脆弱。受时代的影响和外来文化的冲击，学习古歌的人越来越少。随着老歌师的相继去世，古歌也面临着失传的危险……为了克服口传的局限，不使古歌的传承出现断裂，文字记录成为必然的选择。于是，王安江产生了将所有苗族古歌记录、收集、整理，形成文本流传下去的念头。

1984年的一天，84岁高龄的勾塞祥老人托人把王安江叫到自己家，在病床上拉着他的手说："商（王安江的苗名），我怕是不行了。方圆几十里，只有你能继承我的这些东西。你一定要把苗族古歌传下去，这可是我

王安江一家三代整理古歌

们苗家人的根啊！老话说："前人不摆古，后人忘了谱。"我放不下这个心，才叫你来见最后一面啊！"接着，老人把保存心底的几首重要古歌传授给了王安江，不久就去世了。

老歌师病榻上的嘱托，使王安江深感肩上责任的重大、使命的光荣。然而，记载本民族历史的苗族古歌，随着苗族人西迁而言传口诵，从东部创作到西部，浩如汪洋大海，要把它们全面、完整、系统地收集整理起来，谈何容易！正是这光荣而艰难的使命，使王安江进入了人生"炼狱"的考验。

王安江把一家八口人的生活重担交给了妻子和大女儿，他自己除干些砍柴和犁田等重活外，余下的时间全部用在了古歌的收集整理中。他把在县里学过的苗文（苗文是20世纪50年代由语言文字工作者创编的）重新捡了起来，边学边用来记录古歌。有时整理古歌着了迷，连饭都顾不上吃，直到子女们把饭端到他的桌前，才匆匆刨上一两碗，又埋头干他的事情。家里有时连油盐都吃不上，但他还是不得不挤出点钱去买稿纸，实在买不起了，就到州、县的一些部门去讨。因此，在他后来的几箱古歌手稿中，用纸五花八门，有函头纸，有格子纸，有白纸……

那时还是大集体时代，村里的人们靠劳动挣工分分配粮食。由于劳动力少，家里屡屡出现衣食之忧，经常吃了上顿没下顿。

看着王安江"走火入魔""不务正业"，村里的好心人劝他："这玩意儿（指收集整理古歌）是'吃皇粮'拿工资的人做的事，你是个农民，何必白费功夫，让家里婆娘崽女为你饿肚皮呢？"许多家族兄弟也出来指责王安江太懒，说他为躲避农活才去搜集古歌。为此，家族兄弟有客人到来，不再请他去作陪，一些亲友也与他逐渐疏远。

妻子也多次好言相劝："商，我们家崽女多，你写的那些歌又不能当饭吃、当衣穿、当钱用，再这样下去，我们只好像别人那样讨饭度日了！"大女儿实在熬不住这种苦日子，后来瞒着父母亲，悄悄让三弟从破墙翻进屋里取了几件衣物就出嫁了。

王安江的生活充满艰辛

王安江深知家中的窘迫是因为他"不务正业"造成的，感到愧对妻子儿女。但他仍咬紧牙关说："讨饭是小事，能过则过，怕的是耽误了古歌的收集整理。"他理解妻子心中的苦，但他更放不下古歌，古歌已经成了他生命中最重要的东西。

外出搜集古歌，跋山涉水，王安江常常是一身泥巴，灰头土脸，内衣里爬着虱子回到家中。妻子见状，故意叫孩子们把他堵在门口，不让进家，想以此断了他的搜歌念头，但毫无效果。妻子无奈，只好咬紧牙关硬撑着。利用农闲，她外出到湖南、广东、北京、上海等地乞讨。有一次在上海乞讨，她因是"三无"人员，被收容了一个多月。回家之后，妻子染上了肺病，因为没钱治疗，不到两年，便撒手而去。妻子死后，大儿子因为没钱继续高中的学业，十多天后，也一气之下喝农药自尽。在短短半个月时间里先后失去妻儿，王安江痛得撕心裂肺："这都是我害了他们啊，为了这古歌！"

四、万里行程，收集古歌

起初，王安江主要是在台江县本地的村寨，向歌师学歌，搜集古歌。数年之后，台江境内的苗族古歌被他收录殆尽。他脑子中的歌越来越多，记录歌词的手稿有厚厚的一摞。

20世纪90年代初，他走出台江，开始跨县、跨省甚至跨国的搜集。而这漫漫的古歌搜集"征程"，他的角色往往是"乞丐"，而山坡荒野中的牛棚茅屋则经常是他夜宿的"客栈"；而且其间的经历，不无传奇色彩，听来又让人难忍心酸落泪。

苗族分布在我国西南数省区，按方言划分，大致可分为湘西方言区、黔东方言区、川滇黔方言区。贵州黔东南清水江流域一带是全国最大的苗族聚居区，大致包括凯里、剑河、黄平、台江、雷山、丹寨、施秉、镇远、三穗等地。

"党告坳"是传说中苗族迁入黔东南时各支系议榔分居的地方，一直是苗族人民心中的圣地。为了寻找这一圣地，更好地理解苗族古歌，王安江曾无数次寻觅，吃了不少的苦头。他先是来到榕江县，又一路探寻到雷山县、剑河县。其间，他跋山涉水，野果充饥，山泉润喉，睡牛棚、栖草堆、躲山洞，一两天吃不上饭是常有的事。

古歌给了他动力和毅力，最后，王安江终于在四县交界的剑河县九仰乡巫两寨附近找到了古歌中的"党告坳"。王安江还了解到，那里至今还保留有一块"午饭田",由当地苗胞逐户轮换耕种,收获后用于接待外来的寻幽访古、缅怀祖先的人。

在妻子、大儿子相继离世后,二儿子、四儿子一气之下也背井离乡,踏上了打工之路,还发誓永不回家;二女儿因为有一个"不务正业"的父亲而整天躲在家里不敢出门,后来经人穿针引线,在一天夜里偷偷跑出家门远嫁他乡……

面对妻离子散,王安江的行为受到了质疑:这样痴迷地搜集苗族古歌,图的是什么?图名图利吗?然而却既没有获得名,也没有捞到利。王安江的回答仍旧是那句老话:"就是为了完成勾塞祥老人的遗愿,要把苗族的古歌传承下去,不让苗族古歌失传。"

王安江在搜集古歌的路上

不过,王安江的行为也渐渐获得了人们的理解和同情。比如,一次去搜集苗族古歌,因没钱买票,王安江在火车上被列车长查票时发现了。经过询问,王安江的故事打动了列车长,列车长破例让他免费乘车。这位列车长还说:"只要你愿意,送你上北京都行。"

三儿子王赟担心年迈的父亲在接二连三的打击之下出意外,主动来安慰他,并表示要积极配合鼓励他重振家业。于是,王赟跑到广东去打工,挣得几千元钱,先后买了两头牛。谁知两头牛却先后死去,王安江父子只好向亲友借牛犁田。看到父子俩的悲惨境遇,二女儿的公公主动送来了自家的一头黄牛。

自1968年起,王安江先后到过贵州、湖南、湖北、云南、广西、江西、广东、福建等省区的苗族聚居区,以及越南、缅甸等地的600多个苗寨,行程近5万公里。34年之后的2002年,王安江62岁的时候,终于完成了苗族古歌的全部搜集工作。

五、矢志不渝，出版古歌

进入新世纪以来，随着全球化的发展，民族民间文化受到极大冲击。为了苗族古歌的传承，王安江在搜集工作告一段落之后，常常利用农闲的夜晚组织寨里的古歌爱好者聚在一起，教他们唱古歌，还鼓励他们到附近的村寨和县、乡演出。王安江说："只有畅游在古歌的海洋中，才能忘掉一切苦闷和悲伤。"

此时，王安江的另一项使命，就是整理搜集到的苗族古歌。他白天下地干农活，晚上整理古歌。经过几年的努力，王安江整理出了12部苗族古歌：《开天辟地》《耕地育枫》《跋山涉水》《运金运银》《歌唱四季》《造屋歌》《嫁女歌》《哩婴歌》《打柴歌》《造酒歌》《造纸歌》《丧事歌》，这些古歌多达76 800行，近60万字，手稿达16册、3200页，此外还有10余万字的其他研究资料。

接下来，王安江的另一个心愿，就是早日出版这些整理完成的苗族古歌。由此，王安江开始踏上又一轮的"征程"。在写信求助石沉大海之后，他干脆背着书稿到处乞求，企望有好心人赞助出版。然而，由于种种原因，好多单位爱莫能助。有的人希望出钱收购他的书稿，拿到国外出版，遭到了王安江的断然拒绝，他说："终生努力弄来的老祖宗的东西，怎么能给老外呢？不行，坚决不行！"

《王安江版苗族古歌》书影

为了解决出版经费问题，王安江没有更多的办法，唯一能做的就是乞求帮助。于是，王安江带着三儿子，背着10多公斤重的部分书稿外出，希望通过向个人和单位等乞讨，筹集经费。看到他们破衣烂衫、满身灰尘，人们大都露出怀疑的目光，认为碰上了"疯子"，因而父子俩处处碰壁。有一次在省外某市，城管队因为他们影响市容，抢过装书稿的书包，丢进燃烧的垃圾池。这让王安江极度痛苦，在恍惚中穿过铁路，他险些被火车撞到。而当他们准备搭车返乡时，在火车站被几个"混混"盯上，好不容易讨来的400多块钱被抢了个精光。

回家之后，王安江把早已誊写好的另一份手稿重新整理，又到县、州乃至省有关部门去奔走求助。由于媒体的报道，此时的王安江已经引起了舆论和社会的关注——2003年，浙江电视台采访报道了王安江的故事；2006年，王安江获得CCTV"感动中国"人物提名。与此同时，民族民间传统文化也越来越受重视。不过，出版经费一时还是没有着落。

2005年11月，王安江突然病倒了。为了治病，三儿子去妻子的娘家求援，凑了3000元，才把父亲送到县医院住院治疗。其间，县里领导到医院看望，病危中的王安江向县里提出请求，希望县里能帮助他完成出版苗族古歌的愿望，并置办一副棺材送自己回老家安然升天。谁知10多天后，王安江又奇迹般地好了。

2006年5月，苗族古歌经国务院批准被列入第一批国家级非物质文化遗产名录。

2007年6月，王安江成为第一批国家级非物质文化遗产项目（苗族古歌，民间文学类）代表性传承人。

就在这一年，成立不久的贵州大学出版社决定出版王安江收集的苗族古歌。为了出版该书，中共台江县委宣传部牵头组织县内精通苗族文化的专家，成立"王安江古歌出版筹备改稿小组"，协助王安江修改和整理手稿；中共黔东南州委黔东南州人民政府决定，拨款20万元为王安江出书。

2008年5月，《王安江版苗族古歌》由贵州大学出版社出版了。该书分上下两卷，1500多页、270万字。贵州大学出版社邀请贵州省苗学会多位专家学者，对作品进行了详细校注。

《王安江版苗族古歌》一书出版后，王安江带着新书来到老歌师勾塞祥的坟前，焚香奠酒，汇报自己已经完成了师傅的心愿。

2009年6月，国家人力资源和社会保障部、文化部授予王安江"全国非物质文化遗产保护先进工作者"称号。

2010年5月，《王安江版苗族古歌》荣获第四届贵州省人民政府文艺奖；作为搜集整理者，王安江获得了人民币5万元的奖励。

2010年6月25日，王安江因病去世，走完了可歌可泣的人生，终年70岁。

曹明宽
——唱诵民族创世史诗的"活袍"

曹明宽（1943～），民间艺人，《遮帕麻和遮咪麻》传承人。云南梁河人，阿昌族。受家庭影响，少年时代开始学习阿昌族祭祀习俗与仪轨，36岁时袭职成为宗教祭祀活动主持者"活袍"，从事相关活动至今，并积极推进民族语言的教学和创世史诗的传承。2007年成为第一批国家级非物质文化遗产项目（《遮帕麻和遮咪麻》，民间文学类）代表性传承人。

一、活袍世家的第三代"活袍"

1943年，曹明宽出生在今云南省德宏傣族景颇族自治州梁河县九保镇小龙塘村的一户阿昌族家庭。

阿昌族是云南特有的人口较少民族，约有3万人，主要聚居在云南省德宏自治州梁河县九保、囊宋和陇川县户撒三个阿昌族乡镇，部分分布在德宏自治州的潞西、保山市的腾冲和龙陵县以及大理白族自治州的云龙县。

小龙塘村距离梁河县城大约有10公里，位于伸向山谷的山腰上，周围林木繁茂，山顶云雾缭绕，以山寨为界，上下景观泾渭分明。从山寨往下到山脚的坝区是开垦的梯田，层次分明地种植着各种农作物。寨子里的房屋都建在一起，背山朝阳，一派山寨风光。

曹明宽小学只读到三年级，辍学后即居家务农。18岁时结婚，很快就有了一个又一个孩子。不过，这平平淡淡的生活中也不乏波澜，而且冥冥中好像注定了什么。

曹明宽

12岁以前，曹明宽生活得无忧无虑。也就是在12岁那年，受家庭环境的影响，他开始学习阿昌族的民俗礼仪。之后，一切都变得不那么太平：小病不断，莫名其妙地发烧，有时浑身乏力、昏睡不醒。奇怪的是，随着时间的推移，他好像具备了某些"通神"的能力。

对于这一段经历，成名后的曹明宽回忆说："我小的时候身体不好，没有力气，更不能干体力劳动。我父母带我四处看病，花费了很多钱，都没有效果。村里的人看我面黄肌瘦，都说我长得像只小猫，肯定活不过16岁。但有一次，附近乡里的算命先生说我以后会成为活袍。"

当时，曹明宽并不相信这些说法。36岁那年，曹明宽生了一场大病，茶饭不思，身体虚弱。去医院检查，各项指标全都正常。家人想到早年算命先生的预言，请来两位活袍，按照传统，为他举行了开光仪式。于是，曹明宽成了新一代活袍。

阿昌族的"活袍"被认为是民族创世神的使者，先神让他来护佑子孙的安康和幸福，完成驱邪治病、主持祭祀的使命。除了民族传统节日阿露窝罗节，日常生活中的婚丧嫁娶、新房开门、庙宇落成、献鬼送亡、年节祭祀等仪式，都要邀请活袍主持或参与。因此，活袍在阿昌族社会文化的传承延续中发挥了极其重要的作用。

其实，曹明宽家可谓活袍世家，他的高祖曹自选就是小龙塘的第一代活袍，祖父曹连定则是第二代活袍。阿昌族的活袍是隔代家传的。在曹明宽还没出生的时候，爷爷就去世了，他从父亲口中了解到爷爷是一位活袍。爷爷去世的时候，留了几件祭祀用的法器，曹明宽小的时候在一个箱子里发现了，拿出来玩耍，父亲看见急忙一把抢过去，说这是爷爷的遗物，用来祭祀，不能乱碰。当时，曹明宽说："这个留给我吧，也许以后我会用得着。"谁知，他还真的用着了。

阿昌族活袍的产生途径分为阳传和阴传两种：阳传指由前辈活袍指导教授而成，经过长期的学习逐渐成为能够主持宗教活动的经师，举行宗教活动之时，没有神灵附体的现象；阴传一般指通过长期患病或做梦等特殊渠道获得神授，经过正式的"出马"仪式，获得族内认可的活袍地位。在阿昌族人的观念中，阴传活袍为祖师真传，获得神灵辅助，因此更受人们的认可和礼遇。曹明宽就属于阴传的活袍。

二、"活化石"——《遮帕麻和遮咪麻》

阿昌族的创世神是遮帕麻和遮咪麻，记述他们神话故事的作品就是《遮帕麻和遮咪麻》，而"活袍"在阿昌族祭祀等活动中唱诵的就是《遮帕麻和遮咪麻》，这部作品也正是通过"活袍"的口传心授才能世代相传至今。

《遮帕麻和遮咪麻》是阿昌族的创世神话史诗。诗中的神话，讲述了阿昌族始祖遮帕麻和遮咪麻创世的故事，包括造天造地、制服洪荒、创造人类，以及智斗邪魔腊訇而使宇宙恢复和平景象的过程。遮帕麻和遮咪麻不仅是阿昌族最受崇拜的至尊善神，而且也是所有寻常人家的护佑之神和阿昌族祭祀活动的主掌之神。

作为一部叙述创世神话的长诗，《遮帕麻和遮咪麻》形象地反映了人类从母权制向父权制过渡的状况。故事中的盐婆神话是古代西南民族游牧文化的一块"活化石"。《遮帕麻和遮咪麻》是阿昌族文化发展的一座丰碑，阿昌族将其称为"我们民族的歌"。2006年5月，《遮帕麻和遮咪麻》经国务院批准列入第一批国家级非物质文化遗产名录（民间文学类）。

《遮帕麻和遮咪麻》在阿昌族的社会生活和信仰活动中具有不可替代的作用。阿昌族的宗教及民俗活动中，要唱诵全部的《遮帕麻和遮咪麻》。老百姓在建房、迎候亲戚、娶亲迎候媒人时，要边歌边舞"跳窝罗"。开头的唱词为"盘家谱"，首先唱诵的就是阿昌族始祖遮帕麻和遮咪麻创造了人类，使族人得以联姻并繁衍传承。

最全面展示《遮帕麻和遮咪麻》内容及其相关形式的，是阿昌族的传统节日。这个节日，在梁河、潞西、腾冲、龙陵、云龙等阿昌族地区叫"窝罗节"，在陇川县户撒、腊撒地区叫"阿露节"。它们是根据两个传说故事形成的节日，其内容均与史诗《遮帕麻和遮咪麻》有关。为了弘扬阿昌族文化，在广泛征求阿昌族广大干部群众意见的基础上，1993年5月，德宏自治州人

阿昌族创世史诗中的两位主人公

大会议决定将阿昌族节日名称统一为"阿露窝罗节",在每年公历3月20日左右举行,节期为两天。从此,"阿露窝罗节"成为阿昌族的法定节日,并被赋予了庆贺民族团结、欢庆丰收、祝福美好生活等新的含义。

阿露窝罗节期间,有一项流传已久的宗教仪式,就是祭祀天公"遮帕麻"和地母"遮咪麻"。届时,要在宽阔的舞场上竖立砍来的神树,围着神树搭建神台,神树顶端挂上大弓,弓箭直指苍天,象征着遮帕麻用它来射落魔王腊訇制造的假太阳。过节时,阿昌族男女老少都穿上鲜艳的民族盛装,翻山越岭,汇集到舞场。先由"活袍"在神台前焚香唱诵古老的祭词(即创世史诗《遮帕麻和遮咪麻》),赞颂人类始祖的大恩大德。接着狮子和大象舞队,一齐参拜神座,向创世始祖致敬。之后,村民蘸着泉水,围着神台唱歌跳舞,表示对祖先深深的谢意。节日期间,相距不远村寨的人们互相参拜神台,舞狮队和舞象队也可以到各村表示祝贺。青年男女则进行对歌,并用山花和树叶蘸着清水互相挥洒,表示祝福。

三、"他就是曹先生,唱得真好听"

每年州、县举办阿露窝罗节,曹明宽都会受邀参加开幕仪式,并唱诵《遮帕麻与遮咪麻》。曹明宽熟悉祭祀活动程序和仪式,精通《遮帕麻和遮咪麻》,对其内涵也有深入的领会。他主持仪式庄重虔诚,唱诵详细周全,而且热心助人,因而影响较大,成为阿昌族人公认、敬重的"活袍"。曹明宽曾经对采访者说有一年参加县里的阿露窝罗节,当他正在唱《遮帕麻与遮咪麻》时,听到旁边的几位观众用阿昌语说:"他就是曹先生,唱得真好听。"

除了阿露窝罗节,在村民起房盖屋、娶亲嫁女的"盘家谱"仪式中,

"活袍"曹明宽

都能听到曹明宽唱诵《遮帕麻和遮咪麻》的创世段落。而平时在家里,曹明宽是不唱《遮帕麻与遮咪麻》的。"《遮帕麻与遮咪麻》在家里我是不会唱的,因为《遮帕麻与遮咪麻》是神圣的,需要在隆重的日子,穿上大

褂，拿起锦鸡毛和扇子，我才能唱出。这是对祖先的敬畏。"

曹明宽参加的祭祀活动，主要是喜事时为别人祈福，丧葬时念经发送亡灵。他能用阿昌语、汉语、傣语、景颇语主持祭祀活动，祈求安康，因而周边的村寨乃至邻县都不断有人请他去主持祭祀活动。

曹明宽每次主持祭祀活动，都会获得一点报酬，但只是象征性的，他家的经济来源主要是饲养家畜和种地。"做一次祭祀活动，他们会给30元左右，每年有30场左右，但我不嫌少，只要能帮助到别人，我就满意了。"

对于曹明宽的敬业精神和为人之道，阿昌族村民有口皆碑。村民曹金旺就曾对前来进行田野调查的学者说："曹先生为人很好，乐于助人，在村里大家只要遇到他都会亲切地喊一声'曹先生'，阿昌族村的红白喜事，都会请曹先生来主持祈福。去年（2012年）我家老人去世，就请了曹先生来帮助发送老人，要唱诵两天，晚上也要唱诵，等老人下葬以后，曹先生的工作才结束。"

四、"让阿昌文化传承下去是我最大的心愿"

《遮帕麻与遮咪麻》主要流传在云南省德宏傣族景颇族自治州梁河县阿昌族群众中，以唱诗和口头白话两种形式传承至今。50年前，《遮帕麻和遮咪麻》的故事家喻户晓，阿昌族男女老少都会口头讲述。如今，由于懂阿昌古语的人越来越少，能说唱史诗的"活袍"越来越少，硕果仅存，古老的民族创世神话正濒临消亡的危险。

尽管《遮帕麻和遮咪麻》2006年已经列入第一批国家级非物质文化遗产名录，越来越受到社会各界的重视，但曹明宽对其传承还是不无担心。2007年6月，曹明宽成为第一批国家级非物质文化遗产项目（《遮帕麻和遮咪麻》，民间文学类）代表性传承人。这使他觉得肩上的担子更重了。

《遮帕麻和遮咪麻》的主要功能是"宗教颂词"，而如今，宗教文化很少被当代年轻人从心理上真正认可。曹明宽说："现在的阿昌族的年轻人只知道'崇洋媚外'。在我年轻的时候，大伙可都是争着学《遮帕麻和遮咪麻》，而且大伙都不图什么经济，图的就是热爱本民族的文化。"对于《遮帕麻和遮咪麻》会后继无人，曹明宽很是担忧。

2010年，为了做好《遮帕麻和遮咪麻》的传承工作，梁河县鼓励曹明宽培养《遮帕麻和遮咪麻》的传承人，要求高中以上文化程度。鉴于很少人愿意学习，曹明宽无奈报了孙子的名，让孙子跟着参加了几次阿露窝罗节，对仪轨程式有一定的了解。现在，曹明宽出去做祭祀活动时，都会带着孙子。

曹明宽说:"其实我也不想这样,虽然祖上说是隔代家传,但我希望能传给更多的人,可至今都没有人学会,有的是听不懂,有的是怕吃苦,来学一两天就走了。这全靠对阿昌族文化的爱好和坚韧的毅力。以前有个高中毕业的青年来拜我为师,我看他有点天赋就收他为徒,可学了三天他就不愿意了,一是《遮帕麻和遮咪麻》太长记不住,二是这个徒弟认为学这个没有经济收入。"

2012年以来,曹明宽多次参加了县文化馆举办的非物质文化遗产宣传活动,协助文化馆举办阿昌语培训班两期,培训人员30人,并通过开展相关传承活动,使阿昌族中的年轻

曹明宽进京领取"非遗"传承人证书

人逐步了解到本民族有这么一部文化艺术价值较高的史诗,也为曹明宽拓宽了收徒渠道。在受邀参加主持祭祀活动以外,曹明宽还热衷于传播本民族语言和文化。在农闲以及节庆活动期间,他都会和本民族同胞坐在一起,交流阿昌语。

"会说阿昌话的人越来越少,特别是年轻人会说的更少了。为了能激发他们学习阿昌话,我就不断地跟他们说阿昌话,管他们听懂听不懂。还教他们简单用语,比如鸡怎么说,杯子怎么说。"

此外,曹明宽和村里的其他几个村民还组成了一支文化队,农闲时节,大家都会到村里的广场进行排练。对此,曹明宽颇感欣慰:"氛围很好,大家都愿意参加,只是经费不足,买服装、乐器是用我的传承经费支付。能让阿昌族文化传承下去,就是我最大的心愿。"

李扎戈、李扎倮
——老达保村的《牡帕密帕》"嘎木科"

李扎戈（1940～）、李扎倮（1943～），民间歌舞艺人，《牡帕密帕》传承人。云南澜沧人，拉祜族。他们出身于歌舞世家，从少年时代起学习民族讲唱史诗《牡帕密帕》和民族舞蹈芦笙舞，从而成为极少数能够完整熟练讲唱全本《牡帕密帕》的民间艺人，并因熟悉掌握和编创芦笙舞而获得"芦笙舞王子"的美誉。2007年成为第一批国家级非物质文化遗产项目（民间文学类）代表性传承人。

一、出生在老达保村的歌舞世家

李扎戈

1940年，李扎戈出生在云南省思茅市（今普洱市）澜沧县酒井乡的老达保村。1943年，弟弟李扎倮出生。

李家兄弟出生在一个歌舞世家，他们的前辈已经有数代歌舞传承的历史，他们的晚辈中也有人因为歌舞创作和演出而享誉全国。这些，均与他们自己民族的民间文艺密切相关，而老达保村正可谓拉祜族民间文艺的璀璨窗口。

澜沧拉祜族自治县是拉祜族最大的聚居区，拉祜族人口近20万。老达保村隶属酒井乡勐根行政村，全寨114户、472人（2012年数据），几乎全是拉祜族。走进老达保村，拉祜族文化的特征物象便映入眼帘：竹编、织布、农具、陀螺、芦笙，还有古朴的干栏式拉祜掌楼。根据拉祜族史诗《牡帕密帕》的记载，拉祜族祖先诞生在葫芦之中，因此在老达保村，不管是建筑、服饰还是乐器，都能看到葫芦造型。

老达保村的拉祜歌舞具有广泛的传统性和群众性，他们人人能歌、个个善舞，是男人就会吹芦笙、会跳芦笙舞，是女人就会跳摆舞（当然还有吉他弹唱）。老达保拉祜族人的能歌善舞，靠的是父母长辈常年的言传身教，靠的是拉祜族人对自己民族传统文化艺术的热爱（以及对外来优秀文化艺术的吸收），年轻人常年耳濡目染、悉心学习，遂一代一代相传至今。如今，老达保村每个家庭可以有两人以上参加歌舞表演。

2005年春节期间，老达保村20位拉祜族人——包括李扎倮，应邀到中央电视台参与录制"魅力十二·芦笙恋歌"节目，拉祜族村民向全国乃至世界展现了他们的原生态音乐歌舞，令人惊艳。很快，歌舞艺术魅力就成为拉祜族文化的靓丽名片，老达保村也成为澜沧县旅游文化产业项目光彩夺目的聚焦点。

由于村民崇尚歌舞，乐于研习传统文化，闲暇之余常聚在一起，男女老少在念白、领唱、跟唱、合唱、轮

李扎倮

唱以及芦笙舞和摆舞的欢乐中陶冶情操，数十年中，老达保村村民家庭美满、社会和谐，赌博、偷盗、斗殴等不良现象已经绝迹。

2006年，老达保村被列为第一批国家级非物质文化遗产传承基地。2012年，在全国第四届新农村电视艺术节"魅力新农村"十佳乡村评选中，老达保村在100个初评推介入围乡村中脱颖而出，获得了"魅力新农村·十佳乡村"的荣誉称号。

李家兄弟是所在歌舞世家的第五代传人。兄弟几人中，李扎戈、李扎倮是第一批国家级非物质文化遗产项目代表性传承人。他们的兄长李扎拉是村里的牧师，虽然不以歌唱知名，但并非不通此道。有一次记者采访两位弟弟，问他们除《牡帕密帕》还会不会唱其他拉祜族歌曲，这时候，一直坐在角落的李扎拉突然站了起来，说了几句话，之后就唱起了拉祜族欢迎客人的歌曲，声音洪亮，十分动人。

李扎戈、李扎倮兄弟都是13岁时开始学习拉祜族歌舞的，他们一边学习民族史诗《牡帕密帕》，一边学习民族舞蹈芦笙舞的传统动作和套路。每当有老人讲述拉祜族的传统故事、民歌时，他们都专心听学，从不放弃。有重大节日或祭祀活动，他们都跟随师傅参加，悉心学习。经过10多

年的学习，他们掌握了芦笙舞的技巧，并且具备了编舞的能力；学会了《牡帕密帕》的讲唱，并且成为极少数能够完整讲唱这部史诗的艺人。

二、《牡帕密帕》"嘎木科"

《牡帕密帕》是拉祜族民间流传最广的一部长篇诗体创世神话，广泛流传在云南澜沧、孟连、双江、勐海等地的拉祜族民间，尤以澜沧县境内最为突出。全诗共2300行（一说2700行），12 000多字（因翻译整理而有所不同）。《牡帕密帕》是拉祜族人民传承历史悠久的口传文学精品，也是中华民族文化的宝贵财富。

"牡帕密帕"是拉祜语译音，意为"造天造地"（牡、密分别是天、地的意思）。内容叙述造天地日月、造万物和人类以及人类初始阶段的生存状况等。《牡帕密帕》流传有不同的版本，其中新近整理的一种由17章组成："造天造地""造太阳月亮""分季节""造湖水海水""造万物""种葫芦""扎笛和娜笛""第一代人""取火""打猎分族""造农具""盖房子""农耕生产""过年过节""种棉花""结亲缘""药"。

尽管各地流传的篇目名称不尽相同，但史诗的内容大同小异，都包括以下几个方面：远古时，宇宙一片混沌，天地未分，天神厄莎先后创造了天地万物，并种下葫芦，从中走出了"扎笛""娜笛"兄妹；兄妹二人在荒凉的大地上过着采集、狩猎生活，后来在厄莎的干预下结为夫妇，其子女遂分别繁衍为拉祜族、佤族、哈尼族、傣族、布朗族、彝族、汉族等；厄莎又叫来狗、猪、牛、虎等12种动物帮助娜笛喂养孩子，孩子长大后便以12种动物命名；拉祜族从狩猎采集生活逐步发展到了农耕生活。

拉祜族史诗《牡帕密帕》书影

《牡帕密帕》由"嘎木科"（会唱诗的人）和"魔巴"（宗教活动主持者）主唱，也可有多人伴唱或多人轮唱。歌词通俗简练，格律比较固定，对偶句居多。曲调优美动听，调式因地域不同而有差异，演唱以字行腔，有说唱的特点。《牡帕密帕》在拉祜族的传统节日、宗教活动、婚丧嫁娶或农闲期间说唱，唱者声情并茂，听者如痴如醉，说唱往往通宵达旦，参加者无不兴致盎然。

2006年5月，《牡帕密帕》入选第一批国家级非物质文化遗产名录（民间文学类）。2007年6月，文化部公布了非物质文化遗产项目《牡帕密帕》的两位代表性传承人，他们正是李扎戈和李扎倮兄弟。

据李家兄弟说，《牡帕密帕》三天三夜也唱不完，如果全唱的话，甚至七天七夜也唱不完。因此，《牡帕密帕》一般是分事项、场合选择相应内容来唱，比如结婚就唱结婚那段，盖房子、割谷子、吃新米、过节也唱相应的段落，各种情形都有对应的段落，所有的时候都可以唱。李扎戈兄弟在接受采访时，淋漓尽致地展示了这种"都有对应""都可以唱"的特点。记者问当天的葫芦节应该唱什么，两位老人立刻唱了起来：

> 天神厄莎创造天地之后，在菜园子里种了一个葫芦，人类的祖先扎笛、娜笛就是从葫芦里走出来的。

记者问有没有迎客的歌，两位老人又唱起来：

> 五湖四海的人来我们老达保做客，我们非常高兴，希望你们能常来我们这个美丽的山乡，也希望我们能给您留下美好的印象。

记者问《牡帕密帕》里有没有情歌，这次又有妇女参加进来，一起对唱：

> 男：唱给你，我的小姑娘，我对你心生情愫，我很仰慕你。
> 女：拉祜的小伙子，我也喜欢你，我们一起唱情歌，我们一起到

大型拉祜族歌舞史诗《牡帕密帕》剧照

田里边种地。

　　男：我从妈妈的肚子里出来到长大，从来就没有见过你；长大之后虽说吃一口井里的水，但还是没有见过你。去地里干农活的时候，才终于见到你，见到之后我便爱上了你。

　　女：小伙子我也从没见过你，你去放牛、种地，我看见之后也爱上了你，我们相约一起到地里去，放牛、种地。

　　除了《牡帕密帕》，李扎戈、李扎倮兄弟还能完整唱完拉祜族迁徙史诗《根古》，以及其他仪式性的歌调，如喜调、丧调、叫魂歌等。

三、芦笙舞"嘎叩八"

　　在民族民间艺术中，歌舞是一对姐妹花，它们往往相生相伴。拉祜族史诗《牡帕密帕》就是和芦笙舞边唱边跳、一起进行的。

　　芦笙舞与拉祜族的神话传说密切相关。《牡帕密帕》传说，天神厄莎创造天地日月之后，又创造了孕育人类的葫芦籽，葫芦成熟，小米雀和老鼠共同啄开葫芦，始祖扎笛和娜笛从葫芦里出来繁衍了人类。从此有了拉祜族。葫芦是拉祜族的吉祥物。传统上，拉祜族成年男子出门，身上至少带有三个葫芦：一个装水或酒，一个装火药，一个葫芦笙。1992年，澜沧拉祜族自治县政府确定葫芦节（拉祜语"阿朋阿龙尼"）为拉祜族全民的节日。

　　拉祜族人离不开芦笙，男孩从七八岁就开始学吹芦笙。拉祜族芦笙舞是传统的自娱自乐性的舞蹈，芦笙在芦笙舞中起伴奏和导舞的作用。吹笙者边吹边跳，参加者围成一圈或几圈，合着芦笙的节拍起舞，依芦笙曲调的变化而变换舞蹈动作，欢快热烈，喜庆吉祥。民谚"谷子黄，拉祜欢，山山岭岭芦笙狂"，民歌"芦笙吹响跳起来，舒心的歌儿唱起来"，就是拉祜族芦笙歌舞盛况的真实写照。

　　20世纪中叶，曾有一部非常著名的电影《芦笙恋歌》，讲的就是拉祜族人民反抗反动统治和压迫的故事。以芦笙为题，可见其在影片中的象征作用；它的插曲《婚誓》取用的也正是拉祜族民歌的旋律。2008年，拉祜族芦笙舞列入第二批国家级非物质文化遗产名录（传统舞蹈类）。

　　李家兄弟从小就喜爱本民族的传统歌舞艺术，13岁时，他们在学习《牡帕密帕》的同时，也跟随本寨芦笙舞师傅开始学习芦笙舞传统动作和套路。兄弟俩不仅学会了传统的动作和套路，并且以之为基础，创编了新的舞蹈。现在，他们掌握的芦笙舞有100多套，还创编了一些新的模拟动物习性和表现生产生活的舞蹈套路。模拟动物的有青蛙舞、老鹰舞、小鸟

拉祜族芦笙舞

舞、鸭子舞、猴子舞、黄鼠狼舞、鱼翻身舞；表现田野生产的有选地、磨刀、铲地、扒草、犁地、撒谷子、打谷子、背谷子等，还有捉鱼舞、纺线舞、织布舞、织包舞、摘果子舞等；表现生活的有煮饭、抽烟、喝茶；表现情绪的有高兴舞等。

李扎戈、李扎倮兄弟的芦笙舞，动作生动活泼，洒脱流畅，而且富于创造，具有很高的观赏性和艺术性。他们各有自己的风格，同时又都享有"嘎叩八"（跳舞王子）的美誉。李扎戈2002年曾在"第三届中国昆明国际旅游节澜沧拉祜族文化节"开幕式上表演芦笙舞，他跳的芦笙舞已收入《中国民族民间舞蹈集成·云南卷》；李扎倮于2005年曾在中央电视台《魅力十二》栏目中表演芦笙舞，2006年在思茅市首届民族艺术节中演唱《牡帕密帕》并表演芦笙舞。

四、民族歌舞代有传人

李扎戈、李扎倮曾经告诉记者，他们从13岁（一说14或15岁）开始学习《牡帕密帕》，28岁基本能把《牡帕密帕》唱完，35岁左右（李扎倮说是40岁）能熟练唱完整部《牡帕密帕》。演唱《牡帕密帕》要用拉祜古语，主要依靠的是老辈人口口相传，没有特定的稿子。学唱《牡帕密帕》要从学拉祜古语开始，再加上《牡帕密帕》是一首长诗，所以学习起来颇为不易。

现在，由于受现代文化的冲击，《牡帕密帕》的传承已经成为突出的问题。目前，澜沧县内能完整演唱整部史诗的没有几个人。为了使这部拉祜族的百科全书能代代相传，李扎戈、李扎倮兄弟不仅向家人，也陆续对外开始收徒，传授《牡帕密帕》的演唱方法和内容。徒弟起先主要是来自邻近村寨的年轻人，后来在政府的帮助下，收徒范围扩大。如今，他们已经有近50名徒弟出师，掌握了基本的演唱技巧和内容。

面对非物质文化遗产传承蓬勃向上的形势，李扎倮欣喜地说："如今，人们已经意识到民族文化的重要，所以很多年轻的拉祜族人愿意来学《牡帕密帕》。"

《牡帕密帕》讲唱是拉祜族最主要的民间音乐艺术，而拉祜族的传统音乐不止于此。在老达保村，拉祜族传统音乐可以分为两大部分。第一类为本土传统类，有叙事歌、山歌、情歌、儿歌、习俗歌等。第二类为外来式民间音乐。20世纪初，基督教传入澜沧县的部分拉祜族地区，多声部演唱《赞美诗》之类的歌曲亦随之传入。老达保拉祜人接受基督教后，学会了多声部演唱的教堂音乐。

基督教音乐传入之后，老达保村拉祜族人不但用拉祜语演唱《赞美诗》之类的歌曲，还利用这种多声部乐曲，填上新词，用拉祜语表现本民族的生产劳动和日常生活；乐器除芦笙外，吉他开始流行，寨子里80%的人会弹吉他。据说曾有县里的干部到老达保村调研拉祜族文化，进村时恰好碰见一名拉祜族妇女背着猪草往家走，便问她是否会弹吉他。这位妇女

孩子们也爱上了芦笙舞

话不多说，放下背篓回到屋里抱出吉他，坐在屋前就弹唱了起来。

传统音乐与外来音乐的融合形成的新音乐，具有鲜明的民族特色和地域特征。村民们创作的新歌曲有100多首，《快乐拉祜》《实在舍不得》《真心爱你》《相聚在今天》《新年在一起》等歌曲脍炙人口，广为传唱。村民还自发组建了多个艺术团体、组合，多次受邀赴北京、上海、广州、浙江、广西、湖南等地以及日本演出，国家大剧院、上海大剧院、杭州大剧院等都留下了他们的歌声。这些团体和组合还参加了中国原生态民歌大赛、中国原生态民歌展演等一系列文化活动。

拉祜族"非遗"传承讲座

老达保村拉祜族人的歌舞，都是在业余时间学习的。李家兄弟当年如此，现在仍然是这样。他们白天放牛、种地、栽谷子、种玉米、种甘蔗、采茶叶，晚上在村里的广场上排练。家里、场坝、田野，都是他们练习和歌唱的场所。

如今引领拉祜族原生态音乐潮流的，是李扎戈和李扎倮孙辈的李娜倮，她是这个家族关于《牡帕密帕》的第七代传人。她的一曲《快乐拉祜》唱响了国内，也唱向了海外，让更多的人了解和欣赏到了拉祜族原生态的歌舞艺术。

朱小和
——三重身份的"摩批哈腊"

朱小和（1940～），民族音乐师，《哈尼四季生产调》传承人。云南红河元阳人，哈尼族。他具有农民、铁匠和"摩批"（祭司）三重身份，自幼学习哈尼族古歌及"摩批"技艺，逐渐成长为"摩批哈腊"（摩批中的老虎）。2007 年成为第一批国家级非物质文化遗产项目（民间文学类）代表性传承人。唱诵作品有《窝果策尼果》《哈尼阿培聪坡坡》等。

一、出生在"哈尼梯田"的故乡

朱小和

1940 年，朱小和出生在今云南省红河哈尼族彝族自治州元阳县攀枝花乡硐蒲村的一个哈尼族家庭。

众所周知，元阳是被誉为世界自然和文化双遗产的云南红河"哈尼梯田"最为集中的地区，同时也可以说，正是哈尼梯田孕育了哈尼族古歌《哈尼四季生产调》，而哈尼族古歌的传承人则是一些成为"摩批"的人。

"摩批"（也作"莫批"等）是哈尼族祭司，同时也是哈尼族文化的传承人。哈尼族历史上没有自己的文字，民族文化的传承依赖于口耳相传、言传身教，而"摩批"则是其中坚力量。他们能够唱诵古歌、背诵父子连名家谱，懂得各种宗教祭祀活动以及民间医术等。在哈尼族社会中，"摩批"是举足轻重、不可或缺的人物，具有较高的威望和地位。哈尼族传统上把"摩批"与头人、工匠同等看待，视为三种能人。他们认为没有这三种人，社会就不能发展，人们就无法安居乐业。即使今天，"摩批"在维护社会和谐、传承传统文化方面也发挥着极为重要的作用。

朱小和一家曾是当地著名的"摩批"世家。他的爷爷和大伯都是"摩批"，尤其是大伯，曾经是外江十八土司之一——勐弄土司署中专司重大节祭和背诵家谱的"大摩批"（专职祭司），因为学识渊博，为各地"摩批"所钦服。

出生于"摩批"世家的朱小和，受家庭环境影响，自幼就受到了哈尼族民间文化的熏陶，并对其产生了浓厚兴趣。由于父母早逝，小时候朱小和与爷爷一起生活，经常跟随爷爷在梯田里和火塘边学唱哈尼族古歌。大伯家几个男孩天资有限，在族人的商议下，小小的朱小和被定为家族"摩批"的传人。从8岁起，他就跟着伯父走村串寨，参加各种祭祀活动。

"摩批"名号通过神授、家族世袭和师承三种途径获得，师承的方式较为正式、普遍，也最具有代表性。而朱小和成为"摩批"，既有家族的沿传，也有师承的学习。12岁那年，经过族人的推荐，朱小和正式跟随爷爷和大伯学习"摩批"知识和技艺。

14岁的时候，朱小和又学起了打铁，很快学成了一手精湛的打铁技术，能够打造出漂亮的匕首、砍刀、火枪以及锄、锤等生产生活用具。

1954年，为了全面巩固和提高哈尼族古歌技艺，朱小和拜元阳县胜村乡高城村的普科罗为师，并在此基础上不断自学。火塘边、铁炉旁，都成了他练习"哈八惹"的地方。

二、三重身份的"摩批"

20世纪50年代，"摩批"知识被当作"四旧"禁止传播，"摩批"也因此受到人们的歧视。不过，爷爷与大伯坚持认为，哈尼族文化不能丢。这样，朱小和只能在夜深人静或在下雨农闲时，偷偷躲到田棚里，跟爷爷和大伯学习。

朱小和没有读过书，不识字，学习古歌全凭口授心记、反复吟唱。由于具有超强的记忆力，只要听过两遍的哈尼族古歌，他就能够演唱。凭着出众的天赋和刻苦学习、勤奋练习，朱小和用较短的时间就把整套"摩批"知识学了下来。

不过，因为"摩批"这个身份，朱小和年轻时候吃过不少苦。由于"摩批"文化被当作"四旧"，"摩批"受歧视，在同龄人纷纷成家立业时，朱小和却在为找媳妇而犯愁——当时，几乎没有哪家的姑娘愿意嫁给一个"摩批"。朱小和20岁那年,在亲戚朋友的努力下,终于说成了一门亲事,但就在朱家兴高采烈准备婚事时,村干部的儿子捷足先登,把姑娘娶进了门。接下来,朱小和先后结过两次婚,都因为"摩批"身份而草草结束,直到娶了现在这位妻子。

25岁起,朱小和开始主持祭祀活动,从最初的紧张慌乱,到现在驾轻就熟,可以说哈尼族文化已经融进了他的血液里。

朱小和的名声慢慢传遍了各村各寨,每到祭祀时节,村寨的人都爱邀请他去唱古歌,人们都说他能唱的古歌"比地里的苞谷粒还多"。

就这样,朱小和逐渐获得了三重身份——农民、铁匠、"摩批":农忙时节下田干农活;干完农活或是农闲时节,就在铁匠坊或者去外地打铁;有人来请,挎上"摩批"的布袋又前去主持祭仪。

1995年,朱小和凭借自己演唱的哈尼族创世史诗《窝果策尼果》,荣获第二届云南文学艺术创作奖一等奖。

2002年5月26日,朱小和被云南省文化厅、云南省民族事务委员会授予"云南省民族音乐师"称号。

三、哈尼族古歌《四季生产调》

朱小和在田间吟唱《四季生产调》

朱小和有着农民、铁匠和"摩批"的三重身份,而今,他最为人所知的身份,则是国家级非物质文化遗产项目代表性传承人。这个身份是2007年由文化部公布的第一批国家级"非遗"传承人名单获得的,遗产项目是《哈尼四季生产调》,属于民间文学类。

《哈尼四季生产调》是2006年国务院公布的第一批国家级非物质文化遗产项目之一,而在2008年公布的第二批国家级"非遗"中,又有哈尼族的民间文学类遗产

"哈尼哈吧"上榜。

"哈尼哈吧"是哈尼语的汉语音译，带有族称"哈尼"，而"哈吧"又是"哈八惹"的音译。哈尼族的民歌主要有两类，一类是"哈八惹"，一类是"阿其古"。"阿其古"是哈尼族在生产劳动时唱的歌，只能在山野田地里唱，主要是歌唱爱情和生产，而以情歌为多。按一般的分类，它包括山歌、情歌，此外还包括儿歌等。

"哈八惹"（"哈吧"）意思是"喝酒时唱的歌"，或"诗歌咏唱"。这种民歌多在祭祀、节日、婚丧、起房盖屋等隆重场合的酒席间，由"摩批"或者老年人唱诵，采用的是一种庄重、典雅的古老歌唱调式，内容则多是民族史诗和仪式歌曲，因此"哈尼哈吧"的意思也就是"哈尼古歌"。

"哈尼哈吧"涉及哈尼族古代社会的生产劳动、宗教祭典、人文规范、伦理道德、婚嫁丧葬、吃穿用住、文学艺术等，是世世代代以梯田农耕生产生活为核心的哈尼族人教化风俗、规范人生的"百科全书"，被誉为"无文字的百科全书"，文化"活化石"。

"哈尼哈吧"非常丰富，从目前收集整理的资料来看，创世古歌《窝果策尼果》、迁徙史诗《哈尼阿培聪坡坡》是最为经典的代表作。这些作品往往规模宏大、结构严谨，歌手可以连续演唱几天几夜；其演唱一般是在隆重的场合，因事而歌，摆酒吟唱；其宗旨，除了配合各种仪式之外，还要向亲朋好友、村寨百姓传递古老的规矩和道理，或者表达美好的祝福。

《窝果策尼果》是"哈尼哈吧"最重要的一部，意为"古歌十二调"。其内容着重叙述哈尼族社会各种风俗礼仪、典章制度的源起，分上下篇。上篇主要讲述神的历史，由神的诞生、造天造地、杀牛补天地、人畜及庄稼的来源、雷神降火、采集狩猎、开田种谷、安寨定居、洪水泛滥、塔婆编牛、遮天树王、年轮树等十二章组成；下篇讲述人的历史，由头人、贝玛、工匠、祭寨神、十二月风俗歌、嫁姑娘讨媳妇、丧葬的起源、说唱歌舞的起源、翻年歌、祝福歌等十二章组成。十二篇内容可分可合，可以通篇演唱，也可以独立演唱。

《窝果策尼果》中的"翻年歌"，也称"四季生产调"，这也就是作为"非遗"的《哈尼四季生产调》。《哈尼四季生产调》是一部全面反映哈尼族千百年来生产生活状况的长篇古歌，多达1670行，需要唱诵3个小时。它包括引子、冬季、春季、夏季和秋季五大单元，引子部分强调《哈尼四季生产调》对哈尼族人的生存意义，其余部分按季节顺序讲述梯田耕作的程序、技术要领，以及与之相应的天文历法知识、自然物候变化规律、节庆祭祀知识和人生礼节规范等。

《哈尼四季生产调》流传于云南省红河哈尼族彝族自治州红河、元阳、绿春、金平、建水等县的哈尼族聚居区，在东南亚缅甸、越南、老挝、泰国等国的哈尼族中也广为传唱。无论是过去还是现在，口传心授的《哈尼四季生产调》都在哈尼族社会的生产、生活中起着指导作用。尤为突出的是，《哈尼四季生产调》见证了哈尼族梯田稻作文明的变迁历程，对人类梯田稻作的文明历史和科学价值的研究具有重要的参考价值。此外，它语言直白朴素、幽默风趣，颇能给人以亲切、感人的艺术享受和审美体验。

2015年意大利米兰世博会，哈尼族古歌《哈尼四季生产调》等成为中国馆的驻演节目，共演出1000余场，吸引上百万人观赏，受到广泛好评。

四、尽最大努力捍卫传统文化

作为"摩批"，朱小和有"摩批哈腊"之称，意思是"摩批中的老虎"，比喻他本领极为高强。《哈尼四季生产调》唱诵一次需要3个小时，朱小和可以一口气唱完。全本《哈尼阿培聪坡坡》唱诵一次需要12天时间，朱小和唱起来，除了每天小睡一会儿，几乎一直不停。他声称自创了五种发声法，可以分别从头顶、鼻尖、下巴、肚脐、膝盖等部位发声。他的唱诵洪厚抒情，又不乏风趣，听者有时欷歔落泪，有时嬉笑欢腾。

在第四届"国际哈尼·阿卡文化学术研讨会"上，荷兰学者溜·格索博士听到朱小和唱古歌时，称赞道："朱小和唱的乐曲来自祖先，传承方式没有文字记载，只靠口头传授，能够完整保留下来，全球少见。"

成为国家级非物质文化遗产代表性传承人后，朱小和说自己"生活过得很充实，平常要出席很多活动，村里有人家新建房屋、婚丧等，我都要参加"。昂马突、矻扎扎、十月年等节日是哈尼族人庄严而喜庆的日子，每到此时，朱小和就会成为领头的长老，穿上新衣，头戴包头，威严地带领年轻人杀鸡、煮饭、祭祀、虔诚祷告，让人间美味和源远流长的歌声萦绕在哀牢山脉、梯田上空，祈祷哈尼族人在新的一年里风调雨顺，平平安安。

坚守之外，随着年龄的增长，对于民族传统文化，对于哈尼族非物质文化遗产《哈尼四季生产调》等哈尼族古歌以及"摩批"技艺，朱小和越来越注重传承。

其实，早在1973年，朱小和就开始选择性地收徒弟传承哈尼族古歌等哈尼族"摩批"文化的技艺。许多年过去了，朱小和收过不少徒弟，但总是不能让他满意。

哈尼族"摩批"通过示范身教、口传心授,把哈尼族古歌等知识传授给徒弟,内容包括创世神话、迁徙史诗、民间传说、父子连名谱系、音乐舞蹈、天文地理、医药历算、风俗禁忌、祭祀仪轨、道德规范。内容庞杂,学起来既需要耐心,又需要勤苦。而且出徒要经过严格的考核,由师傅任意点出古歌的篇章和有关仪式,让徒弟唱诵,稍有停顿或错漏,就不予通过。考核通过后,师傅即会传给徒弟一把尖刀和一个布包,徒弟就可以出师履职。这样庞杂的内容和严格的考核,让许多人望而却步,或者半途而废。

现实越来越让朱小和深感担忧,担心哈尼族文化不能很好地传承下去。让他不安的是,如今哈尼族山寨生活变了,蘑菇房不知不觉中被石棉瓦房取代,出去打工的年轻人越来越多,偶尔回来也不愿意讲哈尼话了。"有的人连哈尼话都不会说了,更别说唱歌了。"

说到要将《哈尼四季生产调》一代一代地传承下去时,朱小和不无遗憾地说:"很多年轻人都不太关注这些传统的文化,都在追求一些新鲜的东西,只有小部分年轻人愿意学这个,认为学这个对他们有帮助。我希望有更多年轻人学习和传承这些古老的文化,因为这都是哈尼族人智慧的结晶。"

《哈尼四季生产调》中,朱小和唱道:"屋里的种子没长嘴,种子局噜叽里叫,种子没有娘,要去山洼找甜水做亲娘。"种子与山洼和甜水,或

朱小和给徒弟传承演唱技艺

许就是一个人与其民族文化关系的真实写照，也可以说是文化传承机理的真谛。

　　肩负民族文化传承人的使命，年过花甲的朱小和走村串寨边唱古歌给大家听，边执着地寻找继承人。如今，朱小和每天大部分的时间就是教几个继承人唱古歌。朱小和说："我们会尽最大的努力捍卫我们的传统文化，我相信我们的祖先是能看到、听到的。"

王玉芳
——活在民间的"阿诗玛"

王玉芳（1941～），民间音乐艺人，《阿诗玛》传承人。云南昆明石林人，彝族。她从小跟随母亲学习彝族支系撒尼人的叙事长诗《阿诗玛》，熟练掌握了《阿诗玛》民间调流派的各种歌调，以及其他彝族山歌歌调。2007年成为第一批国家级非物质文化遗产项目（民间文学类）代表性传承人。传唱作品主要是《阿诗玛》，以及民歌《牧羊姑娘》《圭山彩虹》《竹叶长青》等。

一、在《阿诗玛》的故乡成长

1941年，王玉芳出生在昆明市路南县（今石林彝族自治县）长湖镇宜政村一个彝族家庭。

石林县的彝族，属于彝族支系撒尼人。据考证，早在公元2世纪，滇池一带是彝族先民活动的中心。大约在3世纪，逐渐扩展到滇东北、滇南、贵州、广西一带，与其他民族杂居融合，形成了众多的支系，其中，居住在云南石林、沪西一带的彝族多为撒尼人，而石林是撒尼人最大的聚居区。

王玉芳

石林是举世闻名的风景区，而撒尼姑娘阿诗玛的传说更是给这里增添了丰实而美丽的文化意蕴。王玉芳就是在这样的明山秀水与优美歌舞中长大的。

受家人和彝族文化环境的影响，王玉芳自幼喜欢民歌，11岁开始跟随母亲和寨子里的民间歌手学唱各种歌调。那时，跟着母亲一起上山砍柴、下地种田，在劳作中，她经常听到母亲哼唱几句；在山里放牧时，她经常聆听放羊娃对调。随时随地用心学习，再加上天资聪颖，但凡遇到别人唱歌，王玉芳只听两遍就会唱了。

谈到小时候学习《阿诗玛》，王玉芳认为家传是重要的一环，她说："教我唱的老师就是我的母亲，奶奶教给母亲，母亲又教给了我，属于家传。那时候的生活很穷，每天晚上母亲都会坐在火塘边织很多的麻，而我就围坐在火塘边帮助母亲织麻。母亲在火塘边织麻的时候，牙齿咬着麻线，手里不停地搓麻线，嘴巴里却还能唱出《阿诗玛》。"

生活中的王玉芳

母亲对女儿学习《阿诗玛》的要求很是严格，王玉芳至今还记得，"有一次，我一边搓麻线一边玩火，心不在焉。母亲就说我精神要集中，边唱歌边搓麻线才能精神集中，麻线才能搓得更好"。

正是在这样的氛围中，王玉芳跟着母亲学唱，听着乡亲们学唱。她逐渐学会了《阿诗玛》的各种歌调，而且"该谜"（情歌）"喜调""骂调""库吼调""叙事调""牧羊调""犁地调""绣花调""织麻调""月琴调""口弦调""三弦调""婚礼调""哄睡调"等各类民族民间歌调也都烂熟于心、出口成章。

更为可贵的是，王玉芳从歌声中渐渐地认识了传说中的阿诗玛，对阿诗玛的勤劳、勇敢、善良衷心佩服。王玉芳回忆说："小时候并不知道这是阿诗玛唱的歌，大了才知道阿诗玛是我们撒尼人心中最美丽、善良的姑娘，所以我就喜欢上了这些歌。"也就是这样，王玉芳自己的人生似乎也深深地打上了《阿诗玛》的烙印。

二、"我的爱情与阿诗玛很像"

20世纪的50～60年代，我国的大部分地区都比较贫穷落后。王玉芳家里也是如此，不仅贫穷，劳动也很繁重。17岁的时候，父母双亡，王玉芳成了孤儿。这样，唱《阿诗玛》就成为她缓解疲劳和纾解郁闷的慰藉。

随着《阿诗玛》唱得越来越好，王玉芳结识了不少歌友。那时，村里有很多好姐妹都会约着她一起唱。按照撒尼人的规矩，这些歌都不能在长辈面前唱，王玉芳就和好姐妹约到山里、到田间地头唱。当时的情景，王玉芳至今记忆犹新："凡是遇到高兴的事、伤心的事，大家都唱一唱。"

由于一起唱歌、听歌，王玉芳结交了一些终

电影《阿诗玛》剧照

身相好的朋友，高美兰就是一位。王玉芳说："我有个好姐妹叫高美兰，她已经80多岁了，50多年来每次我唱她都会来听，我俩的感情已经超越了亲情。"

缘于《阿诗玛》，王玉芳不仅获得了友谊，也收获了爱情。

不断学习传唱《阿诗玛》，阿诗玛不嫌贫爱富的爱情观也深深感染了王玉芳，对婚姻有着自己的看法。王玉芳与自己的丈夫就是自由恋爱，两人朝夕相伴了50多年，育有两男两女，现在是三代同堂，老两口至今仍恩爱有加。

王玉芳曾对采访者说："我们的爱情故事跟阿诗玛和阿黑的故事很像。阿诗玛爱上了和她青梅竹马、两小无猜、相亲相爱的阿黑，立誓非他不嫁，不管财主热布巴拉怎样威胁利诱，她对聪明勇敢的阿黑哥的感情都没有变。我跟阿诗玛一样喜欢我爱人的聪明、勇敢、仗义、心肠好。他家有五个儿子，他是最小的，而且很穷，什么都没有。为了爱，我都不在乎。"

不过，与阿诗玛不同的是，王玉芳不仅找到了可心的伴侣，而且幸福结合，相濡以沫50多年。现在，王玉芳成了名人，有时候会进县城教年轻人学唱民歌，老伴会在包里塞上一小袋冰糖，为的是给唱累了的王玉芳休息时润润嗓子。

老伴和王玉芳是同村人，每当有人来采访妻子，如果在家，他总是一脸慈祥笑眯眯地陪着。他说自己"不会唱，但喜欢听老伴唱"。这话并不那么确实，透着几分谦虚以及对妻子的钦敬。其实，他与妻子的婚姻，就是唱出来的。王玉芳说,她和老伴那辈人,找对象成家也讲究对歌。"喊喊哥哥哎""小姑娘哎";"你有没有嫁了,没有就做一家人!""你怎么这样说?我没有。"就是在这样的一对一唱中,青年男女走到了一起。

三、说不尽的《阿诗玛》

《阿诗玛》是流传于云南省石林县彝族支系撒尼人的叙事长诗。它使用口传诗体语言,讲述或演唱阿诗玛的故事。由于20世纪60年代初的一部电影,阿诗玛的故事广为人知。

撒尼姑娘阿诗玛美丽善良,有钱有势的热布巴拉之子对其垂涎三尺,便派媒人去提亲。在金钱和财富面前,阿诗玛不为所动,在热布巴拉抢婚时与对方坚决抗争。阿诗玛的哥哥阿黑在远方放羊,连夜赶回家后得知妹妹被人抢去,便与热布巴拉斗智斗勇,经过几个回合的较量,最终取得了胜利。回家路上,代表神魔的小蜜蜂诱骗阿黑兄妹到它所居的岩洞休息,不料,崖神把阿诗玛牢牢地粘在崖壁上。阿诗玛从此变成了群山中的"回声",变成石林丛中的一座石峰……

阿诗玛的故事被撒尼人世世代代传唱,成为撒尼人一支美丽的歌。长诗充分体现了撒尼人的生活习惯和风土人情,而阿诗玛不屈不挠地同强权势力做斗争的故事,揭示了光明终将代替黑暗、善美终将代替丑恶、自由终将代替压迫与禁锢的人类理想,反映了撒尼人"断得弯不得"的民族品格。

音乐剧《阿诗玛》剧照

自 20 世纪 50 年代初在有关刊物上发表汉文整理本以来,《阿诗玛》相继被翻译成英、法、德、西班牙、俄、日、韩等多种语言在海外流传,在日本还被改编成广播剧、歌舞剧、儿童剧等艺术形式。在国内,《阿诗玛》被改编成电影及京剧、滇剧、歌剧、舞剧、撒尼剧等在各地上演。1964 年拍摄的我国第一部彩色宽银幕立体声音乐歌舞片《阿诗玛》,在 1982 年获得了西班牙桑坦德第一届国际音乐最佳舞蹈片奖。

《阿诗玛》的原始形态是用撒尼彝语创作的,是撒尼人民经过千锤百炼而形成的集体智慧的结晶。《阿诗玛》以五言句传唱,运用伏笔、夸张、讽刺等手法和谐音、顶针、拈连、比喻等技巧,使内容和形式完美统一,精彩迭出。作为叙事诗,它可以讲述,也可以传唱,而其中最典型的是民间艺人的撒尼月琴弹唱。

《阿诗玛》可以在婚嫁、祭祀、葬仪、劳动、生活等多种不同场合传唱,并形成了两个流传系统,一个是民间调,一个是毕摩调。王玉芳唱的是民间调,精通毕摩调的则是毕华玉。他们两人,都在 2007 年成为国家级非物质文化遗产项目《阿诗玛》(民间文学类)的代表性传承人。

毕摩是彝族的祭司,也是民族文化的传承人,在彝族社会中具有特殊的地位。毕摩通常是世代相传,他们除了负责祭祀占卜外,还要将历史和民间故事编成歌谣口口传唱。毕华玉就是一位毕摩世家的传人。《阿诗玛》的毕摩调,均是由毕摩传唱的,多用于祭祀、婚嫁、丧葬等仪式场合。

与毕摩调不同,民间调是一般民众传唱的,多见于劳动、生活等场合。王玉芳会唱多种版本与演唱形式的《阿诗玛》:小时候的阿诗玛、干活的阿诗玛、织布的阿诗玛;"喜调""老人调""悲调""哭调""骂调"……有关阿诗玛的任何一种场景、故事,她都可以唱出来。《阿诗玛》到底有多少首,王玉芳自己也说不清。

四、文化传承关键是形成氛围

王玉芳的《阿诗玛》传唱以传统曲调为主,内容却不乏即兴发挥。比如唱到劳动片段时,有时她会一边编麻绳一边唱歌,大意是好好织麻献给国家。小调、曲调不断重复,歌词时有即兴发挥。这也就是王玉芳自己所说的"想怎么唱就怎么唱,心里怎么想就怎么唱"。这大概也就是她唱的《阿诗玛》能够吸引人的原因。除了《阿诗玛》,王玉芳还会很多其他民间山歌调。她下田时会哼唱犁田歌,织布时会唱织布歌,还熟练地掌握了经典民歌《牧羊姑娘》《圭山彩虹》《竹叶长青》等。村里人都说:"王玉芳是村里的骄傲，歌唱得非常让人服气！"

由于演唱技艺出众，王玉芳在县里组织的历届彝族山歌比赛中屡屡获奖，还经常被弥勒、沪西等周边县邀请去交流传唱民歌。2002年，王玉芳被命名为云南省民族民间音乐艺人；2005年，被命名为石林县非物质文化遗产保护项目《阿诗玛》文化传承人；2007年，成为国家级"非遗"项目代表性传承人。

王玉芳演唱《阿诗玛》

据说，长诗《阿诗玛》唱三天三夜也唱不完，而能完整唱完的，晚近以来也就是王玉芳和毕华玉。不过，王玉芳说，几十年来，她从没有试过一次连续把《阿诗玛》从头到尾完整地唱完。因为完整唱完需要很多天时间，这对于四季繁忙的农村妇女来说，似乎既不现实，也无必要。但王玉芳却觉得，自己如果再年轻几岁，自信能够全部唱完。

在成为国家级非物质文化遗产项目代表性传承人那一年，王玉芳已经年近古稀。很多时候，老人都在田里干活，要不就是忙着刺绣，伴随她的还是《阿诗玛》。不过，她觉得自己年纪大了，记忆力不如以前，因此把《阿诗玛》传下去成为她迫在眉睫的事情。

1960年，曾有部队邀请王玉芳到文工团工作，但当时家里贫困，妈妈和嫂子极力反对，所以没有去成。如今，王玉芳却一点都不后悔当初的选择，她说："《阿诗玛》的故乡在这里，我的家在这里，我在这里找到了老伴，我舍不得这里，至于出不出名，我没有想过。我喜欢唱《阿诗玛》，我只是想继续唱下去，唱给更多的人听。"

随着社会进步、经济发展，彝族撒尼人的日子越来越红火，而王玉芳却越来越担心《阿诗玛》会失传。"因为村子里的人大多都外出打工，小孩很多也到城里读书。有的小孩慢慢地连自己本民族语言都不会说，更别说唱了。传唱的人会越来越少。"

王玉芳说："文化传承需要一个环境，我们那个年代是在劳动中唱。现在我希望有更多的人来唱《阿诗玛》，如果只有几个人唱，没有形成一个氛围，那也不能保证它会永远传承下去。我有生之年的最大愿望就是希

糯黑文化保护区的彝族歌舞表演

望能多教一些人。"

自2006年《阿诗玛》列入首批国家级非物质文化遗产名录后，阿诗玛文化也越来越受到政府的关注。2008年，"阿诗玛文化传习馆"在糯黑彝族文化保护区建成开放。王玉芳所在村的文化站里也拨出一个房间，给她用作《阿诗玛》传唱的传习馆。2012年1月开班，业余时间教学，学员有数十人，有小学生，也有中青年人，甚至还有年过八旬的老人。

对于目前的情形，王玉芳有欣慰，也有希望。她说："目前的困难是教学地点过于简陋，教室太小，而且还要自带凳子。随着学员的增多，教室越来越拥挤。我希望传习馆能够大一点，然后里面放有织布机、纺线机等，让我的学徒一边做活一边学。"

王玉芳是宜政村老年协会的会长，几年前，她开始每天晚上组织村里的老人唱歌跳舞，唱歌就唱《阿诗玛》。"白天干活，晚上活动。一是锻炼身体；二是教他们唱歌，让他们再去教儿孙辈。"她和村里的老人们天天唱。劳动时唱，休闲时唱，散步时也唱。

王玉芳说："其实唱《阿诗玛》并不难，但前提是自己喜欢唱。"几年前，王玉芳开始教儿媳唱《阿诗玛》，看到14岁的孙女也感兴趣，她又一句一句教孙女唱。如今，几年过去了，王玉芳的儿媳和孙女都会唱《阿诗玛》了。"几乎全部都会，我的孙女唱得尤其好。"

有两个家人传唱《阿诗玛》，这让王玉芳十分欣慰。但她并没有只传自己家人的想法，而是希望趁自己还记得，"赶快把这歌传下去，不能在我这里就断了啊！"

居素甫·玛玛依
——堪与荷马媲美的大玛纳斯奇

居素甫·玛玛依（1918～2014），民间歌手，《玛纳斯》传承人。新疆阿合奇人，柯尔克孜族。曾任全国文联委员、民间文艺家协会研究会理事，新疆文联副主席、名誉主席、研究员。少年时代在哥哥的指导下学习民族史诗《玛纳斯》，仅用8年就能背诵全部20多万行史诗，并进行再创作，从而形成世界上独一无二的演唱变体，在此基础上出版了世界上首个最完整的《玛纳斯》版本。他在柯尔克孜族人民心目中拥有崇高地位，并被国内外学者誉为"当代荷马"。2007年成为第一批国家级非物质文化遗产项目（民间文学类）代表性传承人。

一、不乏传奇色彩的诞生

居素甫·玛玛依

1918年4月18日，居素甫·玛玛依出生在今新疆维吾尔自治区阿合奇县卡拉布拉克乡米尔凯奇村的一个柯尔克孜族牧民家庭。

阿合奇县是柯尔克孜族人聚居的小县，位于天山南部的高寒山区，地处偏远，交通很不便利。居素甫·玛玛依生活的米尔凯奇村，更是位于遥远的深山之中，进县城需要骑马走两三天的时间。不过，与地域的偏远贫瘠相对的是，阿合奇县柯尔克孜族民族民间文化保存较为完整，在那里，《玛纳斯》演唱活动十分活跃，每逢民众聚会，到处都可以听到《玛纳斯》的歌声。阿合奇县自古以来就是《玛纳斯》流传的重要地区，产生了不少"玛纳斯奇"（柯尔克孜族人对能传唱《玛纳斯》者的尊称），20世纪初享有盛誉的"玛纳斯奇"居素甫阿洪·阿帕依与额不拉音·阿昆别克等就是阿合奇县人。

据传，母亲布茹里在居素甫·玛玛依之前生了26个孩子，可惜仅仅存活了一子一女。为此，布茹里十分伤心。丈夫玛玛依带她到吐鲁番、阿克苏和喀什等地散心，并去温泉、圣人陵墓祷告祈福。回来后，60岁的布茹里竟奇迹般怀孕了。

有一天，布茹里梦见一对老夫妻从她身边走过，老婆婆回头递给她一个布包，说："你受了很多苦，送给你一件东西。牦牛是神圣的动物，牦牛神会保佑你平安！"说完，这对老人便不见了踪影。布茹里醒来回忆梦中情景，相信这梦对腹中胎儿来说是个吉兆。1918年春暖花开的季节，61岁的布茹里生下了她的第27个孩子——居素甫·玛玛依。

居素甫·玛玛依的家庭是个典型的民间文艺之家，父亲玛玛依是位憨厚朴实的牧民，酷爱《玛纳斯》；母亲布茹里和姐姐势甫罕都是当地知名的民歌手，哥哥巴勒瓦依更是出色的"玛纳斯奇"。

尽管生活在边远牧村，但玛玛依的父亲很重视子女的教育，他总是把自家马匹当学费，送适龄的孩子去跟当地有名望的民间学者读书识字。6岁那年，父亲卖掉家里仅有的一匹马，把居素甫·玛玛依送到一位学者那里去识字。

8岁的时候，居素甫·玛玛依在哥哥巴勒瓦依的指导下，开始学习演唱、背诵史诗《玛纳斯》。

二、长兄教诲与英雄"神授"

居素甫·玛玛依的哥哥巴勒瓦依是个商人，足迹遍及南北疆各地及中亚地区。他一边做生意，一边广泛搜集记录史诗《玛纳斯》及柯尔克孜族民间文学。每到一处，他都要去寻访故事家，记录他们讲述的民间故事；寻访歌手，记录他们演唱的叙事诗。遇到"玛纳斯奇"，他更是会详尽地记录他们演唱的《玛纳斯》。

巴勒瓦依对《玛纳斯》的突出贡献，就是记录了阿合奇县"大玛纳斯奇"居素甫阿洪·阿帕依和额不拉音·阿昆别克演唱的《玛纳斯》。他先根据居素甫阿洪的口述，记录下了《玛纳斯》的前3部内容；后来又依据额不拉音的口述，记录下了《玛纳斯》后5部的内容。在此基础上，巴勒瓦依对其进行艺术加工，使之成为8部《玛纳斯》完整唱本。

居素甫·玛玛依在演唱《玛纳斯》

一天，巴勒瓦依背着一个大皮褡裢回了家，对弟弟说："以前，我一本一本地让你读，现在全给你，你好好保存，争取把它们全都给背下来。"居素甫·玛玛依如获至宝，他开始着手梳理加工这部史诗的内容，并根据发音规律，把其中的散文体改成了韵文诗进行背诵记忆。8年后，居素甫·玛玛依把哥哥搜集记录的总共20多万行的8部《玛纳斯》全部背了下来。

在居素甫·玛玛依学习《玛纳斯》的过程中，家庭，尤其是哥哥起到了极为重要的作用。在巴勒瓦依陆续搜集《玛纳斯》的那些日子里，每到晚上，父母都要点上煤油灯，让儿子为家人念诵英雄史诗，一遍念完还要念第二遍、第三遍。巴勒瓦依也经常让弟弟背诵史诗的片段，考查他对史诗内容的熟悉程度。此外，他还向弟弟细致全面地传授有关史诗演唱的技巧。他告诉弟弟，演唱时要依据史诗情节的发展与变化，加一些手势、表情，并变换音调：英雄拼杀时要提高声调，表情要严肃；在忠告劝慰时，要大量运用谚语、格言，从正反两方面进行渲染；描述妇女形象时，要用优美、亲切的语言；表达苦闷与悲哀情感时，声调要适当降低，表现出悲哀的情绪。手势、表情和声调融为一体，创造出情感交融的完美境界……

哥哥巴勒瓦依对弟弟后来成为名扬中外的"大玛纳斯奇"起到了决定性的作用，居素甫·玛玛依对哥哥也充满崇敬与感激之情，每当说到自己学唱《玛纳斯》的经历时，他首先提到的就是哥哥巴勒瓦依。然而，与其他著名的《玛纳斯》演唱歌手一样，居素甫·玛玛依在谈及自己获得演唱《玛纳斯》本领时，则坚持"梦授"之说。

居素甫·玛玛依在8年间背下了20多万行《玛纳斯》史诗，不啻奇迹。而在过去的千百年里，人们一直认为这种非凡才能是神授予的。一种说法是，一个人在熟睡时，神将史诗变成一把麦粒放进了他的嘴里；另一种说法是，史诗中的英雄走进了某个人的梦乡，结果，这个人一觉醒来，就能出口成章地演唱长篇史诗。

20世纪初，在阿合奇县享有盛誉的"大玛纳斯奇"居素甫阿洪在解释自己演唱《玛纳斯》的本领时曾说，有一次，他在阔西朵别睡着了，梦见英雄玛纳斯，从此就会唱《玛纳斯》了。吉尔吉斯斯坦的"大玛纳斯奇"萨根拜·奥罗兹巴科夫、狄尼拜克等人，在谈到自己学唱《玛纳斯》经历时，也都说梦中见到了史诗中的英雄，受到点化，智门顿开，梦醒后便会唱《玛纳斯》了。

居素甫·玛玛依与老伴儿

居素甫·玛玛依也认为自己的本领是"梦授"的，他曾说："我13岁时，有一天早晨睡着了，做了个梦，梦中出现5个骑马的人，他们背对着我。我走到最后一个人跟前，他告诉我，走在最前面的那个人是英雄玛纳斯，玛纳斯后面的是巴卡依老人，巴卡依之后是阿勒曼别特，紧跟阿勒曼别特的是楚瓦克，楚瓦克之后的那个人，便是向我介绍情况的阿吉巴依。他们没有说话，很快就消失了。我从梦中惊醒，便把梦中所见到的如实告诉了父母。妈妈对我说，此梦不要告诉任何人，40岁以后再说。为了我做的这个梦，父母还宰杀了羊羔。爸爸说，你哥哥也曾做过一个类似的梦。做了那个梦后，我看《玛纳斯》的手抄本，看一遍就记住了。"

其实，说奇妙真的奇妙，说神秘未必神秘，正如居素甫·玛玛依说："玛纳斯奇日夜思考史诗情节，史诗的情节和人物怎么可能不进入梦乡呢？"

三、令人啧啧称奇的人生

8年时间把20多万行的8部《玛纳斯》全部背诵下来，是个奇迹；在居素甫·玛玛依的人生中，还有许多令人啧啧称奇的地方，而这些又多与《玛纳斯》有关。

居素甫·玛玛依是家里最小的孩子，出生时父母已经年逾花甲。9岁那年，年届古稀的父母为能见到儿子成家，便给居素甫·玛玛依娶了妻子。新郎新娘虽然年幼，但婚礼却办得相当隆重。3年后，小夫妻俩圆了房。

然而，居素甫·玛玛依24岁时，却对一位年轻貌美的哑女阿依提比比一见倾心，提出要娶她做二房。阿依提比比答应了，她的家人却坚决反对。居素甫·玛玛依在朋友们的帮助下，抢婚成功。两位妻子以姐妹相称，和睦相处。后来，新中国实行一夫一妻制，居素甫·玛玛依选择了没有生育的阿依提比比，和生有两子的妻子赛丽罕办理了离婚手续。离婚后，居素甫·玛玛依与前妻和孩子们保持着密切的联系。

还在20世纪30年代，居素甫·玛玛依尚不满20岁的时候，他的两位亲人——父亲和哥哥就相继去世了。接连失去亲人，使居素甫·玛玛依受到很大打击。他进山牧羊或放鹰狩猎时，就唱《玛纳斯》排解心中的忧伤和孤独。他还常常在睡梦中唱《玛纳斯》，声音很大，家里人被他吵醒后，见他唱得大汗淋漓，也不忍将他唤醒。平时，他也自言自语地低声吟唱，如醉如痴，别人打招呼他也听不到，村里人一度以为他患了精神病。

1947年，识文断字的居素甫·玛玛依当上了牧区小学的教师。

40岁之前，居素甫·玛玛依谨记父亲的叮嘱——"作为'玛纳斯奇'，必须遵循这样的要求：40岁以前不能演唱《玛纳斯》，40岁以后才能演唱"——没有当众演唱过《玛纳斯》。

1958年夏天，克孜勒苏州党委在阿合奇县召开牧业现场会，已经受邀在一次婚礼上演唱《玛纳斯》而崭露头角的居素甫·玛玛依，受当地乡亲的极力推荐，在会议期间演唱《玛纳斯》，一口气演唱了四天三夜，得知消息的人们纷纷骑马从四面八方赶来聆听。这次演唱震惊了听众，也震惊了文坛。大家公认，他演唱的数量和质量都超过了已知的演唱者。

从此，居素甫·玛玛依一发而不可收，经常通宵达旦地忘情演唱，连续唱几天几夜，其间仅靠喝一碗碗的酥油茶解乏充饥，最长时竟达20多天。

1961年，新疆维吾尔自治区文联在《玛纳斯》普查中发现了居素甫·玛玛依。此时已经43岁的居素甫·玛玛依被接到克孜勒苏柯尔克孜自治州首府阿图什，为普查组演唱

柯尔克孜族民族史诗《玛纳斯》

《玛纳斯》。居素甫·玛玛依连续演唱了7个月，唱出了5部《玛纳斯》。一鸣惊人的居素甫·玛玛依成了当地政府和专家眼中的"国宝"。

1964年，由中国民间文艺研究会、新疆文联和克孜勒苏柯尔克孜自治州三方组成的《玛纳斯》工作组成立，居素甫·玛玛依成为工作组成员之一，进一步补充、新唱《玛纳斯》。

就在这时，"文化大革命"爆发了，《玛纳斯》被批为宣扬封建思想的"大毒草"，演唱《玛纳斯》则形同"放毒"。居素甫·玛玛依也受到了批判，《玛纳斯》的大部分记录文稿与翻译稿也都在动乱中散失了。

1978年，居素甫·玛玛依获得平反，并被中国民间文艺研究会工作组接到北京，开始重新记录《玛纳斯》。之后，一顶顶桂冠戴在了他的头上。

2004年，居素甫·玛玛依的妻子阿依提比比去世。阿合奇县当地群众为了使居素甫·玛玛依过好晚年生活，便张罗着给他找新的伴侣。2005年8月，87岁的居素甫·玛玛依与56岁的阿斯勒·杜瓦那勒喜结良缘。

2014年6月1日，居素甫·玛玛依在阿合奇县逝世，享年96岁。

四、《玛纳斯》，14倍于《伊利亚特》的民族史诗

《玛纳斯》是柯尔克孜族广为流传、规模宏大、色彩瑰丽的英雄史诗，与藏族的《格萨（斯）尔》、蒙古族的《江格尔》并称中国少数民族的三大史诗，也是联合国确定的人类口头和非物质文化遗产代表作。这部史诗主要流传于新疆克孜勒苏柯尔克孜自治州及特克斯草原等柯尔克孜族人聚居区，中亚的吉尔吉斯斯坦、哈萨克斯坦及阿富汗北部地区也有流传。

《玛纳斯》叙述了柯尔克孜族英雄玛纳斯祖孙八代抵御外敌、维护民众幸福的英勇业绩，8部《玛纳斯》各以一代人为主人公，整部作品以第一部的主人公"玛纳斯"命名。史诗规模宏大，篇帙浩繁，8部作品总篇幅达23.2万余行，相当于古希腊史诗《伊利亚特》的14倍。史诗广泛涉及柯尔克孜族的语言、历史、民俗、宗教、哲学、天文等，堪称柯尔克孜族的"百科全书"。

《玛纳斯》从诞生到现在已经经历了1000多年，一直都是在柯尔克孜族演唱者中口口相传。19世纪50年代，沙俄间谍瓦利哈诺夫潜入南疆柯尔克孜族地区搜集情报时，首次记录了《玛纳斯》的主要情节。此后，《玛纳斯》的片段以德文、法文、土耳其文、立陶宛文、英文陆续问世，吉尔吉斯斯坦还从1931年起有计划地进行《玛纳斯》的搜集和记录工作。

我国对《玛纳斯》的大规模搜集记录是从1961年开始的，而演唱者

正是居素甫·玛玛依。当时，新疆维吾尔自治区文联《玛纳斯》普查搜集组进驻克孜勒苏柯尔克孜自治州首府阿图什，居素甫·玛玛依被接到阿图什，演唱了史诗前5部，各部分别为：《玛纳斯》38 000多行，《赛麦台依》27 000多行，《赛依铁克》18 000多行，《凯耐尼木》16 000多行，《赛依特》28 000多行。

1964年，第二次演唱还是在阿图什，居素甫·玛玛依对史诗前5部进行补唱，并唱出了史诗的第六部《阿斯勒巴恰与别克巴恰》，共45 000多行。

居素甫·玛玛依在翻看《玛纳斯》

这期间，居素甫·玛玛依演唱的《玛纳斯的婚礼》《阔阔托依的祭典》《凯耐尼木》等片段被译成汉文、维吾尔文，分别在当时的《民间文学》《天山》《塔里木》《新疆日报》等报刊上发表。

"文化大革命"结束后，1978年11月，居素甫·玛玛依被邀请到北京，后又回到乌鲁木齐，进行了第三次演唱。这一次，除"文革"中没有丢失的第二部《赛麦台依》外，老人将其余各部都重新演唱和记录了一遍。《玛纳斯》为53 287行，《赛麦台依》为35 246行，《赛依铁克》为22 590行，《凯耐尼木》为32 922行，《赛依特》为24 000行，《阿斯勒巴恰与别克巴恰》为36 780行，《索木碧莱克》为14 868行，《奇格泰》为12 325行。

五、创造独一无二的演唱变体

居素甫·玛玛依的三次《玛纳斯》演唱，每一次均可谓旷日持久，既是心智劳动，也算得上是繁重的体力劳动，而每一次他都以极大的热情投入，表现出过人的艺术和人生素养，从而也创造出了世界上独一无二的《玛纳斯》演唱变体。

据参加过《玛纳斯》搜集、记录和翻译工作的玉赛音阿吉回忆，第一次演唱时，"居素甫·玛玛依当时正是年富力强、充满激情之时，只要让他唱，他就会滔滔不绝地演唱起来，一唱就是连续三四个小时，做记录的人手麻写不下去了，他却依然充满激情，不知道累"。负责记录工作的人也说："居素甫·玛玛依每天要唱8～12小时，做记录的同志手麻了可以换另一个人，但歌手是不可替换的。"

1961年的第一次演唱，居素甫·玛玛依连续唱了7个月。1978年的第三次演唱，居素甫·玛玛依又从第一部唱起，连续演唱了1320天！有时看到工作人员笔录繁重，居素甫·玛玛依就让工作人员休息，自己动笔记录。在此期间，居素甫·玛玛依受到了胡耀邦、赛福鼎、包尔汉等国家领导人的接见，并被誉为"国宝"。

居素甫·玛玛依与赛福鼎

作为民间文学，演唱《玛纳斯》，除去主要情节不变，每个歌手之间都会有所不同，即使同一个歌手、同一个段落，今天唱的和昨天唱的也可能不同，有才华的歌手会加进自己的即兴创作。居素甫·玛玛依知识丰富、才华出众，他对历史上流传下来的《玛纳斯》进行了形式和内容上的加工。根据发音规律，他把史诗中的散文体改成了韵文诗，使语句更加优美，从而形成了自己的演唱变体。这一变体是目前世界上独一无二的，结构最宏伟，艺术性最强，悲剧性最浓郁，深受国内外听众的青睐。

居素甫·玛玛依一生经历坎坷。他曾在深山牧放羊群，曾骑马、驯马参加赛马比赛，曾在戈壁丛林中驯鹰狩猎，也曾当过农民在田里种麦子，还当过教师……这些劳动与人生的体验，都给予他丰富《玛纳斯》内容、提高演唱水平以很大帮助。他曾说："任何事物，你看到和没有看到，讲述起来肯定有所区别。亲眼看见的事，不可能不产生一定的影响。我的生活经验对我演唱《玛纳斯》无疑是有影响的。举例来说，《玛纳斯在吐鲁番种麦子》《赛麦台依的骏马塔依托勒》《托勒托依的猎鹰》《赛麦台依的白隼》等情节，现在唱起来肯定比我当初学唱时要生动得多。我认为这就是百闻不如一见的道理。"居素甫·玛玛依演唱的《玛纳斯》继承了先辈"玛纳斯奇"的传统，同时又加进了自己的创作，融进了他对人生的体验与思考，从而使这部史诗更加绚丽多姿、丰富多彩。

我国目前出版的柯尔克孜文史诗《玛纳斯》（新疆人民出版社），正是根据居素甫·玛玛依的唱本整理出版的。全套八部，共 18 册。出版过程从 1984 年至 1995 年，历时长达 11 年。这是世界上迄今为止首个最完整的《玛纳斯》印刷版本，彻底实现了从口头传唱文学到文字印刷、出版的转变。

2006 年 5 月，《玛纳斯》经国务院批准列入第一批国家级非物质文化遗产名录（民间文学类）。

六、民族圣人，当代荷马

居素甫·玛玛依对柯尔克孜族民族史诗《玛纳斯》的记录、整理做出了卓越贡献，他的奉献与成就，得到了国内外文学艺术界和学术界的高度赞扬和尊重，称他为"当代荷马"。

进入新时期以来，居素甫·玛玛依的社会地位得到了极大改善。1979 年，居素甫·玛玛依出席了中国少数民族民间歌手诗人座谈会和全国第五届文代会，当选为全国文联委员、中国民间文艺家协会研究会理事。1980 年后，居素甫·玛玛依出任新疆维吾尔自治区文联副主席。从 1982 年起，任自治区政协委员、常委。去世前为新疆维吾尔自治区文联名誉主席、研究员。

20 世纪 80 年代以来，居素甫·玛玛依的演唱作品多次获奖。1983 年，他演唱的史诗《玛纳斯》获新疆维吾尔自治区文联、民委、民间文艺家协会联合举办的 1977～1982 年新疆民间文学作品评奖荣誉奖。同年，《凯耐尼木》（《玛纳斯》第四部）获 1979～1982 年全国优秀民间文学作品奖。1990 年 12 月，因在《玛纳斯》搜集、演唱工作中做出突出贡献而受到自治区《玛纳斯》工作领导小组、自治区文联、区民间文艺家协会的表彰。1991 年 4 月，因在抢救、整理、出版《玛纳斯》工作中做出贡献而获文化部、国家民委的表彰；同年 11 月，因多年来在开拓、发展中国民间文艺事业中辛勤耕耘、贡献卓著而受到中国民间文艺家协会的奖励。1992 年 11 月，《玛纳斯》（第二部）获首届中国民族图书奖一等奖。1995 年 8 月，《凯耐尼木》获第二届中国北方民间文学一等奖。

居素甫·玛玛依曾三次出访吉尔吉斯斯坦，并受到特殊的礼遇。1995 年，居素甫·玛玛依获得了吉尔吉斯斯坦总统阿卡耶夫授予的"吉尔吉斯民族演员"称号。后来，他又获得吉尔吉斯斯坦文化界最高勋章"玛纳斯"勋章。这是迄今吉尔吉斯斯坦第一次将这一勋章授予外国人。吉尔吉斯斯坦共和国首都比什凯克市中心的广场上，高高地耸立着两尊雕像，其中一位是本国作家艾特玛托夫，一位就是"大玛纳斯奇"居素甫·玛玛依。

玛纳斯奇簇拥在居素甫·玛玛依身旁

居素甫·玛玛依在柯尔克孜族人民中更是受到极大的崇敬，成了他们心目中的圣人。人们敬仰他、崇拜他，妇女们争相举着婴儿，让他抚额为孩子祝福；乡亲们也争穿他的衣服，希望得到智慧和福运。这种崇敬，来源于《玛纳斯》。正如居素甫·玛玛依所说："史诗是柯尔克孜族的民族之魂。在柯尔克孜族人民心目中，玛纳斯是一位顶天立地的英雄，他具有凡人的血肉之躯，又有超人的神力。人们相信玛纳斯的灵魂仍然活着，他会护佑柯尔克孜族人摆脱困境，消灾祛病。"

2007年6月，居素甫·玛玛依成为文化部公布的第一批国家级非物质文化遗产项目（柯尔克孜族《玛纳斯》，民间文学类）代表性传承人。也就在这一年，阿合奇县政府为居素甫·玛玛依举办了90大寿庆典。在庆典上，居素甫·玛玛依收了10位高徒，还和当地数百名民间艺人共同参加了《玛纳斯》演唱大会。两年后，在他92岁生日庆典上，《玛纳斯》演唱大会的规模达到了上万人。

晚年的居素甫·玛玛依在故乡阿合奇度过，尽享天伦之乐。由于年纪的原因，老人已很少再演唱《玛纳斯》了。但让老人感到高兴的是，他有四个孙子和一个重孙都是"玛纳斯奇"，其中有的是他培养的20个接班人中的一个，有的则在吉尔吉斯斯坦上大学学习俄语，以便由此了解国际《玛纳斯》研究情况，回国后继续从事《玛纳斯》的相关研究。

柯尔克孜族民族史诗《玛纳斯》，必将薪火相传，生生不息。

加·朱乃
——当代传唱《江格尔》的杰出代表

加·朱乃（1924～），民间说唱艺人，《江格尔》传承人。新疆塔城和布克赛尔人，蒙古族。曾任乡政府秘书、县文化馆馆长、县"乌兰牧骑"负责人及县政协委员。他出生于"江格尔奇"世家，从小受到家庭熏陶，少年时代即成为名副其实的小"江格尔奇"。他是新疆目前健在的说唱《江格尔》章回最多的民间艺人，并对《江格尔》的记录整理做出了杰出贡献。2007年成为第一批国家级非物质文化遗产项目（民间文学类）代表性传承人。整理出版有《加·朱乃的〈江格尔〉手抄本》。

一、诞生于"《江格尔》的故乡"

加·朱乃

1924年，加·朱乃出生在新疆塔城道（今塔城地区）和布克赛尔中旗（今和布克赛尔蒙古族自治县）东苏木（今那仁和布克牧场）的一个蒙古族牧民家庭。

和布克赛尔有"《江格尔》故乡"之称。国内外许多专家、学者认为，史诗《江格尔》在历史文化方面都与和布克赛尔地区有着密切关联。比如，史诗中所说的"宝木巴之国"，位于"陶古斯－阿勒泰山之西麓"，从古代蒙古人的方位概念看来，恰好符合今天和布克赛尔的地理位置；《江格尔》诸多章回中不断出现的地名，诸如"和布克赛尔""赛尔山之侧""明干布鲁克""西克尔鲁"等，如今依然在使用。

和布克赛尔的土尔扈特部落，比其他蒙古部落更早演唱和传承史诗

《江格尔》。早在1620年和鄂尔勒克诺谚（部落首领）率部西迁之前，一位名叫土尔巴雅尔的土尔扈特老人演唱了70章《江格尔》，因而名震蒙古卫拉特四部，赢得"达兰脱卜赤"的光荣称号。这是至今所知的关于"江格尔"说唱艺人的最早信息。为了纪念这位伟大的《江格尔》说唱艺人，后人立了一个敖包。这便是现今赛尔山之南的"江格尔敖包"。

在和布克赛尔蒙古族自治县境内，《江格尔》呈现"三多一长"的特点。"三多"，一是"江格尔奇"（也作"江格尔齐"，蒙古语音译，意为能唱《江格尔》的民间艺人）多。早在19世纪，这里就涌现出了不少说唱艺人，著名的如胡里巴尔·巴雅尔、克力格·额尔赫太、西西那·布拉尔等。20世纪涌现出了冉皮勒、加·朱乃等40余位《江格尔》说唱艺人。二是收集《江格尔》章节多。和布克赛尔蒙古族自治县11位江格尔奇传唱的68章《江格尔》，目前已全部出版，还有部分"江格尔奇"传唱的《江格尔》尚未出版。三是民间遗迹和《江格尔》章节中谈到的地名相似地众多。"一长"是《江格尔》产生、发展、流传的历史长，追根溯源，和布克赛尔的《江格尔》说唱始于17世纪。

和布克赛尔14个苏木（村）的蒙古族土尔扈特人，是1629年随和鄂尔勒克诺颜迁居伏尔加河一带后，于1771年跟随渥巴锡汗的堂侄策伯道尔吉重返家乡的土尔扈特部落的后裔。新中国成立前，和布克赛尔14个苏木的土尔扈特人分属3个旗，加·朱乃就是属于中旗的家族中的一员。

加·朱乃生长在"《江格尔》的故乡"和布克赛尔，也是20世纪这里涌现出的最为著名的《江格尔》说唱艺人。

二、成长在"江格尔奇"世家

加·朱乃出生在一个"江格尔奇"世家，是第13代"江格尔奇"的传人。相传，加·朱乃的太祖父能说唱70部《江格尔》。他的祖父和父亲两代，都深受和布克赛尔王府常识。祖父额尔赫图（一作"额尔克台"）是和布克赛尔夏拉王爷的"江格尔奇"，在20世纪初非常著名的，人们说他会唱36章《江格尔》；祖母也会唱许多章《江格尔》，这在蒙古族女子中极为少见。

加·朱乃的父亲加甫是和布克赛尔敖尔加亲王的"江格尔奇"，他能歌善舞、精通音乐，会拉马头琴、四胡、托布秀儿，说唱《江格尔》《乌宗·阿拉达尔汗娶亲》《洪古尔娶亲》等16章《江格尔》。加·朱乃的父亲唱《江格尔》时，先用大嗓门，然后慢慢降调，唱得抑扬顿挫。唱到高兴时，就情不自禁地挪到亲王面前，喝他的酒，吃他的糖。亲王每年都要请加甫演唱一次，而且因为尊敬和喜爱这位"江格尔奇"，把自己的妹妹布雅嫁给他做妻子，她就是加·朱乃的母亲。

加·朱乃出生没几年，不知何故，王爷的妹妹就另嫁他人。但父亲加甫仍是"江格尔奇"，是王爷的敬酒歌手。奶奶哼唱《江格尔》的歌声，祖父和父亲的纵情说唱，以及大环境的熏陶，使加·朱乃深深爱上了《江格尔》。

7岁的时候，父亲把加·朱乃送到王府文书勃代·乌里吉

江格尔故乡的江格尔塑像

图千户长那里读书识字，一直到14岁。千户长是个有文化、有地位的开明人士，他经常请著名的"江格尔奇"到家中说唱《江格尔》，收藏有不少《江格尔》手抄本，还亲自记录了《江格尔》的一些篇章。加·朱乃开始向老"江格尔奇"学唱《江格尔》，还背诵各种手抄本。家人、师傅对他要求相当严格，背错或是忘记了，就要用马鞭子打他的手心。

14岁时，加·朱乃已经能背32章《江格尔》。那时在和布克赛尔辽阔的草原上，说唱《江格尔》的活动从王府到贫民的蒙古包，随处可见。牧场里有很多爱好《江格尔》的老人，经常在一起说唱表演、切磋技艺，加·朱乃就在一旁听、记、背，加上父亲的言传身教，日积月累，学会了32章。那时说唱《江格尔》有个行规，只会唱5章以下的不能称为"江格尔奇"，而少年时代的加·朱乃就学会了32章，称得上名副其实的小"江格尔奇"了。

会唱《江格尔》的加·朱乃，经常在劳动之余给小伙伴们演唱。尽管在王爷府里长大，但他也是玩伴一大群，他们一起拾牛粪、摔跤、骑马。加·朱乃兴之所至，随时会唱起来，每当此时，小伙伴们就会停下手中的活计，或者停止玩耍，取下马鞍子，在草地上围成一圈，坐在马鞍子上，安静地听加·朱乃说唱。小伙伴们最喜欢听《江格尔》所描绘的英雄故

事，对加·朱乃高低起伏、幽默风趣的演唱佩服之至。从那时起，加·朱乃就受到了孩子们的尊敬和爱戴。

18岁那年，因为具备的一定的文化，加·朱乃在中旗担任了文书。

王爷还允许加·朱乃在整个中旗部落里挑选一位姑娘，作为自己的妻子。于是，加·朱乃在莫特格乡选定了中意的姑娘。1942～1945年，和布克赛尔遭到乌斯曼匪帮连续抢劫，加·朱乃随同其他牧民逃命到了山里，以打猎为生。1946年，他与心爱的姑娘结婚，并且共同养育了9个孩子。

当然，长大成人并担任文书的这段时光，加·朱乃从未放下过《江格尔》的学习和演唱，逐渐成了远近闻名的"江格尔奇"。

三、逆境中记录整理《江格尔》

《江格尔》是蒙古族的传统长篇史诗，是数百部蒙古族英雄史诗中最优秀的一部，与《蒙古秘史》《格斯尔》同被誉为"蒙古族古代文学的三座高峰"；同时，它也和藏族的《格萨尔》、柯尔克孜族的《玛纳斯》并称"中国三大英雄史诗"，在2006年5月同时被列入第一批国家级非物质文化遗产保护代表作名录（民间文学类）。

《江格尔》主要流传于中国、蒙古国、俄罗斯三国卫拉特蒙古人中。它发源于我国新疆卫拉特蒙古人中间，最初形成在卫拉特蒙古人西迁之前，之后随西迁的卫拉特蒙古人流传于贝加尔湖、西伯利亚地区以及卡尔梅克（卡尔梅克是欧洲人对厄鲁特蒙古人即卫拉特蒙古人的称呼，现在是俄罗斯联邦的一个共和国）草原，在卡尔梅克草原上发展成熟后，又随着卫拉特蒙古人东归的脚步返回我国境内。

史诗《江格尔》是以主人公之一江格尔的名字命名的诗篇集群，它主要讲述以圣主江格尔汗为首的六千多位勇士抗击敌人、保卫家园的故事，热情歌颂了他们为保卫以阿尔泰圣山为中心的美丽富

加·朱乃在整理《江格尔》

饶的宝木巴国，同来犯的形形色色凶残恶魔进行的斗争，也赞美了英雄们的爱情、友谊和欢宴。

自诞生以来，《江格尔》一直通过口头传播的形式流传，是靠民间的"江格尔奇"口授心传、代代传承的。19世纪初，《江格尔》开始受到学术界的注意。1802～1803年，德国旅行家贝尔格曼到卡尔梅克草原考察卡尔梅克人的生活、习俗和口头创作，所到之处都能听到卡尔梅克艺人在演唱一部叫作《江格尔》的史诗，并为这部史诗的魅力所倾倒。于是他连同其他众多口头作品一起，也把那些优美的诗章记录了下来。1804年，他从中选择两篇翻译成德文予以发表，同时还发表了对这部作品及其演唱艺人的研究论文。从此，《江格尔》作为一部卡尔梅克史诗名扬西方，各国学者纷纷投入搜集、整理、出版和研究之中。

在我国，史诗《江格尔》早有手抄本流传，传唱、记录从未间断，但系统的搜集、整理比较晚。在这方面，加·朱乃也可谓先行者。

新中国成立后，加·朱乃先后担任乡政府秘书、和布克赛尔县文化馆馆长、和布克赛尔县"乌兰牧骑"负责人。这期间，他通过聆听"江格尔奇"们演唱《江格尔》，阅读《江格尔》手抄本，逐渐背会了《江格尔》的一些章节。在此基础上，1956年，他开始搜集和记录了《江格尔》以及其他一些民间文学，并汇编成册，称其为"重要资料"。

"文化大革命"期间，许多"江格尔奇"遭受磨难。加·朱乃却没遭什么罪，他被下放去给公社放牧，把羊群赶到了远远的深山里。"文革"初期，加·朱乃手抄的一些《江格尔》惨遭烧毁，看到有人肆意糟蹋，他担心祖先留下来的珍宝就此失传，于是一边放牧，一边偷偷背诵、抄写、整理《江格尔》。10年间，他共抄了45章。

四、形成自己的说唱特色

粉碎"四人帮"后，国家重视民族民间文化，从1978年开始，重新搜集、整理各类民间文学作品。

1981年，新疆全疆第一次《江格尔》演唱会在和布克赛尔举行。沉寂20多年的加·朱乃首次登台演唱。他从江格尔出生一直唱到江格尔金戈铁马，时而铿锵激越、时而从容舒缓的优美旋律，令听者泪流满面，掌声雷动。自此，加·朱乃再也没有停止过演唱。唱得最多的时候，往往是在冬夜的蒙古包里，远近的牧人骑马赶来，有时一唱就是一天一夜。

全国的《江格尔》抢救工作开始后，加·朱乃把自己几十年整理和珍藏的手抄本全都贡献了出来。那些年，有空闲的时候，他总是唱一段，手抄一段，一心一意要把前人留传下的宝贝整理出来。令他感到遗憾的是，还是有一些抄本遗失了。

1989年8月，加·朱乃被请到北京演唱《江格尔》，荣获文化部一等奖。1997年6月，他在北京召开的全国《格萨尔》工作会议上被评为先进个人。1998年12月，因为在抢救搜集整理英雄史诗《江格尔》的光荣事业中做出巨大贡献，中国《江格尔》研究会授予他"著名江格尔奇"称号；文化部曾表彰他"在英雄史诗《江格尔》的传唱事业中做出突出成绩"。这一年，他还随中国少数民族对外交流协会组派的"中国蒙古族民间艺术家小组"赴国外进行友好访问演出。

加·朱乃在说唱《江格尔》

2004年9月，加·朱乃八十寿诞之际，有关方面在和布克赛尔蒙古族自治县那仁和布克牧场草原举行庆寿活动，来自国内及俄罗斯、蒙古国、美国、德国、哈萨克斯坦等国家的50多位《江格尔》学者专家以及和布克赛尔县的近千名群众为他祝寿。加·朱乃拉着马头琴做了现场演唱，深受国内外研究者的称赞。此前的8月份，内蒙古人民出版社出版了《加·朱乃的〈江格尔〉手抄本》。

2007年6月，加·朱乃成为第一批国家级非物质文化遗产项目（《江格尔》，民间文学类）代表性传承人。他还是和布克赛尔蒙古族自治县政协委员、中国民间艺术家协会新疆分会会员。

2009年，在新疆举办的第3届江格尔文化旅游节、第11届那达慕大会、新疆蒙古族非物质文化遗产项目演唱赛活动中，年逾八旬的加·朱乃还和弟子登台演唱，一展歌喉。

2010年1月，加·朱乃荣获中国文学艺术家联合会、中国民间文艺家协会颁发的"中国民间文化杰出传承人"奖章。

由于加·朱乃出身于"江格尔奇"世家，加上后天的努力与勤奋，所以他演唱的《江格尔》无论章数还是字数都大大超出同代"江格尔奇"，

加·朱乃英文版《江格尔》书影

而且结构严谨，内容丰实，情节曲折，人物描绘细腻、生动，比较完整地保存了史诗《江格尔》的原始面貌。不仅如此，他还用自己的聪明才智对《江格尔》进行加工和再创造，使《江格尔》的部分章节更趋充实和完善。

加·朱乃搜集整理了35章《江格尔》，可以说唱33章，是新疆目前健在的说唱《江格尔》章回最多的"江格尔奇"，能够演唱1000多个小时，而且能用4种歌调进行演唱，演唱时声音洪亮，唱词清楚，节奏分明，语言精练。他说唱时不仅弹托布秀儿，而且带有很多表演性的动作手势；唱到尽兴处，不仅耸肩摆头、手舞足蹈，而且往往会顽皮地将身旁别人的大腿掐一下，或者拔一把脚下的青草，往往令观众笑得前仰后合，激发起他们的浓厚兴趣，获得极大的审美享受。

我国蒙古族文学专家布·孟克指出："归纳起来，加·朱乃是一位名副其实的'江格尔奇'，他所演唱的《江格尔》是一部能够代表《江格尔》形成与发展标志的经典《江格尔》。"蒙古国科学院官员乌仁其木格评价说："加·朱乃的声音洪亮之极，唱词十分清楚，节奏分外明快。他演唱的各部内容都很完整，语言精练，诗歌优美动听。"国际史诗学会主席、德国波恩大学教授卡尔·约瑟夫则称誉加·朱乃为"当代传唱《江格尔》史诗的杰出代表，是大师级的民间艺人"。

加·朱乃会托忒蒙古文，会写诗。他共写下了2.4万诗行的25章《江格尔》或变体。他不仅能说唱《江格尔》，还会许多长短调民歌、祝词、谜语和故事。20世纪50年代初期，他开始进行诗歌创造，先后在《新疆日报》《启明星》等报刊上发表过《羊的恩惠》《打狼英雄》《巴力金赫日骏马》《牧民》等充满激情、带有史诗韵味的优美诗作。

加·朱乃陆续带出了25名传人，其中两个是他的孙子。在加·朱乃看来，唱了几十年的《江格尔》就是他的生命。他说，虽然他的生命终归要走到尽头，可看着《江格尔》的生命将在孩子们中间代代相传，并将一直传下去，他就感到十分满足了，而这也正是《江格尔》的魅力所在。

黄达佳
——如痴如醉的"布洛陀歌王"

黄达佳(1941~),民间歌手,《布洛陀》传承人。广西田阳人,壮族。他出生在麽公家庭,自幼耳濡目染,逐渐能够完整地诵唱整部《布洛陀》史诗,并能全面运用各种山歌调,被当地群众誉为"壮族歌王""布洛陀歌王"。曾任田阳县山歌协会会长,参与组织各类山歌活动,并坚持搜集整理田州山歌套路音像资料和《布洛陀》文本。2009年,成为第三批国家级非物质文化遗产项目(民间文学类)代表性传承人。

一、麽公世家的经诗、山歌双料传人

1941年,黄达佳出生在今广西壮族自治区田阳县田州镇东江村的一个壮族家庭。

田阳是壮族历史文化的富集地,县内百育镇六联村那贯屯的敢壮(意思是"壮人的山洞")山上,有传说是壮族创世始祖布洛陀的多处遗址,被认定为壮族布洛陀文化遗址、布洛陀文化发祥地、布洛陀文化圣山。每年农历三月初七至初九,周边数万群众自发聚集至敢壮山,以唱山歌、舞狮、抛绣球等文体活动纪念布洛陀。

黄达佳

田阳的歌圩文化历史悠久,据史志记载,田阳敢壮山歌圩形成于隋唐之前,是由祭祀布洛陀而形成的。如今,山歌已经成为田阳人生活中不可缺少的部分,成为人们日常生活中喜闻乐见的民间文艺形式。绣球歌、哭嫁歌、拦路歌、敬酒歌……数不胜数。这里有壮族八大歌圩,堪称广西歌海之源。

黄达佳生在一个麽公（壮族的祭司，也是歌师）世家，祖上几代都是"歌王"。麽公不仅是布洛陀史诗的传唱人，往往还是当地著名的山歌歌师。到黄达佳，他已经是黄家唱《布洛陀经诗》的第七代传人、壮族山歌常安排歌（田州调）的第八代传人。

黄达佳的父亲黄炳权是当地有名的山歌王，小的时候，每逢三月敢壮山歌圩，黄达佳都跟随父亲赶歌圩学唱山歌，还经常跟随父亲外出做布洛陀麽公道场。

16岁的时候，黄达佳已经是当地小有名气的"歌手"了。年轻的黄达佳颇有些心高气傲。一次，他和同伴去参加别人的婚礼，向姑娘们挑战对歌。谁知对方歌头开场就唱道："阿哥要妹对山歌，问哥山歌哪里来？山歌根在何处地？答对妹才有歌来。"黄达佳想了半天也对不上来，只好败下阵来。回到家问父亲，父亲答道："阿妹你听阿哥说，山歌是从敢壮来。根源是在石山下，我给阿妹道根源。"

从此，黄达佳努力学习各种山歌，哪里有山歌，他都要去听、去模仿，歌会不散，决不回家。经过多年的锤炼，黄达佳能全面运用各种山歌调，一字不漏地唱完整本《布洛陀经诗》，被当地群众誉为"壮族歌王""布洛陀歌王"，也被壮学会专家们惊叹为壮族历史的"活化石"。

黄达佳唱的山歌声音洪亮，歌词精彩，声情并茂，每年的敢壮山歌圩他都参加对唱，唱三天三夜，曲曲山歌打动人心。唱山歌，最让黄达佳欣慰的，还是山歌给他人带来的愉悦和快乐。"唱山歌不但要音好、词好、表情好，更重要的是要带着感情去唱，把歌里的喜怒哀乐表达出来。"黄达佳认为自己做到了这一点。他自豪地说："我每次唱山歌，没有哪一次听众不开心的。"有一次县里举办

黄达佳参加布洛陀文化节

山歌会，请外面的歌手来唱，黄达佳前去旁听，被听众认出，一齐喊他唱。黄达佳也不客气，上台就唱，结果自己倒成了主角。

黄达佳沉迷山歌，有时候到了废寝忘食的地步。有一年家里盖房子，他到玉凤镇去砍顶木，突然来了几个女青年。她们见到黄达佳就说："我们来对对山歌，你如果对不上，就别想把这木头拿走。"半路遇到"拦路虎"，黄达佳毫不退缩，胸有成竹地唱了起来："妹从何处来？锄地或耘田？头上插兰花，来到香醉人……"双方一唱一和，越对越欢，忘掉了时间和饥饿，从早上10点一直唱到下午5点多。夕阳西下，姑娘们帮着黄达佳收拾刀具，送给他一筐玉米，还邀请他到家里做客。

1986年，黄达佳担任了田阳县山歌协会会长，每年农历三月初七敢壮山歌圩及国庆、春节期间，他都要组织民间山歌对唱赛、擂台赛等活动。县文化部门及各乡镇举行山歌比赛活动，都聘请他作评委。经过长年累月的创编和收集，黄达佳整理了丰富的田州山歌套路资料：有布洛陀创世歌，有相逢歌、问路歌、入村歌、敬酒歌、要巾歌、结义歌、猜谜歌、连心歌、分别歌、久不见面歌、敢壮山山歌、绣球歌等20多种，制作了录音带2000多盒，影碟500多张，山歌采集本15本。

二、《布洛陀》与"布洛陀歌王"

《布洛陀》是壮族的创世史诗。"布洛陀"是壮语译音，意思是"山里的头人""山里的老人"或"无事不知晓的老人"等，也可以引申为"始祖公"。布洛陀是壮族先民口头文学中的神话人物，是创世神和道德神。《布洛陀》以诗的语言和形式，生动描述了布洛陀造天、造地、造太阳、造日月星辰、造火、造谷米、造牛等的过程，告诉人们天地日月的形成、人类的起源、各种农作物和牲畜的来历，以及远古时期人们的生活习俗等，热情地歌颂了布洛陀创造人类及自然的伟大功绩。

《布洛陀》全诗长达万行，自古以来以口头方式流传在广西田阳县一带。大约从明代起，在口头传唱的同时，《布洛陀》也以古壮字书写的形式保存下来，其中有一部分变成了壮族民间麽教的经文，也就是所谓《布洛陀经诗》。

《布洛陀经诗》原手抄本全部用古壮字书写，诗是壮族民歌五言体，押韵。在内容上，融壮族的神话、宗教、伦理、民俗为一体，思想深奥、字义艰涩；在形式上，由于千百年来的传唱加工，语言精练工整，有韵律、朗朗上口，其中保留了很多古壮语、宗教语，为当今所无。《布洛陀

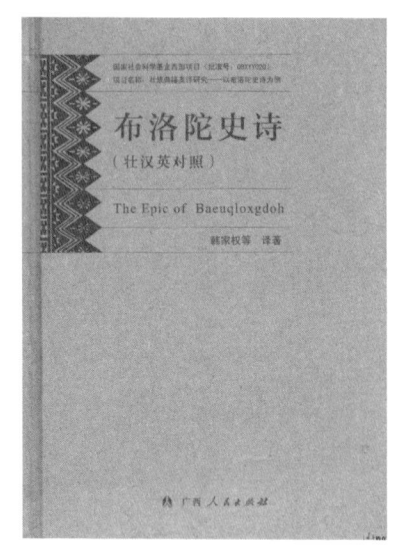

《布洛陀史诗》书影

经诗》是壮族麽公进行相关活动时的唱诵经文（亦称"麽经"），它唱诵布洛陀创造天地万物，规范人间伦理道德，启迪人们祈祷还愿、消灾祛邪、追求幸福生活，始终贯穿着自然崇拜、祖先崇拜的原始宗教意识。

对布洛陀创世史诗和歌颂布洛陀创世业绩歌谣的关注，开始于20世纪60年代，而搜集、整理、壮文转写、汉语翻译等工作，20世纪80年代才正式启动。田阳发现的第一部"麽经"写成于清康熙年间，是1986年由玉凤镇的麽公罗战贤捐献的。

做麽公道场，必须唱《布洛陀经诗》。黄达佳的父亲每年外出做麽公道场，《布洛陀经诗》要唱上百次，在当地很有影响。黄达佳从小跟随父亲，长年耳濡目染，逐渐领悟了《布洛陀经诗》的内涵，学会吟唱了不少《布洛陀经诗》。从48岁起，黄达佳开始主持麽公道场，能连续三天三夜诵唱完布洛陀创世全过程的经诗。他曾专门为专家、记者演唱了10 000多行《布洛陀》古歌，让人们深感他"布洛陀歌王"的美誉名副其实。

2006年5月，"布洛陀"经国务院批准列入第一批国家级非物质文化遗产名录（民间文学类）。

2008年5月，黄达佳成为第一批自治区的非物质文化遗产项目《布洛陀》代表性传承人；2009年6月，成为第三批国家级非物质文化遗产项目（《布洛陀》，民间文学类）代表性传承人。

三、"山歌伴随着我的一生"

民歌本来就是与民众生活共生的。这一点，在黄达佳身上可谓得到了淋漓尽致的体现。

黄达佳青壮年时代，每年有100多天在外对歌，乐此不疲。通过对歌，他自己也从中获得了愉悦："对歌就是'过瘾'，你听到对方美妙的歌喉，对方也听到你抒情的曲调，双方都是一种极大的享受。"

有一次，记者来访，一见面，黄达佳就开口唱："今天太阳暖洋洋，枝头喜鹊叫喳喳，这位客人从哪来，家乡原在何处方？"记者刚要作答，黄达佳就说："不行，我用山歌问你，你就得用山歌来答，还要押我的韵脚。"这真可谓"民歌生活化"了。

唱歌也养成了黄达佳乐观直率的个性。作为一家建筑公司的经理，黄达佳与下属的关系很好。他说："山歌里有很多充满人情的东西，我从中也学到了很多待人处世的道理，尽量以礼待人，以理服人。"

对自己的民歌技艺，黄达佳十分自信。他曾笑称自己参加对歌，每每"难逢敌手"："我就是天生喉音好，山歌比赛中，一个人的声音比十个人还大。"因此，各村屯都以能请到这位歌王"压阵"为荣。

黄达佳的自信，其来有自。他曾向记者细数作为一名壮族歌师应有的"专业技能"：各种典礼的歌要懂，比如结婚时的"问亲歌""花歌"；对歌到深夜，大家都累了，要懂得唱调节气氛的幽默歌调提振气氛；要有丰富的人生经验，要有才学，才能应付对方歌手的挑战……他即兴唱了一首猜谜歌："一个木架方又方，两根木头横中间，底下还有两只脚，这个字你识不识？"这首歌的谜底就是一个"其"字。如果对方答不上来，就要下台。在黄达佳珍藏的山歌抄本里边，光是"问亲歌"就有300多句，而且头尾字字押韵。

尽管现在上了年纪，但一到周末，黄达佳还是外出对歌，有时甚至对到天亮还不想回家。黄达佳常挂在嘴边的一句话是："山歌伴随着我的一生，在我的生活里不能没有山歌，只要身体允许，我会不停地唱下去。"

对痴迷山歌的丈夫，黄达佳的妻子赵爱玉说："这是他的爱好，我只能适应他。"1985年，家里生活并不好，但她还是满足丈夫多年的愿望，花2000元买了第一台录音机，"现在我们家都快成录音机文物库了，哪种款型都有，家里摆了10台，还有4台借在外面呢。"她还有几分调侃、有几分满足地说："跟他在一起，每天都能听喜欢的山歌，也是一种浪漫吧。"

黄达佳说，山歌对唱，

黄达佳接受采访

是歌手传情、斗智、亮才的过程，是民间档次最高的文化活动，参与其中才知道当中的激烈和乐趣。他深感这一民间艺术传承的重要性。为了让高水平的山歌不断"香火"，黄达佳把自己的歌都录成磁带保存下来，这些磁带摆满了家里的书架。

  1987年，黄达佳加入了广西山歌函授大学，随后着手进行民歌古歌整理工作。如今，他已录制及创作了几千首山歌，其中包括《布洛陀》古歌12卷。接下来，他还要继续把《布洛陀》古歌的其他部分整理出来。黄达佳说："这是祖传的东西，不能断。"现在，他已经把经诗传人之位交给了40多岁的侄子。

郭有珍
——"歌舞梅葛溢芬芳"

郭有珍（1941～），民间歌舞艺人，《梅葛》传承人。云南楚雄姚安人，彝族。她生长在彝族史诗《梅葛》发祥地，自幼受到熏陶，青年时代即成为当地知名的歌手，逐渐娴熟地掌握了梅葛曲调和演唱技巧，并在各类活动中多次获奖。2009年成为第三批国家级非物质文化遗产项目（民间文学类）代表性传承人，并在2013年获得第二届"中华非物质文化遗产传承人薪传奖"。

一、生在梅葛故地，结缘梅葛歌舞

1941年，郭有珍出生在今云南省楚雄彝族自治州姚安县官屯乡马游坪村的一个彝族家庭。

彝族是我国第六大少数民族，主要聚居在西南部的云南、四川、贵州三省，其余散居于其他省份及境外。彝族支系繁多，有诺苏、聂苏、罗婺、撒尼、阿哲、阿细等支系，其中楚雄彝族自治州姚安县、大姚县、永仁县的彝族支系自称为"罗罗颇""俚颇"，彝族"梅葛文化"就流行在这一地区，而马游坪村则是"梅葛文化"的发祥地，有"梅葛故地"之称。

郭有珍

在"梅葛故地"马游坪村，逢年过节、婚丧嫁娶、起房盖屋等重大活动时，男女老幼都会围聚篝火或火塘旁，弹三弦、吹芦笙、吼梅葛，演唱彝族歌舞，通宵达旦。在20世纪50年代，马游坪村彝族艺人骆学明就曾到人民大会堂演唱梅葛，1982年出席

"全国少数民族文艺调演"并获文化部嘉奖。如今，马游坪村涌现出了国家级、省级、州级民族民间艺人郭有珍、郭自林、罗玉芳、罗英、罗文辉等，涌现出了骆学明、罗英、罗斌等"彝族梅葛文化世家"。除彝族梅葛外，马游坪村还有多彩的彝族服饰，浓郁的彝家火塘、婚俗、"串姑娘房"、芦笙舞和朵觋（即毕摩，彝族的祭司）祭祀等民俗风情，以及古民居、传统农耕、乡村饮食等色彩斑斓的民族民间传统文化。

出生在"梅葛文化之乡"的郭有珍，自幼聪颖，热爱民族歌舞。她从小耳濡目染祖母、母亲和哥哥姐姐表演梅葛歌舞，13岁便成为本村梅葛文艺宣传队的骨干演员，青年时代就已成为马游坪地区知名的民间歌手。那时，郭有珍主要以演唱"娃娃梅葛"和"青年梅葛"为主，前者声音脆美、娃娃腔十足，后者细腻优美、婉转迷人。

1964年，二十出头的郭有珍被楚雄彝族自治州彝剧团选中，参与排练节目并赴省会昆明演出。同年4月，她被县花灯剧团吸收为彝剧演员，曾在彝剧《曼嫫与玛若》中担任梅葛独唱歌手并获好评。

1966年初春，在地方舞台已小有名气的郭有珍，因家庭贫困，父母亲在家无人照顾，而且与丈夫也分居两地，于是不顾劝阻，毅然回了老家。但这并没有割断郭有珍对梅葛的情缘，在艰辛生活中与梅葛为伴。

回乡务农以后，郭有珍一有闲暇，就与村里梅葛文艺表演队里的老艺人骆学明、郭莲英、自开喜等一道，常年组织村民自编自演，张罗一年一度的梅葛歌舞表演，向探访者宣讲创世史诗的来龙去脉，在山里山外唱响彝歌《梅葛》，一直乐此不疲，一唱便是数十年。

梅葛演唱分为"娃娃梅葛""青年梅葛""中年梅葛""老年梅葛"四种类型，各自均与年龄相关。进入中老年，郭有珍随之主要演唱"中年梅葛"和"老年梅葛"。中老年梅葛，无论内容还是演唱技巧要求都很高，尤其是"老年梅葛"，能够演唱的人很少，而郭有珍演唱起来则是游刃有余。此外，彝族民间的"打跳"、彝绣等"绝活"，她也样样在行。

二、《梅葛》：用梅葛调"唱述过去的事"

《梅葛》是彝族四大长篇史诗之一，流传在楚雄彝族自治州姚安县、大姚县、永仁县的彝族支系中，其中姚安县马游、大姚县昙华、永仁县直苴等彝族村寨是主要流传地，素有"梅葛之乡"的美誉。

马游坪村是梅葛的发祥地，而关于梅葛的起源，在当地还流传着一个古老的传说：在古老的年代，生活在马游坪的彝族先祖们日出而作、日落而息，过着平淡的生活。一天晚上，一个叫朵觋的小伙子收工回家，头被挂在树上的葫芦碰了一下，他便把葫芦扯下来丢下山箐。谁知葫芦是天神所变，天神见世人如此对待葫芦，晚上就托梦责问朵觋，问他知道不知道人都是从葫芦里来的；朵觋说不知道，人们都不知道。天神很失望，说："你们不知道自己从哪里来，也不知道世上万物从哪里来，难怪你们不知道祭祀神灵。"于是决定开启人的灵智，每晚上托梦给朵觋传授《梅葛》，并传授祭祀礼仪。但传了八个晚上，朵觋记住后面又忘了前面。天神只能在人间逗留九天，离开天庭时又忘了带文字而无法用文字传授，情

彝族史诗《梅葛》书影

急之下创造了梅葛调，用歌唱的形式把《梅葛》完整地传授给了朵觋。临走时，天神告诉朵觋，说从此以后你就是神人沟通的"朵觋"，一半是神，一半是人；还说每年旧历的十月八日是诸神聚会的日子，在那一天祭山并吟唱《梅葛》，会得到各路神灵的护佑。从那时起，人间有了朵觋（毕摩），不仅主持各种各样的祭祀，还负责传唱《梅葛》。

"梅葛"一词是彝语的音译，意为"唱述过去的事"。《梅葛》内容包罗万象，几乎反映了彝族人民历史文化、生产生活的全貌，它传授原始的知识积累，贯彻传统的行为模式，维护古老的社会传统，传播久远的美学经验，被视为彝家的"根谱"、彝族的"百科全书"。因为完全靠口耳相传保存下来，以唱述为特点，因而"梅葛"又是调子的名称，也称"梅葛调"。由于采用这种调子来唱述彝族的创世史，因而人们将经过文字整理的这部创世史诗称为《梅葛》。

《梅葛》文本的收集整理始于20世纪50年代。1957年，当时任云南省文联主席的徐嘉瑞到姚安调研，姚安县文教部门随即组织力量进驻马游坪村，对当地流传的"梅葛"进行第一次全面收集整理。1958年，云南省民族民间文学楚雄调查队再次作了全面搜集、整理、翻译，并于1959年由云南人民出版社出版。

从此，《梅葛》以独有的魅力迅速风靡。1961年，郭沫若途经楚雄，

赋诗赞道:"百花齐放在边疆,十二兄弟聚一堂。造天造地齐努力,歌舞梅葛溢芬芳。"1985年8月和1986年2月,美籍广西大学外语系教师马克·本德尔两次到姚安,将《梅葛》翻译整理介绍到海外。1987年,《梅葛》被翻译成英文在美国《探险》杂志发表,在国际学术界引起强烈反响。1990年,马游坪彝族民间艺人组成的"云南楚雄彝族民间艺术团"应邀赴日本参加"第三届亚洲艺术节",其精彩表演倾倒了无数日本观众。

2006年7月,"梅葛"被云南省人民政府列入云南省第一批省级非物质文化遗产保护名录,马游坪村同时被列为省第一批非物质文化遗产彝族传统文化保护区。2008年6月,彝族《梅葛》列入第二批国家级非物质文化遗产保护名录(民间文学类);次年,郭有珍成为第三批国家级非物质文化遗产项目(《梅葛》)代表性传承人。

三、说唱就唱,张口就来

目前收集整理出版的《梅葛》共分四大部分,分别为"创世""造物""婚恋"和"丧葬"。其实,《梅葛》并没有从头至尾一气通贯的完整故事,它的每一部分由许多篇组成,每一篇又可以独立成章、单独咏唱,但曲调韵律是相对一定的,即所谓"梅葛(调)"。

如前所述,梅葛曲调有四种类型——娃娃梅葛、青年梅葛、中年梅葛、老年梅葛,它们各自有自己的韵律和内容。

"娃娃梅葛"是彝族的"儿歌",俗称"娃娃腔",一般由成群结伙的彝族青少年和儿童对唱,朗朗上口,易于记诵。演唱时少年儿童喜笑颜开,妙趣横生,回味无穷,给人一种浓郁的民族乡土生活气息和质朴悦耳的美感。郭有珍的代表作《宝宝睡吧》就是娃娃调,歌中唱道:

郭有珍在演唱《梅葛》

睡吧睡吧，阿妈的小心肝哟，阿奶的小乖乖哟，打也舍不得打你，骂也舍不得骂你……你阿妈背柴去了，你阿爹放羊去了，留我在家里……

"青年梅葛"也叫"山梅葛"，演唱内容主要反映彝族青年男女纯真的爱情生活，主要曲调有相好调、传烟调、戴花调、诉苦调、离别调和喜庆调，声调、内容不固定，可即兴发挥，比较随意。

"中年梅葛"主要是演绎中年男女成家后生产生活的艰辛，内容曲调比较凄婉忧伤。

"老年梅葛"也叫"赤梅葛"，内容主要是唱述开天辟地、创世立业和劳动生活，调子和内容相对较固定，一般由中老年传唱。比如《梅葛》第二部《造物》讲盖房子、狩猎、农事，直接介绍生产知识；《说亲》一章讲婚姻（事）的习俗，讲到男方到女方家接亲时，女方要向男方提出一连串的生产知识问题，然后男方反问女方。

梅葛在相对一定的韵调基础上，生产、生活中的一切都可以"入调"，因而具有极大的再生创新能力，优秀的歌手可以即兴发挥、自如挥洒。用马游坪村彝族群众的说法，那就是无论天上飞的、地上跑的还是水中游的，听到的、看到的，都能变成他们的歌。郭有珍更是其中的佼佼者，不论什么场合，说唱就唱，张口就来。

2009年，楚雄彝族自治州政府在马游坪召开彝族梅葛文化传承保护现场办公会，由村里的业余梅葛文艺队作专场汇报演出。郭有珍早早就上山采来几种艳丽的山花，放在道具篮里背着上台演唱。因为太投入，唱着唱着就唱到了台下。主持人也顺水推舟，为她介绍领导。介绍一个，她送一枝山花，并临时编词，用梅葛调感谢领导，接连唱了十多个。又有一次，有记者到郭有珍家，老人双手端着一碗酒，即兴用梅葛调子对来客唱道："××痴情写华章，保护梅葛来探访；笔走龙蛇彝家寨，一歌一舞溢芬芳……"

郭有珍不但熟悉多达7750多行《梅葛》长歌，而且还能演唱其中最为古老的创世歌。她演唱的代表曲目如《宝宝睡吧》《哄娃娃》《读书调》《回来吧，独姑娘》《挖木拉》《漆树花》《老大哥》等，不仅广为传唱，省、州文艺、文化部门也都录过音像并建立了"非遗"资源库。

四、梅葛文化，广有传人

在历年各种活动中，郭有珍的梅葛演唱获得了许多荣誉。2002年，她被云南省文化厅命名为云南省民族民间音乐艺人。2006年，她参加了全省首届酒歌大赛和歌舞乐展演，荣获银奖和最佳传承奖。2009年，又成为国家级"非遗"项目代表性传承人。2010年，郭有珍参加云南省第七届民族民间歌舞乐展演，在《梅葛唉嘎哩》表演中以独到的唱腔轰动了全场，得到专家的高度赞扬，并获得了金奖。

在成为非物质文化遗产代表性传承人之后，有鉴于民族文化瑰宝梅葛文化的传承出现危机，郭有珍看在眼里、急在心上。

20世纪五六十年代，姚安县彝族梅葛演唱内容曲调全面，擅长唱述创世梅葛的民间歌手比比皆是。随着老一代艺人的去世，再加上语境改变、习俗变化、外来文化冲击，现在能完整唱述创世梅葛和朵觋（毕摩）经词的人已是屈指可数。据前几年统计，熟练演唱老、中、青和娃娃梅葛的彝族群众减少为20世纪五六十年代的半数以下，60岁以上善于演唱"老年梅葛"的已不超10人，且无人能够完整唱述创世内容；20～50岁的中青年，大多只会盘唱部分中、青年梅葛，而且仅有数人能够完整对唱；20岁以下的青少年，会唱传统婚俗歌和全部"娃娃梅葛"的歌手寥寥无几。

面对这种现状，郭有珍深感自己责任重大，并积极行动起来。在家里传习的同时，她也教村里的人；在生活中随时随地传承的同时，也利用业余时间组织村民等进行教授。此外，郭有珍还招收了一些徒弟，利用农闲时间口传身授。山路上，火塘边，青棚下，锅灶旁，都留下了他们唱歌跳舞的身影。她还不辞辛苦地走进各级各类培训班宣讲梅葛文化，进村入户倡导人们讲彝话，唱梅葛，跳左脚。

郭有珍（中）给孩子们传承《梅葛》

现在，深受郭有珍等一群梅葛人的感染，全村大多数村民都能说唱梅葛了。村里还修葺了"义学堂"，作为梅葛传习所，为郭有珍和她的"老搭档"教孩子们学习梅葛曲目和演唱技艺提供了场所。"义学堂"收集了梅葛文化的书籍、乐器以及刺绣、手工艺品和劳动工具等民族文物，营造出了梅葛文化氛围。

在郭有珍、自开旺（县民族宗教局原局长）等一批痴情梅葛文化的老中青艺人引领下，95%的马游坪村村民都学会了唱梅葛、跳左脚舞，郭有珍也已经有40多名徒弟出师。如今，郭有珍和她的梅葛文化传唱弟子们，经常入乡进城、走村串巷，巡回宣传演出梅葛歌舞；他们也应邀进入省、州高等院校地方民族文化讲堂和大姚、永仁、牟定、南华等县、乡彝族梅葛文化传习所、培训会场，展示传授梅葛，交流传承保护经验……

郭有珍家是名副其实的"梅葛世家"。同辈中，哥哥郭有忠、郭有亮，姐姐郭有兴，都曾是唱老年梅葛和青年梅葛的歌手。儿子罗会元、女儿罗会平、罗丽平、罗丽香也会演唱梅葛，其中从小在奶奶歌声中长大的孙子罗文吉、罗文英俩兄妹，现在已经是小学里的梅葛"小歌星"，每次演出都少不了他俩……正可谓代代有传人。

2013年6月，郭有珍与其他60多名对国家非物质文化遗产传承做出突出贡献的代表性传承人，荣获第二届"中华非物质文化遗产传承人薪传奖"。

郭有珍（右二）获得"薪传奖"

李腊翁
——"茶的民族"的史诗歌手

李腊翁（1929～　），民间歌手，《达古达楞格莱标》传承人。云南德宏潞西人，德昂族。曾任潞西县政协委员。他以擅长对唱"阿坡翁"而闻名，并能够完整唱述民族史诗《达古达楞格莱标》，亦能演奏"布赖""结脂"等民间乐器，是德宏傣族景颇族自治州最著名的德昂族民间歌手和民族知识分子。2009年成为第三批国家级非物质文化遗产项目（民间文学类）代表性传承人。

一、成长在全国唯一的德昂族民族乡

1929年，李腊翁出生在今云南省德宏傣族景颇族自治州潞西县（今潞西市）楚冬瓜村，20世纪40年代随父母迁至邦外村，两个村子均属于三台山德昂族民族乡。

德昂族是我国人口较少民族（2000年普查时为1.79万），而作为全国唯一的德昂族乡，三台山乡具有十分重要的地位。2007年9月，中国德昂族博物馆在三台山乡破土动工，2010年7月竣工，2011年9月28日开馆。这座唯一建在乡里的国家级博物馆，由主展馆、动态表演馆、手工艺品展示馆、电子展示厅等部分组成，占地面积760.28平方米。馆内收藏德昂族文物200多件，内容包括德昂族出土文物、生产工具、生活用具、服饰纺织、民间工艺品、古籍文献、节日文化、宗教艺术等方面，如茶文化、竹文化、服饰文化及历史文化等。

李腊翁生在一个农民家庭，从小吃尽了人间的酸甜苦辣——当过放牛

李腊翁

娃，做过雇工，曾流浪到畹町、瑞丽一带谋生——苦难的生活赐予了他坚韧而又敏感的心灵。

由于长期在各地乡村奔波，李腊翁不断受到民族歌舞艺术的熏陶。他四处聆听，用心品味，不断消化吸收着各种民歌的演唱技法。不久以后，李腊翁初步掌握了以《雷弄》《串》为代表的许多民间歌曲的演唱要领。他的歌明快悠扬，情意绵绵，感人至深，具有独特的个人风格和韵味。到1948年，李腊翁已经是一个驰名德昂族地区的民歌手。

1962年，勇于也长于创新的李腊翁，大胆地打破了德昂族传统的演唱习惯，把歌唱、器乐演奏有机地结合在一起。这就在无形之中有力地拓宽了德昂族民歌的表现空间，民歌的艺术感染力也得到了淋漓尽致的体现。他演唱《葫芦笙恋歌》时，幽雅深情的唱腔和深沉动人的葫芦笙独奏曲相互穿插，歌喉和器乐合奏出的情感催人泪下。

1979年，李腊翁赴北京参加了"全国少数民族民间歌手、民间诗人座谈会"。回到故乡后，他创作了《我在半路等你》《你变菜，我变锅》和《德昂族情歌》等一系列洋溢着浓郁民族色彩的作品。其中的《你变菜，我变锅》，后来还荣获"云南省少数民族文学创作奖"。这首歌是这样的：

你变菜，我变锅，你变白米，我变甑子，
你变布匹，我变针线，你变树木，我变春风，
你变青草，我变露水，你变花丛，我变蜜蜂；
你我心心相随相印，时时刻刻不分不离。

2008年6月，德昂族创世神话诗史《达古达楞格莱标》经国务院批准列入第二批国家级非物质文化遗产名录；次年，李腊翁作为这一"非遗"项目（民间文学类）的出色演唱者，进入第三批国家级非物质文化遗产项目代表性传承人之列。

二、"茶的民族"的《达古达楞格莱标》

德昂族的文学主要是民间文学，形式多样，主要有神话、传说、史诗、寓言、笑话、诗歌等，大部分是靠口头流传下来的，也有些是利用傣文或用傣文字母拼写本民族语记载下来的。这些相沿既久而记录下来的作品，就形成了"古歌"，其中最著名的就是国家级"非遗"项目《达古达楞格莱标》，此外还有《宝葫芦》《洪水的故事》等。

《达古达楞格莱标》是德昂族的创世神话史诗，德昂语意为"最早的

祖先传说"（或"古代先民的传说"）。史诗从混沌初始唱起，直至德昂族先民的"茶叶始祖"完成创世大业。与其他民族创世史诗不同的是，德昂族这部史诗情节单纯，始终以万物之源——茶为主线，集中描写了这一人类和万物的始祖如何化育世界、繁衍人类的神迹，拟人手法贯穿始终。

诗中唱道：

> 茶叶是茶树的生命/茶叶是万物的阿祖/天上的日月星辰/都是茶叶的精灵化出/金闪闪的太阳/是茶果的光芒/银灿灿的月亮/是茶花在开放/数不清的满天星星/是茶叶眨眼闪金光/洁白的云彩/是茶树的披纱飘散/璀璨的晚霞/是茶树的华丽衣裳

与"美丽无比，到处都是茂盛的茶树"的天上相比，大地却是一片黑暗。茶叶精灵看到大地无限凄凉，就问万能之神帕达然："我们为什么不能到地上生长？"帕达然回答说："天下一切黑暗，到处都是灾难，下凡要受尽苦楚，永远也不能再回到天上。"但是茶树为了大地长青，愿意到地上受苦。于是掀起狂风，撕碎小茶树的身子，使102片叶子飘飘下凡。这些叶子在狂风中发生了奇妙的变化，变成了男人和女人："单数叶变成51个精干的小伙子，双数叶化为25对半美丽的姑娘。"后来，大地上出现了红、白、黑、黄四大妖魔，他们横行霸道，涂炭生灵。茶叶与四魔斗争，打了九万年，终于消灭它们。茶叶众兄妹割下自己的皮肉，搓碎后使它们变成大地上的树木花草，并把自己鲜美的颜色洒给白花，茶叶自己只留下普通的颜色：碧绿的花托、嫩黄的花蕊和洁白的花瓣。从此，这些姑娘和

德昂族欢庆自己的节日

小伙子便在大地上生息，繁衍了人类。

德昂族种茶历史悠久，向来被其他民族誉为"茶的民族""古老的茶农"。从古至今，茶在德昂族人的日常生活、社交礼仪、化解矛盾、治疗疾病等方面均有独特的地位。古歌《达古达楞格莱标》集中反映了德昂族与茶的渊源关系，从而影响着德昂族的人生态度、习俗风尚、道德伦理、性格特征以及审美情趣。因此，古歌的末尾唱道："未来的道路很远很远，还会有魔鬼和苦难，为了开拓新的生活，《达古达楞格莱标》要贴在心口上。"

李腊翁正是一个一生把《达古达楞格莱标》贴在心上、唱在嘴上的德昂族民间歌手。

三、传承民族文化不遗余力

1981年，文学刊物《山茶》第2期发表了由赵腊林唱译、陈志鹏记录整理的《达古达楞格莱标》，全诗长1200余行，包括序歌和主体的五个部分。也有研究者指出，从具体内容看，全诗应分为九部分：（1）人的诞生、神的出现及由茶树创造了日月星辰；（2）茶叶诞生人类；（3）茶树兄妹在人间的磨难；（4）茶树产生了高山、平坝和江河湖海；（5）四色土的来历；（6）大地植物的来历；（7）各种动物的来历；（8）藤篾箍习俗的来历；（9）德昂族人民对祖先的缅怀、感恩。其中几乎每一个片段就是一组鲜活的画面，合起来就成了德昂族与茶密切相关的社会历史变迁的长卷。

《达古达楞格莱标》赋予了茶叶深广的文化内涵，在民族历史上，德昂族不仅在生计方面依赖于茶叶，日常和礼仪生活也体现了丰富多彩的茶文化内涵：出生茶、成年茶、定亲茶、成亲茶、敬祖茶、祭祀茶……这些茶俗折射着德昂族人的价值观和生命意识。

然而，如今在德昂族年轻人的意识里，茶文化的情结已经越来越淡漠，许多茶俗也几乎名存实亡。据调查：潞

李腊翁接受采访

西市三台山乡会唱《达古达楞格莱标》的歌手大多已经去世，现在仅有年过八旬的李腊翁能传唱这部史诗；其他地区的德昂族人只能讲述其故事而不会咏唱。《达古达楞格莱标》传承"断代"现象严重，后继乏人。

对于历史上较为贫困的德昂族来说，《达古达楞格莱标》的保护与传承，在经济社会发展方面具有重要的意义。由于贫困，德昂族人不无自己比别人落后的自卑心理，天长日久，对自己的民族文化难免产生了怀疑态度。这种来自民族群体内心深处对本民族文化的冲击，比任何来自外部的力量都要强烈。因此，这些年来，有关方面积极扶持和推进德昂族经济发展。从媒体的报道来看，三台山乡德昂族的面貌已经发生了很大改观，《达古达楞格莱标》的传承也在老歌手李腊翁等的指导下，展现出光明的前途。

除史诗《达古达楞格莱标》外，德昂族民间文学还有叙事长诗、风情习俗长诗、民歌等。民歌约有5种歌调形式：迎亲调（即婚礼词），隔山调（即"对歌调"），串词，采茶调，做摆歌。流行于德宏地区德昂族中的"阿坡翁"，就是一种"对歌调"。按当地德昂族的传统婚恋习俗，每个人从恋爱到婚姻的过程中，约需经过"山野对唱初识、竹楼笙歌寻偶、婚前相讴送嫁和婚礼众歌往贺"四个具体阶段，其间都伴有"阿坡翁"。这些种类的民歌，李腊翁都很熟悉，尤其擅长演唱"阿坡翁"，并且发表了不少唱译作品，如前述《你变锅，我变菜》，以及《这个地方我从来没到过》《看到一朵美丽的花》《婚礼前的对歌》等。这些民歌，尤其是情歌，更为年轻人喜爱，李腊翁也不遗余力地传承着。

德昂族"非遗"传承培训班

桑 珠
——《格萨尔》说唱家的"包仲"人生

桑珠（1922～2011），民间说唱艺人，《格萨尔》传承人。西藏丁青人，藏族。曾任拉萨市墨竹工卡县政协委员。他从小在《格萨尔》歌声中长大，11岁时因"神授"而学会说唱，在流浪演唱中不断吸收民间语言并进行整理、再创作，共录制45部、2114小时的《格萨尔》，是迄今为止说唱录音最多的艺人。2009年成为第三批国家级非物质文化遗产项目（民间文学类）代表性传承人。出版有《格萨尔艺人桑珠说唱本》。

一、生活熏陶与梦中"神授"

1922年，桑珠出生在西藏昌都与那曲交界的丁青县的一个叫"如"的村庄。他的祖先源自"帕就"家族，汉语的意思是"生在岩石盆里"，到他父母这一代一直都是地道的牧民。

丁青县是从青海、昌都到那曲、拉萨的交通要冲，十分利于经商。桑珠的外祖父洛桑格列平时一边放牧，一边做些小买卖，因此一家人的生活较为宽裕。除了放牧、经商，洛桑格列还喜欢结交朋友，常常和朋友们聚在一起喝酒，给朋友们说唱《格萨尔》。

《格萨尔》又名《格萨尔王传》，是世界上最长的活态民间说唱体英雄史诗，主要流传于我国青藏高原的藏族、蒙古族（称《格斯尔》）、土族、裕固族、纳西族、普米族等民族，以民间说唱艺人口耳相传的方式讲述了格萨尔王降临人间后降妖除魔、抑强扶弱、统一各部，最

桑 珠

后回归天国的英雄事迹。

小时候，桑珠受外祖父的影响，非常喜欢《格萨尔》，可以说，他的童年几乎是伏在外祖父的双腿上，听着《格萨尔》的故事长大的。然而，好景不长，没过几年外祖父就去世了，家境也逐渐衰落。后来，债主开始频繁地上门讨债，不由分说就把桑珠家洗劫一空。从此，年幼的桑珠只得靠为别人放牧糊口度日，在那段黑暗的日子里，《格萨尔》的故事是他唯一的精神支柱。

1933年的一天，11岁的桑珠在放牧时遇到暴雨，于是便躲进山洞，不知不觉中进入了梦乡。在梦中，债主又找上门来，拉起桑珠家里的牦牛就往外走，桑珠赶忙抢上前去，抓住牛尾巴不放，与债主扭打起来。在这个紧要关头，格萨尔从天而降，把债主制服在地，解救了桑珠。

梦醒之后，桑珠十分激动，回到家后茶不思、饭不想，脑海里全是梦中的情景。父亲见桑珠整日精神恍惚，于是便把他送进仲护寺请列丹活佛治疗。在多年后回忆那段经历时，桑珠说："在寺院的日子里，我频繁做梦，每次梦中都会翻看《格萨尔》的书。梦醒之后尝试着回忆，内容都能回想起来。再尝试着开口说唱，发现自己不但能流利说唱《格萨尔》，而且唱完之后会特别开心。"

从寺院回到家后，桑珠已经可以自如说唱《格萨尔》中《诞生篇》的故事了。没过多久，他又把《赛马登位》的故事全部唱了下来。到了13岁，他已经可以说唱60多部格萨尔王的故事，成为一名"神授"艺人。

在藏族民间，说唱《格萨尔》的艺人按说唱技艺习得和传承方式的不同，分为"神授""掘藏""圆光""闻知""吟诵"5类。在这5类中，后两类艺人的说唱技艺源自后天学习，而前三类艺人的习得方式目前尚无科学解释。在前三类中，"神授"艺人是最为特殊的群体，他们大多生活在祖传艺人家庭或《格萨尔》广泛流传的地区，自称有过奇异的经历，故事和讲述故事的能力来自"神授"。他们虽然基本都不识字，却记忆力超群，表现出惊人的口头创作活力。桑珠就是典型的"神授"艺人。

二、四处漂泊，用心传唱

成为"神授"艺人后，桑珠因说唱《格萨尔》口齿伶俐、精彩绝伦，深受当地牧民的欢迎，却也招来了不少嫉妒。16岁那年，县里一个官吏的儿子因看不惯桑珠受人追捧，便把他叫到自己家里过夜，趁桑珠熟睡时在他身上连捅3刀。桑珠惊醒后慌忙夺过尖刀，这才保住了性命。

为了躲避迫害，桑珠等伤势好转后离开父母，跟着去冈底斯山朝圣的人群一路向西，踏上了朝圣之路。一路上，他边走边唱《格萨尔》，大家都愿意出钱听他说唱。他就这样在一无所有的情况下徒步朝拜了圣山，又徒步返回了家乡。

回到家乡后，桑珠请人做了一顶"仲厦"（说唱艺人戴的帽子），和一根一端带有可以套在手指上的小铁环的木杖，开始到处流浪说唱。途中，他去了格萨尔王南征北战的地点，目睹了战争留下的废墟，还不断吸收各地的谚语、歌谣和生产生活术语，来丰富自己的说唱语言。

桑珠说唱《格萨尔》

随着游历经验的丰富，桑珠驾驭语言的能力越来越强，说唱的故事也愈加生动，所到之处均受到当地百姓的热烈欢迎，凡是听过他说唱《格萨尔》的喇嘛都夸赞他是优秀的《格萨尔》"包仲"（藏语，"神授"艺人）。

在大家的拥护下，桑珠一路唱到了离拉萨不远的山南地区。一天，山南的一位贵族偶然听到了桑珠的说唱，不禁神魂颠倒，于是便把他请回家中久住。桑珠在贵族家一住就是好几年，他每天都给那位贵族唱上一段，吃的穿的"都和贵族老爷们一样"，生活非常惬意。

后来，贵族去拉萨探亲，把桑珠也一起带了过去，没想到他的名气又在拉萨传了开来。拉萨的贵族们纷纷邀请桑珠到家中说唱，就连噶伦（旧西藏噶厦政府最高世俗行政官员）索康也曾请他到家中说唱。

随着名声逐渐提高，桑珠的生活质量也逐步提升。西藏民主改革时期，他前往拉萨附近的墨竹工卡县，与当地的一位农村姑娘成了家，从此结束了漂泊流浪的日子。后来，政府还给桑珠分配了两头牛和几亩耕地，平日里，他一边干农活一边唱《格萨尔》，还经常骑马翻山跑到牧区，给牧民们说唱，崭新的生活赋予了他自由舒展的艺术天地。

过了几年舒适安逸的生活后，"文化大革命"开始了，《格萨尔》和藏戏等传统藏族文化的瑰宝一夜间成了"大毒草"，桑珠和许多艺人都成了批斗的对象。所幸的是，在合作社干活时，生产队长总是暗中照顾桑珠，让他做炊事员，还常常带着他一起干活，跟他聊天，因为"他的语言很精彩，总是有很多谚语和俏皮话"。到了晚上，队长还会把桑珠偷偷叫到家里，听他说唱《格萨尔》。整整10年，虽然不能公开说唱《格萨尔》，可桑珠的技艺却并没有荒废，反而越发精湛。

三、为录制《格萨尔》鞠躬尽瘁

"文化大革命"结束后，《格萨尔》重见天日，桑珠的说唱生涯也迎来了新的高峰。1984年夏天，桑珠参加了在拉萨举办的全国艺人演唱会，与来自全国7个省区的34位优秀民间艺人切磋技艺、交流经验。在演唱会上，他凭借精彩的说唱表演赢得了观众和专家学者的喝彩。同年，西藏社会科学院成立了《格萨尔》抢救小组，桑珠作为《格萨尔》说唱艺人的杰出代表，被聘为重点传承艺人，开始投入对《格萨尔》的录制工作中。

桑珠录制《格萨尔》非常认真，为了保证《格萨尔》录音的忠实性与科学性，录音中如果有听不清的地方、记录中的笔误以及说唱时出现的前后不一致等问题，他都会仔细和工作人员一一核对。在墨竹工卡县的家中录音时，为了避免干扰，他还经常提着录音机和一壶酥油茶到附近的山洞中进行录音。

在录制《格萨尔》的同时，桑珠还在1989和1991年分别参加了两届格萨尔国际学术讨论会，在会上发表了自己对《格萨尔》传承与保护的看法。1991年，他凭借出色的表现被国家民族事务委员会、文化部、中国文学艺术界联合会、中国社会科学院等四部委联合授予"格萨尔说唱家"称号。

进入21世纪，西藏社会科学院和中国社会科学院少数民族文学所联合启动了《格萨尔艺人桑珠说唱本》的录音整理和编辑出版工程，决定整理出版45部共49本《格萨尔艺人桑珠说唱本》丛书。

2001年7月6日，"《格萨尔艺人桑珠说唱本》首发式暨拉萨地区社科界庆祝建党80周年、西藏和平解放50周年学术研讨

已经出版的部分桑珠《格萨尔》说唱本

会"在拉萨举行,桑珠的《天界篇》《岭国形成史》《诞生篇》《年曲木绒粮食宗》《北方鲁赤马宗》(上、下)等5部6本《格萨尔》说唱本正式出版。在仪式上,桑珠说:"今天我很高兴,也很激动。因为我一生说唱《格萨尔》,但没有见到过巴掌大的记录成文的书。今天,我终于见到了自己讲唱的书。"

首批说唱本问世后,桑珠以更高的热情继续着对《格萨尔艺人桑珠说唱本》的整理出版工作。虽然已步入耄耋之年,身体一日不如一日,可他对《格萨尔》的热情有增无减,常常带病坚持录音。为出版一套完整的说唱本,桑珠还录制了《格萨尔》的最后一部——《地狱篇》。在此之前,《地狱篇》只有宗教人士整理刊刻的木刻本,因为艺人们都很忌讳说唱《地狱篇》,他们认为一旦唱完这一部,自己的生命也会走到尽头。桑珠的这一举动不仅难能可贵,而且值得所有人尊敬。

2009年,桑珠成为第三批国家级非物质文化遗产项目(《格萨尔》,民间文学类)代表性传承人。得知这一消息,桑珠十分高兴,他知道,自己多年来的辛勤努力得到了大家的认可。

2011年2月16日,桑珠因病去世,享年90岁。他病逝当天,西藏社会科学院召开了联席会议,会议决定完成后续11部12本说唱本的编纂工作,不负桑珠的殷切期望。

四、"我这一生是成功的"

桑珠把自己的一生都奉献给了《格萨尔》说唱,他一生共录制了45部2114小时的《格萨尔》,是迄今为止说唱录音最多的艺人,也是唯一出版了完整说唱本的艺人,被学界誉为"语言大师"和"国宝级人才"。

几十年来,桑珠"浪迹高原,阅历颇丰,且在漫长的游吟生涯中与多位有影响力的说唱艺人接触,集众人之长,以丰富自己,使他成为老一辈艺人中的佼佼者"。他的身上既体现着老一辈格萨尔说唱艺人的共性,又有通过长期的磨炼逐步形成的与众不同的说唱特点。

首先,桑珠对格萨尔王极为尊敬,在说唱前总是十分虔诚地在心中默默祈祷,而后再进入到故事情节中。因此,他追求的是一种朴实无华的说唱风格,反对即兴表演式的说唱。

其次,桑珠的说唱在语言上具备独到之处。早先的流浪生涯赋予了他出众的驾驭语言的能力,他在说唱中大量采用牧民的口头语,还用了不少的古词古语和熟语谚语。这令他的说唱语言极为丰富,赞词联翩。桑珠说

桑珠在国际《格萨尔》研讨会上

唱本《格萨尔》课题组专家指出："当他唱到格萨尔王英勇杀敌时，他会感情激越、曲调高昂地唱出铿锵有力的诗句；唱到珠牡与格萨尔分别时，他会低声细语，表现出二人绵绵情思和依依惜别的情愫。"

再次，桑珠的说唱在内容上反映了许多在现实生活中已不复存在的，而且史书中也很难查到的早期文化细节，而且有随着时空不同而不断变化的特点。这对了解人类早期文化、研究说唱艺人、研究活形态文化提供了十分重要的资料。

最后，桑珠还梳理了《格萨尔》的整体轮廓，并对其进行了明确的分类。除去史诗的开头部分如《天界篇》《岭国形成史》《诞生篇》《赛马登位》等，以及结尾部分如《安定三界》《地狱篇》等，他把史诗的征战部分为18大宗、18中宗和18小宗。他认为这三类的区别在于：四部降魔即《北魔鲁赞》《霍岭之战》《姜岭之战》《门岭之战》是18大宗的开始，是史诗重要的战役，也是奠定基础之部。大宗描写大规模的战争，战争的结局是把战败国的土地和财富收归岭国所有，如《大食财宗》《阿里金子宗》等；而中宗如《汉地茶宗》这一类，并无大的战事，也无将土地规划岭国之举；小宗则有许许多多。这样的分类让桑珠的说唱极具层次感。

如今，带着对桑珠的怀念，新一代说唱艺人依旧在为保护与传承《格萨尔》辛勤耕耘着。每当听到桑珠的录音时，大家的耳畔仿佛还依稀回响着老人在82岁那年总结自己一生时说过的话语："我这一生低到与乞丐坐同一个卡垫，高到与达官贵族喝同一碗酥油茶。1984年以后一直盼望出书，现在书也出来了。能为格萨尔王做自己应该做的事情，我这一生是成功的。"

哈孜木·阿勒曼
——"哈萨克族'达斯坦'的活唱片"

哈孜木·阿勒曼（1932～），民间说唱艺人，哈萨克族"达斯坦"传承人。新疆福海人，哈萨克族。少年时代跟随父亲和当地艺人学习哈萨克族"达斯坦"说唱艺术，十五六岁即小有名气，新时期以来更是名扬全疆和中亚。他掌握了100多部"达斯坦"，是当今唯一能说唱百部以上的"达斯坦奇"。2009年成为第三批国家级非物质文化遗产项目（民间文学类）代表性传承人。刊印、出版有《哈萨克族民间达斯坦》《民间宝库——哈孜木演唱精髓》等。

一、天赋异禀，过耳不忘

1932年，哈孜木·阿勒曼出生在新疆阿山道（今阿勒泰地区）布伦托海县（今福海县）阔克阿尕什乡齐勒哈仁村一个哈萨克族家庭。

我国的哈萨克族主要聚居在新疆维吾尔自治区的北部（北疆），其中又以阿勒泰地区最为集中。阿勒泰地区也是哈萨克族民间"达斯坦"的主要流传地，其中尤以福海县流传最为广泛，传承作品最多，民间艺人功底最为雄厚，有"哈萨克达斯坦之乡"之称。这个县的阔克阿尕什、喀拉玛盖、齐下吉迭、解特阿热勒四个乡里的哈萨克族牧民都十分钟爱"达斯坦"，其中又以阔克阿尕什乡齐勒哈仁村为中心，而那里也正是哈孜木·阿勒曼的出生地。

哈孜木·阿勒曼

哈孜木·阿勒曼出生在一个"达斯坦"世家，祖父和父亲都是当地有名的"达斯坦奇"(哈萨克语,指说唱"达斯坦"的人)。不过,虽然家里有兄妹三个,却只有哈孜木具备学唱"达斯坦"的天分,把家族的这门技艺传承下来。

很小的时候,哈孜木·阿勒曼就好奇地观看、聆听父亲的说唱,并且发自内心地喜欢上了。到了十多岁,哈孜木便正式跟着父亲学习说唱了。父亲放牧回来,晚上父子俩就坐在炉火旁,教学两个小时,兴致好的时候也会说唱四五个小时。

哈萨克族"达斯坦"一直是以口传的方式流传的。哈孜木·阿勒曼从小放牧,只上过几个月学,但他天赋异禀,过耳不忘,只要听过一遍,唱词和曲调就都会记下来。他说,唱"达斯坦"的人记忆力最重要,嗓子好坏没多大关系。两三年的时间,哈孜木就从父亲那里学会了20多部"达斯坦",可以独自骑马出去表演了。

有一年,在一次热闹的部落集会上,哈孜木·阿勒曼听到著名的"达斯坦奇"阔克斯根说唱英雄的"达斯坦",铿锵有力的诵白,富有节奏的弹唱,跌宕起伏的英雄故事,以及气势磅礴的艺术氛围,深深地吸引了他。那部分"达斯坦"有400多段,哈孜木却将它背了下来。从此以后,哈孜木开始追随、寻找有名的"达斯坦奇"学唱,提高自己的"达斯坦"说唱艺术水平。

当时,福海县有两个"达斯坦奇"最受人欢迎。一个叫波开,1946年就去世了。另一个就是阔克斯根,是哈孜木·阿勒曼邻村的人,年纪也比哈孜木大许多。哈孜木20岁那年,在邻村一户人家为孩子举行的割礼宴会

哈萨克族"达斯坦"弹唱

上遇见了阔克斯根的妹妹卡毕娜,第二年他就娶了这位美丽姑娘为妻,从而和阔克斯根成了姻亲。1974年,阔克斯根去世。两位出色的"达斯坦奇"去世之后,哈孜木就成为福海县最杰出的"达斯坦奇"了。

"1944年,我就跟随两位'达斯坦奇'学唱,那时候没有文字,只能死记硬背,也没有想到竟然背会了107部,我们通过背诵'达斯坦'把哈萨克族的传统文化都传给后人。"回忆起少年时光,哈孜木·阿勒曼的眼神透出无限神往,"那时候,不管走到哪里我都在背诵吟唱,白天在唱,黑夜里也在唱……"

二、生命中的"达斯坦"

"达斯坦"是哈萨克族历史悠久的一种说唱艺术形式。"达斯坦"是维吾尔语,意为"叙事长诗"。在柯尔克孜语里,它被称为"坎吉波斯",蒙古族则称它为"突兀勒"。从历史渊源上看,早在1000多年前的公元9~10世纪,新疆少数民族地区就存在这种形式的说唱作品,其后逐渐丰富。到今天,传世作品以哈萨克族最多,流传最广;乌孜别克族、柯尔克孜族、塔塔尔族、塔吉克族、维吾尔族、蒙古族、锡伯族等民族中,也有流传或作品存世。

从内容来看,哈萨克族"达斯坦"包括英雄史诗、历史长诗、爱情长诗和黑萨四大类。据哈孜木·阿勒曼介绍,哈萨克族"达斯坦"的主体部分是英雄长诗和历史长诗,其中歌颂征战沙场的民族英雄的《阿勒卡勒克》《贾尼别克》《叶思木汁》,是他最爱吟唱的几部。据学者考证,这两类长诗形成于15世纪哈萨克汗国成立前

大型歌舞剧《乌古伦达斯坦》剧照

后，其中英雄史诗比较早一些，爱情长诗最早也可追溯到英雄长诗产生的年代，讲述的故事大多曲折悲壮。最为古老的《阔孜情郎与巴艳美人》约产生于10世纪，《吉别克姑娘》的产生晚至18世纪，而流传甚广的《萨丽哈与萨曼》则传唱不到百年。"黑萨"是一种新编叙事诗，大多是仿作或由讲述人把外来故事按照哈萨克族的风俗和爱好改编，吟唱的自由度比较高。《巴合提亚尔的四十个树杈》是其中最著名的作品。

哈萨克族"达斯坦"以说唱长篇韵文故事为基本特征，其形式韵散结合、说唱相间。散文部分用说白叙述，韵文部分一般配有较固定的曲调。曲调多借用本民族大型音乐套曲"木卡姆"的选段，节奏多样，富有变化。"达斯坦"的唱词为多段体分节歌式，一部作品包括十几首至几十首唱词，每首唱词又分几段至十几段，每段句数根据文体各异。一首"达斯坦"吟唱下来，短的几千行，长则数万行。表演时，用冬不拉伴奏，多为自弹自唱。

"达斯坦"是哈萨克族民间文化的主要载体，哈萨克族的各种传统文化正是通过"达斯坦"口传心授代代衍传下来的。同时，各种礼俗活动乃至日常生活也总是伴随着"达斯坦"：新生儿诞生时，要唱"祝诞歌"；少年时代，长辈们要用"历史故事歌""劝喻歌"讲述民族历史，告诫人生哲理；步入青年，有"爱情歌"表达情感；举行婚礼，要唱"劝嫁歌""哭嫁歌""揭面纱歌"；老人去世，则唱"报丧歌""哭丧歌"等。总之，哈萨克族人的生活中，几乎时时都有"达斯坦"说唱。

哈萨克族人曾经逐水草而居，至今保持着逐水草放牧的习惯。他们的牧村叫作"阿吾勒"，每到节庆的时候，三五个"阿吾勒"的人们就会聚在一起，白天赛马、叼羊，晚上围坐在草地上或者毡房里，在冬不拉伴奏下，请来"达斯坦奇"说唱长诗。

哈孜木·阿勒曼小有名气之后，就开始了传承"达斯坦奇"的生命历程，经常被人们请去说唱"达斯坦"。"有时候一个礼拜、半个月都要唱。比如村里的婚礼、割礼、孩子命名的时候，村里人都会邀请我去唱。"

三、人生与"达斯坦"一道起伏跌宕

20世纪后半叶，与各民族的传统文化相同，哈萨克族"达斯坦"也经过了大起大伏的命运，而哈孜木·阿勒曼等"达斯坦奇"们也是如此。

随着天长日久的四处说唱，哈孜木·阿勒曼的名字就像"达斯坦奇"口口相传的英雄故事，被越来越多的人所熟悉。他的说唱技艺越来越纯熟，名气越来越大，也获得了更多的说唱机会。村里或邻村有婚礼、割礼、小孩命名、民族节日等活动时，都会请他去演唱，有时候一唱就是一天一夜。而且他还常常根据身边发生的逸闻趣事自编曲目，演唱时入情入景，更能调节气氛，取得良好效果。

与其他哈萨克族人一样，哈孜木·阿勒曼一直以放牧为生，家里有10头牛、20只羊，并不算富裕人家。一家人冬天住在阜康的冬牧场，夏天则朝阿尔泰山上的夏牧场转场，每年来来回回，其间牧道、草场和戈壁滩就成了他默默诵习"达斯坦"的地方。

哈孜木·阿勒曼在家中吟唱"达斯坦"

"文化大革命"期间，"达斯坦"和许多传统曲艺一样被禁，人们再也不敢请哈孜木说唱了。不准表演"达斯坦"，哈孜木只好把乐器藏了起来。没有了"达斯坦"，日子过得乏味，哈孜木就趁每天放羊的时候躺在戈壁滩或草原上，望着远处的雪山冰峰，一部部唱给卡毕娜和自己听。正是因为那些年一直坚持唱，他没有忘掉从前记住的"达斯坦"，就是到现在，他表演时也绝对不会忘词。

后来，造反派给哈孜木·阿勒曼扣上了勾结"苏修"的帽子，一次次地批斗他，让他交出"达斯坦"手稿。终于有一天，气愤的哈孜木伸出脖子、拍着脑袋说："它们都在这里，要烧手稿就把它砍下来烧掉吧！"

1978年的一天，哈孜木正在挖大渠，突然有人骑着马直奔他而来，说县里来人了，正在家里等他。哈孜木心里一惊，以为又要被批斗了。令他喜出望外的是，来到家中的不是别人，是县长。县长拉着哈孜木的手，热情地对他嘘寒问暖。回忆起当时的情景，擅长表演的哈孜木曾学着县长说话的样子说："以后就专心唱你的'达斯坦'吧！"

1984年，伊犁哈萨克自治州举行成立30周年庆典，在"达斯坦"阿肯弹唱比赛中，别的选手最多能演唱9部"达斯坦"，而哈孜木一气演唱了30部，获得了"活录音机"奖。

1992年，伊犁哈萨克自治州举办"达斯坦"阿肯弹唱会，上千名选手与会参赛。赛会的第一天，哈孜木一口气唱了3个多小时，第二天又唱了4个小时，结果他以演唱曲目最多、时间最长、内容最丰富，夺得了比赛的"歌王"称号。

2006年，在阿勒泰地区首届民间文化艺术节上，哈孜木·阿勒曼荣获"民间艺人"金奖。2007年，在伊犁哈萨克自治州第15届阿肯弹唱会上，他获得"功勋奖"。此外，他还先后获得"自治区民间文学集成编纂工作先进个人""国家艺术科学重点研究项目——中国民间文学集成先进工作者""全国非遗保护工作先进个人"称号……如今，哈孜木老人获得的各种荣誉奖励已经不胜枚举，成了整个新疆家喻户晓的"达斯坦"艺人。

与其他民间艺人一样，哈孜木·阿勒曼热爱自己的艺术，陶醉其中，乐此不疲；人们也在哈孜木的说唱中，或欢欣，或悲戚，心情畅爽起来。为表达对"达斯坦奇"的尊重和感谢，家境殷实的人家有时候会赠予一匹好马，但即使只得到一些布匹或者些许的报酬，哈孜木也满心欢喜。在他的心中，演唱"达斯坦"不为钱物，而是对民族艺术的挚爱与传承；哈萨克族"达斯坦"，是他心中盛开在高高山巅的圣洁雪莲。

哈孜木·阿勒曼说，他年轻的时候就很喜欢唱"达斯坦"中的"黑萨"，牧民也喜欢听"黑萨"，听说草原上有哪家要办喜事，他就骑着马出门了。哈萨克族人的婚礼大多选在草高羊肥的秋季，主人会请来方圆百里之内最受欢迎的"达斯坦奇"说唱"达斯坦"或对唱阿肯，在新人的毡房旁唱上一晚。有一次，5000多人围坐在草原上听哈孜木唱"达斯坦"，那是哈孜木说唱生涯中最受感动、也最开心的场面，至今谈起来他都津津乐道、倍感荣耀。

四、把哈萨克族的民间艺术传承下去

在"中国哈萨克达斯坦之乡"福海县，早在1988年就正式把哈萨克族"达斯坦"列为重点研究保护的民族民俗文化之一，给予发掘整理。1992年，福海县文学集成办编辑了一套4册34万字的《新疆民间文学集成长诗、叙事诗卷·福海分卷》，并进行了部分录音。2007年3月，福海县将"哈萨克族民间达斯坦"作为第一批自治区级非物质文化遗产成功申报。

2008年，经国务院批准，这一遗产项目列入第二批国家级非物质文化遗产名录。次年，哈孜木·阿勒曼成为第三批国家级非物质文化遗产项目

（哈萨克族"达斯坦"，民间文学类）代表性传承人。

在新疆维吾尔自治区，民间"达斯坦"的蕴藏量非常大。有专家经调查指出，存量最多的是哈萨克族，目前已经搜集整理出版或载入名录的将近300部；其次是蒙古族，有180多部；维吾尔族和柯尔克孜族各有100来部，塔吉克族、锡伯族、乌孜别克族也有少量保存。

在现存较为完整的200多部哈萨克族"达斯坦"中，哈孜木·阿勒曼掌握的有104部（一说107部），他是当今唯一能说唱百部以上"达斯坦"的"达斯坦奇"。不用翻看任何文字资料，哈孜木·阿勒曼就能将每部动辄上万字的"达斯坦"完整吟唱，人们因此称他为"达斯坦"的"活唱片""活录音机"。老人说："2011年，我到阿勒泰市参加中央电视台一个栏目的拍摄，当时我用26天的时间唱完了107部'达斯坦'。"2012年，新疆人民出版社出版了四卷本《民间宝库——哈孜木演唱精髓》（哈萨克文，哈孜木演唱，拜迪克主编）。

老伴给整理"达斯坦"的哈孜木·阿勒曼送奶茶

在哈萨克族民间"达斯坦"列入国家级"非遗"名录、哈孜木·阿勒曼成为国家级"非遗"项目代表性传承人后，福海县对哈孜木说唱的100多部"达斯坦"进行了抢救性录音，完成"哈孜木演唱精髓"录音工作，制成20小时的CD光盘；编辑整理了哈孜木·阿勒曼2400页的诗歌作品，编校刊印了《哈萨克族民间达斯坦》书籍4部（4种文字）；与新疆人民广播电台协调，每周安排两小时（周六、周日各一小时）播放哈孜木的"达斯坦"作品。同时，把在民间收录的所有"达斯坦"文化内容制作成汉、哈萨克、英三种语言的专题片，刻录成DVD光盘，进行保存。此外，还编排了大型歌舞剧（2012年），举办了哈萨克"达斯坦"文化研讨会（2013年）等。

福海县的"达斯坦"保护和传承取得了一定成效。新疆人民广播电台哈萨克语栏目播出的哈孜木·阿勒曼整理的"达斯坦",在哈萨克族群众中获得了非常好的反响,有人还专门到哈孜木家与他一起收听。大型歌舞剧《乌伦古达斯坦》在阿勒泰地区成功上演,以现代手法演绎传统文化,将"达斯坦"立体、生动地呈现在舞台上,很受人们欢迎。

数十年的时间里,哈孜木·阿勒曼经历了哈萨克"达斯坦"的跌宕起伏,而目前"达斯坦"大放异彩还是会让他激动不已。老人说:"近几年国家实施的保护少数民族非物质文化遗产,强化珍惜和保护民族传统文化的大好政策,给了我展示、传承'达斯坦'的机会。"

作为国家级"非遗"项目代表性传承人,哈孜木·阿勒曼得到了国家和地方各级政府的相应补助,当地政府还给他翻修了住宅。而哈孜木·阿勒曼最操心的则是谁来继承他融在生命里的"达斯坦",并且发扬光大。哈孜木声称自己学到的"达斯坦"也就三分之一,下一代人更要学习,把哈萨克族的民间艺术传承下去。

哈孜木·阿勒曼与孙女一起跳哈萨克族传统舞蹈《黑走马》

随着时代的发展,有些年轻人不太愿意学习"达斯坦"。哈孜木·阿勒曼有8个儿女,小儿子曾经在初中毕业后跟着父亲学唱"达斯坦",1996年登台表演,大受欢迎,但后来却放弃学习,重新专注于放牧生活。好在由于国家的重视、社会的关注,以及哈萨克族人民的喜爱,这种情况近些年来有了改观。哈孜木很高兴,他说:"我的家人都非常支持我吟唱'达斯坦',儿子和孙子也跟着我学唱'达斯坦',现在他们背会了很多部'达斯坦'。"老人的孙子哈那提说:"今后会学好'达斯坦',会把爷爷的声音传承下去。"

彭祖秀
——唱响"中国式的咏叹调"

彭祖秀（1931～），民间歌手，土家族哭嫁歌传承人。湖南湘西古丈人，土家族。她从小受到土家族哭嫁歌的熏陶，14岁时就经常跟随母亲帮人哭嫁，18岁时综合前辈演唱风格形成了自己的特色。数十年间，她为土家族出嫁女帮唱和主唱300多场次，传授280多人。2012年成为第四批国家级非物质文化遗产项目（民间文学类）代表性传承人。

一、以哭为歌，嘉惠乡邻

1931年，彭祖秀出生在湖南省古丈县（今隶属湘西土家族苗族自治州）断龙山乡报吾列村一个土家族家庭。

聚居在湘鄂渝黔边区的土家族，有着悠久的历史文化和传统习俗，尤其是婚俗方面至今保留着浓郁的民族特色——哭嫁，而哭嫁所唱的歌谣即哭嫁歌，也就成为土家族民间文学最为丰富、最具特色的一枝奇葩。

近代以来，哭嫁成为与土家族婚姻习俗紧密相伴的仪俗，谁家姑娘出嫁，不仅新娘要唱哭嫁歌，邻里姐妹以及家人亲戚也都会参与。土家族姑娘如果不会唱哭嫁歌，往往会被人耻笑。因此，少女时期的土家族姑娘，都会留心学习哭嫁歌，十一二岁就开始学唱哭嫁歌，待嫁的日子里更要秘密练习。

彭祖秀

生活在这样的环境中，彭祖秀从小就受到了土家族哭嫁歌的熏陶。每当哪家有姑娘出嫁，哭嫁歌就会唱起来，有时要唱上十天半月。如此耳濡目染、心口相传，再加上外婆、母亲等的言传身教，天长日久，彭祖秀的心里也就记下了不少哭嫁歌的歌调和歌词，哭嫁习俗的仪式也基本上了然于胸。

从14岁起，彭祖秀就常常跟随母亲帮人哭嫁，不知不觉中，她渐渐学到了母亲哭嫁的技巧和哭嫁歌的精华。十几岁的时候，彭祖秀就成了土家族姐妹的小老师。到18岁时，彭祖秀综合前辈的各种演唱风格，形成了自己的鲜明特色，在当地颇具影响力，经常被嫁女之家邀请去陪唱哭嫁歌，上门求教者也是络绎不绝。

彭祖秀唱哭嫁歌情真意切，毫不忸怩作态。她唱的哭嫁歌，唱词以骨肉之情、孝敬双亲、和睦乡邻等传统美德为主要内容，常把生活中常见的亲情细节、众所周知的人情世故、千古流传的伦理故事等等，纳入唱词之中，寓教于情，寓情于理，又具有较强的文学性，因而深受欢迎。

彭祖秀演唱哭嫁歌，强调16字诀："以哭为歌、以歌言情、以情催声、以声感人。"她的演唱全部采用土家族语言，不避方言土语，语言天然质朴，具有鲜明的原生态风格。歌词句式长短不一、自由灵活，往往利用拖词或紧句来完成唱腔，达到形式与内容的完美结合。演唱中，常以生活细节抒发情感，由此及彼，语多重叠，调多反复，强调情感效果；还经常巧妙运用起兴、比拟、联想、夸张、排比、反复和谐音双关等多种修辞手法，着力增强哭嫁歌的感染力。这种习俗情境、唱词风格、情感表达手法的和谐统一，使所要表达的情感展现得淋漓尽致，塑造了土家族姑娘的艺术群像。

几十年来，彭祖秀为邻户邻村、邻乡邻县的出嫁女帮唱和主唱了300多场次。尽管彭祖秀的哭嫁歌大多为即兴演唱，但都层次清晰、条理井然，表意通俗易懂，抒情感人至深，往往使在场听众声泪俱下，场面感人，从而使她成为远远闻名的哭嫁歌手，也成为杰出的土家族民间艺人。

二、"会哭不会唱，姑娘没人望"

哭嫁习俗曾经在我国湖广地区广泛流行，哭嫁歌就是与这种习俗伴生而形成的。而聚居在湘鄂渝黔边区的土家族，其哭嫁歌不仅具有浓郁的民族特色，也可谓集哭嫁歌之大成者。

哭嫁原本是新娘出嫁时的一种仪俗，意在用歌声来诉说妇女在封建婚

土家族哭嫁歌表演

姻制度下的不幸命运和对自己亲人的眷恋不舍之情。但历史发展中,哭嫁以及哭嫁歌已经有了更为广泛的内容和意义。土家族新娘如果在出嫁时不哭,显得对娘家毫无依恋,从而会被认为对父母不孝顺。土家族俗谚有云:"会哭不会唱,姑娘没人望。"于是,唱哭嫁歌不仅成为评判女子德行的标准之一,而且也成了衡量女子才智的标尺。因此,土家族姑娘如果不会哭嫁,或者在哭嫁时哭得不悲、不感人,会被人耻笑。由此年深日久,历代土家族妇女集体创作的土家族哭嫁歌,就成为土家族民间文学的珍品,成为民族文学百花园中的一枝奇葩。

在土家族的婚礼上,哭嫁贯穿于整个婚礼过程。姑娘在婚前三天、七天、半月、二十天,有的甚至一两个月的时间,就开始哭嫁,婚期越近哭声越悲,临嫁前往往通宵达旦地哭嫁。每到天擦黑,亲邻老少妇女便会聚集在待嫁新娘家里,唱哭嫁歌倾诉衷情。

按习俗,婚礼前后的哭嫁歌分三个阶段,即过礼哭、娶亲哭和发亲哭,称为"新娘三哭"。过礼哭在婚礼前一天,当男家过礼的队伍即将到达女方家,听到鞭炮、唢呐声,新娘及陪哭的姐妹们便开始唱哭嫁歌。娶亲哭是指迎亲的队伍和花轿到来时,新娘和陪哭的人一起唱哭嫁歌。发亲哭则是指娶亲的人准备迎新娘上轿前唱哭嫁歌,也是"三哭"中最隆重、最壮观的。

"陪十姊妹"是土家族哭嫁的独特形式,其时所唱的《陪十姊妹歌》也是土家族哭嫁歌中最为精彩的。新娘出嫁的头天(当地称为"戴花"日)晚上,爹娘邀请亲邻中的未婚姑娘9人,连新娘共10人,一起唱哭嫁歌。届时，新娘头搭丝帕，先在堂前叩拜祖宗，然后十姊妹围坐一桌，首先由居中而坐的新娘或最会唱的姑娘唱开台歌，接着是"坐歌堂""数花""盘歌"，最后是"送歌堂"。新娘的兄弟斟酒，依次传杯轮唱或对唱，直至夜深始散。

土家族哭嫁歌的哭唱有多种形式，诸如一人哭唱、两人哭唱、多人哭唱等。一人哭唱的当然是新娘；不过，如果新娘不会唱哭嫁歌，就要请人代唱，新娘则在一边掉泪一边跟唱。两人哭唱一般是新娘和母亲、姐妹等，由新娘先哭唱，别人在一旁劝慰哭唱。多人哭唱是众人与新娘同时哭唱，比如发亲时，除了新娘，新娘母亲、伯母、婶娘、姑妈、舅娘、姐妹、嫂子等一起哭唱。

土家族哭嫁歌都由女声演唱，无伴奏。其曲调大都来源于土家族山歌，歌曲往往采用一曲多用的方式，以相同结构的音乐唱出不同的歌词。哭唱往往从新娘的哭诉开始，引起姐妹好友及母亲等的不舍和劝慰之情。姿势多为坐唱，新娘手执手帕，用于擦泪；或用手挥动，借以抒情。陪唱者围坐在一起，低头或相视而唱，为劝慰对方而调节哭唱的起止、节奏、速度、力度等。哭唱者还会相互拍背、拍腿以作交流。

土家族哭嫁歌歌词短小精练，内容充满生活气息，语意浅显易懂，每句歌词既有独立意义，又可连串一起，成为一首长歌。这些歌词往往因人而异，针对不同的对象哭唱不同的歌。但也有长期形成的固定歌词，如"比古人""共房哭""十画""十绣""十二月""十劝姐""五更寒""十

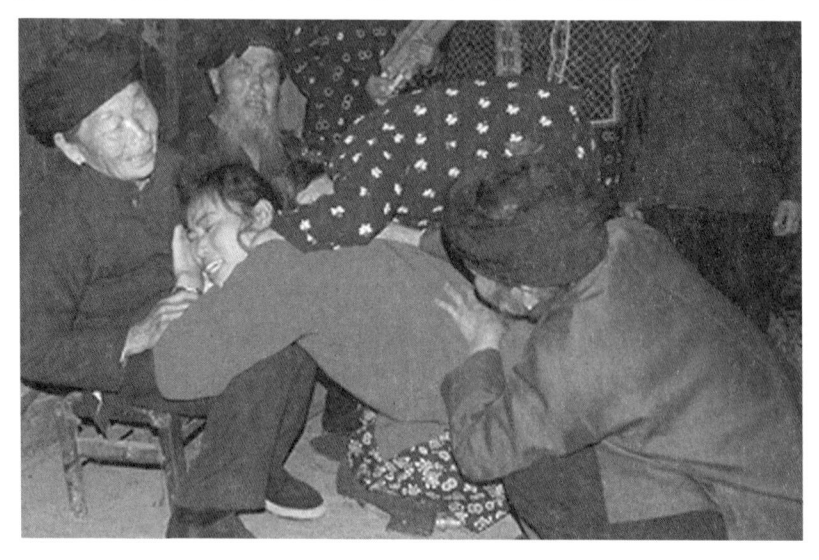

彭祖秀参与哭嫁

月怀胎"等。其中"新娘十哭"更是一首历数父、母、兄、嫂、弟、妹、叔、伯、舅娘等情谊的好歌:

一哭我的妈把我养大,女大就要到婆家;二哭我的爹当家劳累些,嫁妆多少由你给;三哭我的哥,兄妹也不多,正头七月要接我;四哭我的嫂,待妹实在好,上敬老来下敬小;五哭我的妹,从小一头睡,不知几时能相会……九哭天哭亮,声声哭爹娘,哭干眼泪痛断肠。十哭天已明,含泪别亲人,吹吹打打轿出门。

三、把"中国式咏叹调"传承下去

土家族哭嫁歌是由待嫁新娘及其女性亲友演唱的抒情性歌谣,它既哭唱祖宗之德、爹娘之恩、姐妹之谊、兄嫂之贤、故土之情,也哭唱孝顺公婆、敬夫教子以及对未来生活的美好希望。这种由新娘哭诉、亲人们劝慰开导形成的以哭伴歌的口头文学形式,有着很强的抒情性,因而被誉为"中国式的咏叹调"。

2011年6月,土家族哭嫁歌列入第三批国家级非物质文化遗产名录(民间文学类)。

土家族哭嫁歌始于何时,无确切史料可供查证,但可以肯定的是,明清时期,它在当地已经相当流行。清末民初《永顺县志》记载:"嫁前十日,女纵身朝夕哭,且哭且罗离别辞,父母兄嫂以次相及,嫁前十日,曰填箱酒,女宾吃填箱酒,必来陪哭。"

进入近代,哭嫁之俗尤甚,有"不哭不发,越哭越发"之说。民国以后,中国社会发生巨大变化,旧的婚姻家庭制度随之变革,哭嫁歌也逐渐失去了生存的土壤,显现出衰微的趋势。

作为一种民间文艺样式,土家族哭嫁歌历来为人们所重视。进入新世纪以来,在注重民族民间文化遗产的形势下,土家族哭嫁歌受到了更多的关注,政府、学术机构、媒体都纷纷或实施保护,或进行研究,或宣传报道。

2006年,彭祖秀被湘西土家族苗族自治州人民政府公示为土家族哭嫁歌代表性传承人。

2007年,彭祖秀应邀参加了湘西土家族苗族自治州非物质文化遗产保护工作会议,受到省内各新闻媒体的格外关注,为多次造访的吉首大学专家学者们提供了哭嫁歌最原始的口头资料。

也就在2007年,彭祖秀受到特别邀请,参加了黄永玉组织的湘西文化研讨会。在会上,她做了题为《一路走来哭嫁歌》的发言,还应专家学者

土家族哭嫁歌表演

的要求演唱了哭嫁歌《母女对哭》的片断,赢得了与会者的热烈掌声。新闻媒体纷纷报道了这一盛况,彭祖秀也更是声名远播。

2012年12月,彭祖秀成为第四批国家级非物质文化遗产项目(土家族哭嫁歌,民间文学类)代表性传承人。

对于土家族哭嫁歌的传承,彭祖秀不无忧虑。她认为,症结有三:一是土家族方言的流失;二是放不开去哭;三是人们的兴趣越来越淡。现在,会唱哭嫁歌的人越来越少,基本上都是老人。

在自己几十年的民间艺人生涯中,彭祖秀先后教授280多人学习土家族哭嫁歌。如今,彭祖秀已经80多岁,但她仍旧悉心致力于土家族哭嫁歌的传习工作,利用早晚时间步行十多里山路,从自己居住的报吾列村到田家洞村的土家族哭嫁歌传习所传授技艺。

谢庆良
——刘三姐歌谣传承人

  谢庆良（1953～）民间歌手，刘三姐歌谣传承人。广西河池宜州人，仫佬族。受环境和家庭的熏陶，他很小就喜爱、学习山歌，十七八岁时不仅能独立对歌，掌握了七八种山歌的调子，还能根据场景即兴自编新词，并且越来越娴熟，终于成长为一代"歌王"。他还对山歌腔调进行革新、拓展山歌内容，并借鉴小品的幽默诙谐创新山歌。2012年成为第四批国家级非物质文化遗产项目（民间文学类）代表性传承人。

一、在"歌仙"故乡的歌海成长

  1953年1月，谢庆良出生于广西宜山县（今广西壮族自治区河池地区宜州市）庆远镇东屏村一个仫佬族家庭。

  山歌是河池最具特色的民间文化，其下辖的宜州又是壮族民间传说中的"歌仙"刘三姐的故乡，是刘三姐歌谣最有代表性的地区。这里的民歌非常流行，几乎是逢节必歌，乡乡有歌会、寨寨有歌圩；尤其是每年三月三"歌圩"，更是人如潮、歌如海。谢庆良作为仫佬族歌手而成为壮族刘三姐歌谣传承人，可谓民族交往的典型事例。

  谢庆良喜欢上山歌，环境、家庭的影响都起到了很大作用。他从小就受山歌熏陶，是在山歌里长大的。环境自不必说，家庭里，祖父母、父母都给予了影响。谢庆良曾说："我喜欢唱歌是因为受爷爷奶奶的影响。"而他的父亲是当地出色的歌手，母亲则是壮族彩调

谢庆良

的爱好者，歌唱与他们几乎如影随形。

很小的时候，谢庆良就经常跟随父母出去听山歌。那时候村子里没有电，唱山歌是人们喜爱的，在当时也几乎是唯一的娱乐方式，每逢春节、三月三、中秋节等节日，或者是村子里娶媳妇、过生日、盖新房，都要用山歌庆贺一番。每当此时，谢庆良都要去凑热闹，去听歌，听得多了，逐渐入了迷，也就像父母少年时代那样爱上了唱山歌。

谢庆良参加巫山民俗旅游对歌节

谢庆良的童年很苦，正像山歌里唱的"我比黄连苦三分"。7岁那年的四五月份，父亲为赶到龙江河边的"望妹石"与对岸的歌友对唱山歌，涉水过沟时癔症发作，去世了。9岁时，母亲因为辛勤耕种，积劳成疾，也撒手而去。

小学四年级时，因家里实在困难，谢庆良只得辍学在家，放牛喂猪、割草犁田，维持生计。生活的困苦没有淹没山歌，困苦的生活也需要以山歌慰藉。那时候，上山放牛、打柴，下地犁田、割草，谢庆良总会唱起山歌来。他一首接着一首地唱，只不过唱的都是别人唱熟了的。

谢庆良天生一副好嗓子，又乖巧机灵，很得村里的阿叔阿婶、阿公阿奶的怜爱。人们无微不至地关照这个"孤寒崽"，有的教他演彩调，有的教他唱山歌，隔壁村的韦世坤老人还把吹木叶的绝活传授给了他。

谢庆良生性乐观，不畏艰辛，劳作之余，自己从报纸上学文化，从书本里学乐理，在山歌里找到了快乐。就是在"文化大革命"的气氛下，谢庆良也没有停下来。他偷偷地唱着山歌，用山歌浸润着生活的困苦。

就像许多西南少数民族青年对歌传情相恋那样，谢庆良和妻子也是"倚歌择配"（因对歌而结成姻缘）。17岁时，谢庆良跟一个大男孩去和村东头的姑娘们对山歌，结果大男孩跑了，留下谢庆良独自和姑娘们对歌。一来一往，谢庆良和其中一个姑娘日渐生情，谈了几年恋爱，经双方家人同意后就结婚了。

二、自我学习，成为"民谣歌王"

到了十七八岁，谢庆良已经能够单独对歌了，村里人家娶亲嫁女，他都厚着脸皮去献唱。不知不觉中，他唱山歌的功底越来越扎实，不仅是唱那些人们耳熟能详的山歌，而且还能编出新词甚至新调子来。

那个年代，没有专门教歌的老师，山歌都是听来的。谢庆良见村里哪个唱山歌唱得好，就跟他学唱。有时不懂了去问，可别人也不晓得该怎样讲明白，索性就说凭着感觉唱吧："你爱好了，就要自己领悟，自己琢磨。久了，就自然会了。"

这给了谢庆良很大的启迪，他开始琢磨起山歌对唱的"道道"来。实际上，传统民歌几乎都是口耳相传、口传心授传习的，如果说有课堂，那课堂也就是整个生活。而在传习过程中，总是会有一些灵心慧性的人，在继承的基础上有所创新，从而保证了民歌历久弥新的生机和活力。

打那以后，谢庆良去听人家对歌，不仅带着耳朵去听，同时也设身处地用心思考对答。某一首山歌要怎样答、如何编，他都会在心中暗暗地打个腹稿。后来碰上别人对歌"缺角"（缺少搭档）时，谢庆良就去跟他们搭腔唱。面对对方发来的歌，谢庆良虽然只是搭腔，但也在琢磨搭档这样答是否合理，要是自己又该如何应对。有时候在赛歌场上碰了"钉子"，他回来就慢慢回想、琢磨如何对答更好。

就这样，不断地"模拟"，不断地积累，20来岁的时候，谢庆良的山歌越唱越好，而且还琢磨出编唱山歌的新门道来。谢庆良说，在没有专业教材的指导下，学习靠的就是悟性和钻研。

20世纪80年代，改革的春风吹遍刘三姐的故乡，沉寂数年的歌圩、歌会又在宜州的田头地角、竹林河边兴起。在民间传统节日和重大节庆活动中，官方也开始组织山歌比赛。

1986年起，谢庆良开始参加各类山歌比赛，慢慢练出了胆量，几经磨炼，技艺日臻成熟。在谢庆良看来，

谢庆良吹奏木叶

对歌的难点在于永远无法预测对方会唱什么，要有即兴编词对答的能力。经过不懈努力，谢庆良拥有了1分钟甚至30秒内接词的快速编词能力。在比赛中歌风凌厉，所向披靡，斩获多项荣誉。谢庆良说："我们广西民歌的最大特点就是现编现唱。你随便出个题目，我就能当场编出来，而且用我们的语言唱出来还是押韵的。"

1997年10月，谢庆良与何现光、刘应林代表河池地区，赴来宾参加广西"小康民谣"歌王擂台赛，一举荣获"广西歌王"桂冠。到目前为止，他依然保持着歌王地位，是广西第二代歌王之一（共三人）。

后来，谢庆良配合中央电视台、河池电视台拍摄了《走进河池》《唱过三姐这条河》等民族风情、旅游风光电视专题片，或者身背草帽边犁田边唱，或者撑着竹排唱。这些情景展现了刘三姐歌谣的魅力所在。谢庆良还先后五次进京亮嗓，前四次是到中央电视台西部频道"魅力12"栏目、音乐频道"民歌中国"栏目录制节目，第五次是2006年6月随"广西文化周"河池代表团进京表演。

谢庆良小时候跟韦世坤老人学的木叶吹奏，在他的民歌演唱、比赛中也派上了大用场。无论什么树叶，谢庆良信手拈来就可吹奏。1997年全国第四届残疾人艺术会演，谢庆良以一首木叶重奏曲《春满壮乡》，荣获三等奖。1999年参加南宁国际民歌艺术节"歌坡夜"山歌演唱活动时，他的木叶吹奏引得许多观众闻声寻来，一位10多岁的小男孩跟着他转满"歌坡"，死活要拜师。2003年浙江仙居"中国首届南北民歌擂台赛"高手如云，其他省区少数民族歌手演唱的原生态民歌，歌声高亢嘹亮，曲调优美怡人，广西队决定先由谢庆良用木叶吹奏《山歌好比春江水》，引出壮乡歌圩场面，然后是缠绵的情歌对唱，果然赢得了阵阵喝彩声，最终获得了"最佳组合奖"。

三、"歌就是生活，生活就是歌"

2006年5月，"刘三姐歌谣"经国务院批准列入第一批国家级非物质文化遗产名录（民间文学类）。

刘三姐是壮族民间传说人物，除了最早见于南宋王象之《舆地纪胜》的记载（"三妹山"），明清以来有关的传说与歌谣很多，壮族民间口耳相传的故事与歌谣更为丰富。广西宜山壮族传说称，刘三姐生于唐中宗神龙元年（703年），从小聪慧过人，能歌善唱，被视为"神女"。12岁即出口成章，妙语连珠，以歌代言，名扬壮乡。后曾到附近各地传歌。慕名前来

三月三歌节的"走坡对歌"

与她对歌的人络绎不绝，短则一日、长则三五天，个个瞠腹结舌，无歌相对，无言以答，羞赧而退。然而，她的才华却遭到流氓恶霸的嫉恨，后被害死于柳州，死后骑鲤鱼上天成仙。也有说她在贵县的西山与白鹤少年对歌七日，化而为石。还有说财主莫怀仁欲娶其为妾，刘三姐坚决反抗，莫买通官府迫害三姐，三姐乘船飘然而去……

虽然传说不一，但千百年来，壮族人民对刘三姐的尊崇与热爱之情却是一致的。壮族人民尊她为"歌仙"，把最大的歌圩日"三月三"称为"歌仙节"。现在，广西很多地区都立有刘三姐的塑像或建有刘三姐庙。每当有新的壮歌集问世，必定先捧一册供在刘三姐的塑像前。有些地方的歌圩，第一项议程是抬着刘三姐像游行。相传"三月三"就是为纪念刘三姐而形成的民间纪念性节日。

壮族民间认为"歌圩"是刘三姐传歌形成的，歌圩的歌就是刘三姐的歌；壮族民间又有"如今广西歌成海，都是三姐亲口传"的俗谚。而歌圩的"成海"之歌，也就是国家级"非遗"项目的"刘三姐歌谣"。

刘三姐歌谣大体分为生活歌、生产歌、爱情歌、仪式歌、谜语歌、故事歌及创世古歌七大类。它具有以歌代言的诗性特点和鲜明的民族性，传承比较完整，传播广泛。如生产歌"春天茶叶香又香，茶山一片好风光；自己种来自己采，甜满心头香满筐"，表现了壮族人民知足常乐、豁达乐观的生活态度，体现了人物内心的和谐；爱情歌"桐子拿来打灯油，妹在灯下做绣球；绣球里面装红豆，一心一意望哥收"，"连就连，我俩结交订百年；哪个九十七岁死，奈何桥上等三年"等，对爱情的表达明白晓畅而又含蓄蕴藉。

刘三姐歌谣在全国乃至全世界都产生了深远的影响，它不仅具有见证民族历史和情感表述方式的文化史研究价值，还具有民族学、人类学、社会学、美学等方面的研究价值。

而在谢庆良看来，歌就是生活，生活就是歌。曾有人说过，山歌就是民间的《诗经》，通俗易懂，又不乏艺术性。谢庆良很赞同这个观点。唱山歌的人，常用民间生活语言来编唱，一般不太文学化。山歌之所以受老百姓欢迎，就因为它通俗易懂，是生活化的。

四、山歌创新，与时俱进

谢庆良是个勇于开拓、与时俱进的人，他对山歌最大的贡献，一是山歌腔调的革新，二是山歌内容的拓展。

谢庆良小时候听的山歌叫"三板腔"，因用板子敲三下起唱而得名。"'三板腔'怨气太重，旧时百姓生活太苦太难，唱山歌也要先叹一口气。现在不同了，生活好了，还叹气为哪门？"

谢庆良在参加各种比赛中，十分注意汲取各地山歌腔的特点，凭着自己良好的乐感，创作出"歌王腔"——"音乐喷泉摆歌咧台咧，动听山歌咧唱出呀来咧，侬啊喂；三姐故乡成歌海咧，山歌越唱越开怀嘛侬啊侬，侬啊喂"。"歌王腔"原本没有名字，1997年"小康民谣"歌王赛时，坐在赛场偏僻角落的谢庆良第一次用这个腔调自报家门，一下子就吸引住了

刘三姐故乡宜州的歌手们

评委和众多听众，人们纷纷站起来鼓掌。后来谢庆良和伙伴成功夺冠，"歌王腔"的名字就传开了。得到听众鼓励的谢庆良一发不可收拾，接连创作、改编了"表同腔""东屏腔""理赖赖（壮语谐音，"好多多"之意）腔"等轻松欢快、悠扬动听的山歌调，在宜州境内外广为流传。

"唱山歌最大的魅力是急智，是即兴编词。"谢庆良说。山歌要想得到发展，就必须跟上时代的发展。以前的山歌多是"哥哥妹妹苦又穷，一生住在苦瓜棚"之类的，如果现在还唱这样的山歌，大家一听就知道是歌书上的东西，是别人唱过的东西。现在编歌要贴近老百姓的生活，贴近现在的实际，要用生活化的语言，比如"改革开放莫讲穷，种养也能变富翁"。这样才能体现人民勤劳致富的心声。

改革开放后，政府有关部门经常举办山歌比赛，希望山歌能服务社会实践，后来还发展出了时政歌、宣传歌。时政歌、宣传歌当然要配合时事政治，而国家形势、政府政策总是有新的变化。这就要求歌手能创作新的歌词出来。

在荣登广西"小康民谣"歌王的宝座后，谢庆良经常和山歌手联手，结合社会发展不同时期的特点，编写不同的山歌，走村串户，向群众宣传党的路线、方针、政策和法律法规，使之家喻户晓。谢庆良说："我们宜州是刘三姐故乡嘛，很多地方群众都喜欢山歌。我们地方的歌手，也经常写山歌下乡去宣传党的方针政策，怎么用科学来发展呵，后来一直到'城乡清洁'工程，到现在'清洁乡村'工程，我们都去宣传呵，去唱山歌……"

谢庆良唱时政歌、宣传歌有自己的一套唱法，他曾说："首先是歌词大气，必须体现时代精神。要唱好时政歌，就得在这方面多思索。"比如十七大报告里关于文化发展的内容，他这样唱："十七大会送春风，推动文化大繁荣；巧用文化谋发展，华夏河山更玲珑。"宣传"科学发展观"，他这样唱："科学发展是真经，又强国来又富民。十三亿人同实践，九州和谐享太平。"鼓动筑路大会战，他这样唱："同去修路搞支援，哥今和妹儿心甜。哥舞锤子打炮眼，妹就帮哥扶钢钎。"

谢庆良唱山歌

他还给中国移动编过歌词:"科学发展好处多,移动伴人过生活。民工买张返乡卡,又省钱来又节约。"

谢庆良说,山歌的发展也要借鉴其他艺术形式。看到近20年来小品在群众中很有影响,谢庆良就把小品幽默诙谐的特色借鉴过来,让听众听山歌就像看小品一样快乐。把广西山歌像东北"二人转"一样推介给全国人民,是谢庆良最大的心愿。

五、"要靠大家共传承"

如同许多民间歌手一样,谢庆良的主要身份还是农民,唱歌是业余爱好。农忙时节,谢庆良要赶牛驾犁,耕耘自家的田地。如果不开腔,谁也猜不出犁田的老汉就是大名鼎鼎的"歌王"。"脱下那顶(歌王)帽,我本来就是个农民,哪有农民不种地?"谢庆良说起来乐呵呵的,还不忘自我调侃,"若还山歌唱得饱,何必回家刮鼎锅?"

现在谢庆良一家种桑养蚕,建起了三层小楼房,添置了拖拉机,算得上小康人家。妻子勤快麻利,女儿聪慧能干,儿子机灵过人。逢年过节,一家人在一起唱山歌逗乐,其乐融融。

2012年,谢庆良成为第四批国家级非物质文化遗产项目(刘三姐歌谣,民间文学类)代表性传承人。

作为"非遗"传承人,谢庆良很想从家里入手,传授给儿女们一招半式。但年轻人心高志大,认为唱山歌虽然出名,但毕竟不赚钱,还不如钻研种蔗养蚕。妻子一如既往地支持丈夫,谢庆良一有歌赛就出门十天半月,家里地里的活计就全交给了妻子。农闲时,妻子也会拿伞又拿鞋,陪谢庆良去唱歌。"如果缺角,她照样可以顶数。"谢庆良夫妻的这份琴瑟和鸣,一如年轻时的对歌传情。

谢庆良说:"现在我最担忧的是唱山歌的青年人太少了,想找个接班人都难。"谢庆良认为,现在政府重视山歌,大多是利用山歌作为宣传工具,"用"而不"养",没有一个完善的培育山歌人才的激励机制,长此以往,恐怕山歌会出现"断层"。"教山歌,怎样学、怎样编、怎样比喻、怎样唱,我也是懂点,但是没有条件去教,只能在赛歌场上给他们指点一下。我们壮乡的山歌文化是一块宝藏,如果不珍惜,很是可惜。"谢庆良不无遗憾。

因为娱乐方式多样化,现在的青年已经很少唱山歌,而这也是问题的根本症结所在。壮族山歌原本是用来"连情"的,随着壮族传统"倚歌择配"的社会基础消失,刘三姐歌谣的传统土壤不复存在,强势文化和新娱乐方式又提供了许多替代物。"现在我们这些唱山歌的老人,年轻时都是唱山歌连情的高手,唱起山歌有劲头。"谢庆良说,山歌多用比喻的方法,听起来委婉动听,但表达起来比较累,现在青年人宁可用"我爱你"这样直截了当的语言,表达个痛快,可这样一来,山歌连情的动力也就消失了。

不过,尽管有不少担忧,一些新的希望却也在悄悄地出现、生长。

近几年,谢庆良接触到一些网友,觉得这些人是传承山歌的理想继承人。这些网友中,有记者、老师甚至是某些部门的领导,他们有文化,也有相对宽裕的时间,不像农民总有做不完的农活。众多爱好山歌的网友都在网上传唱山歌,网上对歌不失为山歌传承的好办法。不过,网上对歌还需要"落地",要融入社会,组织网友山歌会等等。

谢庆良也带了几个徒弟,有的是学生,有的是旅行社职员,他们学习山歌既是出于热爱,也经过抉择,因此学起来比较能够坚持。另外,谢庆良也看到,下枧河一带的刘三姐乡、祥贝乡部分小学开设了山歌兴趣班,开始培育小山歌手。

在许多当地旅游景区,也有姑娘们为游客表演山歌。虽然她们是事先记好歌词而非即兴编词,但能把山歌传播出去,也是令人欣慰的。谢庆良希望更多的人,特别是年轻人,能够继续关注山歌、演唱山歌,让山歌这种民族民间艺术永葆青春。

谢庆良一段"歌王腔"唱出了自己期望"刘三姐歌谣"传承不息的心声:"三姐写下山歌本,后人传子又传孙;文化遗产最宝贵,要靠大家共传承。"

宜州的女歌手们唱山歌

莫德格
——"活着就是为了歌唱"

莫德格（1932～），歌唱演员，蒙古族长调民歌传承人。内蒙古锡林郭勒西乌珠穆沁人，蒙古族。曾任旗乌兰牧骑和自治区歌舞团演员、机关干部等。她从民间歌手到专业演员，形成了声音醇厚甜美、行腔婉转自然的演唱风格，是蒙古族长调民歌"锡林郭勒乌珠穆沁"风格的杰出代表。2008年成为第二批国家级非物质文化遗产项目（传统音乐类）代表性传承人。演唱代表作有《细长的云青马》《丰尾的马》《清亮宜人的杭盖》《太平盛世》等。发行有专辑《绿缎子》《清凉的杭盖：蒙古族长调大师莫德格演唱专辑》。

一、新中国第一位专业长调演员

1932年，莫德格出生在内蒙古锡林郭勒盟西乌珠穆沁旗的一户牧民家庭，是兄弟姐妹5人中最小的一个。她3岁那年父亲就去世了，养家糊口的重担全部落在了母亲呼都特身上。

莫德格小时候家里一直缺衣少食，10岁之前，她甚至连一件自己的衣服也没有，一年四季都披着大人的外套帮家里放牧。不过，虽然生活十分艰苦，她却乐在其中。

莫德格的家乡西乌珠穆沁旗，民俗活动种类繁多，每逢那达慕、春节、庙会、婚礼、祭拜敖包等节日，牧民们都会聚在一起欢唱蒙古族长调民歌，她的母亲和姐姐也都是当地出色的长调歌手。因此，莫德格从小就十分喜欢唱歌，多年后，她曾回忆说："我很小的时候就会唱很多长调，我和小伙伴

莫德格

放羊的时候唱、一起玩耍的时候唱，我们做什么都会唱着歌、哼着歌，对我们来说唱歌就和玩耍一样。"

在西乌珠穆沁旗的众多活动中，莫德格最喜欢的就是赛马。当参赛选手骑马进入比赛场地后，首先都会由一名少年儿童演唱赛马前的助兴歌曲"马日杰"，莫德格小时候经常被推选为演唱"马日杰"的代表。每当唱响"马日杰"，她都会感到无比自豪。

当时，西乌珠穆沁旗还有一支由当地优秀民间艺人组成的王府乐队，负责迎接来宾以及在重大节会上演出。每当听到乐队的艺人们唱着长调从自家附近经过，莫

年轻时的莫德格

德格都会立刻跑到外面仔细聆听、用心揣摩，一首长调她往往听一遍就能熟记于心。家乡浓郁的歌唱氛围以及家庭环境的熏陶，对莫德格日后成长为一名专业长调歌手有着至关重要的影响，童年时期的种种歌唱经历为她日后走上舞台奠定了良好的基础。

1945年，13岁的莫德格步入了学堂。当时，西乌珠穆沁旗的王爷开办了一所王爷府女校，要求富人家把女儿送来上学，一些富人不舍得孩子离家上学，就找穷人家的孩子顶替，莫德格就这样顶替一户富人的女儿上了学。遗憾的是，由于时局动荡，没过多久学校就被迫解散，莫德格又恢复了放牧的生活。

15岁那年，莫德格的姐姐、姐夫强迫她嫁给了一个脾气非常凶暴的男人。为了摆脱丈夫的殴打，莫德格奋起反抗，逃跑了很多次。然而，每次刚逃回家里住上几天，她就又被丈夫带了回去。这段悲惨的婚姻给莫德格心里造成了深深的创伤，那时，她每天都用长调民歌鼓励自己，在歌声中憧憬着未来。

一年后，莫德格在旗长和一户好心人家的帮助下，结束了这段婚姻，并参加了新开办的牧民培训班。新中国成立后，内蒙古文工团的作曲家美丽其格和说唱艺术家毛依罕到培训班选拔长调演员，莫德格当场演唱了《细长的云青马》《丰尾的马》《枝叶茂密的树》三首长调民歌，被选中，成为新中国第一位专业长调演员，开启了崭新的歌唱艺术生涯。

二、让长调民歌唱响世界

初到内蒙古文工团,莫德格很快就克服了饮食、居住不习惯的困难,并开始努力学习汉语和识谱。每当思念家乡时,她就会跑到文工团所在地张家口的郊外炮台上,朝家乡的方向唱几首长调。

在文工团期间,莫德格曾多次随团到内蒙古东部半农半牧地区锻炼。她从当地的民间艺人那里学到了很多东部短调叙事民歌,丰富了自己的演唱曲目。

1952年,莫德格凭借出色的表现被调入内蒙古歌舞团。同年,歌舞团受中央领导的指派,决定让莫德格随团赴蒙古国演出。临行前,莫德格在北京参加了一个月的培训,在那里,她第一次穿上了皮鞋。然而,穿惯了靴子的她怎么都无法适应,走在街上难受得厉害,就把皮鞋脱掉,扔下就跑,同行的美丽其格只好捡起皮鞋在后面追她。

好不容易适应了穿皮鞋,在培训结束后坐飞机前往乌兰巴托的旅途中,莫德格的身体又出现了状况,又晕又吐,到目的地后让人搀扶着才走下飞机。虽然有种种不适,可莫德格的歌声依旧动听,在乌兰巴托中央剧场举行的演出中,她演唱了《细长的云青马》《丰尾的马》《枝叶茂密的树》《绿缎子》《微风》等蒙古族长调民歌,获得了观众的热烈掌声。那一天,台下坐着许多移居到蒙古的乌珠穆沁人,当他们听到家乡熟悉的长调后,眼眶都湿润了。

回国后,莫德格到伊克昭盟(今鄂尔多斯市)演出,并有幸结识了歌剧表演艺术家王昆。在与王昆相处的3个多月里,她学到了许多宝贵的舞台经验,并将其运用到了之后的演出中。

1953年,长调歌王哈扎布调入内蒙古歌舞团,莫德格抓住机会,开始向哈扎布请教蒙古族长调民歌的演唱技巧。哈扎布非常欣赏莫德格的演唱,他常和别人说:"莫德格唱得最好。"可莫德格却十分谦虚,她曾说:"在哈扎布唱歌的时候,我只有张着嘴听的份儿。"后来,学习和模仿哈扎布的歌成

长调歌王哈扎布

了莫德格几十年来的一个重要习惯,直到 70 多岁时,她每天仍在雷打不动地听哈扎布演唱的歌曲。

1954 年,莫德格在北京为毛泽东等党和国家领导人演出,赢得了大家的称赞。两年后,她又随中央代表团赴西藏进行了为期两个月的演出。回京后,莫德格受到了周恩来总理的接见,周总理亲切地对莫德格说:"小姑娘唱得太好了,以后要继续努力。"

1957 年,就在莫德格的演唱生涯如日中天时,她却因工作需要离开了舞台,先后调到内蒙古广播电视台、内蒙古电影制片厂,从事歌舞的录制以及影片的翻译和插曲演唱工作。

1962 年,莫德格重返舞台,在锡林郭勒盟东苏尼特左旗乌兰牧骑担任独唱演员。然而,担任独唱演员的工作只持续了两年,1964 年,她彻底告别舞台,被调入东苏尼特左旗民政局,直至 1986 年退休。

三、"以声传情、以情动人"

离开舞台后,莫德格并未放弃自己热爱的蒙古族长调民歌。她积极参加在东苏尼特左旗举办的各类活动,并深入牧区考察,挖掘新的长调民歌。此外,莫德格还通过收音机学会了《云登哥哥》《羊卷烟》等蒙古歌曲。她说:"我一天也不能不唱歌,我生就是为歌而生,唱歌就是我的生命,只要我活着就永远不会停止歌唱。"

1979 年,应《中国民间歌曲集成·内蒙古卷》编辑部的邀请,莫德格前往呼和浩特录制了 13 首蒙古族长调民歌:《细长的云青马》《丰尾的马》《孤独的驼羔》《清凉宜人的杭盖》《金色的宝格达山梁》《太平盛世》《金翅膀的小鸟》《珈牧仁的鲜花》《微风》《栗色走马》《烟雾茫茫的山梁》《辽阔的草原》《花斑枣骝马》。

莫德格演唱的蒙古族长调民歌属于"锡林郭勒乌珠穆沁"风格,她演唱的上述 13 首长调如今已成为这一风格的经典曲目,而她本人也被誉为蒙古族长调民歌"锡林郭勒乌珠穆沁"这一风格的杰出代表。

莫德格作品《清凉的杭盖》

在演唱时，莫德格"十分注重身体和神情的庄严、肃穆，从不晃动身体，面部表情始终保持典雅、高贵的状态，注重以声传情、以情动人"。她说："这是规矩，是我们乌珠穆沁人世代相传的规矩，做任何事情必须遵照规矩和法则，演唱长调也一样，必须按照原来的样子唱，那样才会保持长调原有的味道。"正是因为重视对传统风格的承袭，莫德格的演唱才具有了与众不同的魅力。

在蒙古族长调民歌的演唱中，"诺古拉"（装饰性花腔）被称为长调民歌的灵魂，这一演唱技巧具有较高的难度，需要歌手在演唱时能正确运用呼吸。经过多年的练习，莫德格对气息的控制可谓炉火纯青，她演唱的"诺古拉"丝毫没有"人工雕琢的痕迹"，即使在演唱难度较大、乐句较长的长调时，听众也丝毫不会感觉到她换气的声音，"锡林郭勒乌珠穆沁"风格长调特有的深沉、庄重、典雅的韵味被她演绎得淋漓尽致。

此外，莫德格还摸索出了一种适合自己的"胸腔诺古拉"唱法。在《太平盛世》这首长调中，她运用这一技法，"利用软腭的灵巧技法把喉咙打开并贯穿到胸腔中，利用气息的有力支撑把这首历代流传于乌珠穆沁草原上的朝政歌曲按照原有的古老风格呈现出来，充分表现了乌珠穆沁长调深沉、庄重、典雅，意义凝练、深远的风格特征"。

除了《太平盛世》，莫德格的这些演唱技巧在她演唱的《清凉宜人的杭盖》中同样得到了淋漓尽致的体现。在这首长调中，莫德格用连绵不断的"诺古拉"为大家呈现出了一幅秀美的景象："清凉宜人的杭盖滩上，清澈的泉水静静流淌。和那知心的人们，坐在一起欢宴歌唱。"每当她唱起这首歌，听众都仿佛置身其中，心胸顿时豁然开朗。

四、"在草原上生活历练，才能唱出长调的真正韵味"

进入21世纪，莫德格在2001年年初参加了香港中文大学音乐系、中国艺术研究院音乐研究所、中国传统音乐协会共同举办的"中国音乐研究在新世纪的定位"国际学术研讨会。会上，当年届古稀的莫德格唱起蒙古族长调民歌时，与会的专家学者都惊叹不已。

2004年，莫德格参加了第二届中国南北民歌赛，凭借一曲《太平盛世》荣获金奖，同时成为国家文化部民族民间文化发展中心特邀民歌手。这一年，她还录制了第一张个人专辑《绿缎子》。

2008年，莫德格成为第二批国家级非物质文化遗产项目（蒙古族长调民歌）代表性传承人。从扎根草原的民间歌手，到驰骋舞台的专业演员，再到国家级传承人，莫德格的身份实现了两次蜕变。然而，无论是何种身份，她始终都坚定不移地推动蒙古族长调民歌从民间走向全国、走向世界。

2008年9月，莫德格被内蒙古大学艺术学院聘为客座教授，为学生教授蒙古族长调民歌。在教学中，她非常注重对学生演唱规范性的培养，要求学生必须按照每首歌曲原有的韵味演唱。对此，莫德格说："现在有些人唱长调时没有按照原有的'诺古拉'演唱，这样对长调的传承非常不利。"

同时，莫德格还根据自己多年的演唱经验，指导学生把握气息的控制以及换气的方式。她说："唱歌时要在该换气的地方换气，不该换气的地

莫德格在草原上

方决不能换气，在哪里需要换气时就在哪里换气。那样歌才会完整，才会好听，否则就像戴着马绊子的马，挣断绊子跑掉一样。"

在每教一首长调民歌前，莫德格还会把歌曲的相关信息介绍给学生。比如在教唱《孤独的驼羔》这首长调时，莫德格首先会给学生讲这样一个故事："从前有一位富人，想买到100峰骆驼，最后从别人手中买到了一峰刚产完小驼羔的母驼。这样母驼被富人带走，留下了小驼羔。小驼羔想念母驼，母驼也想念小驼羔，每天悲泣。赶骆驼的人看在眼里，非常难过，不由自主地创作了《孤独的驼羔》，这首歌曲便流传开来。"这样的介绍对学生把握歌曲内涵起到了良好的作用。

另外，莫德格还要求学生充分了解，并热爱、尊重蒙古族的语言艺术及生活方式，她说："最好的长调演员都在民间牧民中，只有在草原上生活、历练，才能唱出蒙古族长调民歌的真正韵味。"

2010年，内蒙古大学艺术学院、西乌珠穆沁旗人民政府、内蒙古文化音像出版社联合出版了莫德格的第二张专辑《清凉的杭盖：蒙古族长调大师莫德格演唱专辑》。虽然已经78岁高龄，可莫德格的嗓音依旧细腻、醇厚。

2014年6月，莫德格荣获第三届"中华非物质文化遗产传承人薪传奖"。如今，她依旧以饱满的热情继续为弘扬蒙古族长调民歌事业贡献着自己的力量。正如人们所说，她是长调民歌艺术中一座永恒的丰碑。

马金山
——松鸣"花儿"红

马金山（1943～），民间歌手，"花儿"（松鸣岩花儿会）传承人。甘肃临夏和政人，东乡族。6岁开始学唱"花儿"，七八岁时就参加花儿会，与各地"花儿把式"一较高下。他致力于"花儿"的编唱及伴奏，演唱声音醇厚、动作幽默、富有激情。2008年成为第二批国家级非物质文化遗产项目（传统音乐类）代表性传承人。演唱代表作有《东乡令》《尕阿姐令》《夸新姐》《说厨子》《白杨树上樱桃黄》等。

一、少年时代就成了"花儿把式"

1943年，马金山出生在甘肃省和政县吊滩乡（今松鸣镇）科托村的一户东乡族人家，是家里唯一的孩子。由于家中十分贫困，马金山的父母之前连生5个孩子都不幸夭折，因此，马金山的出生给整个家庭带来了光亮，父母对他从小就宠爱有加。

马金山的家乡临夏回族自治州和政县风景秀丽，被誉为"陇上绿色明珠"，松鸣岩、太子山、南阳山、滴珠山、寺沟、铁沟等名胜均坐落于此，其中最为著名的当属松鸣岩。松鸣岩位列"宁河（和政县古称）八景"之首，自古以来就有"须弥翠色"的雅称。那里青峰接云、古松参天，四季云雾缭绕、终年流水潺潺，每当山风劲吹，松鸣如涛，震荡峡谷，故名"松鸣岩"。

松鸣岩不但景色优美，还是"河州花儿"的发祥地之一。"河州花儿"属于"花儿"三大流派中的"河湟花儿"，具有"粗犷豪爽、跌宕起伏，高音清脆嘹亮、中音浑厚圆润、低音平和舒展"的特点,"激越时如惊涛拍岸,卷起千堆雪;委婉处似夜莺歌唱,沁人心脾"。

谈起"河州花儿",有这样一段美丽的传说:明成化元年(1465年)农历四月二十八,有位年轻猎人到松鸣岩打猎,忽然听到有仙女在唱歌。他循声赶到山谷里,歌声却在山顶上;爬到山顶时,歌声又在山谷里:只闻其声,不见其人。回到村里后,猎人把仙女唱的歌记录下来并传唱,于是便成了家喻户晓的"花儿"。后来,每逢农历四月二十八,人们都会举办大型的"松鸣岩花儿会"作为纪念。

小时候,马金山常常在父母的陪伴下到松鸣岩玩耍,每当这时,父母都会为他讲述那段古老的传说,唱起动听的"花儿"。久而久之,马金山对"花儿"产生了浓厚的感情,深深地迷恋上了这一民间艺术。他常常跟在父母和乡亲们身后咿呀学唱"花儿",每逢"松鸣岩花儿会"举办,他都会准时前往现场,听"花儿把式"们的演唱。

1949年,6岁的马金山开始正式跟母亲学唱"花儿"。他的母亲是当地有名的"花儿把式",会唱许多"花儿"曲目,常常在"松鸣岩花儿会"等大型活动中一展歌喉。在母亲的指导下,马金山开启了"花儿"艺术的大门,如饥似渴地学了起来,他很有天赋,不出一年就学会了许多"花儿",唱起来有板有眼。

渐渐地,"花儿"成为马金山日常生活中的一部分。无论是在田间劳作、在山坡放牧,还是在林间穿行,他都会即兴演唱"花儿"。此外,他还经常去松鸣岩,在山谷间纵情歌唱,用一曲"太子山怀抱的松鸣(了)岩,西方顶连的是蓝天,五彩的祥云们绕山(呀)转,南无台落下了神仙",来表达自己对家乡、对松鸣岩的无限热爱。

到了八九岁时,马金山已经能够参加"松鸣岩花儿会",与来自各地的"花儿把式"们一较高下,受到乡亲们的夸赞。

二、"太子山下的金唢呐""东乡族的二胡土"

在唱"花儿"的同时,马金山还迷上了许多用来给"花儿"伴奏的乐器。

起初,马金山迷上的是民间吹奏乐器咪咪。咪咪是当地男子用来传情达意、抒怀解忧的随身乐器,用两根约五寸长、小指般粗细的竹管做成,因制作简单、携带方便,且演奏风格独具特色,深受男子的喜爱。

马金山的父亲是当地有名的咪咪能手,从很小的时候起,马金山就开

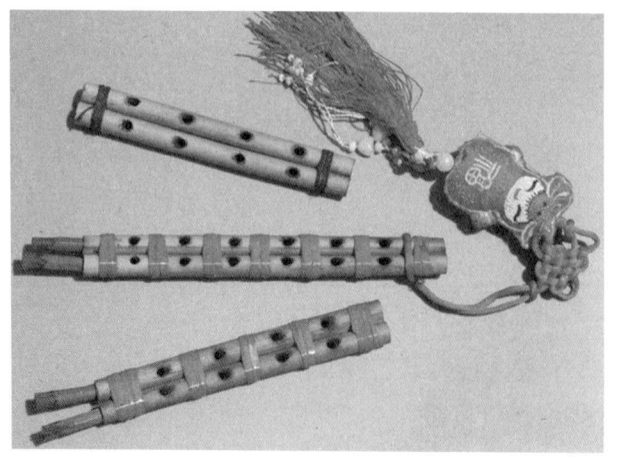

回族民间吹奏乐器"咪咪"

始听父亲吹咪咪,学唱"花儿"后对这一乐器的热爱更是有增无减。7岁那年,父亲针对马金山年龄小、气息不足的特点,为他专门制作了一种单管的咪咪。他学起来很快,没过多久就掌握了吹奏咪咪的全部要领。平日里,马金山一边唱"花儿",一边用咪咪帮别人伴奏,忙得不亦乐乎。

13岁那年,马金山又把目光投向了唢呐。那时,唢呐并不是艺人们的心爱之物,有些人甚至非常排斥用它来为"花儿"伴奏。可马金山却认为,唢呐声音大、悦耳动听,配合"花儿"的演唱,效果非常不错。于是,他不顾大家反对,自己做了一把唢呐学了起来。

初学唢呐时,马金山常常受到乡亲们的讽刺和挖苦。后来,为了躲避闲言碎语,他就拿着唢呐、背起土枪,住进山里偷偷地学。那段日子里,他自由自在地吹着唢呐,渴了就喝一口山泉,饿了就打两只野鸡,生活十分惬意。

一年后,马金山吹奏唢呐的水平突飞猛进。当他回到县里在乡亲们面前吹响唢呐时,大家都被动听的旋律深深吸引。从那时起,人们对唢呐的印象慢慢好转,艺人们在演唱"花儿"时也开始喜欢上了用唢呐伴奏。后来,马金山还曾在青海西宁举办的西北民间艺术表演大奖赛上荣获一等奖,被誉为"太子山下的金唢呐"。

会吹唢呐后,马金山又自学了二胡、板胡、三弦等"花儿"伴奏乐器,并独辟蹊径,学会了用手风琴为"花儿"伴奏。他每学一样都潜心揣摩、精益求精,几乎达到了忘我境界,而他演奏的二胡更是音色纯正、悦耳动人,大家都称他为"东乡族的二胡王"。

多年后,马金山在接受采访时谈起年轻时学习各种乐器的原因:"以前的歌手漫'花儿'时,人们用咪咪、二胡、四弦子伴奏,参与者要上百人,一唱就是好几天,晚上也接着唱,唱者听者如醉如痴。后来会伴奏的人越来越少了,伴奏的乐器也少了,那些传统的乐器,不能被我们这一代人弄丢了。"

正如马金山自己所说，年轻时的他不仅热爱"花儿"艺术，更心系对"花儿"艺术的传承，这才让他不仅仅满足于演唱"花儿"，还注重对"花儿"伴奏乐器的深入学习。同时，学习乐器的经历也对马金山演唱"花儿"起到了很好的辅助作用，既加深了他对"花儿"艺术的了解，也为他日后学唱不同风格和曲调的"花儿"、编唱新曲目打下了扎实的基础。

三、"让人们知道原生态'花儿'怎么唱"

20世纪60～70年代，为了学唱不同风格和曲调的"花儿"，马金山先后拜马占山、王绍明、马占祥等七八位民间"花儿"歌手为师。这些人在当地远近闻名，尤其是马占山和王绍明，临夏回族自治州民间的"花儿"曲调大部分都是他们两人传下来的。

在众位老师中，带给马金山深远影响的是马占山。马占山是临夏回族自治州最有名的"花儿"歌手，会唱的曲调特别多，常应邀前去四川、青海等地演唱。马金山随马占山学习了3年，其间，他经常和老师一起到各地演出，每次演出结束后，老师都会针对他的演唱加以指导，并教给他几种新的曲调。马金山在回忆那段日子时曾说："'花儿'人人都能唱，但要唱好，要学的东西太多。我虽然拜马占山老师学艺仅仅3年，但却受益终身。"

与生俱来的嗓音和天赋，让马金山唱起"花儿"游刃有余；后天的钻研和努力则使他在"花儿"艺术的道路上一往无前。通过多年的积累，马金山先后学会了上百种"花儿"曲调，极大地拓宽了歌路，成为十里八乡尽人皆知的"花儿把式"。此外，他还学会了宴席曲等其他民歌，丰富了自己的演唱形式。

改革开放后，松鸣岩被国家指定为生态保护地，政府投入大量的资金在这里发展农业和旅游事业。目睹家乡日新月异的变化，马金山以更加饱满的热情投入"花儿"艺术事业中，他说："我人生的头等大事，就是要让人们知道原生态'花儿'怎么唱。"

1979年，在"文化大革命"期间被禁的"松鸣岩花儿会"重新开

"花儿会"上拉二胡的乐手

松鸣岩下壮观的"花儿会"

放,吸引了十几万人前来赴会。在会上,马金山为大家演唱了多首"花儿",赢得人们的交口称赞,特别是他的即兴演唱,更令人耳目一新、回味悠长。此后几年间,来参加"松鸣岩花儿会"的游客络绎不绝,马金山的名声也变得越来越响,省、州的广播电台纷纷邀请他前去演唱"花儿"。

20世纪80年代初,带着对"花儿"艺术的痴迷,马金山对大量传统曲目进行了改造,并编唱了许多反映新生活的曲目。后来,他带着这些歌先后参加了省、州举办的文艺表演,每次都荣获一、二等奖。

1985年,马金山为《中国民间歌曲集成》录制了《东乡令》《尕阿姐令》《夸新姐》《说厨子》《白杨树上樱桃黄》《我的眼睛是千里眼》等11首珍贵的"花儿"曲目,使"花儿"艺术正式步入中华文化的宝库。

除了演唱、编创"花儿",马金山还挖掘、搜集并整理了许多濒临失传的"花儿"曲调,将自己会唱的曲调扩大到200多种,许多歌手听都没听过的曲子,他都会唱。在这些曲调中,河州大令、河州二令、河州三令、白牡丹令、水红花令、咿呀咿令、尕姑舅令、尕马儿令、大眼睛令、乖嘴儿令等都是大家喜闻乐见的。

四、让"花儿"本子歌重获新生

20世纪90年代,由于长期演出,马金山的嗓子十分疲劳,患了慢性咽炎,只能唱中音,无法再唱高音。即便如此,他依然没有放弃歌唱,始终活跃在"松鸣岩花儿会"及各大舞台上。与此同时,马金山在之前整理

"花儿"曲调的基础上,又开始了整理"花儿"濒危曲目的工作。

马金山认为,"花儿"的曲目按内容可分为情歌、生活歌和本子歌3类:情歌是"花儿"的主体,表达对心上人的爱慕和思念;生活歌以反映社会生活为主题,内容多演唱生活琐事和民间习俗;本子歌主要由歌手世代口口相传,歌曲以单首为主,也有一些独立成篇或反映历史故事的长篇曲目,是最传统的"花儿"。他明白,要想让"花儿"继续传唱下去,情歌、生活歌必须越唱越新,而这一点自己早在20世纪80年代初就已经开始在做了,如今的关键是对本子歌的抢救。

"花儿"并非"少年"的专利

为了抢救本子歌,马金山遍走乡野、走家串户,到处寻找老一辈"花儿"艺人,从他们那里搜集资料。其中,光是整理、记录《梁山伯与祝英台》一个曲目,就花了他12年的功夫。《梁山伯与祝英台》是传统的长篇"花儿"本子歌,传到马金山这一辈,已经没有一位艺人能完整地演唱下来。为此,马金山几乎走遍了整个临夏州,找这个人唱一句,再请那个人教一句,一点一点地记下来。

由于只有小学三年级的文化水平,认字不多、也不识谱,马金山记录起歌曲来可谓困难重重。起初,他都是用脑子强记,一个调子往往要经过数十甚至上百次的演唱才能准确无误地记下来。后来,他买了一台录音机,每次先把艺人们唱的调子录下来,回到家后再慢慢整理,效率提高了不少。即便如此,记录完整首共7000字的《梁山伯与祝英台》,还是用了12年的时间。

后来,马金山凭着一股不服输的劲头,又整理了《三国演义》《杨家将》《封神榜》《郑成功》等几十万字的长篇"花儿"本子歌,让这些曲目通过录音机和纸笔重获新生。如今,像"草船上借箭的诸葛孔明,朵船上扎上了草人;半夜里擂鼓者惊曹兵,十万箭收到了大营"等已经家喻户晓,成为人们耳熟能详的唱词。

几十年来,马金山为"花儿"艺术操碎了心,自己却过着节衣缩食的生活。每年夏天,他都会到松鸣岩打工,靠演唱"花儿"贴补家用;到了冬天,他就在家里打铁做腰刀赚钱养家。

马金山是东乡族鸽子头腰刀的第6代传人,他打的刀远近闻名、供不应求,有时候客人为了得到一把他打的刀,会在村里住上几天。即便如此,马金山依旧有条不紊地认真对待打刀的每一道工序,每把腰刀也只赚50元左右,绝不漫天要价。他对待"花儿"艺术严谨的态度也充分体现在了打刀上。

五、心系传承,创办学校

2004年8月,和政县被中国民间文艺家协会授予"中国花儿传承基地"的称号,马金山被吸收为协会的会员。同年,他在自己家里开办了一所"花儿艺术学校"(后更名为"和政县文联艺术学校"),利用寒暑假和周末给喜爱"花儿"的孩子们上课,并且全部免费。

尽管办学条件比较简陋,可还是有许多孩子前来学习。他们当中大部分都来自和政县本地,还有一些分别来自广河县、康乐县,以及甘南藏族自治州等地。后来,也有成年人慕名而来,跟着孩子们一起学、一起唱,这令马金山感到十分欣慰,他说:"只要有人愿意学,就是再好不过的事情了。"

2006年5月,"松鸣岩花儿会"进入第一批国家级非物质文化遗产名录(传统音乐类)。此后,来学"花儿"的学生日益增多。第二年3月,马金山拿出自己攒了多年的4.5万元积蓄,买下了吊滩乡信用社搬家后留下的平房,当作教室。学校每年能招近50名学生,人数最多时超过160人,其中最小的不过六七岁,最大的则有40多岁。

2008年2月,马金山成为第二批国家级非物质文化遗产项目〔花儿(松鸣岩花儿会)〕代表性传承人,并受邀到北京参加颁证仪式。在仪式上,他动情地说道:"我的心愿就是把'花儿'文化遗产继承下来,教学生唱、带儿孙唱,一直传唱下去。"

自从成为"非遗"传承人后,马金山每年都能得到8000元的补贴,他把这笔钱全都用到了学生身上,为路远的

马金山"花儿"演唱集书影

学生买车票，给贫困的孩子买衣服。他的付出也得到了丰厚的回报，2009年，刚满6岁的学生马强获得了和政县原生态花儿大赛的三等奖；后来，许多学生还到北京参加了原生态民歌大赛，均获得优秀的成绩。如今，马金山的学生中能唱三十几首花儿的有二十多位，七八位已经成长为州里有名的歌手，其中名气最大的是马尔洒，被称为"临夏州最好的男歌手"。

2011年6月，和政县文化局主编刊印了《松鸣岩原生态花儿——马金山演唱集》。书中收录了马金山整理、编创的许多曲目，为广大"花儿"爱好者提供了宝贵的资料。

2013年6月，马金山荣获第二届"中华非物质文化遗产传承人薪传奖"。这是对他数十年如一日传承"花儿"最好的褒奖。

近年来，在多方支持下，学校的基础设施得到了完善，马金山的生活也越来越富裕。除了教学生唱"花儿"，他每年都会参加"松鸣岩花儿会"，并活跃在各个旅游风景区为游客献歌，帮其他歌手伴奏。此外，县里的文艺会演和公益活动也少不了马金山的身影。

如今，马金山依旧为"花儿"艺术贡献着力量，用歌声招待远道而来的游客："南山的白雨下来了，兰州城里的人儿看来了，没有好酒好茶（哟呼嘿），花儿献给（着）你们了。"

玉素甫·托合提
——"要尽最大努力把十二木卡姆传给年轻人"

玉素甫·托合提（1952～），民间说唱艺人，新疆维吾尔木卡姆艺术（十二木卡姆）传承人。新疆喀什莎车人，维吾尔族。童年时代跟随父亲学习十二木卡姆，12岁时就能与父亲同台演出。20世纪70年代演唱木卡姆歌剧《红灯记》，一举成名。常年参与县"木卡姆艺术团"演出活动，并收徒传艺。2008年成为第二批国家级非物质文化遗产项目（传统音乐类）代表性传承人。

一、生长在"十二木卡姆故乡"

玉素甫·托合提

1952年4月，玉素甫·托合提出生在新疆喀什地区莎车县一个维吾尔族农民家庭。

莎车县位于新疆维吾尔自治区西南部，喀什地区南部，塔里木盆地西部，喀喇昆仑山北麓，帕米尔高原南面，在塔克拉玛干沙漠和布古里沙漠之间的叶尔羌河上中游冲积平原上。这里曾经是古"丝绸之路"的交通要冲，军事重地，历史上的新疆地方政权叶尔羌汗国的国都就在这里。这里更是人类口头和非物质文化遗产"十二木卡姆"的发祥地，有"十二木卡姆故乡""十二木卡姆之都"的美誉。

生长在"十二木卡姆故乡"的玉素甫·托合提，从小就受到了民族艺术的熏陶。他的祖父和父亲都是木卡姆的能手。在过去衣不蔽体的艰难困苦岁月里，祖父和父亲始终没有放弃对木卡姆艺术的追求。祖父在玉素甫·托合提记忆中是永不磨灭的偶像，父亲则是20世纪50年代本土颇有名气的木卡姆表演者。

7岁时，玉素甫·托合提向父亲提出，他也要学唱十二木卡姆。听了儿子的话，父亲喜忧参半，欣喜的是，自己热爱的艺术也受到了后辈的认可和喜爱；忧愁的是，家庭生计困窘，学习木卡姆又看不到好的前途。那个年代，社会对木卡姆艺人并未给予足够的尊重，艺人也不可能依靠木卡姆艺术来维持生计，因此父亲放弃了教儿子学唱木卡姆的念头。

父亲拒绝了玉素甫·托合提的请求，希望他能走进学堂，学习更多的文化知识。然而，倔强的玉素甫·托合提好像铁了心，说什么都要学艺。他告诉父亲，上学可以，但放学后和假期里，要教他唱十二木卡姆。

父亲见儿子学艺心切，同意了他提出的条件。从此以后，玉素甫·托合提有了第一位"专业"的木卡姆老师，走上了学习、研究、传承木卡姆艺术的道路。

二、"十二木卡姆"的美丽故事

"木卡姆"原为阿拉伯语，作为音乐术语，意为"成套的民间古典音乐"。木卡姆分布地域广阔、种类繁多，中亚、南亚、西亚、北非等地区均有木卡姆，但就种类来说，目前在世界上，我国新疆的木卡姆种类最多，结构形式也最完整。因此，"中国新疆维吾尔木卡姆艺术"被人们赞誉为"华夏瑰宝""丝路明珠"。

木卡姆历史渊源流长，背景广阔而深远，与维吾尔族人民的历史时代同步发展。从时代和地域因素来看，主要有两点：一是在古代流传下来的传统音乐的基础上发展成的套曲和歌曲；二是地方音乐，即库车、喀什、和田、吐鲁番、哈密音乐以及刀郎音乐。

相传在维吾尔族先民从事渔猎、畜牧生活的时代，就产生了在旷野、山间、草地即兴抒发感情的歌曲。这种歌曲叫作"博雅婉"，意思是"旷野之歌"。后来经不

"十二木卡姆故乡"的人们倾情歌唱

断融合，演变发展形成了组曲——木卡姆。它的历史渊源，甚至可以追溯到汉代兴盛一时的西域音乐。

公元14～16世纪，在西域音乐的融汇时期，木卡姆经过多次的整理、规范，才成为今天的十二木卡姆。而这又与一位美丽聪慧的女子密切相关，她叫阿曼尼莎罕（亦作"阿曼尼莎汗"），是当时我国西域城邦小国叶尔羌汗国阿不都热西提汗的妃子。

据记载，阿曼尼莎罕（1526～1560）从小就酷爱音乐和诗词。13岁时，她在家中偶遇微服私访的阿不都热西提汗。这位同样酷爱音乐和文学的国王被阿曼尼莎罕美丽的容颜、即兴创作诗词的才华和精湛的木卡姆弹唱技艺深深吸引，随后与她喜结良缘。成为王妃后，在国王的支持下，阿曼尼莎罕与当时的木卡姆大师喀迪尔汗一起，邀请各地熟悉木卡姆的民间艺人，对散失在民间的木卡姆进行了系统的搜集整理工作。这一工作使维吾尔族木卡姆与其他民族木卡姆得到了区分，第一次确定了十二木卡姆的规模，形成了木卡姆特有的琼乃合曼、达斯坦和麦西莱甫三部分结构，还重新确定了木卡姆的歌词。

那时，阿曼尼莎罕按照天文学的规则，将众多木卡姆整理成12套套曲，并确定了其称谓，这也就是今天的"十二木卡姆"的名称——拉木克（拉克）木卡姆、且比亚特（且比亚提）木卡姆、木夏乌热克（木夏吾莱克）木卡姆、恰尔尕木卡姆、潘吉尕（潘尔尕）木卡姆、乌扎勒（乌孜哈勒）木卡姆、艾介姆（艾旦）木卡姆、乌夏克木卡姆、巴雅特（巴雅提）木卡姆、纳瓦木卡姆、西尕（斯尕）木卡姆、依拉克木卡姆。

每套木卡姆又由琼乃合曼（大乃格曼，大曲）、达斯坦（叙事诗）和麦西莱甫（麦西热普，民间歌舞）3个部分组成。每个部分又由四个主旋律和若干变奏曲组成，共245首乐曲。其中每一首乐曲既是木卡姆主旋律的有机组成部

莎车的阿曼尼莎罕塑像

分，同时又是具有和声特色的独立乐曲。木卡姆演奏时，琼乃合曼苍劲深沉，蕴蓄无穷；达斯坦流畅欢快，抒情优美；麦西莱甫则载歌载舞，把演奏推向高潮。

十二木卡姆还有一些地域性变体，其中比较有名且具一定特色的有刀郎木卡姆和哈密木卡姆以及吐鲁番木卡姆等。

经过整理和改革后的十二木卡姆艺术，集音乐、舞蹈、演唱、文学和生活习俗于一体，旋律优美、朗朗上口，深受维吾尔族人民的喜爱。

三、古老艺术重现辉煌

新中国成立后，新疆各级文化部门十分重视十二木卡姆这一优秀文化遗产的传承和发扬。自治区组织专人对十二木卡姆的乐曲录音、记谱、出书，并将歌词记录、整理、出版。同时，发掘木卡姆的艺术潜力，推陈出新：由木卡姆改编的《拉克歌舞》，令人耳目一新；用木卡姆音乐演唱的《艾里甫与赛乃姆》，被誉为维吾尔族的《红楼梦》；移植的维吾尔语歌剧《红灯记》，在国内产生了巨大反响，还被拍成了电影。近年来，自治区成立了专门研究机构，全面研究木卡姆艺术；还用五线谱出版了《十二木卡姆》，探索木卡姆走向世界之路。

2005年12月，联合国教科文组织在巴黎总部公布第三批"人类口头

有关"十二木卡姆"表演的绘画

莎车"十二木卡姆艺术节"的表演

和非物质遗产代表作"名录,"中国新疆维吾尔木卡姆艺术"与"蒙古族长调民歌"(与蒙古国联合申报)榜上有名。

2006年5月,新疆维吾尔木卡姆艺术(包括十二木卡姆、吐鲁番木卡姆、哈密木卡姆、刀郎木卡姆),经国务院批准列入第一批国家级非物质文化遗产名录(传统音乐类)。

2007年10月24日,我国成功发射升空的"嫦娥一号"搭载了31首歌曲,十二木卡姆选曲名列其中。

在"十二木卡姆故乡"莎车县,新时期以来,木卡姆的演出、传承、普及出现了蓬勃发展的势头,软硬件建设都取得了突出成绩。

早在1992年,为了满足各族人民凭吊阿曼尼莎罕这位十二木卡姆艺术大师的愿望,莎车县政府在阿勒克鲁克(意为"黄金之地")修建了叶尔羌汗国皇家陵园。在阿曼尼莎罕的画像之下,用维吾尔文和汉文写道:"阿曼尼莎罕是人所共知的天仙才女,和阿不都热西提汗的爱情举世无双,十二木卡姆犹如十二颗璀璨的星星,她的美名啊如史诗般被后世传扬。"

此后,莎车县先后建成了"木卡姆广场""木卡姆剧院"和"木卡姆文化传承中心"。2006年,县政府还把每年的8月15日定为"木卡姆节"。

相关的十二木卡姆演唱、演出活动,也十分红火。乡镇和县里陆续成立了木卡姆演出队伍,而且越来越多,越来越活跃。2003年,莎车县文化体育局办公室主任依力哈木·热依木与玉素甫·托合提、阿布来提·赛来、麦麦提吐尔孙·巴克等当地老艺人联手组建了莎车县民间木卡姆艺术团，开始收徒授艺，广泛培养接班人。2013年，该团升级为"莎车木卡姆艺术团"，由3名国家级非物质文化遗产传承人以及150名自治区、地区、县级非物质文化遗产传承人组成，平时参加活动的表演者有100名左右，大型活动能组织万人进行表演。"莎车木卡姆艺术团"是全国有影响力的文艺团体，多次代表自治区出国演出，还获得了不少奖项。

截至2012年，莎车县除了拥有2名国家级传承人，已登记民间艺人500余名。

四、"未来是属于年轻人的"

玉素甫·托合提从父亲那里学习的，也正是流传在莎车的十二木卡姆。

玉素甫·托合提聪明好学，领悟力极强，再加上父亲的悉心教导，他的十二木卡姆演唱很快便小有成就。12岁时，他就和父亲登台演出了。

20世纪70年代，新疆艺术家用木卡姆形式移植创作了维吾尔语歌剧《红灯记》，玉素甫·托合提参加了剧组并担任角色。此外，他还参与了《红色娘子军》的移植演出。这让他在同龄伙伴中出尽了风头，就连老艺人也大为吃惊，玉素甫·托合提几乎是"一夜成名"。

20多年的从艺路，让玉素甫·托合提的木卡姆演唱技艺越来越纯熟。

2008年，玉素甫·托合提与其他三人一起成为第二批国家级非物质文

"十二木卡姆"令人陶醉

化遗产项目（新疆维吾尔木卡姆艺术·十二木卡姆）代表性传承人。

2008年3、6月，玉素甫·托合提和他的莎车同乡阿布来提·赛来，作为十二木卡姆国家级传承人代表，两次走进国家大剧院登台献艺，受到了党和国家领导人的接见。

谈到自己入选国家级非物质文化遗产代表性传承人的经历，玉素甫·托合提自豪地说："我是2008年3月领取的证书，当时就感受到人们对我的羡慕和尊敬，心里很高兴。国家从2009年开始每年补助8000元，县里从2007年开始每月补助400元。国家给我们这样的荣誉和待遇，也让我感到身上的责任重大。我一定要尽自己最大的努力，把十二木卡姆好好地传给年轻人！"

木卡姆传承人走进校园

莎车"木卡姆传承中心"建成后，玉素甫·托合提等传承人进驻中心，传承、普及木卡姆艺术。作为传承中心的一员，玉素甫·托合提说："现在，我们几个人每天都到中心来。我们的家都在县城，骑自行车也就是10多分钟的路程。大家各有所长，在一起切磋交流。带的学生差不多有30人，我们对他们进行指导，帮助他们提高表演水平。我以前带的3个学生，由于进步得快，现在经常到内地演出。"

谈到传承的体会，玉素甫·托合提说，有较好的乐谱基础知识的学生，学习会快一些，一般两个月下来，基础知识就学得差不多了，不会乐谱的学生则起码要学一年。"我觉得传承问题的关键在于人。我们修了这么好的传承中心，物质条件已经很好了，希望政府能够采取更加有力的措施，引导更多的年轻人参与进来。现在，我一口气能唱4个木卡姆，8个小时不间断地弹唱。但毕竟我们这一代艺人的年龄都不小了，未来是属于年轻人的。"

雷美凤
——"畲歌女王"

雷美凤（1969～），民间歌手，畲族民歌传承人。福建宁德人，畲族。上小学时开始一边读书、一边学习畲族民歌，十六七岁时已经能够单独参与盘歌。学歌、唱歌20多年间，掌握畲族民歌上万首，并能即兴对唱；经常参加各种歌会活动，多次获奖，有"畲歌女王"之称。2009年成为第三批国家级非物质文化遗产项目（传统音乐类）代表性传承人。代表作有《采茶歌》《凤凰歌》等。

一、"畲家的子女都是在歌声中长大的"

1969年，雷美凤出生在福建省宁德县（今宁德市蕉城区）八都镇猴盾村的一个畲族家庭。

宁德是全国畲族人口最多、分布最广、历史最悠久的畲族聚居地，畲族人口约有17万。这里孕育了历史久远、特色鲜明的畲族文化，包括独具特色的畲族民歌。大山深处的畲族聚居区山清水秀，百鸟鸣啭，仿佛正是这灵山秀水造就了畲家人优美的唱腔，孕育了古朴、委婉的畲族民歌。

雷美凤的故乡蕉城区八都镇猴盾村是一个历史悠久的畲族村寨，这里传唱的畲族二声部山歌"双音"远近闻名，因此也被称为畲歌奇葩——"双音"的发源地。这里的人们几乎个个都会唱歌，他们劳动时唱，休闲时也唱；高兴时唱，悲伤时也唱。歌声在山林溪畔、田头屋角随风飘荡，仿佛歌的海洋。

雷美凤从小就跟随砍柴的母亲和姐姐学习唱歌，八九岁时就边读书边

雷美凤

学唱畲歌。那时，每逢村子里来客对歌时，她总是挤进歌场去听歌，边听边小声学唱。回家后，她又继续让父母教自己唱歌。雷美凤回忆自己与畲歌结缘的故事时曾说："8岁进小学读书，寒暑假时候就跟随母亲上山砍柴学唱歌。村里客人来对歌时，就挤进歌场听唱，边听边小声学唱，后来抄歌本学唱……"

随着年龄的增长，雷美凤会唱的畲歌多了起来，13岁时，她就能和大人对歌了，逢年过节还要给来家里的客人表演。谈到这种情形，雷美凤显得很平淡，她说："畲家的子女都是在歌声中长大的。"

回想起少年往事，雷美凤声称自己下决心学习畲族民歌是在15岁："其实，我真正下定决心学歌应该要从15岁那年说起。"

那年，雷美凤跟随同村的人到福安的一个畲村去游玩，晚上与当地村民对上了歌。看着大家亮开嗓子对歌，热闹非凡，初出茅庐的雷美凤跃跃欲试。最后，她按捺不住，用尚显稚嫩的歌喉对起歌来。不过，由于民歌储备有限，没多长时间就败下阵来。

对不上歌来，难免懊恼。"人家笑我没歌还敢出门，当时我真是懊恼极了。"雷美凤说，"对不上歌来不仅输了，还要吃苦头的，我的手脚被捏出一块块红红的。"

这次经历给雷美凤留下了难忘的印象，也激发了她学好民歌的决心。从那时起，她如饥似渴地吸吮着畲歌的营养，对畲歌的兴趣也越来越浓，哪里有对歌，哪里就有她的身影。不仅如此，她还借来村里人的歌本抄歌学唱。吃饭唱歌，干活唱歌，不管到哪里，歌声与她总是如影随形。

二、畲歌乘"神七"飞上太空

由于颇有音乐天赋，再加勤学苦练，雷美凤学得特别快，会唱的畲族民歌越来越多。到16岁时，她已经能够独立和男歌手盘歌；而到17岁时，她已经参加全国性的表演了。

那是1986年，雷美凤受邀参加在乌鲁木齐市举行的第三届全国少数民族传统体育运动会的表演。雷美凤回忆说，当时她是受邀去跳龙头舞的，谁知后来又要求她表演唱歌。由于年纪还小，又缺乏舞台表演经验，看着人头攒动的台下，上台后的雷美凤快要吓哭了，最后硬着头皮完成了节目。"我从没到过那么远的地方，而且是第一次站在舞台上，我的手拿着话筒都在抖。"

这次的经历锻炼了雷美凤的胆量，也增加了她的舞台表演经验。第二年，她参加了闽东畲族"三月三"歌会演唱比赛。舞台上，她天籁般的歌喉，唱出了原汁原味的畲族民歌，倾倒了所有观众，最终夺得桂冠。此后，她渐渐成为远近闻名的畲族民间歌手，频繁出现在各种畲族活动中。

在此后的20多年里，雷美凤代表闽东畲族民歌歌手活跃在各类大型民族文化交流舞台上。不论是在闽东山海之间，还是跨越海峡两岸，甚至是录制"双音"载入神舟七号向全世界播音，雷美凤始终将每一次演

雷美凤在畲族"三月三"歌会上演唱

出都当作是中国民族民间歌舞盛典，将畲族民间歌言唱得更加响亮。

1989年12月，日本丰田工业高等专业学校教授桑原稔，与中国少数民族视察团一同到猴盾村调研，雷美凤带领畲家姑娘即兴编唱《欢迎日本朋友》《日月歌》等畲歌，赢得了人们的称赞。

2006年10月1～15日，应中央电视台综艺节目组邀请，雷美凤和其他三名畲族歌手到北京参加了《中华民族民间歌舞盛典》节目的演出。在这个民族大舞台上，她代表畲族人民，用原生态唱腔演唱了《月出东边》等畲族歌曲，获得了阵阵掌声。

2007年4月，在同为畲族人两个集中地区之一的浙江，省文化厅举办了"中华畲族民歌邀请赛"，雷美凤参赛并获得二等奖。

最令人难忘的是畲族"双音"登上"神七"。2008年的一天，有关方面找到雷美凤，希望她能以"两岸共同祝福'神七'·祝福中国"为主题创作歌曲，收入"飞天U盘"，伴随"神七"飞向太空。听到这个消息，雷美凤立刻和宁德畲族歌舞团副团长雷志华一起创作，很快就写成了畲歌《海峡两岸要和平》。歌曲在雷美凤演绎下委婉动听："唱条歌言给你听，海峡两岸要和平；兄弟姐妹都欢喜，畲汉都是一家人。"对此，雷美凤充满自豪："作为第一个有幸能将本民族歌声送入太空，并向全世界展示的

· 125 ·

畲族人,这实在是太光荣了!"

三、畲歌:畲族人民的"通心桥"

畲族民歌是在畲族人民长期生产生活中形成的,题材内容丰富,表现形式多样,是畲族民间文学艺术中最为灿烂的瑰宝,而且具有独特的社会实用价值和审美愉悦价值。

按题材内容,有学者将畲族民歌大致分为叙事歌、杂歌和仪式歌三类。叙事歌包括神话传说歌和小说歌;杂歌包括爱情、劳动生活、传授知识、伦理道德、娱乐生活等内容;仪式歌则包括婚仪歌、祭祖歌和功德歌等。也有学者分为叙事歌、小说歌、传统山歌和现代山歌四种类型。其中传统山歌题材最为广泛,是畲族民歌中最丰富多彩、最生动活泼、最有生活情趣的部分,大多是即兴演唱,寓意深刻,能够充分展现歌手的才华。

畲族民歌在畲族人民日常生产生活中起着重要作用,既可以传递信息,又可以联络感情,因此被比喻为"通心桥"。在生产劳动、闲聊休息、婚姻恋爱、喜庆节日、社会交流、丧葬祭祀等场合,畲族人民往往以歌代言,因此畲族民歌有"歌言"之称。畲族山歌《歌是山哈传家宝》唱道:"山哈歌言祖上传,代代子孙歌满山;歌是山哈传家宝,千古万年世上盘。"这充分说明了畲歌的文化内涵和重要特征。

畲族民歌有两种唱法,即"单唱"和"双音"。"单唱"也就是独唱,既可以单个人轻唱独哼,也可以对唱,俗称"盘歌"。双音是"二重唱",俗称"双条落",属于无伴奏的清唱。"双音"是二声部山歌,由男女二人用同一歌词演唱,曲调之间形成支声式、模仿式或和音式关系。"双音"山歌是畲族人民最喜爱的一种音乐形式,曾经风行一时。它是畲族优秀民间音乐文化中最高级、最复杂的音乐表现形式,是畲族优秀文化遗产的珍宝,是畲族民歌的"活化石"。

畲族"双音"采用假声唱法,追求恬静、纤嫩、清秀、古朴。雷美凤介绍说:"'双音'一般由两人以上演唱,带有轮唱性质,后唱者要在先唱者唱后两个字或四个字接唱,要与先唱者唱同样的歌词和近似而不完全相同的曲调。一般男女都用假声来唱,因为用'假声'演唱,声音不但好听,而且传得远,唱久了也不累……"

演唱"双音"不严格规定时间、场合,但必须在唱歌的季节,即从农历八月十五起至翌年三月初三止,尤其是正月、三月三、八月十五、九月

雷美凤在茶园用"双音"演唱《采茶歌》

九等节日，畲族民众总是成群结队走亲访友，以歌当话，还要举行盛大的对歌会。

四、"我要将畲族民歌一直传承下去！"

雷美凤在畲族民歌之路上行走20多年，获得坚实的成果。在不断学习中，她的"歌库"越来越充实。雷美凤说："畲歌就是要靠平时的积累，如果我不是一直听歌，一直学歌，现在我也唱不了那么多的歌。现在只要眼睛能看到的都能唱。"二十四节气歌、十二时辰歌、种田歌、勤耕歌……不同场合她会唱不同的歌。而这些歌，都是她在日常生活中学来的。

畲族民歌演唱时，有一定的即兴性质。在盘歌的场合，歌手不仅需要调动自己的"歌库"，还要有即兴创作的本领，这样才能随时随地对得上对方的歌来。雷美凤说："在和别人盘歌的时候脑子要机灵，反应要快，随时要把心中所想变成歌曲而出。"她曾经参加海峡电视台的《张帝两岸行》节目，与机智歌王张帝现场"对决"。

如今，雷美凤不但能唱现有的上万首歌，而且只要编好词，她就可以按新词唱歌。她说，只要身体吃得消，她连续唱上几天几夜都没问题。因此人们送她一个美名——"畲歌女王"。

2006年5月，福建宁德市申报的畲族民歌，经国务院批准列入第一批国家级非物质文化遗产名录。2009年5月，雷美凤成为第三批国家级非物质文化遗产项目（畲族民歌，传统音乐类）代表性传承人。

然而，在当今社会，畲族民歌尤其是"双音"的传承后继乏人，令人担忧。

1996年，美国学者艾嘉礼（Charles Etner）对闽东畲族民歌进行为期8个月的考察，结果显示，"畲族传统的歌唱活动大量地减少了"，"30岁以下的畲族人大部分都不唱畲族民歌了"。国内音乐学专家经过长期调查后也指出，"不得不说畲族音乐正面临着一片贫瘠的尴尬"，"许多畲族社区，畲族音乐的主要代表民歌在畲语消亡之前已经销声匿迹"。

雷美凤对畲语、畲歌尤其是"双音"的传承不无忧虑。她说："畲族没有自己的文字，也没有自己的乐谱，音乐的传承主要靠口传心授。其中'双音'又是畲族民歌里难度最大的唱法，不是人人都能唱。我们村里七八百人，也只有四个人能唱好。"

有专家指出，畲歌"双音"兼有学术价值和实用价值。在音乐史中，类似畲族"双音"这样具有音乐复调性质的民歌实属罕见。抢救和保护畲族"双音"，不仅是抢救畲族原生态文化，更重要的是对丰富和完善中国音乐史、中国少数民族音乐史，乃至对世界音乐史的丰富和完善，都将产生一定的推动作用。

作为畲歌"双音"唱法的主要传承人，尽管形势不容乐观，雷美凤和村民们还在为传承畲族民歌努力着。

畲族民歌"双音"的传承，没有固定的师徒传承模式，一般通过口传心授传承。主要有两种途径，一是畲族民众把唱歌视为"传家宝"而世代相传，小孩从小在家就跟随父母学习；二是畲族民间时常举行各种盘歌会，很多人正是在各种盘歌会上"听歌"而学会畲歌的。在畲族民间，还延续着一条俗成约定：谁会唱"双音"畲歌，谁就是"长者"，"长者"也就成为传授畲歌的老师。

雷美凤和有关方面充分认识并利用"双音"畲歌的传承特点，一方面激励畲族家庭和社会为传承提供条件，一方面收徒或者进入学校教学。雷美凤耐心传授，学生们也深深爱上了自己民族的民歌。目前，雷美凤在中小学传授的学生有100多个，已经有60多个初步会唱"双音"。

对于畲族民歌尤其是"双音"畲歌传承的未来，雷美凤满怀希望和信心，她说："我要将畲族民歌一直传承下去！"而她的一个畲族学生也说："这是我们畲族的传统文化，要弘扬下去，我要把畲歌发扬光大。"

温桂元
——"广西歌王""欢喜是唱歌"

温桂元（1933～），民间歌手，多声部民歌（壮族三声部民歌）传承人。广西马山人，壮族。他从小在父亲的歌声中耳濡目染，逐渐成长为广西一代歌王；他在传统礼数民歌中加入现代元素，还整理和编创了上千首三声部民歌，并致力于传承、推广。2009年成为第三批国家级非物质文化遗产项目（传统音乐类）代表性传承人，2012年获"首届中华非物质文化遗产薪传奖"。

一、学得看家本领，成就"广西歌王"

1933年11月，温桂元出生在今广西壮族自治区南宁市马山县古零镇安善村下安屯的一个壮族家庭。

马山是一个壮族民歌十分流行的地方。曾经有人说："广西民歌是全国之冠，马山民歌是广西之冠。"这话不无道理。

也有人说在马山县古零镇安善村，歌圩已有近千年的历史，堪称"壮族三声部民歌的发源地"。这话虽有欠确切，但也并非空穴来风。壮族二声部民歌主要流行于马山、上林、忻城三县交界处的壮族地区，其中马山县东部的古寨乡、加方乡、里当乡和古零镇是分布最密集的地带。这说明，把"发源地"置换为"集中流传地"，大抵是不差的。

温桂元

至于这里的人们对壮族三声部民歌的热爱，恐怕加上什么桂冠也不过分。有一个例子可以说明：2014年一年一度的"欢哈节"，尽管老天不作美,下着淅淅沥沥的小雨,但还是有出嫁别处的妇女回乡赶歌圩,有时七八个人一组对唱,有时跟着村里的文艺队一起表演,理由是:"哪年不唱就会觉得不舒服。这是乐趣,能得到一种心灵的满足。"

古零镇安善村的温桂元家,可以说是个一家三代致力于传承壮族三声部民歌的音乐世家。他的父亲温文德,曾是方圆数十里有名的三声部民歌高手,出口成歌,当地每逢红白喜事,都会请他去唱歌,有时要对唱几天几夜才肯停歇。

温桂元至今还记着父亲留传给他的许多壮族三声部民歌,比如:"盘古开天地,欢喜是唱歌。富人与穷伙,认定歌快乐。"这首歌,他就不止一次坐在自己在家门口,满含深情地唱过。

长年耳濡目染,温桂元从小就喜欢上了父亲的"看家本领",对三声部民歌越唱越有感情,越唱越爱唱,越唱越精湛,渐渐地也像父亲一样声名远扬,并凭着唱歌的本领成为一代"广西歌王"。

以前老人们所唱的三声部民歌,无非是一些红白喜事的礼数歌。温桂元给这些壮族传统礼数民歌加入一些现代元素,还给民歌划分了种类,如婚宴歌、爱情歌、颂歌、公益类歌等。数十年来,只有小学文化程度的温桂元,整理和编创了上千首壮族三声部民歌。

温桂元几乎用了一辈子的时间来传唱、传承壮族三声部民歌,因而赢得了人们的喜爱和尊重。2008年6月,他荣获"广西壮族自治区非物质文化遗产项目(壮族三声部民歌)代表性传承人"称号;2009年6月,他又成为第三批国家级非物质文化遗产项目(传统音乐类)代表性传承人。

二、"山野唱法"的"和声山歌"

壮族多声部民歌,包括二声部和三声部民歌,其中又以马山、上林的壮族三声部民歌为代表。

壮族三声部民歌,壮族人民称为"三顿欢"或"三跳欢"。当地群众也称之为"欢哈","欢"指唱山歌,"哈"指和声,合起来就是"和声山歌"。

壮族三声部民歌历史悠久,史书上早有"壮人迭歌声合,含情凄婉,皆临居自撰,不能蹈袭,其间乃有绝佳者"的记载。据学者推断,壮族三声部民歌最早出现在唐宋时期,盛行于明清时期,晚近以来在马山、上林两县交界地带一直有人演唱。

壮族三声部民歌传唱于壮族社会的生活生产、恋爱、婚丧和乐神等过

温桂元在传习壮族三声部民歌

程中，内容主要反映壮族的生活、生产、风俗习惯等文化特质，表现对宇宙自然的崇拜和信仰，歌颂壮族人民的勤劳勇敢，表达他们对美好生活的理解与追求。

　　壮族三声部民歌包括三个声部，代表主旋律的第一、第二声部由主唱者演唱，第三声部由二人以上合唱者和声附唱；一声部、二声部独立音调，三声部陪衬和声。就旋律风格而言，上声部最主要，歌腔明朗；中声部较平稳，旋律流畅；低声部婉转，常起烘托作用。三个声部都能突出和丰富主旋律，声部间互相协调，音调柔和，风格统一。三声部民歌三个声部的独立性及完美结合，在国内外的民歌中都比较罕见。

　　壮族三声部民歌在马山等地的壮族人民中流传近千年，直到20世纪80年代才受到了音乐界的注意。温桂元还记得，那是80年代初，广西作曲家范西姆陪同上海一位舞蹈音乐创作编辑到安善村采风。温桂元和当地的十几名歌手聚在村头大树下，即兴演唱了祖辈口口相传的"三顿欢"壮族民歌，旋律奔放粗犷、优美动听，声部间配合协调，音色柔和，风格统一，结构完整。这使范西姆大为震惊，当即请温桂元与他进行细致挖掘。1982年，范西姆几经考察，确定这种"三顿欢"就是三声部民歌，为此撰写论文发表，引起了音乐界的轰动，推翻了西方学者有关"中国没有多声部民歌"的狭隘论调。

　　有学者曾感慨道，马山民间歌手的歌唱经验是在长期劳动生活中不断积累、更新形成的，体现了淳朴的民间思想和幽默感。他们甚至不懂得一丁点乐理知识，只是在对唱过程中本能地用鼻音哼鸣和音，让歌曲变得更好听。殊不知，正是这种"山野唱法"促生了天籁和声。即便听不懂歌手们的壮语歌词，也可从他们那眉飞色舞、身心愉悦的表情，抑扬顿挫、高亢热烈的旋律，还有一旁或站或蹲或坐的观众们朗朗的笑声中，深切感受山野唱法的美妙动听，淳朴歌风的幽默诙谐。

如今，马山壮族三声部民歌中的信仰仪俗因素逐渐淡化，休闲娱乐、交流感情的成分占了主导地位。每年三月三"欢哈节"的古零镇安善村歌圩，总是成为壮族三声部民歌的海洋。人们唱起《迎客歌》，欢迎远来的宾客和赶圩的村民："树上喜鹊叫喳喳，报欢喜快乐；领导朋友到这里，敬茶真欢喜……"唱响《生活美如霞》，歌唱新生活："开口像朵花，笑哈哈，歌如水开闸；日子唱着过，多潇洒，生活美如霞……"年轻人或三三两两，或三五成群，在广场上、树荫下、小河边……倾诉衷情："妹是蝴蝶满天飞，哥是玻丝结网围；有心飞进玻丝网，无心不在两边飞。"

随着壮族三声部民歌的频繁展演，新闻媒体的大力报道，各界对其给予了极高的评价。多年来，马山壮族三声部民歌多次参加南宁国际民歌艺术节等大型演出，并屡获金奖；还多次进京演出，赴日本、韩国、埃及、芬兰等十余个国家进行表演，深受观众欢迎和专家好评。

2007年，壮族三声部民歌列入广西壮族自治区的自治区级非物质文化遗产名录；2008年6月，列入第一批国家级非物质文化遗产扩展项目名录（传统音乐类）。

三、希望孩子们都会唱山歌

在壮族三声部民歌受到国内外音乐界的注目之后，马山的壮族人民充满了自豪感，也以极大的热情投入到民歌的学习和传承中。

首先是在家里，温桂元有了自己的传人。小时候，温桂元的儿子温建业对父亲能几天几夜不停歇地对唱山歌很不理解，后来又长期在外求学。自从回乡照顾父亲，他渐渐理解了父亲的情怀，以及歌声里所述说的喜怒哀乐、所表现的美妙动人。1989年，温建业开始向父亲学习三声部民歌。温建业说："这么丰富、优美的山歌，我是回到古零镇工作后才慢慢懂得的。"

另一个起初不理解的是儿媳。以前有人来家里跟老爷子学艺，总是又弹又唱，他们时常出门避开。"我们起先很讨厌公公唱歌，他一唱歌，我们就跑到外面。"儿媳说，"后来发现，这歌其实蛮好听的，还很有意思"。

经过4年多的学习，温老与儿子儿媳组成了"三人行"，分别演绎不同的声部。有了家族的第三代传人，这让温桂元十分欣慰。而温建业在成为三声部民歌第四代传承人后，又把女儿温百灵培养成了第五代传承人。

2002年，在古零镇安善小学担任教师的温建业，把三声部民歌引进了课堂。目前，三声部民歌已成为安善小学两个班级学生音乐课的重要内容，温建业专门负责这门课程的教学。学校还建立了三声部民歌队，在一年一度的"欢哈节"上表演。这改变了以前壮族三声部民歌只有老人会唱的状况，开启了新的局面。

温桂元与儿子研究歌谱

2008年，温氏父子在政府文化部门的帮助下，在家里办起了壮族三声部民歌展示中心和培训基地，每年办一期，招收三四十名学员。教室在三层小楼的一楼大厅，里面摆着简单的凳子，对面是一块长方形黑板。上课的时候，有两位村民担任伴奏，温桂元自然是传习师。学员们来自附近村落，农闲时就来温老家，跟着学唱民歌，有的已经学习了两年，还参加过文艺会演。

温桂元目前有40个弟子，都已经掌握三声部民歌演唱技艺，时常到北京及本区各处进行演出。这些弟子中，不乏来自艺术院校的学生。温建业证实："每个学期还有广西艺术学院、暨南大学的学生过来学习，还有外地合唱团来交流。"

2013年，就有广西艺术学院民族艺术系的3位男同学，专程来到安善村，向温桂元求教。这些80后、90后年轻人充满朝气和创新精神，他们希望给民歌注入新元素，不但在曲目改编上下功夫，还设法在表演形式上创新，将扁担舞、打会鼓巧妙地融入其中，营造更丰富的视听效果。2014年他们参加马山"欢哈节"，演唱了改编自马山壮族三声部民歌的《蓝天广朗朗》，效果良好，温桂元情不自禁地给小伙子们竖起了大拇指。

年轻人积极学习三声部民歌，是温桂元衷心希望看到的事情。他知

温桂元教小学生唱壮族三声部民歌

道，尽管壮族三声部民歌引起了广泛关注，但目前民间演唱三声部民歌已不多见，且传唱者多为老年人，青少年一般不唱也不会唱。所以，温桂元就利用基地采取无偿培训的方式，为中青年农民以及青少年学生传授相关知识。"在我们村，会唱三声部民歌的人年龄最小6岁，最大超过80岁。"温桂元欣慰地说。

温桂元是一位非常认真的传承人，为了传习，他还精心编写了歌本，周末有学员来上课，就一起学习歌本里的曲目。兴致起来时，还可以随机写出歌曲，大家一起改进学唱。那本歌本名为《勉妮学山歌》，在壮语里"勉""妮"分别指男孩、女孩，温桂元希望"孩子们都会唱山歌"，能将壮族三声部民歌传唱得更动听、更久远。

王妚大
——会唱上千首民歌的"黎族歌后"

王妚大（1923～），民间歌手，黎族民歌（琼中黎族民歌）传承人。海南琼中人，黎族。10岁跟堂叔学习民歌，15岁开始学习情歌，逐渐成长为"黎族歌后"。她熟悉30多种歌调，会唱上千首民歌，还创作了近百首民歌，《红色娘子军》等就曾运用了她所唱的琼中黎族民歌的音乐元素。2009年成为第三批国家级非物质文化遗产项目（传统音乐类）代表性传承人。她以教人唱歌为快乐。代表作品有《叫侬唱歌侬就唱》《有歌不唱留做乜》《解放军真是好》《哎来哟调》等。

一、不识字、记性好的"黎族歌后"

1923年12月，王妚大出生在今海南省琼中苗族自治县什运镇什运村的一个黎族家庭。

王妚大从小喜欢唱民歌，10岁时曾随堂叔王仁福学习民歌。15岁时，为了学唱情歌，她曾殷勤允当出嫁新娘的陪娘，到各个黎村去长见识，学习了多种情歌。

然而，王妚大的生活却远不像唱歌那样写意，可以说，她是在苦水里泡大的。14岁时，由于家里困难，她被卖到有钱人家去照顾孩子。17岁时，她成了

王妚大

这家14岁的大儿子的媳妇，结婚半年后丈夫在找队伍时被国民党杀害。之后，她生下一个孩子，但不到一岁便夭折了。21岁时，王妚大改嫁吉家，却一直都没有小孩，后来抚养小叔子的儿子作为养子。

1946年，由于战乱，王妚大曾随亲戚逃亡至乐东、通什五指山一带，

先后学会了 34 种不同唱法的民歌歌调，连汉族的客家山歌也会唱。王妚大虽然不识字，但记忆力很强，各种内容的歌谣一学就能熟记。

1954 年，王妚大陪同新娘送嫁到红毛镇毛西村时，村里的男女歌手仗着人多，要跟王妚大赛歌。王妚大欣然应允，结果唱了一整夜，战胜了对方。从此，她名声大震，各村寨都知道有一个特别能唱的王妚大，人们从四面八方来找她学歌。对于找上门学歌的人，王妚大总是有求必应。

年轻的时候，王妚大积极参加各种民歌演唱活动，并多次获奖。因此，1955 年，王妚大被调往白沙县文化馆教唱民歌。不久，她又加入了海南民族歌舞团，随团下乡巡回演出 6 个月。后因家中亲人患病无人照顾，只得离团回家。

1955～1963 年的 8 年间，王妚大创作了近十首脍炙人口的黎族民歌。其中最著名的有《叫侬唱歌侬就唱》《有歌不唱留做乜》《解放军真是好》《哎来哟调》等。她不仅能根据不同场合和对象创编新的歌词，而且能根据传统歌谣中的某一音节，即兴创造出一首全新的民歌。如《叫侬唱歌侬就唱》这首民歌，她在音节、音调上进行创新，使之更为动听。一个农民歌手竟然创作出如此绝唱，其艺术才华及创作天赋令人惊叹。王妚大创作的这些民歌，20 世纪 60～70 年代在黎族地区广为流传，她因此被誉为"黎族歌后"，也有人称她为海南的"刘三姐"。

王妚大不仅自己唱得名满天下，还带出了王玉梅、王兰香、王玉香等一批著名民歌手。经她举荐和辅导的营根镇那柏村民歌手王玉梅（大玉梅），1964 年曾赴北京人民大会堂演唱民歌《感谢恩人毛泽东》，受到周总理亲切接见。五指山番响村的王玉梅（小玉梅），经她辅导后，多次在省、自治州和县的民歌比赛中获奖，成为享誉一时的民歌手。

二、会唱别人的歌，能写自己的歌

"文化大革命"期间，传统民歌被视为"四旧"，王妚大歌唱的热情受到限制。离开歌舞团后，她回到了琼中什运乡什运村。

新时期以来，文艺的春天激发了王妚大的歌唱热情，她不停地参加各种演唱活动，与各民族歌手交流民歌演唱技艺，积极传承黎族民歌艺术。

1978 年，王妚大赴北京参加少数民族民歌大赛，不仅取得了好成绩，而且和兄弟民族的歌手交流了感情和歌唱艺术。那一次，她和其他 55 个民族代表歌手照了一幅将近一米长的照片，一直被她视为珍宝。大孙女吉秋敏说，这幅照片奶奶引以为豪，每逢有人来拜访，奶奶都会拿出照片给他们讲当时的故事。后来，这张照片被县里的人拿去装裱，可是一直没送回来。奶奶要把这张照片留下来传给后人看，让后人把民歌继续唱下去。

1979年，受文化部邀请，当时已经56岁的王妚大来到北京，参加全国少数民族民歌手、诗人座谈会，并荣幸地出席了国庆观礼。

也有好多音乐家、学者和媒体走进琼中，来拜访王妚大，其中还包括国外的音乐工作者。20世纪80年代后期，一位日本音乐家听了王妚大演唱的民歌，感慨地说："中国的民歌真丰富。"2001年，奥地利国家音乐博物馆馆长来访，采录了王妚大的民歌，对她演唱的民歌称赞不已。2004年"中国民歌走进海南"中路摄制组到琼中采访，对80多岁高龄的王妚大仍能以清亮的嗓音、敏捷的思维和高超的记忆力，演唱海南各种不同曲调的黎族民歌赞不绝口，说她不愧是名副其实的"黎族歌后"。

王妚大与孙女

王妚大几乎掌握了黎族民歌所有不同调子的唱法，会唱的民歌有上千首。王妚大传唱的琼中民歌歌调，成了一些著名舞蹈音乐和歌曲所运用的音乐基调，如舞剧及电影《红色娘子军》，电影《五朵红云》，歌曲《我爱五指山我爱万泉河》《毛主席来过五指山》以及广东民族歌舞团20世纪50～60年代创作演出的《草笠舞》《喜送粮》《胶林晨曲》《摇篮曲》《舂米谣》等。此外，王妚大的民歌还曾被《诗刊》和《战地新歌》刊发，也曾被《中国民歌大典》收录。

王妚大不只唱流传民间的民歌和别人的歌曲，她自己也创作了近百首歌曲，其中海南人耳熟能详的就有十几首，《叫侬唱歌侬就唱》《解放军真是好》都是她的即兴创作。她创作的歌曲既通俗易懂，又讲究文采，在创作上运用多种艺术表现手法。比如《叫侬唱歌侬就唱》这首歌，歌调运用罗咧调，王妚大在音节、音调上进行创新，使之更为动听，被广为传唱；歌词从生活出发，情真意切，又不失幽默趣味。

一位长期从事黎族歌曲研究的学者，曾如此评价王妚大传唱的民歌："她的民歌往往通过贴近生活的叙述、幽默风趣的咏唱，淡泊中表现深沉，戏谑中体现真诚。这种艺术表现手法从深厚的日常生活中提取素材,看似平淡无奇,但经过夸张、比喻、谐音等手法的巧妙运用,其内蕴显得特别丰富,所体现的种种感情也特别深沉感人,同时又具有生动活泼的艺术趣味。"

2007年6月,王妚大这位"黎族歌后"获得了由中国文联、中国民间文艺家协会命名的"中国民间杰出文化传承人"称号。

三、黎族民歌:歌调多、曲调美

王妚大记忆力超强,不仅掌握了34种民歌歌调,而且会唱上千首黎族民歌,这在五指山地区乃至海南省都是独一无二的。琼中民间也分散着一些会唱民歌的人,这些歌手大部分都是王妚大的徒弟,且会唱的调子只是简单的几种,会唱的歌曲仅百余首。因此,可以毫不夸张地说,王妚大的歌是一座非常丰富的民歌宝库。

黎族民歌有两种,一种是传统黎歌,一种是汉化黎歌。传统黎歌是用黎语咏唱的黎族歌谣,歌调古朴粗犷。传统黎歌每首歌句子结构无一定格式,有五字句,也有七字句甚至多字句,不分段节,一气唱完;其韵律也非常独特,押韵不一定规则。汉化黎歌称为汉词黎调,是用海南方言咏唱的黎族歌谣,多以七言四句为一节或一首,韵律与海南方言歌相同。这是黎汉文化交流的产物,歌调较多,而以罗哩调、格罗调、哎罗调和四亲调最为流行。

黎族民歌在日常生活和礼俗生活中有着重要地位。平日的生产劳动和日常生活中,人们也会即兴引吭高歌。由于黎族没有自己的文字,民歌只能通过口头传唱的方式传承下来。黎族民歌既能代言,也能记事,还可以传递情感、倾诉苦衷。民歌的内容以情歌占绝大多数,如《抗婚歌》就是一首叙事长歌。还有劳动歌、婚礼歌、盛典歌、"做鬼"歌等。民

王妚大演唱黎族民歌

歌曲调也十分丰富，类似唱腔，如琼中、保亭两县的罗哩调，琼中县的水满调等，有30多种。

王妚大传唱的黎族民歌中，有一些属于古老民歌。如流传在王妚大家乡什运的《黎族祖先歌》，是用咏唱的形式流传下来的。原歌按音记为："胡尼高吞透，胡尼高吞胎，吞买、龙西龙闹。"意译为："我们黎族的祖先，原生活在海南岛的沿海地带，后来来了汉人。交往中，祖先学会煮螺煮盐。"这些古老黎歌体现了黎族的民族精神和民族性格，为研究黎族民族发展史、宗教信仰情况以及社会习俗、道德观念提供了宝贵的资料。这些民歌同时也是海南黎族民歌中内容较为丰富、歌调较多、旋律较为优美的一部分，对研究海南原生态民歌的创作发展有很高的学术价值。

由于琼中出了王妚大、大玉梅、王玉香、小玉梅四位杰出的女民歌歌手，黎族民歌以及王妚大创作的多首民歌在海南岛各地广为流传，因而琼中也被人们誉为"黎族民歌之乡"。

2008年6月，黎族民歌（琼中黎族民歌）经国务院批准，列入第二批国家级非物质文化遗产名录（传统音乐类）。

2009年5月，王妚大成为第三批国家级非物质文化遗产项目［黎族民歌（琼中黎族民歌），传统音乐类］代表性传承人。

得知琼中黎族民歌列入国家级"非遗"名录，自己又成为这个项目的代表性传承人，年近九旬的王妚大十分高兴，她说："我原来非常担心黎族民歌没人唱。现在国家保护了，省里县里各个部门也重视了，我不担心民歌没人唱了。让更多的人来唱民歌，我愿意教他们。"

四、教学民歌是最快乐的时候

王妚大喜欢用歌声表达自己的情感，在家务农、种田和养鸡时，都会时时哼唱，用歌声表达心声。平时，远近乡亲家里有红白喜事，王妚大也会受邀参加，并且不收取一分钱。

老人介绍："以前黎家唱歌的机会非常多，每逢婚嫁、盖新房、谈恋爱、插秧、割稻谷、大型传统节日，都会有很多人聚集在一起唱民歌。一年十二个月中，每月都有月歌。而现在，这些场合很难听到有人唱民歌了，许多年轻人一句民歌都不会唱了。"

王妚大曾试图将自己的民歌教给后人，每逢有人来学民歌，老人甚至放下手中的活来教他们。一位曾向老人学歌的妇女说，现在年轻人学民歌很困难，平时大家外出打工，没事的时候才来学一下。况且老人的民歌发

王妚大向年轻人传授技艺

音和尾调都很复杂，很多又是用黎族语言唱的，不经过长时间的学习，很难学会。有一年，老人曾经教过17个学生，可是学会唱的只有两个人；即便学会，也只会唱老人民歌很少的一部分。十几岁就开始跟王妚大学民歌的王兰香，算是王妚大徒弟中学得较好的一个，可直到现在，她也仅能唱四个调，四五十首歌。

目前，王妚大最担心的，是她所掌握的古老的黎歌会随着自己的离去而消失。上千首民歌、30多种不同的黎歌歌调失传实在太可惜了，因此王妚大心急如焚。家里一有孩子来，她就会叫到身旁教他们学民歌；甚至在医院里治病时，只要有人听，她就会继续唱歌。孙女说，教孩子们学民歌，是奶奶最快乐的时候。

王妚大希望有更多的年轻人跟她学唱民歌，也希望自己的孙女能继承她的衣钵。孙女吉秋敏也说，她很想跟奶奶学唱民歌，奶奶也很想把民歌都教给她。但是，自己一个人要承担一家四口的生活费用以及奶奶、母亲、弟弟的医药费，面对如此巨大的家庭经济压力，她不得不长年在外打工，实在没有时间。每次回家，奶奶都要她在家里多住上些日子，让她学唱民歌。为了不让老人伤心，每次她都说过些天回来就不走了。

如今，在政府的扶持下，家里的经济情况有所好转，吉秋敏终于不用外出，有时间跟奶奶学唱黎族民歌。虽然她也知道，奶奶会唱几千首民歌，但很多是黎话，没有文字记载，自己又不懂得记谱，学起来会很艰难，但她会坚持下去，因为那毕竟是自己民族的宝贵财富。

潘萨银花
——"侗乡最美女歌师"

潘萨银花（1944～），民间歌手，侗族大歌传承人。贵州从江人，侗族。她5岁起开始学唱侗族大歌，13岁就成为乡村歌队的高声部歌手，18岁成为歌师，并致力于侗族大歌的传承和编唱。2009年成为第三批国家级非物质文化遗产项目（传统音乐类）代表性传承人。演唱代表作有《蝉歌》《平阳歌》《天地人间充满爱》等；编创作品有《欢迎你到侗寨来》《嘎班篾腊汉》等。

一、"侗歌窝"里的新秀

1944年的一天，在贵州省从江县小黄村的一户侗族人家，一名女婴呱呱坠地，父母给她起名叫潘萨银花。

潘萨银花的家乡小黄村位于从江县的东北面，是一处民族风情浓郁、神奇而富有诗意的侗寨。这里是侗族大歌的发源地，素有"歌的故乡""歌的海洋"的美誉，是极负盛名的"侗歌窝"，全村700多户近3500人，不论男女老少，人人都会唱侗族大歌，不管做什么都要唱上几句，真正达到了"宁可三日无饭，不可一日无歌"的境界。

潘萨银花

侗族大歌在侗语中又叫"嘎老"，意为"大型之歌"。据传它起源于春秋战国时期，是一种多声部、无指挥、无伴奏、自然和声的民间合唱形式，内容上多以歌唱自然、劳动、爱情以及友谊为主，具有"和声完美协调、格调柔和婉转、旋律优雅动听"的特点，被称为"人与自然、人与人之间的和谐之声"。

潘萨银花（左二）带领女歌师与男歌师对唱侗歌

由于侗族没有自己的文字，侗族大歌的传承全靠歌师口传心授。小黄村有许多歌师利用空闲时间在家中传授侗族大歌的技艺，并且分文不取，他们在村里有着很高的地位。潘萨银花家就是村里有名的歌师世家，从祖辈起就开始义务教村里的孩子们唱侗族大歌，并将这一习俗代代相传，一直传到了她的父母这一代。

小时候，潘萨银花受周围环境的熏陶，十分喜爱唱歌，不到5岁就跟着父母学起了地道的侗族大歌。白天，她跟着父母上山，一边劳作一边学歌，晚上则和小伙伴们一起在村里的鼓楼唱歌，就这样度过了快乐的童年时光。

1953年，9岁的潘萨银花上了小学。她每天一边刻苦学习，一边继续在父母的指点下练习唱歌。后来，为了学会更多的侗族大歌，潘萨银花开始利用课余时间虚心向村里的其他歌师请教。她很有天赋，学起歌来进展很快，短短几年间就掌握了《蝉歌》《平阳歌》《天地人间充满爱》等上百首侗族大歌，到了13岁已经能在村里的歌队当"赛嘎"（歌队里主唱高声部的歌手），赢得了歌师和乡亲们的称赞。

13岁就成为在村里小有名气的歌手，这与潘萨银花长期坚持练习密不可分。在歌队当上"赛嘎"后，她常常应邀随歌队到周边的得比、归林、贯洞、占里、托里，以及黎平县的肇兴、坑洞、高够等村寨演唱侗族大歌，受到当地村民的热烈欢迎。

1961年，黎平县肇兴村的村民到小黄村"吃相思"（侗族地区村寨之间的大规模民间交往活动),两村在鼓楼举行了三天三夜的对歌。活动期间,潘萨银花与肇兴村的"腊汉"(小伙子)对起了歌,最终凭借扎实的功底和出色的演唱成功地把对方比了下去,大家都夸她"不但人长得俊美,嗓音也好,高音、低音、和声、领唱样样在行。而且会唱的歌多,是村里的歌手新秀"。

二、让"清泉闪光的音乐"传向世界

父母和歌师的耐心指导让潘萨银花在侗族大歌的海洋中尽情遨游,而小黄村丰富多彩的活动则使她得到充分的锻炼,帮助她积累了不少演唱经验。到了18岁时,潘萨银花已经把370多首侗族大歌熟记于心,不仅远远超过了村里的同龄人,就连许多长辈也自叹不如。

也就是在18岁这一年,村里的许多孩子开始请潘萨银花教唱侗族大歌。于是,潘萨银花在家里开办起"传歌堂",义务为大家教唱,从此再也没有离开过歌师这一身份。

起初,潘萨银花在教孩子们唱侗族大歌时还略显生疏,不知道该从何下手。渐渐地,她通过回忆之前父母和其他歌师指导自己的方式,摸索出了一套具体的方法。在教唱时,为了让孩子们更好地融入歌曲当中,她首先会把完整的歌词教给大家,并逐句解释其中的含义,然后在大家都理解歌曲含义的基础上再教音调。这样一来,孩子们学起来便不再觉得枯燥,进度也有所提高。

潘萨银花教唱时还有一个特点,那就是始终坚持用侗语教唱侗族大歌。她说:"孩子们在传歌堂仍然保持着学习侗语的传统,我教的侗族大歌的歌词也是原生态的,依照古代老人编的原样传承。不懂侗语是没办法演唱的,作为听者也只能从聆听的角度欣赏声音。"潘萨银花认为,这样教授可以保证孩子们唱的侗族大歌都是原汁原味的,更有利于对侗族大歌的传承。

在教学的同时,潘萨银花仍

生活中的潘萨银花

不忘继续学习并探索更好的教唱方式。同时，她对自己的要求也十分严格，力求自己教的每一首歌的每一个声部和每一个音调都准确无误。因此，经潘萨银花教出来的孩子唱腔纯正、演唱娴熟，基本上都是村里孩子们当中的佼佼者，他们演唱的歌曲都受到了老一辈侗族大歌艺人的高度认可。

1990年，潘萨银花应杨宗福、吴定邦两位教授的邀请，前往贵州大学艺术学院向侗歌班的学生们教授侗歌。在一个学期的教课中，潘萨银花教授了《嘎老》《嘎听》《嘎琵琶》《嘎耶》《嘎金行》《嘎丁》等许多首传统侗族大歌，

潘萨银花与"小黄侗族大歌传习所"

学生们都说她"不但会唱，还会教，是名不虚传的好歌师"。

1993年9月，小黄村被贵州省文化厅命名为"侗歌之乡"。1994年，村里的5名小姑娘到北京参加了"'94北京国际少儿艺术节"，侗族大歌开始为更多人所熟知。

到了1996年，小黄村又被文化部命名为首批"中国民间艺术之乡"。同年7月，村里的4名侗族少女组成"小黄少儿侗族大歌队"，随中国民间艺术团赴法国演出，以一曲优美动听的《蝉歌》征服了外国观众，大家都称侗族大歌为"清泉闪光的音乐"。目睹家乡日新月异的变化，亲耳听到侗族大歌冲出国门、走向世界的喜讯，潘萨银花的心情十分激动，这也意味着她和村里其他歌师多年来的辛勤付出没有白费。

三、"当传承人就得好好干"

进入21世纪，潘萨银花以更加饱满的热情，继续在教授侗族大歌的道路上前行。

2005年，由小黄村10名侗族女孩组成的"小黄十姐妹侗族大歌队"，在贵州省"黄果树杯"首届多彩贵州歌唱大赛中获原生态唱法组最高奖——金黔奖；2007年，由9位姑娘组成的"小黄九朵小金花"又随温家宝

总理出访了日本。看着孩子们取得的不俗成绩，潘萨银花心里乐开了花。

2008年6月，从江县申报的侗族大歌列入第一批国家级非物质文化遗产扩展项目名录（传统音乐类）。2009年5月，潘萨银花成为第三批国家级非物质文化遗产项目（侗族大歌）代表性传承人。得知这一消息后，潘萨银花激动地说："我想趁自己现在还能唱、能教，尽量把我会唱的歌传给孩子们。"

为了更好地传承侗族大歌，2010年3月，潘萨银花在自己家里挂牌成立了"小黄侗族大歌（国家级传承人）传习所"。传习所的开办吸引了更多人的目光，许多大人也纷纷报名前来学习，这令潘萨银花感到十分欣慰。

2012年，潘萨银花受聘在村小学给"朝霞侗歌班"的孩子们义务教唱侗歌。在她的指导下，几个孩子组成"从江县小黄朝霞少儿侗族大歌合唱队"，赴韩国首尔参加了在江东艺术中心举行的第五届"彩虹杯·歌韵东方"国际合唱比赛，一举夺得"民歌组金奖"和"卓越风雅艺术表演奖"两个奖项。

从18岁成为歌师以来，潘萨银花已经在小黄村教了几十年的侗族大歌，培养了上千名学生，其中有300多人在贵阳、杭州、深圳、上海等城市"文化打工"，专门演唱侗族大歌。这些歌手中较著名的有贾美兰、吴荣德、潘显安等，其中贾美兰已经成为"黔东南州民族文化传承人"。

除了传授侗族大歌，潘萨银花还经常表演并编创侗族大歌。她曾随村里的老年女歌队赴江西参加"侗歌大赛"并荣获"老年歌队金奖"，还到北京参加过中央电视台举办的第二届老年文化艺术节。她创作的《感谢李文珍老师》《感谢党中央》《感谢远方的客人》《欢迎你到侗寨来》《嘎班篾腊汉》等脍炙人口的侗族大歌，也都通过乡亲们的传唱，成为小黄村家喻户晓的

潘萨银花教儿童练习侗歌节拍

歌曲。

2014年，为了使侗族大歌得到更好保护并传承下去，潘萨银花在从江县"非遗"办的支持下邀请了小黄村的几位老歌师，把她们所会的几百首侗族大歌一一录音刻成光碟。在接受记者采访时，潘萨银花说："国家把我当个民族文化传承人，我就得好好干。我自己也喜欢侗歌，只要活一天，我就传一天歌、唱一天歌。"

如今，小黄村的侗族大歌在潘萨银花等歌师的带动下越唱越响。每到过年，在外地打工的年轻人都会回到村里，和乡亲们一起在鼓楼赛歌、对歌。到了农历八月十五这天，村里还会举行赛歌会、传歌会，丰富多彩的民俗活动为侗族大歌的传承起到了有力的推动作用。

"汉字有书传书本，侗家无字传歌声。祖辈传唱到父辈，父辈传唱到儿孙。"正如这首侗家歌谣所讲的那样，潘萨银花就是心怀这样的信念传承着侗族大歌，传承着属于侗族人民的古老遗产。

潘萨银花（中）与歌师一起创作新歌

岩瓦洛
——一个富翁的"非遗"情怀

岩瓦洛（1959～），民间歌舞艺人，布朗族民歌（布朗族弹唱）传承人。云南西双版纳勐海人，布朗族。他从小喜欢布朗族民歌，8岁起跟父母学习，16岁正式拜本村老艺人为师，仅用两年半时间就全面掌握了布朗族弹唱技艺。劳动致富建新居，他拿出部分空间设立布朗族弹唱传习所，还准备设立布朗族小型博物馆。2009年成为第三批国家级非物质文化遗产项目（传统音乐类）代表性传承人。代表作有《割胶劳动歌》《好日子》《祝福》等。

一、民歌传人，"以歌连情"

1959年，岩瓦洛出生在云南省西双版纳傣族自治州勐海县打洛镇曼芽寨一个布朗族家庭。

布朗族是我国人口较少民族（2010年第六次全国人口普查共有11万多人），主要分布在云南省西双版纳、临沧、普洱地区，主要从事农业。布朗族没有文字，民族语言分为布朗与阿尔佤两种方言；部分布朗族人会讲傣语、佤语和汉语。布朗族人民多信奉小乘佛教。

西双版纳傣族自治州勐海县是布朗族的主要聚居区，集中在西定、打洛、布朗山几个乡镇，其中布朗山是全国唯

岩瓦洛

以布朗族为主体的布朗族乡。这里不仅林密溪清、风光秀丽，而且民族文化丰富多彩、保持原生形态，充分体现出布朗族人与自然和谐共存的状态。一如布朗族民歌（弹唱）所唱的："小鸟枝头叫，蝉儿树上鸣，蝴蝶

绕林飞,密密的丛林很神秘。这里有美丽的沟谷雨林,参天大树,激流飞瀑,到处散发着大自然原始的热带雨林风光。这里的好山好水养育着勤劳勇敢的布朗族人……"

在打洛等布朗族聚居区,自古就有"听歌要听布朗歌"的说法。岩瓦洛说,布朗族没有文字,歌曲只能靠口传,干活累了就唱歌,因此布朗族人会说话就会唱歌,会走路就会跳舞。

岩瓦洛从小喜欢布朗族民歌,从8岁起就跟父母学习布朗族弹唱,12岁基本上就会自己弹唱了。为了全面掌握布朗族弹唱技艺,16岁时,岩瓦洛正式拜本村老艺人岩三为师。之后仅用两年半时间,岩瓦洛就全面掌握了布朗族民歌的传统唱法,并能弹唱布朗族的"迁徙""祭祀""缅怀祖先"等各种叙事、祝福曲调,成为当地布朗族人喜爱的歌手。

岩瓦洛一家

民歌的演唱往往联系着民俗活动,盖新房、过年过节、办红白喜事都要唱歌。每当此时,乡亲邻里就会请岩瓦洛去教歌,而他面对这样的邀请总是欣然前往,常常是从早唱到晚。除了农忙时,其他时间,岩瓦洛都会到各处去教年轻人弹唱。就连境外的布朗族也慕名前来,邀请他去教唱,而这样的跨境交流也促进了不同国度同一民族的相互沟通。

以歌传情是自古及今民间山歌的传统,而我国西南地区少数民族向来又有"以歌连情"的美好习俗,山歌在青年男女的婚恋中扮演着极为重要的角色。布朗族山乡也有这种习俗,岩瓦洛说:"在当地,不会唱歌就找不到媳妇,我跟我媳妇就是唱歌认识的。"

岩瓦洛不仅自己"以歌连情""唱"到了媳妇,他也"以歌"帮助男女青年"连情"。因为歌唱得好,唱词丰富,即兴演唱能力强,岩瓦洛经常被村里的年轻人请去当参谋,即兴编歌词,促成了不少美好姻缘。

二、布朗族民歌（布朗族弹唱）

布朗族弹唱（简称"布朗弹唱"），也叫布朗族民歌，最早起源于布朗族先民的歌唱，是在布朗族民间音乐的基础上，吸收傣族音乐融合而成的。在布朗族丰富多彩的民族文化艺术中，布朗弹唱是深受布朗族人民喜爱的民歌演唱艺术。

布朗弹唱内容丰富，既有反映本民族的迁徙历史、生产知识、人生礼俗、祭祀等的古歌，也有歌唱新生活的山歌。从体制上看，既有劳动歌、风俗歌、恨歌、颂歌、情歌、儿歌等短歌，还有长篇抒情诗和长篇叙事诗，如《苦情调》《新年调》《砍柴的依拉》等。其内容包括布朗族悠久历史和生产生活的方方面面，是布朗族优秀历史文化传承和发展的载体。

布朗弹唱的表演形式为男女对唱、独唱、一领众合（一人领唱、众人合唱）、边舞边唱。其中，领唱部分是节奏较为自由的即兴演唱，众合部分则相对固定。唱词多为三字、五字、七字一句，常用比兴手法。演唱时，以布朗族传统弹拨鸣弦乐器"赛玎"（汉语称为"布朗琴""布朗玎"，"玎"即"琴"）伴奏。——用弹拨乐器伴奏，也是布朗族民歌被称为"布朗弹唱"的缘由所在。

布朗族民歌曲调称为"布朗调"，总共有十多个曲调。虽然各地的音乐曲调稍有差异，但各有很浓的特色。西双版纳一带布朗族的布朗调最基本的

岩瓦洛等表演布朗族弹唱

有"甩""宰""缀""索"四类。演唱时,各类曲调几乎不变,内容根据不同场合即兴编唱。

四类曲调中,"甩"是喜庆对唱,以歌唱爱情的内容为主,唱起来充满激情,富有青春活力;"宰"是抒发孤独忧伤感情的对唱,生产、生活及爱情均有涉及;"缀"是节日或欢庆时对唱,多歌颂历史人物的事迹,具有叙事性;"索"调又包括5个调子,是即兴编词的、旋律性较强的抒情对唱歌曲,主要歌唱民俗风情、爱情以及新生活等。

布朗琴

布朗弹唱见于布朗族人民日常生活和礼俗生活的各种场合,逢年过节,以及婚嫁吉利、乔迁新居,都是布朗弹唱集中演出的时间,叙事长歌大多在这种场合弹唱;劳动之余的娱乐休闲,则是年轻人短歌对唱的好时候。每当这些时候,人们就会弹唱起来,伴着弹拨乐器和简单的舞蹈动作,载歌载舞,把喜庆和欢乐尽情宣泄。此外,即便没有乐器伴奏,中老年人晒太阳、聊天时,也会哼上几句自己喜爱的调子;平时干农活,比如采茶、犁田、放牛等,兴致来了也要唱上几句。

2007年,布朗族民歌被列入云南省非物质文化遗产名录。2008年6月,以"玎"伴奏为特征的"新索"以"布朗族弹唱"为名,列入第二批国家级非物质文化遗产保护名录(传统音乐类)。

三、希望民族文化奇葩永远盛开

2009年6月,岩瓦洛成为第三批国家级非物质文化遗产项目[布朗族民歌(布朗族弹唱)]代表性传承人。

作为民族文化的代言人,岩瓦洛曾多次应邀参加乡、县、州政府主办的文艺活动并多次获奖。他和徒弟玉喃坎的两首情歌对唱被收入《版纳民歌集》后,在民间广为流传,从而成为西双版纳的新民歌;中央电视台对他进行过采访报道,更使他声名远播。

成为"非遗"传承人之后,岩瓦洛除了照顾他的橡胶林,布朗族弹唱

布朗族茶农在古茶树下弹唱

的保护和传承就成了他最上心的事情。他深知布朗族人民对布朗弹唱的热爱，也清楚这一民族艺术遗产的当前处境。他说："由于受到现代文化的冲击，大多数年轻人不再学习布朗弹唱，而原有的民间艺人随着时间的逝去也一天天衰老，布朗弹唱面临失传的危机。作为布朗族人，我希望布朗弹唱这朵民族文化遗产的奇葩永远盛开！"

据岩瓦洛介绍："布朗弹唱共有'索''深''拽''摆'四个基本调子（此处与前文不同，'深''拽''摆'似应即'甩''缀''宰'），演唱时，各类曲调基本不变，内容根据不同场合，即兴编唱。如今，年轻人大多唱的是'索'调，其旋律性较强，曲调变化也较大，并以'玎'伴奏，他们掌握少量'深'调的曲目，但是已基本上不会演唱'拽'和'摆'。"对此，岩瓦洛的妻子玉苏坎认为"'拽''摆'很难唱"。而他们的女儿玉帕卡表示"'索'和'深'调旋律比较好听"。

对于"布朗弹唱"来说，几个调子齐全才是完整的，就像不能仅有情歌、轻音乐而没有歌剧、交响乐。尤其是那些叙事性的长歌，其中蕴含着民族的古老文化，对于一个没有文字而历史文化仅靠口耳相传的民族来说，有着不可替代的价值。因此，全面传承而不是蜻蜓点水地掇拾更为重要。

早在布朗弹唱成为省级、国家级"非遗"之前的1998年，岩瓦洛就开始收徒教习，那年他正式收的两个徒弟是本村的玉喃坎和岩帕星，经过十多年的磨炼，他们已经是颇有影响的布朗族民间歌手，其中玉喃坎已在2010年成为云南省第四批省级非物质文化遗产项目代表性传承人。

据岩瓦洛介绍，在2007年，他就在寨子里先后招收了46名徒弟（男

20 人、女 26 人），并在曼山村招收了 10 人（男 8 人、女 2 人），曼永村招收了 5 人（男 2 人、女 3 人）。

布朗弹唱列入国家级"非遗"以来，勐海县为保护和传承这项民族艺术，在布朗乡举办了"布朗族民歌（布朗族弹唱）"培训班，岩瓦洛等各级传承人就布朗弹唱的基本情况、布朗族民歌创作、演唱技巧、布朗琴弹拨技巧等进行了讲授，来自布朗山、打洛、西定、勐满等乡镇的 50 多名布朗族学员和两名武警战士参加了培训。

如今，虽然大量布朗族青年不再像父辈那样一辈子不离故土，而更多的是到山外去工作和生活，但当他们再次回乡之时，因为岩瓦洛等一批民间艺人的存在，在布朗族聚居区这个特有的空间，他们会感受到民族文化的浓郁气息，从而把自己与本民族包括"布朗弹唱"的一切紧紧联系在一起。

岩瓦洛说："我喜欢布朗族弹唱，我要一直唱下去，把我们布朗族文化传承下去。我们布朗族是一个只有语言而没有文字的民族，我们这代人再不去保护'它'，也许下一代人就不知道布朗族弹唱是怎么一回事儿了。"

四、一个富翁的"非遗"情怀

岩瓦洛不仅歌唱得好，也是出色的致富能手。现在，他拥有一个 200 多亩的橡胶园，有橡胶树 6000 多棵，日产橡胶 100 多公斤；拥有香蕉 80 多亩。"两胶（蕉）"合起来，年均收入上百万元。不过，对这位民间歌手来说，生产、生活与民歌是紧密相连的，他的代表性作品《割胶劳动歌》和《好日子》，表现的就是包括他自己在内的布朗族人民的幸福生活，调子用的正是布朗族传统的民歌调。

岩瓦洛曾经担任打洛镇曼山村村委会曼芽寨村民小组的负责人。因为种植橡胶及其他经济作物，曼芽寨如今已经成为西双版纳傣族自治州最富裕的布朗族村寨之一。曼芽寨的另一项荣誉，是云南省命名的"布朗族歌舞之乡"。

岩瓦洛是国家级"非遗"项目的代表性传承人，也是瓦洛家族乐队的队长。这个家族乐队是布朗族弹唱的代表性演出队，参加过各级各类展演，他们演唱的布朗族弹唱《好日子》和《祝福》，获得了广泛好评。

如今，每天凌晨两三点钟，岩瓦洛就会带领家人到橡胶林中割橡胶，到上午八九点钟才会回来。中午在家休息吃饭，下午两三点再去干到晚上七八点钟。到了香蕉收获的季节，摘蕉又会让他们忙碌一阵子。

2010 年初，岩瓦洛开始修建新居，这是一座布朗族风格的干栏式纯木结构建筑。这座木楼是岩瓦洛自己设计的，木料则大多从缅甸进口。新居设计时，岩瓦洛在二楼安排了一个 100 多平方米的敞开式练歌场，作为布朗族弹唱的传习所。村里原本也有一个传习所，但只能容纳二三十人，而岩瓦洛的传习所可以容纳一两百人。

同时，岩瓦洛还准备在新居设立一个布朗族的小型博物馆。"我准备把布朗族的老玩意、能体现布朗族文化的那些文物搜集来让小辈们看看。"岩瓦洛说，那些"老玩意"国内已经很少了，他经常到缅甸那边去收，而那边的行情也在看涨。这座小博物馆若要达到开放程度，至少需投入七八十万元。

2011 年，这座造价 130 多万元、占地 400 平方米的木结构民居建成，"布朗族弹唱传习所"挂牌。传习所保留了布朗族民歌传统的师傅带徒弟口传心授、口耳相传的传承方式，一般每星期举行一两次传习活动，且因村民白天忙于农活而在晚上进行。除日常授课之外，传习所还成立了布朗弹唱文艺队，举办"布朗音乐演唱会"。此外，岩瓦洛还组织编写了《布朗族弹唱》乡土教材，录制了布朗弹唱 DVD 光盘。

几年来，岩瓦洛主持的"布朗族弹唱传习所"已经办了 20 多期培训班，参与培训的达数百人，除布朗族外，还有多名傣族、汉族的布朗弹唱爱好者。岩瓦洛所在的曼芽山寨也因设立"布朗弹唱传习所"而闻名中缅边境地区。

尽管造价 130 多万的建筑以及其他开支，对于年收入不菲的岩瓦洛来说算不了什么，但他挚爱民族文化、传承民族艺术的善举，无疑令人钦佩、让人赞叹。

岩瓦洛说："我还要再去承包 1000 多亩地种植香蕉，发展经济，给布朗族文化传承提供资金保障。"

杜秀英、杜秀兰
——"故乡的歌曲我不会忘"

杜秀英（1941～）、杜秀兰（1942～），民间歌手，裕固族民歌传承人。甘肃张掖肃南人，裕固族。她们从小生活在"会说话就会唱歌"的裕固族牧区，八九岁开始跟随父亲学习民歌，十五六岁时就曾登台演出，并逐渐成长为杰出的民间歌手。她们会用东、西裕固语和藏语演唱几十首民歌，如《出嫁歌》《灰马驹》《老白马》《赞丹树》《乌黑的骏马》等。2009年成为国家级非物质文化遗产项目（传统音乐类）代表性传承人，之后积极投身裕固语的教授和裕固族民歌的传承。

一、"会说话就会唱歌"

杜秀兰（左）和杜秀英

1941年，杜秀英出生在甘肃肃南地区（今肃南裕固族自治县）大河乡光华村的一个裕固族家庭。1942年，妹妹杜秀兰出生。

这是一个牧民家庭，一家人生活在牧场上，父亲放牧，母亲挤奶。晚近以来，大多数裕固族人既说裕固语、也会说汉语，有时候名字也有裕固语、汉语之别。父母给姐妹俩取的裕固族名字分别是曲木塔尔和银契士丹，而杜秀英和杜秀兰则是汉语名。

杜秀英姐妹的父亲杜占才，是裕固族最后一个萨满，也是当地远近闻名的民间歌手（裕固族历史上曾有职业歌手）。从八九岁起，姐妹俩就跟着父亲参加各类社会活动，一边学习民歌，一边听讲故事和神话传说。没过多久，她们就学会了许多裕固族民歌、民间故事等，也慢慢学会了东、西两部的裕固族语言。

裕固族是一个热爱唱歌，也有着丰厚民歌传统的民族。裕固族人常说，"会说话就会唱歌，会走路就会跳舞"。只要兴之所至，不论做什么事情，人们随时随地可以歌唱；尤其是青年男女互相中意，往往用歌倾诉衷肠。正如杜家姐妹所说，裕固族"放羊有放羊的歌，奶羊羔子有奶羊羔子的歌，婚丧有婚丧的歌，擀毡有擀毡的歌，骑马有骑马的歌……"不过，她们也指出，"可能是过去生产生活艰苦，很多民歌的曲调都很忧伤"。

跟父亲学歌的日子，姐妹俩至今记忆犹新。杜秀英回忆说："父母带着我们在草原上放牧，晚上教一首新歌，第二天早上不吃不喝，先唱一遍。小时候学下的歌，长大了就不会忘了，女英雄萨里玛珂（也作'萨娜玛珂'）的史诗就是那时候记下的。"

早在15岁的时候，杜秀英就有了第一次登台演唱的经历：在县城的电影院给参加青年代表大会的年轻人唱歌。杜秀英说："过去都是在草原上随便唱，那次是第一次站在真正的舞台上。往下一看，手也抖、腿也抖，满脸通红，感觉声音也是抖的。"唱了一首，大家使劲鼓掌还让再唱，她又唱了一首，就赶快"逃离"了舞台。

有了第一次舞台经历之后，杜秀英后来越唱越多、越唱越好，就留在县城工作了。而妹妹杜秀兰则一直在草原放牧，在过去几十年里经常骑着马到县城看姐姐。如今，政府鼓励牧民下山定居，夏季去草场放牧，冬季在楼房里安居，因此杜秀兰在县城里也有了自己的房子，姐妹俩可以经常在一起唱歌。

像大多数裕固族人一样，杜家姐妹都会说汉语，她们会用东、西裕固语和藏语分别演唱几十首民歌，如《出嫁歌》《灰马驹》《老白马》《赞丹树》《乌黑的骏马》等，也能用汉语介绍这些民歌的含义。杜秀兰通过自学，如今已经能够顺利阅读有关裕固族的历史类书籍，她还为联合国教科文组织以及中外研究裕固族文化的学者提供、录制、翻译了大量的原始资料和素材。

二、"没有歌谣就等于没有了生命"

裕固族是一个能歌善舞的民族。由于本民族文字失传，因而民间口头文学十分发达，神话、传说、故事、民歌、叙事诗、谚语、谜语等，应有

裕固族民歌演唱场景

尽有。特别是其中的民歌，保留了古代边地民族民歌的许多特点，具有很高的历史文化价值。

有学者研究指出，裕固族民歌的歌词格律，与古代文献中记载的古突厥语民歌、蒙古族民歌有许多共同之处，具有许多古代语言的特点。比如，有研究者发现，有些裕固族民歌，如"摇篮曲"等，还完整地保留着2000年前匈奴民歌的曲调，这些曲调由匈奴人传给了裕固族人的祖先，一直流传到现在。杜家姐妹也曾说，在裕固族民歌、故事、民间谚语中很少有汉语借词，通篇使用裕固语说唱，其中还保留了许多古突厥语。因此，裕固族民歌不仅是研究古代北方少数民族民歌，特别是突厥、蒙古民歌以及古代北方游牧民族文化历史的重要依据，也是挖掘、发展北方少数民族音乐的基础。

当然，裕固族民歌在继承本民族传统的基础上，也吸收了汉族的小调、回族的"花儿"和东乡族的"少年"、土族的"宴席曲"、藏族的"拉伊"、蒙古族的"酒曲"等，把各种风格巧妙地融为一体，成为独具本民族特色的优秀民歌。

裕固族民歌独具风格，曲调朴实优美。裕固族民间音乐作品结构简单，大都与传统的生产生活方式（放牧、奶幼畜、垛草等）及风俗习惯密切结合。依体裁、功能，裕固族民歌可以分成"小曲""号子""小调""宴席曲""酒曲""擀毡歌""奶幼畜歌"等。

裕固族民歌内容多是表达劳动和爱情，可以分为"叙事歌""情歌""放牧歌""劳动歌""风俗歌"等。"放牧歌"中有"牧羊歌""放马歌"

"放牛歌""牧驼歌","劳动歌"中有"奶幼畜歌""垛草歌""擀毡歌""割草歌""捻线歌"等,"风俗歌"主要包括"婚礼歌"和"送葬曲"。

裕固族曾经传唱着大量好听的民歌,如《裕固族姑娘就是我》《阿斯哈斯》《萨娜玛珂》《黄黛琛》《路上的歌》《说着唱着才知道了》《尧达曲格尔》《我只得到处含泪流浪》等等。这些民歌反映了裕固族的迁徙史、婚宴祝酒歌、裕固族的女英雄以及背井离乡的裕固族人的乡愁。

"放牧歌"是裕固族牧羊姑娘最喜爱的歌曲,一个人赶着成百上千只的羊来到辽阔的草原,边放牧,边歌唱。放牧歌的"啦罗"曲调委婉动听,每当悠扬的歌声打破原野的岑寂,常常引起对方的呼应。有时男女青年就用这种对唱,来表达彼此之间的爱慕之情。

裕固族的"叙事歌"具有史诗的性质,这种"叙事歌"有叙述和歌唱两部分,以唱为主,以叙为辅。"叙事歌"主要有《萨娜玛珂》《黄黛琛》《我们来自西志哈志》,它们是裕固族人民家喻户晓的叙事作品。这些叙事歌记述了民族迁徙的历史,歌颂了民族英雄,也传承了民族文化知识。

裕固族许多最原始、最质朴、最纯真的记忆,是通过民歌这种载体一代又一代地传承下来的,裕固族民歌仿佛就是裕固族民族文化的灵魂。2006年5月,裕固族民歌经国务院批准列入第一批国家级非物质文化遗产名录(民间音乐类)。

有人说,裕固族人骨子里就爱歌唱,一生都在歌唱,唱着生,唱着活,唱着死,唱着悲欢离合,唱着酸甜苦辣。正如杜秀英所说:"没有歌谣就等于没有了生命。"肃南县文化部门干部兰海东评价杜家姐妹时说:"老姊妹两人唱了一辈子裕固族民歌,教了一辈子民歌,裕固族民歌早已融进了她们的血液里,成为她们生命的一部分。"

三、"故乡的歌曲我不会忘"

裕固族民歌大多是裕固族人民在生产生活和民俗活动,如放牧、割草、捻线、擀毡、拉骆驼、婚丧嫁娶、宗教活动时即兴创作的。而近年来,随着社会的发展、裕固族生产生活方式的变化等,裕固族民歌的传承出现了危机。

杜秀英、杜秀兰老人指出,裕固族民歌、故事、民间谚语中很少有汉语借词,通篇使用裕固语说唱,其中还保留了许多突厥语。因此,传承民歌以及其他民族文化,首先涉及语言问题。而裕固语濒临失传,2010年被国家民族事务委员会列为9个"正处于濒危状态的弱势少数民族语言"之一。

为了不让裕固族古老的语言消失，各级政府部门采取了多项措施，如挖掘整理古老的裕固族传说、研究用国际音标注裕固语发音等，以民歌的方式传承裕固语也成为其中一项重要举措。而作为民歌载体的裕固族歌手越来越少，大多数民歌已随歌手的去世而消失，裕固族民歌的传承也面临青黄不接的处境。

杜秀兰接受采访

在2009年5月成为第三批国家级非物质文化遗产项目代表性传承人后，杜秀英、杜秀兰姐妹不仅积极参加各种展示、展演和民俗活动，演唱、传播裕固族民歌，还在政府和有关学术机构的帮助下，采用录音、摄像等方式抢救、保护裕固族民歌，并通过进学校、进课堂、办讲座、带徒弟等方式，向孩子们教授裕固语，传授裕固族民歌。

肃南裕固族自治县是"全国非物质文化遗产保护先进集体"，在推动民族文化传承方面想方设法、不遗余力。县里有关部门提倡在幼儿园开设裕固语班，希望能把民歌教给更多的孩子。杜家姐妹对此十分赞成并积极支持，她们说："娃娃们基本不会说裕固语，更别说唱民谣了。把这些民谣教给他们，是我的责任，希望他们不忘根源，不忘本族。""国家非常关心保护裕固族的民族文化，我们没有文字，要是再不能把语言留下来就太遗憾了。"

从2010年起，每年暑假，兰州大学的志愿者都会来肃南裕固族自治县举办裕固族民歌学习班，组织小学生学习裕固族民歌和传统。杜秀英和杜秀兰两姐妹都是孩子们的志愿服务者，免费教授裕固族语言和民歌，她们说："我们把民歌教给孩子们，他们还按着故事情节编成舞蹈，边唱边跳给大家看，真好啊！"

2011年，兰州大学文化行者团队又在肃南裕固族自治县组建"花儿朵朵"童声合唱团，招收当地裕固族的6~12岁儿童，进行民族音乐教学和传统文化知识培训。这一活动也吸引了其他学校同学的参与，吉林大学、复旦大学、湖南大学的几位大学生也投身其中。作为既精通裕固语和汉语，又具备本族文艺素养的民间歌手，杜秀英、杜秀兰姐妹担当了教师的角色。

2014年，两位老人参加了一场不同寻常的演唱——进录音棚录民歌，走进童声合唱团。杜秀英说："我们连着录了两天，唱了一首讲裕固族东迁的《西志哈志》，还唱了小时候就会的《十二生肖》和十几分钟长的史诗故事《萨里玛珂》，后来都被刻成了盘。"虽然只是录音，但两位老人格外重视这样的机会，当天她们盛装打扮，头顶有红缨穗的帽子，戴上家传六代的宝贝"头面"——镶嵌着珍贵绿松石、珊瑚和蓝宝石的民族头饰。

2015年1月，作为裕固族民歌国家级传承人，杜秀英、杜秀兰姐妹和6名弟子参加了在上海音乐学院贺绿汀音乐厅举办的"萤光支教 寻珠拾贝"少数民族技艺传承创新项目，展示了裕固族民歌、舞蹈、服饰等，受到观众们的热烈欢迎。

如今，两位老人的儿女和孙辈有的在放牧，也有的在县城和其他地区工作。令人欣慰的是，在老人们的教育和支持下，妹妹杜秀兰的小儿子杜曼·扎西达尔出版了肃南县第一部岩画研究专著《肃南岩画》。她们为裕固族培养出了一位优秀的牧民诗人、学者。

杜秀英说："裕固族有句俗话：当我忘记了故乡的时候，故乡的语言我不会忘；当我忘记了故乡语言的时候，故乡的歌曲我不会忘。"这是裕固族人民历史的写照，也是她们姐妹的心声。

杜秀英在给孩子们传授裕固族民歌

张明星
——让"山花儿"绚烂绽放

张明星（1941～），民间歌手，"花儿"（宁夏回族花儿）传承人。宁夏固原人，回族。曾任固原县文化馆馆长，中国戏剧家协会、中国民间文艺家协会会员。自幼学唱"山花儿"，通过多年磨炼逐步形成高亢、粗犷、豪迈，乡土气息和生活情感浓郁的演唱风格。2009年成为第三批国家级非物质文化遗产项目（传统音乐类）代表性传承人。编唱代表作有《忘不了周总理叮咛的话》《把改革的尕花儿漫上》《非物质文化又开花》等。

一、五行八作，都是老师

张明星

1941年，张明星出生在宁夏固原县（今固原市）张易镇的一户回族农民家庭。张易镇位于固原县西南部，东临六盘山，这里自清末民初以来就是远近闻名的商品集散地，张明星家就住在镇上的阎关村。

小时候，张明星一家主要靠种地为生，日子过得非常清苦。因此，从很小的时候起，他便开始帮家里做一些力所能及的事，来减轻父母的负担。那时，村里的大人们干活时、孩子们玩耍时，都喜欢唱两句"山花儿"，张明星也不例外。平日里，无论是走在六盘山的羊肠小道，还是在田间劳作，他都会用"山花儿"来表达自己心中的感情。

"山花儿"又叫"干花儿"，主要流传于宁夏固原六盘山地区的回族聚居地，是回族人民用来歌唱生活、歌唱爱情的独特演唱形式。"山花儿"基本

以单套短歌的方式即兴填词演唱，在音乐上继承了陇山（今六盘山）地区古代山歌的特征，并吸收了信天游、爬山调等多种音素，多用五声音阶式迂回进行。其表演形式多为独唱或对唱，演唱内容非常丰富。如今，经过长期的

生活中的张明星

发展，"山花儿"已成为继"河湟花儿""洮岷花儿"之后的第三大"花儿"流派，在宁夏的男女老少中广为传唱。

听着"山花儿"长大的张明星，对"花儿"艺术有着很深的感情。当时，阎关村有个百岁的老汉最会唱"山花儿"，张明星几乎天天都抽时间跟老汉学唱。他很用功，学起来一丝不苟，遇到不懂的地方总是"打破砂锅璺（问）到底"。老汉非常喜欢张明星，于是就把一生所会的全部"山花儿"悉数教给了他。

除了常常跟乡亲们学唱"山花儿"，张明星还抓住时机不断向外乡人虚心请教。他7岁那年，村里来了位木匠，人称三老伯，唱得一口好"山花儿"和民间小调，还会讲许多逸闻趣事。当时，村里有个"光棍堂"，三老伯白天在村里干活，晚上就到那里休息，教张明星和其他孩子唱"山花儿"和小调，并给他们讲有趣的故事。张明星回忆这段经历时说："回族人从小就听着'山花儿'长大，学唱歌根本不用谱子和笔，全靠脑子记。木匠一句一句地唱，我们一帮小娃娃就跟着学。"就这样，张明星凭借过人的记忆力，很快就将三老伯会唱的所有"山花儿"学到了手。

一年后，村里又来了两个要饭的，喜欢唱《要饭歌》《勤大嫂》《懒大嫂》这3首"山花儿"。别人见了他们都直躲，可张明星却并不嫌弃，总是跟在他们身后，为的就是学唱这3首歌。后来，张明星去邻村给人放羊，也趁机从邻村人那里学了不少新歌。

除了唱"山花儿"，张明星还学习了汉族传统戏曲剧种"眉户"和"秦腔"，以及汉族传统民俗活动"耍社火"等。丰富多彩的民俗文化让他大开眼界，也为他日后编唱内容丰富的"山花儿"打下了基础。

二、崭露头角的"农民艺术家"

通过长期的积累,到了 20 岁出头时,张明星的脑子里已经装了上百首"山花儿",演唱技艺也越来越娴熟,成为村里同龄人中的佼佼者。

1964 年 3 月的一天,张明星赶着毛驴往地里送粪。一路上,他一边走一边用高亢嘹亮的嗓音唱着眉户《梁秋燕》,正巧遇到了宁夏回族自治区文工团的工作人员,工作人员被他的歌声深深吸引,不禁驻足聆听了起来。当时,文工团正在为参加全国少数民族群众业余艺术观摩演出四处寻才,张明星就这样被选中了。

几个月后,张明星接到文工团的通知,准备进京演出。当时家里很穷,根本拿不出一件像样的衣服,于是,张明星的妻子就把姐姐的一件烂衣服要来,扯了 2 尺布补了补,随后又用娘家哥哥给的 6 尺蓝布缝了一条大裆裤,就这样把张明星给"包装"了起来。

上衣和裤子的问题解决了,可脚上破破烂烂的鞋子还没能解决。就在一家人想办法弄鞋时,固原县的武装部长却捎话不让张明星走,因为张明星是县里的民兵营长。张明星听后非常着急,赶忙穿上烂鞋连夜偷跑到银川,来到了文工团。

1964 年 11 月,张明星和另外 17 人组成宁夏代表团,赴北京参加全国少数民族群众业余艺术观摩演出,表演了《对花》《数花》《黄河号子》《送粮路上》等 12 个节目。在演出中,张明星不但是领唱,还充分发挥了自编自演的特长,载歌载舞,受到大家的一致好评。后来,《数花》这个以说唱形式描绘宁夏秀美山川的节目成了最受欢迎的节目,其中"沙枣子开花么,香天下,塞上江南好宁夏;东有黄河一条龙,西有贺兰山宝疙瘩,一马平川好庄稼,

张明星表演《数花》

幸福的花儿开……"的歌词也通过这次演出唱响全国。

观摩演出结束后，张明星和其他演员来到民族文化宫，受到了周恩来总理的接见。周总理不但肯定了宁夏代表团的精彩演出，还评价张明星他们是"农民艺术家"。时至今日，每当回忆起当时的情形，张明星都热泪盈眶："总理特别亲切，他接见了我们每一个人，和我们每一个人都握了手。他看了我们业余演员的演出，拉着我们的手说，'你们演得很好，很有魄力、很有生活。专业的艺术家也要向业余的学习，到农村去、到生活中去，不要忘记生活是艺术的老家'。"

当天晚上回到招待所后，张明星激动得彻夜未眠，连夜把见周总理的情景编成了"山花儿"，并取名为《忘不了周总理叮咛的话》。歌词是这样唱的："金花么银花是一串花，回民娃上北京唱了个《数花》；周总理亲切地接见了咱，叮咛的话永辈子牢牢地记下；全心全意为人民，别忘了生活是艺术的老家！"

张明星的这首《忘不了周总理叮咛的话》一经演唱就红遍了大街小巷。如今，阎关村里的乡亲们依然对这首歌念念不忘，时不时地会哼上几句。

三、编唱"山花儿"的"优秀民歌手"

回到宁夏后，代表团在自治区各个县进行了巡回演出，张明星编唱"山花儿"的热情也与日俱增。

为了提高演唱水平，张明星系统地钻研了"山花儿"的演唱技巧、音

"六盘山花儿会"对"花儿"

调、韵律等，并对不同地区"花儿"的曲调进行了对比。为了更好地编写"山花儿"歌词，从未上过学的张明星自学文化知识，一点点认字；为了让更多人了解"山花儿"，他还组织了一个文艺演出队，到十里八乡去演出……最终，张明星通过一系列的锻炼完善了自己的演唱，并形成了高亢、粗犷、豪迈，乡土气息和生活情感浓郁的演唱风格。

1966年"文化大革命"开始后，"山花儿"被禁止演唱。没有了演出舞台，张明星就在家里和三五个人一起偷偷地唱。周总理逝世后，张明星十分难过，于是便编了一首"山花儿"唱道："睡梦里常常梦见您，醒来时看不见了；幽灵儿忘不了六盘人，六盘人，肝花儿都想烂了。"

"文化大革命"结束后，"山花儿"终于重见天日，张明星怀着饱满的热情积极投入了"山花儿"的编唱中。改革开放后，家乡的变化日新月异，他用一首首"山花儿"表现了农村的新气象，其中一首《把改革的尕花儿漫上》是这样唱的："茉莉香茶黑白糖，在细瓷的盖碗子泡上，把治穷致富的根扎上，把四化的尕花儿漫上。"

20世纪80年代初，自治区先后在吴忠、固原、同心连续举办了3年"花儿"调演，吸引了不少喜爱"山花儿"的年轻人。时任固原县文化馆馆长的张明星亲自为自治区培养了一批优秀的"山花儿"人才。也就是从那时开始，"山花儿"开始为更多人所熟知，在自治区各地广为流传。

1984年5月，"中国民间文学三套集成"工作开始，张明星成了固原县集成领导小组的成员。除日常的组织工作外，他还展开了搜集整理"山花儿"的工作，把自己掌握的200多首"山花儿"，以及60多首小曲、小调录制成6盘磁带，为弘扬少数民族传统文化做出了贡献。1987年，为了表彰张明星，自治区有关部门正式命名他为"优秀民歌手"，并授予他第二届民间文学"金凤凰"奖。

1985年，张明星被吸收为中国戏剧家协会会员；1988年，他又被吸收为中国民间文艺家协会会员。与此同时，张明星的"山花儿"曲谱也被正式编入宁夏人民出版社出版的《六盘山花儿两千首》一书中；而他搜集整

《六盘山花儿两千首》书影

理的相当一部分歌谣、谚语等，也被分别编入有关"集成"。

20世纪90年代末期，张明星从工作岗位退休，搬回了阎关村老家定居。平日里，他一边唱"山花儿"，一边学着制作牛头埙、口弦、竹咪咪等民间乐器，他说："'山花儿'只有在大山环绕的环境里才能尽情抒唱，城市里缺乏唱'山花儿'的氛围。"

四、联系现实，新编新创

几十年来，张明星编唱了许多脍炙人口的"山花儿"，受到人们的大力称赞。许多人都说他编唱的"山花儿"贴近生活、朗朗上口。这主要在于他在编唱"山花儿"时所做的一系列创新。

首先，在歌词取材方面，以往人们创作"山花儿"多以歌颂爱情为主，而张明星却将"山花儿"创作与时代融为一体，从我国重大历史事件中取材，关心国家昌盛和百姓疾苦。在他看来，"山花儿"就是历史的记录，因此，他创作的每一首"山花儿"都记录着一段不同寻常的历史。这是他的创新中的最关键之处。

其次，在歌词语言方面，张明星做到了将"山花儿"与文学语言有机结合。在创作歌词的过程中，他非常注重以形象化的语言来表现事物。在《要实现共产主义的明天》中，他写道："云彩里迈步风送爽，登六盘，披一身朝霞的红光，踏散了露水银珠儿淌，湿衣裳，沾一身满洼的山香。"在这几句唱词中，张明星用生动形象的语言描绘了清晨山野的景色，将"山花儿"与文学语言严丝合缝地衔接起来。这是他的创新中的最细腻之处。

最后，在民歌曲调方面，张明星通过吸收相关音乐的成分，对传统老调进行了创新。在演唱不同的"山花儿"时，他会根据自己的理解和感觉适当改变唱腔。他说："'山花儿'改调子，以更顺更好听、人愿意听为前提。"这是他的创新中的最独到之处。

进入21世纪，张明星依旧用心编唱"山花儿"，向前的脚步从未停歇。

2008年汶川地震发生后，张明星写下了："难忘的2008年，大地震走到了四川。胡书记温总理到一线，视察了受灾的磨难。"

2009年5月，张明星成为第三批国家级非物质文化遗产项目［花儿（宁夏回族山花儿）］代表性传承人。在激动之余，张明星编唱了一曲《非物质文化又开花》："非物质文化又开花，一下子，把老一辈传人给找下；

领导和群众坐一达，一总子，把失传的花儿给留下；花儿本是心上话，没样子，有各式各样的唱法。"

2009年和2010年，固原市和市里的原州区分别举办了六盘山"花儿"歌手大赛，张明星作为嘉宾出席了大赛。通过对参赛歌手的接触，他感到："现在能够熟练掌握'山花儿'令调，创作'山花儿'歌词的歌手太少。很多歌手唱腔没有定式，自然缺少了'山花儿'特有的原生态，还有不少歌手从录音机上学唱'山花儿'，当然没有原汁原味的韵律美。"

为了改变这一现状，让"山花儿"后继有人，张明星把自己几十年来编唱的"山花儿"又重新整理了一遍，按不同时期记录在稿纸上，并开始物色"山花儿"的优秀接班人。如今，他仍在为传承"山花儿"忙碌奔波着，希望让这朵"山花儿"绽放得更加绚烂。

张明星参加宁夏文化艺术旅游博览会

排孜拉·依萨克江
——民族歌曲"天天唱、月月唱、年年唱"

排孜拉·依萨克江（1952～），民间歌手，乌孜别克族"埃希来""叶来"传承人。新疆莎车人，乌孜别克族。他从小跟随民族音乐成就颇高的父亲学习民族音乐，少年时代就学会了弹奏都塔尔、热瓦甫，并学习演唱民族歌曲"埃希来"和"叶来"。后又进入大学学习，提高了艺术修养和演唱表现力。2009年成为第三批国家级非物质文化遗产项目（传统音乐类）代表性传承人，而在此之前他已经开始收徒传艺。他还从事民间歌曲和谚语的搜集整理，并编辑整理了我国乌孜别克族诗人费尔凯特的作品集。

一、父亲是榜样，也是严师

1952年，排孜拉·依萨克江出生在新疆维吾尔自治区莎车县的一个乌孜别克族家庭。

乌孜别克族主要分布在北疆的伊宁市、塔城市、奇台县和乌鲁木齐市，还有南疆的喀什市和莎车、叶城、巴楚等县，其中尤以伊犁地区和喀什地区为多。

莎车县是一个民族民间歌舞十分繁荣的地方，它是维吾尔族音乐套曲"十二木卡姆"故乡，也是乌孜别克族民歌"埃希来"和"叶来"的主要流传地之一，而排孜拉·依萨克江的父亲依萨克江·阿不都拉就是一位杰出的"埃希来""叶来"歌手。

排孜拉·依萨克江

依萨克江·阿不都拉幼年就开始习艺。他在4岁时便拜在当地的乌孜别克族老人门下，专门系统学习乌孜别克族音乐、舞蹈、乐器等。这些老人中的很多人，他们的祖辈从中亚迁徙而来，因而他们自己深谙中亚历史文化，有着丰厚的知识素养。依萨克江·阿不都拉跟着他们学习，如鱼得水，进步很快。

经过系统的专业学习，依萨克江·阿不都拉熟练掌握了乌孜别克族的传统歌舞艺术，显示出了足够的实力。20世纪50年代，依萨克江·阿不都拉成为当时莎车歌舞团的团长，会唱50多首民间歌曲"埃希来""叶来"，且以多才多艺为人们所知。后来，他还成为本民族公认的、南疆乌孜别克族民间歌曲演唱流派的宗师。

生长在乌孜别克族民间歌曲"一代宗师"的身边，经常参加各种家族聚会，常听常看父亲弹唱，排孜拉很小就喜欢乐器和歌舞，喜欢"埃希来""叶来"演唱。七八岁的时候，他开始学习弹奏都塔尔、热瓦甫，甚至还学会了拉小提琴。

随着对各种乐器的熟悉，排孜拉的乐感越来越敏锐，音乐素养也越来越高。父亲演唱的时候，排孜拉便跟着默记歌词和曲调，并且体会不同"埃希来""叶来"各具特色的艺术表现。在没有人的时候，他会弹起都塔尔，自己一遍遍地唱。他希望有朝一日，也能像父亲一样在众人面前一展歌喉。

上高中的时候，排孜拉喜欢节奏明快、曲调活泼的"叶来"。一时间，他用心学习了一首叫《木那加特》（汉语意为"请求"）的歌曲。歌中唱道："我的爱人说过晚上来，但是却不见她的踪影。我从夜间到黎明，都难以入睡。"有一次，排孜拉练习这首歌，父亲静静地听了一会儿，对他说："你弹唱时的表情，并没有表达出歌里的意思。你太小，还没有歌词情境的那种体会，以后你就会明白了。"

排孜拉勤奋学习，对学校的功课非常用功，对音乐的学习也从未间断过。不过，有时他也会感到疲惫，甚至两三天都不想去摸都塔尔，也不想张嘴唱歌。父亲对此很不满意，把他叫到身边郑重地说："音乐是一个民族的灵魂，我们为了学习它，可以牺牲自身的一些东西。"

父亲的话，如响鼓一般在排孜拉耳边回响，他暗下决心，一定要把父亲的专长悉数学到，一定要掌握自己民族的音乐技巧。

在之后的两年里，排孜拉的学习十分投入，精心学唱了乌孜别克族的一些经典曲目。那段时间，走路时、吃饭时，他心里都在反复默念，暗暗体会歌词的含义和曲调的韵律，力求演唱时饱含深情，以出色的艺术表现力感动听众。因为反复拨弦练习弹唱，排孜拉的指甲都出血脱落了。

二、高等学府的艺术升华

新时期恢复高考后,排孜拉·依萨克江以优异成绩考入新疆大学。大学的学习,给排孜拉提供了系统了解本民族历史文化的大好机会,他沉下心来,潜心研究本民族民间歌曲的发展历史、内容形式、表现技巧、风格特点等。

我国的乌孜别克族主要是从中亚地区迁徙而来的,本民族的文化艺术当然也跟随他们而来,有着古老中亚风情的民歌便也传唱在那时的西域——今天的新疆这片土地上。在多年流传的过程中,这些民歌在古老中亚音乐文化的基础上,又融汇了新疆民间音乐、宗教礼仪音乐等元素,成为一种自成体系的传统民间音乐,而"埃希来""叶来"又是这些民间歌曲的代表和主干。

乌孜别克族民歌主要有"埃希来"(亦作"艾修来")、"叶来"(亦作"耶勒来""也勒来")和生活习俗歌三大类。

"埃希来"也称"大埃希来",意为"大歌"或"长歌",是一种长篇叙事民歌。"埃希来"多以纳瓦依、莫克米等中亚古典诗人和我国乌孜别克族诗人费尔凯特的诗作为唱词,内容广泛,或悲叹人生的苦难,或叙述失恋的痛苦,或劝人止恶行善,或希冀美好生活,或讲述人生哲理。"埃希来"多为基本曲调及其数次变奏构成,也有一部分采用曲牌联缀的曲式,全曲音域宽广,节拍徐缓、抒情,旋律古朴、典雅,音色苍老、深沉。有较强的叙诵性,情绪由深沉起,渐转激动,最后回到深沉结束。"埃希来"在古时为宫廷音乐,主要由民间歌手"埃希来奇"或"阿皮孜"在各种聚会上演唱。

乌孜别克族民间艺人合影

"叶来"直译为"歌曲",是流传于民间的短篇、小段民歌。多以民间歌谣为唱词,内容以表现爱情为主。唱词为多段式律诗,每段四句,每句七音节居多。曲调的结构短小而方整,音域一般不超过一个八度,节奏活泼,曲调欢快。"叶来"可供演唱,形式为独唱或对唱,也常用来伴舞。多在节庆、婚庆等民间集会上演唱。

知识的丰富和眼界的开阔,使排孜拉·依萨克江的音乐艺术发生了飞跃。由于对歌词内容有了更为深入的理解,排孜拉再次唱起这些歌来便获得了全新的韵味。这种体悟,让排孜拉的音乐历程进入了一个新的阶段,他自己形容说:"每当唱起这些曲调悠扬而深情的歌曲,我的心脏就会加速跳动起来。因为深明歌词的含义,那种无以言表的忧伤,让我唱着唱着,就不由自主地想落泪。"

有关乌孜别克族"埃希来""叶来"的图书

三、注重传承,期望开拓

排孜拉对本民族音乐的学习从来没有停止过,他形容自己学习的状态是"天天唱、月月唱、年年唱"。他还说,其实自己学会的乌孜别克族经典歌曲还非常有限,到现在也依旧不能让自己满意,他还要一直学下去。

现在,排孜拉·依萨克江每个星期二、四、六晚上或是下午,都要抽一个小时的时间,自己弹唱。朋友或是亲戚间的小型聚会,半个月就有一次,那时人们就要求他多唱几首。每当这时,他都会欣然应允,并与人们共同感受人间的美好和友爱,感受到自己民族音乐艺术的无限魅力。

早在2005年,排孜拉就开始陆续带了4个徒弟,其中两个很得他的喜爱。一个是麦苏尔,不但都塔尔弹得好,舞蹈也是他的长项;另一个是木特力甫江。他们两人现在都学会了十几首"埃希来""叶来"。不过,让排孜拉感到有些遗憾的是,两个儿子没有一个跟他学习传统民歌。他说,儿子不喜欢,无法强求,那就尽心教出几个好徒弟。

2008年6月,由新疆维吾尔自治区艺术研究所、伊犁哈萨克自治州、喀什地区联合申报的乌孜别克族"埃希来""叶来",经国务院批准列入第二批国家级非物质文化遗产名录（传统音乐类）。2009年5月，排孜拉·依萨克江成为第三批国家级非物质文化遗产项目（乌孜别克族"埃希来""叶来"，传统音乐类）代表性传承人。

成为国家级"非遗"项目代表性传承人后，排孜拉·依萨克江把自己的精力更多投入到了"埃希来"和"叶来"的传承上。

排孜拉教授徒弟非常认真，一个星期徒弟不来找他，他就去找他们。主要是检查让他们背的歌词是否记住了，还要听他们弹唱一遍，

排孜拉·依萨克江在家庭聚会上演唱

有问题的地方及时给予指导。徒弟们岁数不小了，有时记长段"埃希来"歌词有点困难，排孜拉就像当年父亲教他那样，对他们进行谆谆教导。徒弟们听了排孜拉的话，学习更为用心。如果可能的话，排孜拉希望再招几个徒弟，为传承民歌尽自己的微薄之力。

排孜拉·依萨克江不仅从事乌孜别克族民歌的演唱，还积极投入民歌等民间文艺的搜集、整理。他先后收集、整理了《亚尔、亚尔》《吐尔那拉》等民间歌曲20余首，《乌孜别克民间谚语》200页。他还编辑整理了我国乌孜别克族诗人费尔凯特的作品集。此外，排孜拉还打算把自己知道的经典歌曲整理成系列，推出一本《乌孜别克经典歌曲集》。

作为受过高等教育的少数民族知识分子，前边又有父亲"一代宗师"的标杆，排孜拉·依萨克江也希望在发展乌孜别克族民歌艺术上有所开拓。因此，他希望有机会到喀什市，拜见父亲的徒弟、78岁的艾尼瓦尔汗·买合苏提，就新搜集的民歌做一番交流。而他更盼望见到的人，是北疆乌孜别克族民间歌曲演唱流派的传人阿卜都热依木·台外库力。因为他知道，北疆流传的乌孜别克族民歌与南疆地区的有所不同，北疆的民歌更倾向于民间，曲调短小，"叶来"的内容更加丰富。排孜拉觉得，南北疆两种流派的唱法，若能融会贯通，会更有利于"埃希来""叶来"的发展。

对乌孜别克族民间歌曲的保护与传承，排孜拉·依萨克江寄予殷切的期望。这正如他对徒弟们所说："你们是本民族音乐的传承人，现在会唱这些歌的人越来越少了，你们学的歌曲越多，将来流传下去的可能性才会更大！"

胡格吉勒图
——"把歌曲唱好才是王道"

胡格吉勒图（1961～），男低音歌唱家，蒙古族呼麦传承人。内蒙古锡林郭勒人，蒙古族。他作为男低音歌唱演员转而学习呼麦，从自学到拜师，坚持不懈，终有所成，成为有名的呼麦演唱家。他自发组织呼麦协会，主持和参与多种类型的艺术传承活动。2012年成为第四批国家级非物质文化遗产项目（传统音乐类）代表性传承人。演唱代表作有《天驹》《呼麦颂》《四岁的海骝马》《牧歌》等，出版有专辑《天籁之音》。

一、从乌兰牧骑走出来的歌唱演员

1961年7月23日，胡格吉勒图出生在内蒙古自治区锡林郭勒盟太仆寺旗贡宝拉嘎苏木宝希根塔拉嘎查的一户蒙古族人家。

胡格吉勒图的童年是在草原上度过的。小时候，他白天和牧民们一起放牧，晚上和大家围坐在蒙古包里唱蒙古族传统民歌，兴起时还会起身跟着大家载歌载舞，牧民们热情爽朗、自由奔放的性格就这样深深地感染着他。

渐渐地，胡格吉勒图爱上了唱歌。平日里，他一有空就会找当地的民间艺人请教，学唱各种各样的蒙古族传统民歌，歌唱天赋日渐显露。到了后来，无论是放牧还是做家务，胡格吉勒图都会随口唱上几句，歌声成了他童年时光里最长久的陪伴。

胡格吉勒图

1969年，8岁的胡格吉勒图离开宝希根塔拉嘎查，前去贡宝拉嘎苏木上学，在那里完成了小学和中学的学业。其间，他在音乐老师的指导下系统学习了歌唱技巧，并多次参加学校举办的各类演出活动，丰富了自己的演出经验。

1980年中学毕业后，胡格吉勒图被选入锡林郭勒盟太仆寺旗乌兰牧骑，成为一名歌唱演员。在蒙语中，"乌兰牧骑"意为"红色的嫩芽"，是活跃在草原农舍和蒙古包之间的"红色文化工作队"的别称。自1957年第一支乌兰牧骑成立以来，草原上便刮起了一阵"红色旋风"，各地纷纷自发组织成立乌兰牧骑。作为锡林郭勒盟多支乌兰牧骑之一，太仆寺旗乌兰牧骑十分受当地群众的欢迎，胡格吉勒图的加入也为其增添了不少光彩。

在太仆寺旗乌兰牧骑，胡格吉勒图一待就是4年。在此期间，他走遍了旗里的各个角落，不但为牧民们送去歌声，还和其他演员自编自演了许多反映牧民生活的节目，为大家带去了欢声笑语。此外，胡格吉勒图每到一处，还会热心帮助当地牧民做饭洗衣、修理电器，并结合所学向大家传播文化知识，大家都亲切地称他为"玛奈胡格吉勒图"（我们的胡格吉勒图）。

1984年，内蒙古广播电视艺术团到太仆寺旗乌兰牧骑挑选艺术人才，胡格吉勒图被艺术团选中，成为团里的男低音歌唱演员。他十分热爱唱歌，把演出之外几乎所有的时间都用在了向团里的老师、演员学习歌唱技巧上，一点点积累乐理知识，丰富自己的表演经验，得到了大家的一致好评。

20世纪90年代初，胡格吉勒图凭借出色的演唱水平担任内蒙古广播电视艺术团合唱团的首席领唱。当时，合唱团在全区有着非常广泛的群众基础，尤其是无伴奏合唱更是得到了广大观众的热力追捧，具有非常好的口碑。作为首席领唱，胡格吉勒图带领大家编排了多首无伴奏合唱，丰富了无伴奏合唱的曲目，受到大家的热烈欢迎。

随着演唱经验的不断丰富，胡格吉勒图越来越为大家所熟知，经常应邀到全国各地进行演出。他还多次受国外友人的邀请，参加了许多国际性的合唱比赛、演出等活动，将动听的蒙古族传统民歌带给了世界各地的观众。

二、继承传统，自学呼麦

1996年，内蒙古广播电视艺术团合唱团应邀赴澳大利亚参加了在那里举行的国际合唱艺术节。在艺术节举办的奥林匹克合唱比赛中，胡格吉勒图担任合唱团的男低音合唱演员，带领合唱团取得了优秀的成绩。

草原上的人们唱着呼麦

比赛结束后,胡格吉勒图和合唱团的其他成员一起参加了蒙古族音乐研讨会。会上,合唱团的指挥向大家介绍了蒙古族的两种传统民间音乐——马头琴和长调。介绍完毕后,台下的一位韩国记者突然起身,用不太标准的中文说道:"还有呼麦,你们为什么没有说?"在这位韩国记者的强烈要求下,指挥只好简单地介绍了几句蒙古族呼麦艺术的相关情况,由于对呼麦并不了解,介绍得不免有些牵强,场面变得非常尴尬。

这件事给了胡格吉勒图很大的触动:"当时在场的有那么多人,竟然没有一个能唱呼麦。作为一个蒙古族的音乐人,连本民族的文化瑰宝都不能传承,真的是非常遗憾。"回国后,胡格吉勒图便开始四处搜寻与呼麦有关的资料,由于当时国内并没有系统研究呼麦的专家,他只好利用手头仅有的一些文字记录自学起来。

呼麦在蒙语中又名"浩林·潮尔",是一种纯粹利用人体发声器官,一人同时唱出两到三个声部,从而形成罕见多声部形态的蒙古族传统歌唱形式。呼麦的形成大约可追溯到蒙古部落时期,那时,牧民们在游牧和狩猎中经常虔诚地模仿自然界的各种声音,他们认为这是与自然有效沟通、和谐相处的重要途径。久而久之,这些人的发声器官得到开发,一人可以同时模仿自然界的多种声音,形成"和声",呼麦由此产生。

呼麦最早主要流传于我国的内蒙古锡林郭勒盟和新疆阿尔泰山区,以及蒙古国西部和俄罗斯图瓦共和国等蒙古族聚居区。后来,由于种种原因,呼麦在内蒙古地区逐渐失传,这才造成了胡格吉勒图学习无门的情况。

没有老师的指导，胡格吉勒图很长一段时间根本摸不清呼麦艺术的门道，在自学的过程中频频碰壁。然而，他并没有半途而废，仍旧一点一滴地积累，用他自己的话来说，"之所以这么用心，是因为深深地意识到了呼麦的美妙"。

在自学期间，胡格吉勒图了解到蒙古国呼麦大师巴特尔·敖都苏荣曾在1993年来到内蒙古教授呼麦艺术。虽然当时5名学习者中只有两人学成，后来也都没有从事呼麦的演唱，但这次跨国传授却打开了我国和蒙古国交流沟通的大门。在这样的背景下，

胡格吉勒图的老师敖都苏荣（中）与学生

胡格吉勒图动起了再次邀请巴特尔·敖都苏荣前来教课的念头。

1999年冬天，胡格吉勒图在国际呼麦协会内蒙古分会会长格日勒图的帮助下，终于请来了巴特尔·敖都苏荣。于是，他怀着激动的心情和其他6名学员正式开始了呼麦艺术的系统学习。

三、学演并举，精益求精

巴特尔·敖都苏荣的教课地点在内蒙古民族歌舞剧院，为了方便上课，胡格吉勒图特意在歌舞剧院附近和几个学员一起租了一间房子。虽然生活条件比较艰苦，可他却毫不在意，对他来说，只要能学到真正的呼麦艺术，再苦再累也都值得。

由于呼麦对发声技术的要求很高，所以对嗓子的影响很大，胡格吉勒图没学多久嗓子就失声了。"老师说，这是我唱呼麦的方法有问题。那时候内蒙古呼麦界有一种说法，就是搞声乐的人不能学呼麦，因为那样会唱坏嗓子，如果学不成，最终歌也唱不成。听了之后我有点担心，加之团里的领导也极力反对，因为合唱团只有3个男低音，要是唱坏了嗓子，会直接影响到全团的演出，我这心里也没了底。可是，转念一想，没有什么能阻挡我要唱好呼麦的想法。没过多久，我的嗓子真的好转了。"

半路出家学习呼麦，难度可想而知，但胡格吉勒图克服重重困难，坚持了下来。在随后的3年中，他每年都会参加两次为期3个月的培训，按照巴特尔·敖都苏荣的要求完成了长达1200小时的练习。

除了跟巴特尔·敖都苏荣习艺，胡格吉勒图还积极参加各类活动，通过演出实践提高自己的呼麦演唱水平。2001年，他随蒙古族青年合唱团赴德国参加亚太地区中国艺术周活动，并担任了呼麦领唱。同年11月，在北京举行的第四届亚洲艺术节闭幕式"生命的呼唤"音乐会中，胡格吉勒图再次担任呼麦领唱，一开口便博得了观众的热烈掌声。

胡格吉勒图在演唱

2002年，胡格吉勒图终于在巴特尔·敖都苏荣的指导下完成了所有的学习内容。在回忆学习呼麦的过程时，他感慨地说："在学习呼麦的几年当中，我花光了所有的积蓄。我开始学时只是模仿老师拼命喊，曾经迷茫过，想放弃，但当我第一次找到音时，简直被自己的声音震住了，鼻涕、眼泪一起流。那个时候，我每天什么都不想，就想着学好、唱好呼麦，有时在单位的琴房一练就是五六个小时。同事们都说：'这家伙疯了，中邪了。'"

多年坚持学习以及演出活动的历练，使胡格吉勒图成长为一名优秀的蒙古族呼麦演唱家。学成之后，他的演出活动一下子多了起来，不但用呼麦为电视剧《诺敏河》、电影《嘎达梅林》演唱了主题曲，还参加了在韩国釜山举办的第二届奥林匹克合唱比赛。在比赛中，胡格吉勒图以呼麦领唱和伴唱的身份参与了3首歌曲的演唱，帮助这3首歌曲荣获了金奖。比赛结束后，多家国外媒体蜂拥而至，争相对胡格吉勒图进行采访。这不仅成为胡格吉勒图最为骄傲的经历之一，也让巴特尔·敖都苏荣感到十分欣慰。

四、"把歌曲唱好才是王道"

2003年春节前夕，胡格吉勒图接到了内蒙古春节联欢晚会导演的电话，邀请他在春晚的舞台上演唱呼麦。就这样，胡格吉勒图迎来了人生中第一次独自登台表演呼麦的机会。

收到邀请时，离晚会录制只剩7天的时间。没有新歌，又不想放弃难得的宝贵机会，于是胡格吉勒图找到曾在蒙古国留学、对呼麦有所研究的作曲家恩克巴雅尔，把自己的想法和盘托出。

当时，恩克巴雅尔刚刚做完胆结石手术，本应卧床静养，可他得知呼麦将登上春晚舞台后，立刻强忍病痛开始帮助胡格吉勒图作曲、配器、录音。经过三天三夜马不停蹄的创作，一首崭新的呼麦歌曲《天驹》终于出炉。

歌曲创作完成后，胡格吉勒图立即开始了练习。然而，新的状况又出现了："也许好事多磨吧，这事刚解决，另一件又来了。当录制春晚最后一天时，我们合唱团在内蒙古饭店演出，我和团长请假，团长说这晚演出特别重要，不能请假，只能是先在这边演，后赶到现场。那一夜下雪了，在内蒙古饭店演出结束后，我骑着自行车匆匆地往晚会录制地赶，走到半道摔跤了，鼻子也流血了。这时离上场只有5分钟了，我换衣服还得化妆。当我走上台时，台下响起了热烈的掌声，此时的我心里感到特别的满足和激动，苦学这么多年终于得到了大家的认可。"

虽然中间多有磨难，胡格吉勒图依旧出色地完成了《天驹》的演唱。首次正式以呼麦演唱家的身份登上舞台并取得成功，这是他此前怎么都想象不到的。此后，几乎每年的内蒙古春晚都少不了胡格吉勒图的身影，他通过一次次演出让更多人认识了呼麦，对推广呼麦艺术做出了贡献。

2003年11月，胡格吉勒图被内蒙古自治区授予"文艺创新青年带头人"荣誉称号。第二年，他在中国科学院主办的"奔月大型科技艺术晚会"上独唱呼麦，并参加了中央电视台举办的"CCTV西部民歌电视大赛"，凭借一曲《呼麦颂》赢得了银奖。

胡格吉勒图在演唱

2005年，胡格吉勒图乘胜追击，成立了第一个呼麦五人组合——"蔚蓝之声"。此后，他带领"蔚蓝之声"参加了全区大大小小近百场节目，并在2009年赴乌兰巴托参加了国际呼麦研讨会，在会上举办的呼麦大赛中荣获三等奖。为此，蒙古国政府还特别授予胡格吉勒图"为文化艺术发展和传承做出突出贡献的文化艺术先进工作者"称号。

2008年，胡格吉勒图出版了自己的首张呼麦专辑《天籁之音》。专辑遴选了《天驹》《成吉思汗颂》等多首代表性曲目，一经发行便受到了呼麦爱好者的推崇。

虽然在呼麦艺术的道路上硕果累累，可胡格吉勒图却非常谦虚，每次演出前都不忘把自己调整到最佳状态。他说："上台演唱呼麦前一定要先把基本音找准，深呼吸，不要兴奋，仔细地琢磨曲子，把歌曲唱好才是王道。"

五、"我有责任将民族音乐发扬光大"

多年来，在醉心于呼麦演唱的同时，胡格吉勒图还不忘培养下一代呼麦接班人，为传承蒙古族呼麦艺术尽心尽力。

早在2004年，胡格吉勒图就已经开始教授学生。没有经费和场地，他就在家里开办培训班，不论是马头琴演奏者、戏剧演员，还是牧民、警察；不论是来自内蒙古、新疆，还是国外，只要是呼麦爱好者，他来者不拒，"来一个教一个，学生特别多的那年还累得住了院"。

2006年，为了让呼麦艺术得到更广泛的关注，胡格吉勒图筹钱成立了内蒙古呼麦协会，并担任会长。协会成立后每年都要定期组织呼麦培训班、呼麦大赛等，还设立了呼麦金鹰网，为呼麦爱好者提供了交流学习的平台。

后来，胡格吉勒图还多次到位于锡林郭勒盟的"内蒙古呼麦培训基地"进行讲学活动，为已经有一定基础的呼麦学生传授技巧、纠正缺点，并选拔一些好苗子进行重点培养。此外，他每年都要参加由内蒙古文化厅、内蒙古师范大学、内蒙古艺术学院等机构举行的呼麦学术研讨、交流活动，让呼麦艺术在我国得到更好的发展。

除了教授学生，胡格吉勒图在呼麦的研究方面也下了不少苦功。他通过多年来的辛勤钻研，归纳总结出了低音呼麦、嗓子里带"沙沙"声音的超低音呼麦、嗓子里无"沙沙"声音的超低音呼麦、低音呼麦带歌词、中音呼麦、中音呼麦里面加进哨音的呼麦、哨音里面加上中声部和低声部同时出现三个声部的呼麦、哨音加鼻音的呼麦、哨音和喉音的两个八度唱法

胡格吉勒图（中）与同仁合影

的呼麦、舌尖平直的呼麦、舌尖向上提的呼麦、其他呼麦等 12 种呼麦演唱方法。

在呼麦艺术的创新发展方面，胡格吉勒图也提出了新的思路。他认为，在竭力保留原生态呼麦的同时，可以借助蓝调、摇滚等形式在呼麦中融入现代元素，通过这种融合的形式激励更多年轻人了解并学习呼麦艺术。

在胡格吉勒图的努力下，呼麦艺术越来越受到民族音乐家、声乐界专家学者的高度重视，同时引起了世界各国各领域专家学者的普遍关注。人们把呼麦与马头琴、长调并称为"草原文化三宝"，并称它为"独一无二的喉音艺术"以及"蒙古族民间音乐活化石"。

2012 年 12 月，胡格吉勒图成为第四批国家级非物质文化遗产项目（蒙古族呼麦，传统音乐类）代表性传承人。得知这一消息后，他说："蒙古族的呼麦是来自喉底的声音，是纪念先祖的声音，是绑定历史的声音。它可以瞬间从山顶降到河谷，再从河谷升至山顶。作为一个蒙古族人，我有责任将我们的民族音乐传承并发扬光大。"

如今，胡格吉勒图依旧在为蒙古族呼麦艺术贡献自己的力量。对他来说，传承并发扬呼麦是他毕生的追求，正如他喜欢的一首呼麦歌曲所唱的那样："天上的风啊永远不会停，世间的人啊生命难久存。谁也没喝过长生的甘泉，珍惜此生让我们去努力吧！"

李汉良
——钟情于民族文艺的"赤脚医生"

李汉良（1956～），民间音乐艺人。云南怒江州贡山县人，怒族。他成长在怒江西岸的怒族聚居区，从小受到民族艺术的熏陶，能讲述许多怒族民间故事，擅长吹拉弹唱，而且能编会写。在乡村医生的本职工作之余，他不仅弹唱本民族民歌，还注重民歌的搜集，并进行改编创作。2002年被云南省有关部门命名为"民族民间音乐艺人"。代表作品有歌舞《孔雀舞》《赶乌鸦》《怒寨情歌》等。

一、靠音乐沟通的情与爱

1956年8月，李汉良出生在云南省怒江傈僳族自治州贡山独龙族怒族自治县丙中洛乡双拉村一个怒族家庭。

怒族是我国人口较少的少数民族之一（2010年第六次人口普查统计为37 523人），主要分布在云南省怒江傈僳族自治州的贡山、福贡、碧江三县，另有少数聚居在云南兰坪和维西县以及西藏察隅县。怒族语言属汉藏语系藏缅语族，分北部方言与南部方言。北部方言的怒族（贡山、福贡）自称"阿怒""阿龙"，南部方言的怒族（碧江）自称"怒苏"；此外还有"阿侬""若柔"两个支系。

李汉良

怒族支系"阿怒"是怒江流域最古老的居民，进入怒江流域的时间较其他民族，如傈僳族、藏族等都要早。贡山独龙族怒族自治县的怒族，主要聚居于丙中洛乡、茨开镇、捧当乡等地，其中以李汉良的家乡丙中洛最为集中。

贡山怒族由于居住在"三江并流"保护区的核心地带，受外界影响较小，民族传统文化保存相对完好。丙中洛乡位于云南省西北端，坐落在怒江西岸山腰的一大块平坝上，北接西藏察隅，东望碧罗雪山。长期以来，多种宗教在这里并存共生，把人与神完美地结合在一起，因而这里被誉为"人神共居的地方"。

怒族在历史上与藏族、傈僳族、独龙族等民族交往频繁，其语言文化等受到了这些民族的影响，但也形成了本民族独特的民间习俗、文学艺术。怒族有自己的传统节日"仙女节"（即"乃仍节"）、桃花节等，有自己的创世传说《创世记》及其歌唱版本"本曲"，传统乐器有"达比亚"（也称"达边"，形似琵琶而略小的四弦弹拨乐器）、竹笛、"拟力"（也称"匹哩"，竹制吹管乐器）、"满果"（口弦）等，舞蹈则有蝴蝶舞、猴舞、锅庄舞、丰收舞等。如今，贡山的"仙女节"（民俗类）、福贡的"哦得得"（传统音乐类），都进入了国家级非物质文化遗产名录。

怒族人民善于演奏民族乐器，孩子们打小就要学习，如果大了还不会，就会被认为是笨，甚至可能连对象也找不到。怒族小伙向姑娘求爱时，首先向姑娘弹响怀里的"达比亚"，倾诉心中的秘密。姑娘听到求爱，会吹起"拟力"作答。双方用乐器和音乐交换意见、交流感情，从思想到生产、生活等方面的各种问题都可以"弹"和"吹"，男女青年都能从对方的旋律和音色中理解其中的含义。据说有的青年从认识到结婚没有说过一句话，完全靠音乐来沟通，可谓绝无仅有、独具一格。

怒族桃花节节庆场景

双拉村民间艺人器乐合奏（后排中为李汉良）

生长在贡山丙中洛乡的李汉良，从小就受到了本民族以及其他民族民间文化的熏陶，在他身上，清晰地体现出了我国各地少数民族人人能歌善舞、传承口承文艺的特点。他不仅能讲述众多怒族民间故事，擅长吹拉弹唱，而且能编会写，在他身上，也体现出了民间艺人多才多艺的本色。

二、钟情于民族文艺的"赤脚医生"

怒族人民主要从事山地农业，作为民间艺人的李汉良，首先也是一个农民。不同的是，除了下地劳动，他还是村卫生室的医生（"赤脚医生"）。而他成为民间艺人，既有生活环境的习染，更有他对民族传统文化艺术的拳拳之心。

居住在深山峡谷的贡山怒族很少与外界接触，平时的娱乐活动，多是酒后自发的村落歌舞晚会。这样的歌舞晚会是与他们日常生活不可分割的一个部分，歌舞就是生活，生活也是歌舞。每年七八月份是农活较为清闲的时节，村里的人们喜欢聚在某家喝酒，酒后往往就会上演家庭式歌舞晚会。夜幕降临时，人们喝上香甜的咕嘟酒或是自酿玉米酒，围绕家中堂屋里的"中柱"，或者是在村寨的广场，将"达比亚"弹响，歌舞表演便在轻松的气氛中拉开序幕。正是如此环境，成就了李汉良这样的民族民间音乐艺人。

怒族民歌有叙事歌、山歌、劳动歌、儿歌、祭祀歌、悼念歌等种类。与一般山歌的轻松自由相比，叙事歌就要庄重严肃多了。怒族叙事歌名为

"本曲"（贡山怒语，也称"办汝"），意为"围坐火塘歌唱"。它的内容，主要是叙述天地形成、人类繁衍、民族历史、个人遭遇等，在婚嫁、节日、新房落成等群众聚会时，由具有丰富知识的老年歌手演唱。"本曲"规模宏大、曲目众多，当地人曾如此形容"本曲"曲目之多："如果从晚上出现第一颗最亮的星星时开始唱，一直到天亮时候的第一颗星星照到怒江中游泳的鱼儿身上时才能唱完。"

李汉良非常注重本民族民间文学的搜集，并在此基础上进行改编创作。到目前，他已搜集创作了《嘎瓦嘎普》《家乡变了样》《救月亮》《怒寨情歌》《赶乌鸦》和《孔雀舞》等近70首怒族民间歌舞作品，其中《孔雀舞》和《怒寨情歌》在怒江傈僳族自治州第六届农民文艺会演中分获一、二等奖，《赶乌鸦》还荣获了省级一等奖，并曾多次参加各种文艺会演。

将酒、歌、火合作一处的李汉良

精湛的技艺和众多的荣誉，让李汉良在贡山民间文艺界有了较高的声誉和较大的影响。2002年5月，他被云南省民族事务委员会、省文化厅命名为"民族民间音乐艺人"，是目前贡山县为数不多的几位省级民间艺人（省级非物质文化遗产代表性传承人）之一。

2008年11月，著名作曲家张千一一行到怒江傈僳族自治州采风，到贡山县丙中洛乡拜访李汉良，交流了民族民间音乐艺术的感受，李汉良为艺术家们表演了怒族以及兄弟民族独龙族的民歌。

如今，李汉良一如既往，默默无闻地传承和宣传着本民族的传统文化艺术。这里，我们不妨引述一位采风者对李汉良生活状态和艺人情怀的动情描述：

> 在双拉乡我们采访怒族老人李汉良，他是个关注收集本民族文化的赤脚医生。简陋的屋中，酒在碗中烧，火在盆中烧，歌在胸中烧。酒、火、歌合作一处，一如怒族民歌，燃烧如火，在清凉的夜中，幽明而嘹亮，也穿透了我们的胸膛。

那仁满都拉
——谱写草原"安代传奇"

那仁满都拉（1946～），民间舞蹈艺人，蒙古族安代舞传承人。内蒙古库伦旗人，蒙古族。自幼学习安代舞，16岁进入旗文艺宣传队，后担任民办教师，积极传承、推广安代舞，并致力于改进、编创和研究。2008年成为第二批国家级非物质文化遗产项目（传统舞蹈类）代表性传承人。表演代表作有《万岁人民》《欢庆丰收》《万岁安代》等，创作代表作有《安代传奇》等。

一、流传数百年的神秘安代

1946年，那仁满都拉出生在今内蒙古自治区通辽市库伦旗的一户蒙古族家庭，草原的辽阔壮美陶冶了他开朗豪放的性情。

那仁满都拉小时候，一家人生活在库伦旗的养畜牧嘎查，主要靠放牧为生。在蒙语里，"嘎查"是"行政村"的意思，养畜牧嘎查作为库伦旗的行政村之一，拥有悠久的历史文化和丰富的自然资源，在这里生活的百姓都热情爽朗、十分好客。每逢年节、集会、庆典，以及招待远方来客等大型活动，大家都会围在一起通宵达旦地跳安代舞，以此来表达心中的喜悦之情。

那仁满都拉

安代舞是库伦旗广为流传的一种集体歌舞形式，以唱为主，辅以简单的舞蹈动作，具有浑厚质朴、粗犷豪放的特点。关于安代舞的起源有多种说法，其中最具代表性的说法认为：安代舞源自清末民初的萨满教，主要用来医治妇女的相思病，同时还含有祈求神灵保佑、消灾祛祸之意。

宗教起源的说法为安代舞增添了几分神秘的色彩，而另一段在库伦旗口口相传的有关安代舞起源的故事，则为之奠定了深厚的群众基础。

相传很久以前，郭尔罗斯村的玛拉沁夫妇，年过40终于生下了一个女儿，名叫娜布琪。时光飞逝，转眼间娜布琪已经17岁，美丽俊俏的她心灵手巧、能歌善舞，是许多年轻小伙子心仪的对象，上门提亲的人络绎不绝。在媒人的穿梭中，娜布琪日渐消瘦，不知是病魔缠身，还是有了心上人，病一天比一天重了起来。有时，她不吃不喝，一旦吃起来又总也吃不饱；平常，她不说不笑，一旦笑起来就没完没了。眼见女儿的病情日益加重，年迈的老玛拉沁只好拉上牛车，带女儿到草原上四处寻医。

有一天，父女二人来到库伦旗境内，突然遇到了暴风雨，车轮深陷泥中，车轴也断了。老玛拉沁急得不知如何是好，听着女儿在车里哭哭啼啼更是心焦。绝望之中，他围着牛车一边甩臂跺脚，一边放声高歌，期盼得到神灵的护佑。嘹亮的歌声传到临近的村落，引来了许多好奇的少男少女，大家见状也开始跟着一起祈祷。人们唱着舞着，感动了上苍，没过多久，雨势减弱，天空逐渐放晴。

看到眼前的景象，娜布琪深受震撼，不由自主地走下牛车，和这些与自己年龄相仿的男女一起欢快地跳了起来。慢慢地，她感到自己浑身充满力量，精神也恢复了过来，久医无效的病症终于褪去。

娜布琪康复的消息不胫而走，从此以后，人们无论是求雨、祭敖包，还是举行那达慕盛会，都会围成一个圆圈载歌载舞，祈求风调雨顺、百姓安康。日子久了，人们便给这种歌舞形式取名为"安代"，意为"抬起头来"。

社区里的安代舞

草原上的安代舞

到了 20 世纪，安代舞已经演变成蒙古族人民特有的民族民间艺术形式之一，不仅在库伦旗大受欢迎，更在整个内蒙古地区掀起了热潮。

二、了解并学习安代艺术

受养畜牧嘎查乡亲们的熏陶，那仁满都拉自幼十分热爱安代舞："养畜牧自古以来就有很多爱好音乐文艺的人，这个环境影响了我。这里有好几代的安代艺人，我经常看他们跳舞，自己从小也爱唱爱跳，后来就喜欢上了安代舞。"那时，村里有一位叫额尔敦巴拉的艺人，不仅技艺精湛，而且对早期安代舞的表演形式了如指掌，于是，那仁满都拉便跟着他如饥似渴地学了起来。

在额尔敦巴拉的指点下，那仁满都拉首先详细地了解了早期安代舞的特征。早期安代舞主要由准备、发起、高潮、收场等几个固定程式组成：表演前，人们首先在场地中间立一断轴车轮或木杆，意为镇妖辟邪之物；随后，参与者不分男女老少自然围圈站立，两名歌舞能手站在圆圈中间，手持领舞铃鞭，带领众人边歌边舞；舞到高潮时，众人会高喊"啊哈嗬""合吉耶""奔不来"等衬词助威；最后，所有人会甩起手帕、袍襟、绸巾等，随着铃鞭的动作一起舞动。

安代舞的音乐风格十分独特，具有"曲调悠扬婉转、韵味醇厚，唱词内容丰富、活泼生动"的特点，虽然没有乐器伴奏，却仍具有强烈的感染力。唱词除准备和收场部分基本不变之外，其他皆不固定，即兴色彩浓

课间操跳起安代舞

郁。安代舞的舞蹈动作主要有原地踏脚摆绸或向旁轻移、前倾身甩绸立起后向前"小踢步"迈动、边绕圈奔跑边甩绸、连续做"吸腿跳"并用力向两旁甩绸等,刚开始跳时节奏舒缓,跳到高潮处则逐渐舞出雄伟的姿态,爽朗明快。

根据舞蹈对象的不同,安代舞主要可以分为劝解妇女相思病的"阿达安代"、劝慰妇女因婚后不育致病的"乌如嘎安代"、病人情况严重而不能一起歌舞的"文安代"、病人一起歌舞的"武安代",以及"大安代""小安代""祈雨安代"等。过去每到秋收季节,人们都会聚在一起跳"大安代",参加者越多情绪越高涨,有时多达成百上千人,大圈变成若干小圈,从傍晚一直跳到天亮。这样的场景会持续7～21天,最长可达49天。

每当额尔敦巴拉讲到这些,那仁满都拉的脑海中就会浮现出人们围在一起欢跳安代的壮观景象,安代舞的传统特征就这样一点一滴地被他牢记在心中。有了这些基础,那仁满都拉很快便学会了安代舞的基本舞步,村里一有重大活动,他就会自告奋勇地加入其中,和大家一起又唱又跳。

1958年9月,库伦旗安代表演队参加了内蒙古自治区民族曲艺、戏剧会演,引起极大轰动。那仁满都拉虽然没能参加,心中却十分激动。从那时起,他便暗自下定决心,日后要将安代舞发扬光大。

上初中后,除了继续跟额尔敦巴拉学习,那仁满都拉还虚心向村里的其他安代艺人求教。在大家的指点下,他的安代舞表演水平慢慢提高,为日后登台演出打下了基础。

三、组建宣传队，编排新安代

1962年，16岁的那仁满都拉上了高中。一次，库伦旗文艺宣传队到学校选拔优秀人才，那仁满都拉凭借出色的安代舞技艺被选中，以特殊人才的身份被调进宣传队，一边继续学习文化知识，一边担任安代舞演员、创作员，并参与了旗里举办的广场安代千人演出。

高中毕业后，那仁满都拉离开宣传队，回养畜牧嘎查当了民办教师。当时，村里的乡亲们都十分热爱安代舞，经常自发组织娱乐活动，在广场上跳安代舞。看到大家对安代艺术的醉心投入，那仁满都拉决定组建一支演出队，专门创作和表演安代舞。

几个月后，那仁满都拉在有关部门的支持下，从养畜牧嘎查3000多人口中选拔出20多位能歌善舞的青年男女，成立了业余乌兰牧骑演出队。平日里，演出队的成员们一有空就会聚在一起编排新的安代舞动作；每到周六晚上，队员们就把村里的父老乡亲组织在一起，为大家表演安代舞节目，并手把手地教大家新的舞蹈动作。

通过那仁满都拉和业余乌兰牧骑演出队的共同努力，20世纪60～70年代，安代舞的发展步入了黄金期，在广泛普及的基础上逐渐从民间艺术发展成为舞台艺术。那仁满都拉和大家一起通过搜集、整理、改编、创新，规范了安代舞的舞蹈动作，并增加了向前冲跑、翻转跳跃、凌空吸腿、腾空蜷曲、左右旋转、甩绸蹲跺、双臂轮绸等高难度动作，"使舞蹈语汇新颖丰富，具备了稳、准、敏、洁、轻、柔、健、韵、美、情等审美特征"。

此外，那仁满都拉还在大家的帮助下将大量民歌、"好来宝"、祝赞词等加入安代舞的唱词中，创作出几十种曲目，使舞蹈与说唱有机结合为一体，成为"比较完善的，能表现传统、戏剧、心理结构式作品的舞台艺术"。

1979年，那仁满都拉应哲里木盟（今通辽市）文化部门的邀请，带领业余乌兰牧骑演出队到盟里接受了3个月的专业训练。训练结束后，他们参加了吉林省（当时哲里木盟隶属吉林省）农村群众业余文艺会演，并凭借安代舞《万岁人民》荣获一等奖。此后，业余乌兰牧骑演出队在那仁满都拉的带领下屡获殊荣，在各种各样的比赛中多次荣获一等奖。

1996年，库伦旗被文化部命名为"中国安代艺术之乡"。第二年，中共库伦旗委、旗政府启动了"安代之乡建设年"，全旗村村建起了业余安

舞剧《安代传奇》剧照

代舞表演队，欢快奔放的安代舞姿随处可见，安代之乡的建设由此迈上了一个新的台阶。

1998年，那仁满都拉创作了舞剧《安代传奇》，并带领业余乌兰牧骑演出队在库伦旗第一届安代艺术节上进行演出，赢得了大家的一致好评。从此，越来越多的人开始关注安代舞，这一古老的艺术逐渐焕发出全新的活力，展现出夺目的光彩。

四、让安代舞舞向全国

进入21世纪，那仁满都拉前进的脚步没有停歇，依旧在为弘扬安代舞而辛勤努力着。

2005年，库伦旗举办了第二届安代艺术节。在那仁满都拉等人的精心安排下，整个艺术节由文艺会演、安代舞表演、篝火晚会、书画作品展览、艺术研讨会等活动组成，通过多种形式为大家详细介绍了安代舞艺术。

2006年5月，蒙古族安代舞列入第一批国家级非物质文化遗产名录（民间舞蹈类）。2008年1月，那仁满都拉成为第二批国家级非物质文化遗产项目（蒙古族安代舞）代表性传承人。得知这一消息后，那仁满都拉兴奋地说："我自己跳了50来年安代，培养学生30年，一直以来都是业余的。但是最终党和人民看到了我们，我们蒙古族的民间艺术形式得到了认可，有传承下去的可能了，我非常高兴。"

成为安代舞传承人后，那仁满都拉的干劲更足了。虽然年事已高，不能再像年轻时那样天天跳安代，可他对传承、研究安代的热情却有增

无减。

早在中学任教期间,那仁满都拉就率先把自己学校的课间操改为安代舞。如今,在他的影响下,通辽市的许多中学纷纷把课间操改成了安代舞,并编入音乐课程当中,这令老人十分欣慰。

为了让安代艺术得到更多人的关注,那仁满都拉还系统归纳了《万岁人民》《欢庆丰收》《万岁安代》等经典曲目,并对50多首不适合安代表演传唱的词曲进行了编选组合,最终精选出13首群众喜闻乐见的安代曲目。同时,他还编创了大量曲目、唱词和舞蹈动作,并无偿为各文艺组织进行艺术指导。当有人问起那仁满

那仁满都拉成为国家级"非遗"传承人

都拉多年来执着钻研安代艺术的原因时,他说:"我对安代非常着迷,只要发现有好的曲目,能创造出好的安代动作,不管有多大困难,我都会去努力钻研。"

此外,那仁满都拉在对安代舞艺术的研究方面也做出了不小的贡献。他撰写的文章《安代及发展概况》填补了安代舞理论研究的空白,为后人留下了宝贵的资料。对此,库伦旗文联副主席朝格吉勒图说:"我从1990年开始认识那仁满都拉老师,他是在养畜牧这块土地上长大的民间艺术家,对安代有几个特有贡献。第一,他对原生安代变成新安代具有不可磨灭的贡献;第二,他始终致力于研究和传承安代艺术;第三,他有自己的研究成果,这些对以后年轻人学习安代、传承安代等各个方面都有意义。那老师的这些贡献对库伦文化的繁荣发展起到了积极的推动作用。"

在那仁满都拉的影响和带动下,一批批年轻人成了安代舞的忠实爱好者。如今,安代舞已经成为蒙古族传统文化艺术的瑰宝。它不仅是库伦旗人民精神文化生活的重要组成部分,也走向了全自治区、走向了全国,成为大家喜闻乐见的民族民间艺术形式。

金明春
——"感觉我就是为象帽舞而生的"

金明春（1958～），民间舞蹈艺人，朝鲜族农乐舞（象帽舞）传承人。吉林延边汪清人，朝鲜族。高中毕业后加入村宣传队，在公社文化站接受象帽舞培训后与之结缘，坚持练习8年而成为首屈一指的象帽舞演员，并调入县文工团。30多年来，参加比赛和演出100多场，并在象帽舞革新、骨干培训等方面做出杰出贡献。2008年成为第二批国家级非物质文化遗产项目（传统舞蹈类）代表性传承人。

一、"感觉我就是为象帽舞而生的"

1958年，金明春出生在吉林省延边朝鲜族自治州汪清县百草沟镇吉祥村的一个朝鲜族农民家庭。

汪清县位于延边朝鲜族自治州东北部，是朝鲜族农乐舞流传最为广泛的地区之一，而金明春的诞生地——汪清的百草沟镇，更是远近闻名的朝鲜族"象帽舞之乡"。

金明春从小就非常懂事，学习刻苦认真，中小学时都担任过班里的班长。不过，因为家里兄弟姐妹多，生活十分困难，又正赶上"文化大革命"，所以1977年高中毕业，他没有参加高考，而是回乡务农，随后加入了村子里的业余宣传队。

金明春

由于从小爱好文艺，又不乏天赋，参加宣传队后，金明春浑身充满激情和朝气，每天从田里干活回来，不管多辛苦，都要刻苦练习歌舞。一时间，他吹洞箫、演小品、说相声，样样都能拿得起来。

1978年，百草沟公社文化站举办象帽舞培训班，金明春用铝盆、纸壳、算盘珠、自行车辐条、窗户纸做成了一顶简陋的"象帽",报名参加了培训班。回想起当时初学象帽舞来,金明春不无感慨地说:"当时学习象帽舞时只用3天就掌握了要领,我发现自己在象帽舞这方面非常有潜质,在编排舞蹈方面也特别有灵感。感觉我就是为象帽舞而生的。"

为了使自己的象帽舞基本动作更加娴熟,金明春长时间刻苦训练,并且不断加强训练难度。有一次因为训练过度,脖子僵硬得动不了了,五六天后才恢复过来。

和今天比起来,那时乡村宣传队的各种条件非常简陋。没有经费,服装、象帽等道具都是就地取材、因陋就简。金明春回忆说:"当时的象帽哪像现在这么好啊,那时的象帽就是把水瓢把柄拿掉当帽体,帽檐用纸壳充当,象帽尖顶上的连串珠是用旧算盘上的珠子串上去的,铁丝用自行车辐条代替,用窗户纸纸条固定在象帽尖顶的铁丝上。就这样,我也是天天坚持训练,一练就是8年,但也没有觉得自己过得苦和累。"

1986年,在参加东北三省文艺会演时,金明春一路过关斩将,获得了特等奖。同年12月,全国舞蹈比赛在北京举行,金明春代表吉林省参赛。在预赛阶段,金明春的表演征服了所有评委。比赛当天,中央电视台现场直播,因导演原因,金明春的表演出现失误,获得二等奖。赛后,央视记者、农民日报记者慕名来访,许多艺术团体邀请他加入。金明春谢绝了人们的邀请,继续留在家乡守护象帽舞。

金明春的象帽舞表演

二、全身心投入和家人的默默支持

30多年来，金明春始终没有放松训练象帽舞，他坚持刻苦练功，不断提高自己的表演技能，使朝鲜族民间舞蹈从动作到内容都不断推陈出新，更具有时代感。而全身心的艺术投入，也意味着自己更多的付出，意味着家人更多的担待。

1986年，金明春调入县文工团，每个月仅有的60多元工资，租房就得花去三分之一。平时金明春总是忙于排练节目、外出表演，照顾不了家里，妻子默默支持他，自己扛起了家里的重担。为了贴补家用，给丈夫创造更好的训练条件，妻子每天外出做点小买卖，买卖收摊后又承担所有的家务，多年来没有一句怨言。

金明春回忆说："在汪清一共租房4年，其间搬家7次，直到1990年我们才有了自己的房子。在这期间，我想过像其他人一样去韩国打工挣钱，让他们母子俩过上好日子，但是每当想到热爱的象帽舞，发现自己真离不开它，就打消了出国的念头。"

从1977年开始，金明春代表省、州、县参加了大大小小100多场比赛和演出，邓小平等国家领导人都曾看过他的表演。

金明春非常感谢家人的默默支持，觉得没有家人就没有自己的今天。而在这当中，也留下了令他至今不能释怀的"最伤痛的回忆"，那就是因为演出没有见到父母最后一面。

那是1979年，金明春代表百草沟公社参加全县文艺会演。头一天到达汪清后，听说了谁的母亲病危，他就感觉有点怪怪的，但为了专心演出，也就没有把这件事放在心里。直到演出结束后，工

精彩的象帽舞

作人员才将事实告诉了他。等金明春赶回家时,母亲已经闭上了眼。1982年,金明春参加全省农村文艺巡演,由于是到省内各地巡演,当时通信设施又不发达,没有联系到他,因此也没有见到父亲的最后一面。

"是父母把我抚养成人,是父母在身边支持我,我因为自己喜欢的事业而没有见到父母最后一面,给我造成的伤痛非常大。同时,这两件事也激励着我演好象帽舞,将它发扬光大,不辜负父母对我的希望。"金明春说。

正是家人的支持和民族精神的激励,金明春才在自己的民族艺术之路上勇往直前、精益求精。

三、象帽舞:"农乐舞"的最高表现形式

朝鲜族"农乐舞"俗称"农乐",发源于朝鲜半岛,始于农业劳作,并具有古代祭祀成分,是一种融音乐、舞蹈、演唱为一体的综合性民族民间艺术。

朝鲜族为农耕民族,视"农者为天下之大本",从而形成了以农业为基质的文学艺术。"农乐舞"的历史,可以追溯到古朝鲜时代春播秋收时的祭天仪式。据史料记载,每年十月秋收后,古朝鲜人民都要隆重地举行"祭天"仪式,人们"尽夜饮食歌舞",感谢上天的恩赐,欢庆丰收,因此称作"农乐舞"。

19世纪中叶,随着朝鲜族移民进入我国东北地区,这种独具特色的文化形式也在吉林、黑龙江、辽宁等朝鲜族聚居区扎下根来,并且发扬光大。

"农乐舞"的表演共包括12部分,有青年男子表演的"小鼓舞",舞童表演的"叠罗汉",多人表演的传统"扁鼓舞",男女都可表演的"长鼓舞",多人持大型花扇表演的源于古代"巫舞"的"扇舞",假形舞蹈"鹤舞",以及"面具舞""乞粒舞"等,最后压阵的是男子表演的"象帽舞"。"长鼓舞"早已为人所熟悉,而象帽舞和乞粒舞则是进入国家级非物质文化遗产名录的"农乐舞"的种类。

象帽舞是朝鲜族"农乐舞"中富有代表性的一种舞蹈形式,在延边朝鲜族自治州的汪清县一带广为流传,深受朝鲜族人民喜爱。相传它是由古代朝鲜族人民耕作时,将大象毛绑在帽尖上左右摇摆,用来驱赶野兽的侵扰演变而来;也有人说它源于古代朝鲜人在猎取野兽等食物后,甩动发髻以示庆贺的一种表达形式。

象帽舞种类繁复、舞技多样,分"长象帽""中象帽""短象帽""线

金明春的象帽舞表演

象帽""羽象帽""尾巴象帽""火花象帽"等种类。其甩象尾的技巧包括左右甩、前后立象尾，有单甩、双甩甚或三甩，有站立甩、蹲甩、跪甩、扑地甩等多种。象尾有几尺长的，亦有几丈长的。

甩象帽是象帽舞的基本动作，也是其表演技巧的独特之处。表演时，舞者以颈项的力量频频摇动头部，使象帽的飘带旋转如风，在舞者周围画出动态圆环。甩象帽动作花样繁多，有"平甩象""左右甩象""主甩象""抖露珠象"等，还能边甩边跳跃，表演出"甩象跨步"和"俯身甩象"等高难动作，带动帽子上的五彩飘带形成线条流畅的美妙彩环，光彩耀眼，赏心悦目。

象帽舞是群体表演，表演时非常讲究，分一定的步骤和程序。首先是音乐响起，先甩短象帽，配以手鼓，做较简单的舞蹈动作；接着再换中象帽，配以长鼓，做钻圈、旋子、扶地翻转等肢体动作；最后，由一至三人甩长象帽，做跳纸条、上台阶、圈人等高难度动作，使舞蹈达到高潮。在舞蹈过程中，时时辅以手鼓、长鼓、边鼓以及大锣、小金、洞箫、短笛和朝鲜族唢呐等乐器伴奏。

象帽舞是朝鲜族"农乐舞"的最高表现形式，表现出整个"农乐舞"中的最高技巧和最高兴奋点，并散发出浓郁的民族情趣，可以称为"农乐舞"当中的华彩篇章。象帽舞具有很高的技巧性，同时具有很高的审美价值和观赏性，给人以视觉的美感。活泼优雅、欢快舒畅的象帽舞，也充分反映了朝鲜族人民在劳动中的精神风貌和民族气质。

四、悉心探索，勇于实践

金明春在象帽舞上倾注了巨大心血，他不仅悉心继承传统，也积极探索、勇于实践，为象帽舞注入了新的元素和活力。在平时的训练和教学中，金明春一有新的想法，就边琢磨边试验，或改进象帽及其飘带的材质、装饰，或设计新的动作。晚上躺在床上睡不着觉，一有灵感就立即起来记在本子上，然后就付诸实践。

象帽舞因"象帽"而得名，象帽特殊的制作工艺决定了象帽舞的表演方式。最早的时候，象帽是由锯成一半的葫芦制成的，一根木棒插在底部，然后用牛皮绳把长长的窗户纸绑在木棒上。经过长时间的研究、实践，金明春曾用铝合金专门制作了一种可以同时甩长、中、短不同长度彩带的象帽。

目前，舞者头上所戴的象帽种类繁多，大多由硬塑料制成。因为帽子的装饰不同，又有"线象帽""羽象帽""尾巴象帽""火花象帽"等名目。比如，"羽象帽"是把 10 根白鹭羽毛捆在一起，扎在象帽尖顶上形成甩动的带子；"火花象帽"则是在飘带上绑几十个萤火虫，表演时仿佛萤火虫上下飞舞。

"民运会"上的象帽舞表演

象帽上的飘带，是最为"出彩"的部分。就材质而言，它从最初的糊窗户用的麻纸到纺织品，如今则演变成特殊的"玻璃纸"。就长度而言，有长象帽、中象帽、短象帽之分，短者仅1米多，长者达12米，最长的一般有28米。现在，金明春已可以甩动32米长的多层象帽彩带，他也是全国唯一能够甩动32米象帽舞彩带的象帽舞艺人。

在象帽舞的舞蹈动作方面，金明春也进行了探索、实践。在编排节目时，他在象帽舞表演形式中加入了许多现代元素，比如把武术、街舞和芭蕾舞等融入其中，风格新颖、独特。在技巧上，由过去仅有的"平甩""左右甩"，发展为"抖甩""飞甩""立甩""叠甩""旋甩""狂甩"等。此外，他还创新了诸多象帽舞的动作，如钻圈、旋子、扶地翻转身体、上台阶、扫堂腿等多个高难动作，提高了表演的观赏性。

金明春不但在表演民族舞蹈上狠下功夫，而且经常深入基层，建立象帽舞演员队伍。演员有小学生，也有五六十岁的老人。多年来，他培养了一大批象帽舞演员，其中大部分已在中央民族歌舞团、延边歌舞团、延边朝鲜族艺术团担任主要舞蹈演员。

五、积极"申遗"，全力传承

在"象帽舞之乡"汪清，早在1928年，朝鲜族"农乐舞"就已存在。1949年，汪清县的许多朝鲜族村屯组建了农乐舞表演队，每逢节日、婚礼、农闲及竞技活动之时，男女老少聚在一起，尽情表演。

1954年，农乐舞作为具有朝鲜族代表性的群众文化艺术，经过舞蹈家赵德贤等众多演艺家的创作移植，活跃于田间地头的象帽舞被搬上艺术舞台展示在世人面前，对朝鲜族农乐舞的发展起到了重要的推动作用。20世纪80年代，随着改革开放的深入，党的民族政策得到进一步落实，重见光明的农乐舞发展成为具有中国朝鲜族特色的民族舞蹈艺术。

2003～2005年，我国先后启动民族民间文化保护工程、非物质文化遗产保护工作。

2005年，汪清县在参加延边朝鲜族自治州文艺会演和民俗博览会表演时，专门指派金明春负责农乐舞的排练工作。金明春回忆说："当时已经没有人会跳农乐舞了，想要组成一个32人的农乐舞表演队都非常困难。我们集全县之力，从百草沟、西崴子等乡镇、村屯以及各行各业，好不容易凑足了人数。"在金明春的悉心指导下，汪清的朝鲜族农乐舞表演一炮打响，红遍了全州、全国。

汪清县象帽舞艺术团在乡村表演农乐舞

2006年5月，朝鲜族农乐舞（象帽舞）经国务院批准列入第一批国家级非物质文化遗产名录（民间舞蹈类）。

2008年2月，金明春成为第二批国家级非物质文化遗产项目［朝鲜族农乐舞（象帽舞）传统舞蹈类］代表性传承人。也就在这一年，朝鲜族农乐舞又被推选为申报世界非物质文化遗产代表作名录的备选项目。

当时，为准备申报的视频资料，汪清县动员全县农乐舞表演者参加，最后遴选出32名包括个体户、教师、农民在内的演员。金明春在百草沟镇布置了一个富有朝鲜族民居特色的场景。录制当天，金明春既是演员又是导演，一会儿身着朝鲜族服装，充当主持人录制农乐舞说明；一会儿换上演出服装，和演员一起融入稻田舞蹈。节目录制非常成功。

2009年9月28日，中国朝鲜族农乐舞成功入选联合国教科文组织《人类非物质文化遗产代表作名录》。这是东北三省唯一入选世界级非物质文化遗产名录的项目，也是我国唯一列入世界"非遗"名录的舞蹈类项目。

申遗成功后，汪清县成立了象帽舞艺术团。这些年来，艺术团参加全国各地的演出不计其数，2011年9月还第一次走出国门，远赴俄罗斯莫斯科，在克里姆林宫进行了表演。

近年来，汪清县象帽舞培训基地日益增多，到目前已经发展到30余个。起初，金明春还能逐一到基地进行教学指导，后来他把县象帽舞艺术团的20名骨干学员分派下去，分批分片进行指导。县里每年举办几次培训班，由金明春授课培养各基地教学骨干，再由骨干学员培训基地学员，从幼儿园、小学、中学，到社区、乡镇、企事业单位，形成了一个完整的传承链，朝鲜族、汉族、满族等多个民族的学员都踊跃参加学习。

金明春十分注重象帽舞骨干的选拔，他从找摇象帽的感觉等最基本的动作开始教授，再由骨干深入基层培训，培养了大量的象帽舞人才和后备力量。"2011年汪清县综合体育运动大会暨第十八次民族团结进步表彰大会"开幕式上，金明春参与编排的大型广场象帽舞在全民健身活动中心主体育场精彩上演。当1000名演员和着欢快喜庆的音乐，无数条耀眼的象帽彩带在演员们的头顶飞转时，现场数千名观众被这激动人心的场面感染，报以热烈的掌声和欢呼声。

2012年，汪清县非物质文化遗产保护中心挂牌成立，昔日的"象帽大王"担任了这个中心的主任。

谈到多年来从事文化工作，以及象帽舞今后的传承工作时，金明春说："我这一辈子是离不开象帽舞了，今后我会将象帽舞编成书籍或做成教学片，使更多的人学习、传承象帽舞。同时，作为非物质文化遗产的传承人，最重要的任务始终是保护和传承。我会一直努力，不断创新，把它发展成杂技性的舞蹈，让象帽舞这一朝鲜族特有的舞蹈走向更加辉煌的未来！"

象帽舞培训现场

田仁信
——首次把土家族摆手舞介绍到了全国

田仁信（1933～），民间舞蹈艺人，土家族摆手舞传承人。湖南湘西永顺人，土家族。他6岁就跟父亲、爷爷学跳摆手舞，并逐渐掌握了祭祀仪式、舞蹈技巧，成为当地杰出的摆手舞能手，并多次参与省里和全国性民间文艺会演，首次把摆手舞展现在全国舞台，并通过传媒介绍到世界。2008年成为第二批国家级非物质文化遗产项目（传统舞蹈类）代表性传承人。

一、在"中国土家第一村"成长

田仁信

1933年，田仁信出生于湖南省永顺县（今属湘西土家族苗族自治州）大坝乡双凤村的一个土家族家庭。

双凤村坐落在海拔680米的山顶盆地，周围许多大树和成片橘园环绕掩映，所有建筑全是老式木房子，体现了土家族"自古以来散处溪谷、所居必择高峻"的聚落规律。"双凤"土家语叫"双里""桑栖""爽切"（音），后几经变化，就演变成了现在的汉语音"双凤"，大概是取其吉祥之意。据村中古石碑记载，双凤村在唐代就已建村。现有96户、325人，全部是土家族，以田、彭两姓为主。

双凤村有"中国土家第一村"之誉，是整个湘西土家族风俗保存最完整的两个村寨之一，是目前仍在使用土家语的少数村寨之一，也是土家族现存为数不多的民族古文化遗存地之一。在服饰、饮食、建筑、社会等方面，双凤村都体现出独特的土家族文化特色。土家族民族文化标志摆手舞、毛古斯舞、打溜子、织锦、梯玛神歌、过赶年、婚嫁歌等，在这里都原生态地存在。双凤村村民田仁信、彭英威，分别是国家级"非遗"项目土家族摆手舞、土家族毛古斯舞的代表性传承人。

田仁信出生在一个土家族摆手舞世家，祖上几代人都是摆手舞艺人。田仁信从小受到摆手舞这一民族民间艺术的熏陶，6岁就跟父亲田万发、爷爷田富贵学跳摆手舞，并逐渐掌握了摆手舞的祭祀仪式、舞蹈技巧等，成为当地杰出的摆手舞能手。

1953年，田仁信代表湘西到省会长沙参加了少数民族文艺会演。

1957年9月，田仁信代表湖南省到北京参加全国少数民族文艺会演，在工人俱乐部演出，表演了摆手舞。演出后，受到周恩来、朱德、贺龙等老一辈国家领导人的接见，并在怀仁堂合影留念。这次演出，田仁信首次把土家族摆手舞介绍到了全国。

2002年，在永顺县"舍巴日"活动中，由田仁信领唱、领跳的千人摆手舞，受到广大观众的一致好评。同年，永顺县在北京中华民族园举办土家族"社巴节"（即"舍巴日"），田仁信担任摆手舞领舞参加演出，并接受了凤凰卫视等电视台的采访，将土家族摆手舞介绍到全世界。

在长期的土家族摆手舞业余表演中，田仁信不仅受到国家领导人的接见、媒体的采访，也获得了相应的荣誉：1951年、1953年、1954年、1956年、1965年，田仁信分别在县、州、省会演中获得优秀演员奖，荣获锦旗、镜屏、奖杯和奖状。在2002年的全县"舍巴日"活动中，田仁信也得到了县政府的嘉奖。

二、摆手舞："男女相携，蹁跹进退"

土家族摆手舞是土家族的一种历史悠久的传统舞蹈，流传于湘、鄂、渝、黔四省市交界的沅水流域及酉水流域一带。在湖南永顺、龙山、保靖、古丈，湖北来凤、恩施，重庆酉阳、秀山、黔江、彭水、石柱，贵州沿河、印江等地，均有摆手舞活动的文献记载。舞蹈动作多以双手摆动为主，故名"摆手舞"。

湘西土家族苗族自治州永顺县和龙山县的土家族摆手舞，是最具土家族民族特色、最能反映土家族古老风俗的民间舞蹈。它产生于土家族古老的祭祖仪式，集歌、舞、乐、剧于一体，表现了广泛而丰富的历史和社会生活内容，包括开天辟地、人类繁衍、民族迁徙、狩猎捕鱼、桑蚕织锦、刀耕火种、古代故事、神话传说、饮食起居等。

永顺土家族摆手舞

摆手舞分为大摆手、小摆手两种,土家语分别称作"叶梯嘿"和"舍巴日"。"大摆手"是敬神之舞,祭祀的主神是八部大王,舞蹈主要反映土家族先民的来源及其辗转迁徙、开疆拓野、英勇杀敌等内容,多为数个村寨联合举行,规模较大;"小摆手"主要是艺术地再现和模拟土家族农耕、狩猎生活的场景,所祭祀之神是彭公爵主或某一姓氏的祖先,一般以一个自然村寨或一族一房人为单位举行,规模相对较小。

跳摆手舞的时间,一般在正月(从正月初三到正月十五)或三月初三。活动地点,一般在"摆手堂""摆手坪"等。旧时,凡是百户土家族之乡,大都建有摆手堂。"摆手堂"也叫"神堂",原本是祭祀祖先的地方,现在则主要作为土家族人在节庆日聚众娱乐的场所。

摆手舞的基本动作为"单摆""双摆"和"回旋摆"三种。其基本动作是顺拐、屈膝、颤动、下沉,其中顺拐又是主要动作,也是摆手舞最主要的特征。顺拐即甩同边手,要求手脚配合默契、动作一致,以身体的律动带动手的甩动,手的摆动幅度较大,但一般不超过双肩,摆动线条流畅、自然。其他屈膝、颤动、下沉,动作幅度很小,似有若无。摆手舞舞姿粗犷大方、刚劲有力、节奏鲜明,风格雄健有力、自由豪迈。

摆手舞的舞蹈动作,主要是土家族生产、生活、征战场面的再现:有表现打猎活动和模拟禽兽活动姿态的"赶野猪""拖野鸡尾巴""犀牛看月""岩鹰展翅"等;有表现农业生产的"挖土""撒种""种苞谷""砍火畬""烧灰积肥""纺棉花""织布""挽麻蛇"等;有表现日常生活的

"扫地""打蚊子""打粑粑""抖虼蚤"等；有表现出征打仗的"开弓射箭""骑马挥刀"等。

土家族摆手舞是歌舞浑然一体的综合艺术，其音乐元素包括《摆手歌》伴唱和锣鼓伴奏两部分。传说很早以前有摆手必唱歌，现在流传保存下来的《摆手歌》已经很少，而且歌词简单。摆手舞以打击乐伴奏，包括大鼓、大锣各一面。演奏时，一人或两人在摆手堂中心击鼓叫锣以指挥全场，常用的曲牌有单摆、双摆、磨鹰闪翅、撒种等，节奏平稳，强弱分明，雄浑深沉。

传统的摆手舞活动，先要在摆手堂举行祭奠仪式。祭奠完毕，众人即来到堂前的坪坝，随着锣鼓的节奏起舞，"男女相携，蹁跹进退"。

2006年5月，湘西土家族苗族自治州申报的土家族摆手舞和毛古斯舞，同时被列入第一批国家级非物质文化遗产名录（民间舞蹈类）。

三、让越来越多的人参与进来

2008年2月，田仁信与湘西土家族苗族自治州龙山县的张明光（以大摆手舞著称），一起成为第二批国家级非物质文化遗产项目（土家族摆手舞，传统舞蹈类）代表性传承人。

在田仁信家，摆手舞有家族传承的传统。如今，这个家族已经有了第四代、第五代传人——田朝发（1955年生）、田明孔（1978年生）等。

田仁信也配合有关方面，积极进行社会传承。1999年，田仁信和村子里的土家族人，被湖北鄂西民族学院特地请去表演，双凤村摆手舞艺人整整坐满了两车。

2000年，永顺县文化局聘请田仁信给毕兹卡艺术团演员教授摆手舞，使艺术团走出湘西，把土家族摆手舞推广了出去。

土家族摆手堂

2008年11月12日，在双凤村，时年76岁的田仁信，向永顺县艺术团舞蹈演员张明明和本村村民传授了土家族摆手舞。此后，永顺县非物质文化遗产保护中心为了传承土家族的民族文化，有计划地组织举办了四期培训班，培训了120多名年轻的民族民间文化继承人。

土家族摆手舞的传承也存在一些不足。永顺县"民保"中心的一位干部说，现在"新一辈"唱山歌的，已经不能用纯粹的土家语唱，调子也没那么"纯正"。这显然不利于土家族摆手舞的原生态保护和传承，值得引起重视。

好在土家族摆手舞有着广泛的群众基础，宗教信仰因素相对较少，或者说可以脱离仪式程序而存在，又有鲜明的健身强体的特点，因此，它的传承甚至推广是可以预期的。

一位采风记者的记述，为田仁信和双凤村土家族人的摆手舞画出了生动的肖像，或许也可以说明上述预期并非空穴来风：

"采访完了，他（田仁信）就与一些老伙计们在双凤的摆手堂前给我们表演了一段摆手舞。……田仁信着青色丝帕，穿对襟衫，表情平静温和。长号吹起来，人们跟在田仁信后面跳起来了摆手舞，人们的动作由乐师的锣声与鼓点控制，鼓点与锣声在'扁冬—板冬—扁冬'的板冬声中变化。鼓点一急一缓，人们的动作也一急一缓……

"人们边跳边大声吆喝，大声喊着：荷荷耶——耶荷荷——

"随着节奏的加快，越来越多的人参与了进来，也跟着老人们跳起了摆手舞，熊熊篝火烧起来，人们在狂欢中找到了快乐，找到了战胜自然的信心与力量。"

田仁信教年轻人跳土家族摆手舞

石顺民
——"我这一生都属于苗族鼓舞"

石顺民（1949～），民间艺人，湘西苗族鼓舞传承人。湖南湘西吉首人，苗族。少年时代开始学习苗族鼓舞，15岁参加全国性演出获得成功，此后在连续三届全国少数民族传统体育运动会上获得表演奖，成为第二代女鼓王。她利用学习京剧打下的功底，把舞蹈技巧和传统动作融合起来，丰富了苗族鼓舞的舞蹈语汇和表现力；并自办培训中心传授苗族鼓舞，培养了三代女鼓王以及3000多名鼓手。2008年成为第二批国家级非物质文化遗产项目（传统舞蹈类）代表性传承人，2014年获第三届"中华非物质文化遗产传承人薪传奖"。代表作品有《苗族女民兵》《苗族花鼓》《庆丰收》《迎宾鼓》《团圆鼓》《鼓王献艺》等。

一、"鼓就是我的生命"

1949年11月，石顺民出生在湖南省吉首县（今湘西土家族苗族自治州吉首市）已略乡求产村的一个苗族农民家庭。

石顺民的外祖母、母亲，都是当地有名的苗族鼓手。天生热爱文艺的石顺民，从小受到民族文化的熏陶，爱上了苗鼓。而她开始跟母亲学习打鼓，则源于童年的一次经历。

8岁那年，石顺民的邻居家为驱除病魔，举行了"椎牛"仪式，宰杀家里的牛分给亲朋。仪式前夜，人们围着篝火，敲了一整夜的鼓，唱了一整夜的歌，跳了一整夜的舞。就是在那个夜晚，石顺民彻底

石顺民

迷上了苗鼓,并开始跟母亲学习苗鼓。

12岁那年,湘西土家族苗族自治州第一代女鼓王龙英棠的一场苗鼓表演,更是令石顺民大开眼界:随着鼓槌敲击出的欢快节奏,龙英棠旋转着柔软的身躯,舒展着纤美的四肢,舞出了一个别开生面的艺术世界——上山采茶籽,爬树摘果,抖落身上的渣子……

石顺民看得如痴如醉,恨不得一下子就把女鼓王独特的动作全部学会。从此,打鼓习舞成了石顺民人生的最大追求。没有鼓与鼓槌,她就用报纸卷成筒,打在家里的墙壁上、木梯上练习,在她的眼里,什么都是鼓,什么地方都是跳舞的场地。面对无鼓可习的窘境,她用背篓代替,把背篓倒过来,以篓底为鼓面,以树枝做鼓槌,忘我地练习苗族鼓舞。

环境的熏陶,家庭的传承,本身的天赋,再加上刻苦学习,石顺民逐渐掌握了打苗鼓的技巧,成了出类拔萃的小鼓手。

1964年12月,湖南省代表团参加在北京举行的全国少数民族业余文艺观摩演出,15岁的石顺民作为苗族鼓舞《苗族女民兵》的主要演员,登上了人民大会堂的舞台。演出受到了观众的热烈欢迎,"大家都好喜欢我们的苗鼓,连续3次给我们鼓掌!"

演出结束后,石顺民代表苗族演员受到毛泽东、周恩来等党和国家领导人的接见。每当回忆起当时的情景,石顺民总是会显得激动与兴奋:"当毛主席站到我面前握住我的手时,我眼泪哗哗地就流了下来。这可是毛主席啊!""回到后台,其他演员都羡慕死了!"石顺民说,"这之后,一

石顺民在练习苗族鼓舞

敲起鼓，我脑子里想的都是毛主席！"

石顺民的文艺才华引起了公社党委的重视，她被调到了公社担任团委专干，负责公社文艺宣传。这更加激发了石顺民的艺术激情，她和队员们的鼓声响遍了苗寨。

石顺民并不满足于自娱自乐，她有更高的艺术追求。后来，她被招入当时的吉首县戏剧学校，学习京剧，专攻花旦。毕业后，石顺民被分配到湘西州京剧团。学校和剧团的严格训练，使石顺民获益匪浅。经过几年的学习和锻炼，石顺民既掌握了一定的舞蹈技巧，又具备了扎实的武生功底，这为她后来表演和发展苗族鼓舞打下了全面而扎实的基础。

州京剧团解散后，石顺民转入吉首市文化馆工作。在那里，她几乎将所有精力投入到了苗族鼓舞上。不仅自己表演、辅导群众学习，还把更多精力用于苗族鼓舞的编排、完善。

凭着满腔的热情和精湛的技艺，石顺民先后参加第二、三、四届全国少数民族传统体育运动会，表演苗族鼓舞，多次荣获表演项目奖，成了名副其实的"女鼓王"。

从此，石顺民的舞步更加停不下来。她曾笑着说："饭可以不吃，鼓可不能不敲。鼓就是我的生命。"

二、湘西苗族鼓舞源远流长

湘西苗族鼓舞，是我国苗族地区独特的舞蹈艺术，流传于湖南省湘西土家族苗族自治州境内的吉首市和凤凰、泸溪、保靖、花垣、古丈等县。

据历史文献记载，苗族鼓舞源于古代苗族人的祭祀与战争，在汉代以前就已经产生。《苗族备览·风俗考》云："剜长木，空其中，冒皮其端以为鼓。使好妇人之美者跳而击之……"苗族鼓舞对于增强民族凝聚力、鼓舞斗志具有重大作用，因而它早已经成为苗族的民族象征。

苗族鼓舞节奏复杂，不同的节奏可以表达不同的思想感情。常见的节奏有3/4、2/4、4/4三种，极少数人能打出3/8的节奏来。表演时动作明快，如行云流水。为营造更为活泼的气氛，苗族鼓舞除敲边伴奏外，有时还配上铜锣、唢呐、土号等乐器，大型活动中还可以加二胡、三弦等乐器来伴奏。

原始苗族鼓舞形式简单，舞蹈动作比较随意，不强调观赏性。经过苗族民间艺人的不断发掘、改进、丰富、创新，苗族鼓舞动作更加豪放，节奏更加明快，舞姿更加优美；表演人数，有单人、双人、男女混合、群体表演多种；表演形式，有猴儿鼓、花鼓、四面鼓、团圆鼓；表演内容有迎宾鼓、庆

苗族鼓舞广场表演

丰收鼓、苗族女民兵鼓、金猴闹春鼓、鼓王献艺，等等。

如今，湘西苗族鼓舞的内容已经非常丰富，包括生产劳动、生活习俗、武功拳术和动物动作四大类：生产劳动动作如犁田、挖土、种地、插秧、挑谷、晒谷、挑煤、扯炉、送粮、上山、下山等；生活习俗动作如打粑粑、梳头、挑花、织布、纺织、推磨、洗菜、淘米、煮饭、洗衣等；武功拳术动作如雪花盖顶、舞挡、背箭、拳术等；动物动作如猴子上树、猴子打苞谷、抓痒、猫儿洗脸、抖痒、狮子滚绣球等。

鼓舞是湘西苗族地区最为普遍的一种民间艺术形式，作为民间信仰的载体、民族精神和文化的象征，湘西苗族以此祭祀祖先，祈求四季平安、五谷丰登；作为喜庆娱乐形式，湘西苗族以此欢庆节日、迎宾送客。尤其是逢年过节、婚嫁迎娶、喜庆丰收……都要击鼓狂欢，通宵达旦。表演鼓舞的人们身穿节日盛装，因而一场鼓舞表演也会成为别开生面的苗族服饰展演会。

苗族鼓舞把音乐、舞蹈、表演等艺术种类有机地组合在一起，以鼓乐指挥生产劳动，以鼓乐传播民族文化，以鼓乐娱乐身心。它表现了苗族人民刚柔相济、勤劳善良、豪爽淳朴、聪明勇敢的精神风貌和品格，已成为苗族人民最喜爱的舞蹈艺术形式，也深受湘西乃至全国各族人民的喜爱。

2006年5月，湘西苗族鼓舞经国务院批准列入第一批国家级非物质文化遗产名录（传统舞蹈类）。

三、为湘西苗族鼓舞增辉

湘西苗族鼓舞的动作，大多源于人们的生产生活。较之原始的舞蹈，如今苗族鼓舞的舞蹈动作已经大为丰富。这当然是众多民间艺人共同努力的结果，而其中石顺民对苗族鼓舞的改进、丰富、完善、美化的贡献更为突出。

在几十年的鼓舞生涯中，在继承和发扬传统苗鼓套路和技巧的基础上，石顺民利用自身的舞蹈功底，把舞蹈技巧动作和传统动作融合在一起，使苗族鼓舞舞蹈语汇更加丰富、动作更加优美、节奏感更强，也更具技巧性和观赏性。经过石顺民的重新编排，苗族鼓舞的表演由原来的随心所欲开始程式化、系统化，也酝酿出浓厚的苗家味道。

比如，石顺民把舞蹈中的"立体旋转"加工成鼓舞中的高难度动作"鹞子翻身"，又用"跨一字腿"（俗称"劈叉"）创造了优美矫健的击鼓造型。她还创造性地将一系列节奏欢快的高难动作编成一段气氛热烈的苗鼓舞蹈——"庆丰收"，衔接在生活舞和生产舞之后，演出时往往掀起鼓舞的高潮。

出身农家的石顺民，往往把自己熟悉的苗家生活场景融入苗族鼓舞中。她表演的纺纱、织布、绣花、梳妆等生活动作，把湘女柔情展示得淋漓尽致；而打谷、挖地等生产动作则表演得刚劲有力，展示了苗族女性勤劳、强悍的一面。

女子单人鼓舞是湘西苗族聚居区最常见的一种表演形式，伴奏者手握鼓槌敲边，舞蹈者手拿鼓槌，按照套路尽情击鼓，鼓声响亮有力，舞步疾徐有序、双脚轮梭、绞踏清晰，上身亦随脚步而动、腰拧胯动。舞姿变化多端，或大方活泼，或平稳文雅，或奔放开朗，令人目不暇接。石顺民的小儿子经常给母亲敲边鼓伴奏，对母亲的鼓舞舞技赞不绝口，曾经不无骄傲地说："如果不是我母亲，苗族鼓舞不会这么好看。"

石顺民曾先后5次进北京表演苗族鼓舞，参加了3届全国少数民族传统体育运动会。1975年8月，石顺民参加拍摄《喜迎火车穿山来》，成为

石顺民祖孙三代表演苗族鼓舞

把湘西苗族鼓舞搬上银幕的第一人。1982年9月在内蒙古呼和浩特举行的第二届全国少数民族传统体育运动会上，石顺民表演的苗族鼓舞获得第一名；1986年8月在新疆乌鲁木齐的第三届全国"民运会"上，她再次获得鼓舞表演第一名，被国家民委、国家体委誉为"苗族鼓王"；后来在第四届全国"民运会"上，她又获得了第二名。

石顺民的主要代表作品有《苗族花鼓》《庆丰收》《迎宾鼓》《团圆鼓》《苗族女民兵》《金猴云海庆丰年》《鼓王献艺》等21个。

石顺民还把舞台表演与舞台苗族服饰结合起来，创建了设计、制作、加工、销售一条龙的苗族服饰作坊"湘之坊"，使苗族鼓舞的舞台服饰不落俗套，不断以新颖亮丽的款式展示给观众。

2008年2月，石顺民成为第二批国家级非物质文化遗产项目（湘西苗族鼓舞，传统舞蹈类）代表性传承人。

四、"我这一生都属于苗族鼓舞"

提起湘西苗族鼓舞，石顺民总会深情地说："我这一生都属于苗族鼓舞。"

几十年来，除北京外，石顺民还到过香港、深圳、广州、上海、青岛、长沙等地，表演苗族鼓舞；除参加数届全国少数民族传统体育运动会外，她还参加过香港葵青区第二届艺术节、2005年香港康乐及文化事务署主办的文化交流活动等；除获得全国性奖项外，还获得省、州、市文学艺术辅导奖、突出贡献奖等奖项28个、奖牌12枚。

石顺民全面掌握苗族鼓舞技艺，是这一民族艺术公认的最具代表性、权威性与影响力的人物。诚如她所说："苗族鼓舞种类丰富，形式多样，流传甚广，地域性强。除了吉首本地的，像花垣、保靖、凤凰等地流行的苗鼓我也会打。"

从20世纪80年代中期开始，石顺民更多地把精力转移到了苗族鼓舞的教学传习上。从那时候起，湘西地区的许多苗寨以及高等学校、文艺团体都留下了她的身影，除此之外，还包括中央音乐学院、中央民族大学等在北京的高等学府。

1987～1989年，石顺民有两年多时间常驻国家级旅游景点德夯苗族文化风情园，培养鼓手500多人。此后近30年，石顺民在乡镇文化站、民族风景区、各级各类学校、文艺团体、电视台等，培训苗族鼓舞人员达3000多人。

2004年，石顺民从自治州文化馆退休。但她退而不休，自己筹资，利

石顺民在传授舞艺

用自家后院搭建了一个简陋的场所，购置12面苗鼓，开办了湘西地区第一个苗族鼓舞传习所，对农村学员进行免费培训。几年下来，这里已经培训学生数百人，不少学生考上了艺术院团。如今，在石顺民的传承谱系内，已组建了苗鼓队120余支，队员有上万人。

在石顺民的精心栽培下，一批年轻鼓手脱颖而出，龙菊兰、龙菊献、黄娟等已经成为湘西新一代苗族女鼓王。谈起自己的学生，石顺民骄傲的神情溢于言表："湘西州第三代女鼓王龙菊兰，第四代女鼓王龙菊献，都是我的学生。第五代女鼓王黄娟，是我学生的学生。"

随着社会、学校对民族传统文化传承的重视，现在无论在校学生还是普通群众，自发学习苗族鼓舞的人越来越多。苗族鼓舞传习所的学员，最大的60多岁，最小的才5岁。每周一至周五的晚上，不少学生都来到传习所，跟随石顺民学习苗族鼓舞。

石顺民的家与传习所门户相通，前来学习苗鼓的人成群结队，络绎不绝，她的家也是门庭若市，家人忙得不亦乐乎。而她家也成了名副其实的苗鼓世家，女儿时红英、儿子时光金都是当地的苗鼓手，女儿还是第六代鼓王，连小外孙女也已经是技艺不凡的小鼓手了。

2014年6月，石顺民荣获第三届"中华非物质文化遗产传承人薪传奖"。

不过，石顺民并不满足于现状。为了让更多的人爱上苗族鼓舞，她一边招收学生，一边和家人、学生到当地偏远的农村中小学，主动教孩子们跳鼓舞。"全都是免费的，教到他们会为止。"石顺民还打算将苗族鼓舞按不同种类、不同流派拍成教学光碟，让更多的人学习苗族鼓舞，让苗族鼓舞能走出湘西，走向世界。

王景才
——从"地龙滚荆"到"滚山珠"的升华

王景才（1968~），民间舞蹈艺人，苗族芦笙舞（滚山珠）传承人。贵州毕节纳雍人，苗族。10岁开始学习苗族芦笙舞"地龙滚荆"，12岁学成并传授给弟弟，后又汲取杂技、武术以及兄弟民族戏曲曲艺元素，使其发展成为集芦笙吹奏、舞蹈表演、技巧艺术于一体的"滚山珠"。率舞蹈队在国内外演出"滚山珠"数百场，并培训数十人。2008年成为第二批国家级非物质文化遗产项目（传统舞蹈类）代表性传承人。

一、刻苦学得"滚山珠"

王景才

1968年2月，王景才出生在贵州省毕节专区纳雍县猪场苗族彝族乡新春村木花营的一个苗族家庭。

木花营是猪场苗族彝族乡新春村行政村的一个自然村，一般称作"木花营组"。这是一个隐藏在山间云雾里的偏僻的苗族村寨，而纳雍县申报成功的国家级"非遗"项目苗族芦笙舞（滚山珠）的代表性传承人王景才就生活在这里，县里的"苗族芦笙舞滚山珠传习所"也设在这里，王景才和弟弟王景全则是传习所的教练。

生活在猪场乡的苗族人，无不钟爱芦笙舞。在喜庆的日子里，在山野、在地坝、在庭院、在学校，都会看到苗族青少年跳起芦笙舞。每年农历的二月和八月，更是苗族青年比赛民歌和芦笙舞的好时节。歌亮舞美的青年，必定会赢得姑娘的青睐。而这里的苗族芦笙制作也享誉全国，杨光富、杨光华兄弟制作的芦笙还获得过全国民族乐器制作奖。

正是猪场这块深厚的文化沃土，孕育和滋养着苗族芦笙舞"滚山珠"，使这枝民族舞蹈奇葩越开越艳丽。1993年11月，猪场苗族彝族乡被贵州省文化厅命名为"苗族芦笙技巧舞'滚山珠'之乡"。

王景才的芦笙舞老师是他的三舅黄顺强。黄顺强是远近闻名的芦笙舞高手，王景才很是仰慕。10岁那年，王景才到离家10里的倮保俚小学读书，吃住在学校附近的外婆家。这给了他亲近三舅的机会，并开始跟三舅学习芦笙舞。

学习芦笙舞时，三舅对王景才要求特别严格。在学"地龙滚荆"（1989年更名为"滚山珠"）时，三舅要他在凹凸不平的地面上训练翻滚，不允许有半点差错。如果滚得不好，就要重练几遍甚至几十遍，一直要练到动作准确、轻松自如，才算过关。有时候，王景才的脑壳都滚破了皮，还进了石沙子，但三舅却从不让他用垫子来滚。

在三舅严格的调教之下，再加上自己的认真学习、刻苦训练，王景才的芦笙舞技艺不断提高，练就了一身过硬的本领。12岁时，王景才就学会了苗族芦笙舞"地龙滚荆"。

王景才学成回家，弟弟王景全成了他的第一个学生。之后，他们经过刻苦钻研、不断改进，舞蹈技艺越来越精湛，技巧难度越来越高。

1983年，王景才家人接到县里的通知，要王景才、王景全兄弟到毕节参加会演，表演"地龙滚荆"。要进城表演，得换芦笙、买服装，父亲王绍华只好卖了耕牛。就这样，"地龙滚荆"迈出了走出大山的第一步。

1984年，年仅7岁的王景全参加全国少年儿童歌舞录像比赛，表演的"地龙滚荆"一举摘取了该项目的桂冠。1985年，王景全参加上海举办的全国"金雀杯"歌舞比赛，表演的"地龙滚荆"又获得了表演奖；1987年，王景才在北京为全国民间工艺、文物展览会演出，再获三等奖。

从此，王景才、王景全成了名扬四海的"滚山珠"兄弟。

二、芦笙舞及其"滚山珠"

芦笙舞是广泛流行于我国西南少数民族地区的民间舞蹈，以男子边吹芦笙边舞蹈为主要特征。

所谓"芦笙"，实际上分芦笙和葫芦笙两大类。葫芦笙用葫芦做笙斗，一般插有5支带簧片的笙管，长16～66厘米；芦笙为木制笙斗，一般插有6支笙管，长约33～333厘米不等。因所用"芦笙"不同，广义的芦笙舞

苗族芦笙舞

也被细分为芦笙舞和葫芦笙舞。在我国少数民族中，吹奏葫芦笙而舞的民族，有彝族、拉祜族、傈僳族、纳西族等；吹奏芦笙而舞的民族，有苗族、水族、侗族、仡佬族等。

芦笙舞历史悠久，出土于云南省江川李家山春秋中晚期墓葬的两件青铜葫芦笙，是迄今中国最古老的葫芦笙实物；芦笙舞的舞蹈形象在古文物中也有生动反映，如晋宁石寨山出土的铜鼓，就刻有吹葫芦笙而舞的形象。这些都证明，在2000多年前我国南方就已经有了葫芦笙和芦笙舞。

苗族芦笙舞，用的是木制笙斗的芦笙。芦笙演奏与舞蹈的形式可分为吹笙伴舞、吹笙领舞与吹笙自舞，又有自娱性、竞技性、祭祀性之分。自娱性芦笙舞最为普遍，舞蹈时，芦笙手在队前领舞或在圈内伴舞，一般按男前女后的队列，逆时针环绕行进。有的地区还用3.3米高的大芦笙和芒筒伴奏，增加低音声部伴奏效果。每当盛大节日，成百个芦笙、上千的人，层层环绕跳芦笙舞，场面极为壮观。竞技性芦笙舞是吹笙自舞，以曲调多、技巧难度大取胜，舞蹈动作有连续旋转、矮步、倒立、翻滚等，舞时乐曲不中断。

苗族芦笙舞有锦鸡舞、"滚山珠"等种类，锦鸡舞是属于自娱性的，"滚山珠"则属于竞技性的。这两种苗族芦笙舞，在2006年5月，都列入了第一批国家级非物质文化遗产名录（民间舞蹈类），其中王景才是"滚山珠"的第一位国家级代表性传承人。

"滚山珠"原名"地龙滚荆"，又叫"滚地龙"，苗语称为"子罗夺"。

传统的"滚山珠"一人或数人均可表演。其表演特色是：不管表演动作怎样艰苦高难，表演者都要手持芦笙，口吹芦笙，保持笙不离口、曲音不断，笙与舞自始至终相伴相配，协调进行。

关于"滚山珠"的产生，当地有这样一个传说：古代苗族人民在大迁徙途中，由于道路坎坷、荆棘遍野，行走十分艰难。英勇的苗族青年为了给父老乡亲们开辟通道，就用自己矫健的身躯在荆棘丛中滚出一条道路，从而顺利通过。人们为了纪念这些青年的英勇行为，就模仿他们用身躯滚倒荆棘的动作，编成芦笙舞，取名"地龙滚荆"，在节庆时表演。

三、从"地龙滚荆"到"滚山珠"

"地龙滚荆"流传在贵州省纳雍县猪场苗族彝族乡一带，是苗族人民世代相传的芦笙舞蹈之一。在长期的民间流传过程中，人们将生产和生活中的一些动作技巧提炼、融汇到舞蹈中，不断充实、改进、完善，使其更趋于生动形象、丰富多彩。最后又引进和融汇现代舞蹈和京剧艺术的动作造型技巧，形成了现在享誉海内外的苗族芦笙舞蹈奇葩——"滚山珠"。

纳雍苗族的芦笙舞"滚山珠"自20世纪80年代中期走出山乡、搬上舞台以来，一鸣惊人，进而可谓"饮誉华夏，倾倒欧美"。

其实，"地龙滚荆"早在20世纪50年代就曾进京演出。据当时参加演出的苗族农民罗世光回忆："1957年2月10日，我们到了北京。25日开始演出，一个省演出一个晚上。3月1日，贵州省演出，地点在北京俱乐部文化宫，当晚人山人海，场内外的观众有4000人左右。3月2日，着重为党中央领导演出，毛主席、朱总司令都来观看。当我们演到'地龙滚荆'时，舞姿进入高潮，毛主席带头鼓掌，我们受到了极大的鼓舞。节目演完，毛主席、朱总司令走上台来和演员们一一握手。"

不过，此后不久，国家进入一连串运动之中，尤其是"文化大革命"，古老的"地龙滚荆"自然难逃厄运。而它的复兴，则不能不从王景才说起。

在20世纪80年代中期的几年中，是"滚山珠"的艰难发展期，却也是其大成孕育期。那时，王景才在努力挣钱养家糊口的同时，积极参加各种演出，并不间断地传授"滚山珠"技艺。没有人肯来学，他就亲自到各家各户去动员，请求家长允许孩子们来学习。有人来找他学艺，王景才从来都不收学费，路程较远的学员，他还尽力为他们安排吃饭和住宿。

1984年7月，经县文化局负责人介绍，王景才参加了纳雍县民族杂技艺术团的学习。学习回来后，王景才摸索出了一套系统的训练方法。他先让学员从基本功练起，练习扎实后再学芦笙舞。结果，以往需要三五年才能练成的"滚山珠"，此时一年左右就可以上台表演。就这样，王景才先后培养出了数批"滚山珠"表演队伍，将"滚山珠"分批送到贵阳红枫湖、安顺龙宫等表演，既增加了演员收入，又使"滚山珠"艺术得到了发扬和传承。

王景才一边参与表演，一边传授技艺，一边还在不断努力创新。他以"地龙滚荆"为基础，兼收并容地汲取了戏曲、杂技、体操、武术等艺术技艺，创造了芦笙技巧舞、滚刀梯、倒锅桩、迎宾舞、斗鸡舞等节目和"搭桥""叠罗汉""双飞燕""腹上倒栽桩""朝天蹬"等招牌动作，同时由以往的单人舞蹈发展成为6～8人同时舞蹈，从而使再现型的"地龙滚荆"演变为表现型的"滚山珠"，成为集芦笙吹奏、舞蹈表演、技巧艺术为一体的完整舞蹈。

1989年，对"滚山珠"来说是一个重要的年头。这一年，纳雍县组织"滚山珠"舞蹈队参加贵州省少数民族歌舞队，赴广州为"中华羊城博览会"演出。在广州，"滚山珠"表演了90余场，观众达百万人次，令人叫绝的舞艺令观众倾倒。也就在这一年，纳雍县文化局将"地龙滚荆"更名为"滚山珠"（另有一种说法，称"一直称为'地龙滚荆'的苗族芦笙舞被王景才更名为'滚山珠'"）。

四、辉煌—沉寂—再度辉煌

从1989年起，作为"滚山珠"的主要演员和指导老师，王景才率领"滚山珠"舞蹈队参加了各类大小演出上千场，并积极发展"滚山珠"表演人员近百名。

1990年5月，参加"贵州省民族芦笙表演赛"，获特等奖；同年9月，随省文化厅组建的"中国贵州民族民间艺术团"参加北京亚运会艺术节，表演28场，7分钟的节目赢得了18次掌声。1991年9月，随省文化厅组建的"贵州民族民间艺术团"赴香港参加"中国少数民族艺术节"；同年10月，随"贵州代表团"赴南宁参加"第四届全国少数民族传统体育运动会"，在表演项目比赛中，"滚山珠"为贵州代表团夺得金杯奖，6名演员分获6块金牌。1994年，"滚山珠"在北京中华民族园演出了两个月。

与此同时，纳雍"滚山珠"舞蹈队还走出国门，在欧美赢得了声誉。1991年赴加拿大演出，历时40多天。1992年6月，"滚山珠"舞蹈队一行6人由省文化厅组成"贵州民间艺术团",随文化部组团赴荷兰参加37届"国际民间艺术节",并先后在挪威、比利时、丹麦演出。1993年6月,参加国家民委组派的"中国民族艺术团"赴加拿大访问演出。

然而,就在纳雍猪场乡获得"苗族芦笙技艺舞'滚山珠'之乡"称号,"滚山珠"前途一片光明灿烂的时候,自1993年开始,"滚山珠"的演出任务从每年几十场急速降到了几乎空场的状态。为改变困境,舞蹈队只得向旅游景点靠拢,自己联系演出。为了完善"滚山珠"的表演,初中毕业的王景才毅然跨进嵩山少林寺武校大门提升技艺。

当王景才1996年回到猪场时,迫于生计的队员们已经各奔东西,王景才只好一边谋生,一边苦心经营自己热爱的"滚山珠"。6年中,他烧过砖、当过武术教练、挖过煤、背过大背篓。脏活累活他要干,联系到的演出也要完成。那些年,每次接到演出任务,王景才都是上寨找一个、下寨拉一个,临时组织舞蹈队。

自1999年以后,由于没有训练新的演员,老演员又各奔东西,猪场的"滚山珠"开始沉寂下来。

2004年,一次意外的表演让王景才看到了希望。当年8月8日,在纳雍鬃岭镇的山坡上,省文化厅拍摄了王景才"滚山珠"队伍的"滚山珠专题片"。经这次表演,王景才的"滚山珠"舞蹈队走进了贵州卫视以及央视荧屏。由此,王景才和他的队员们重获信心,激情燃放,芦笙响起……王家小院坝又开始沸腾起来。

精彩的"滚山珠"表演

五、"滚山珠"一定会再创辉煌

"滚山珠"的前身"地龙滚荆",动作比较机械单纯、古朴稚拙,以再现年轻人征服大自然的艰难过程为主,一人数人均可表演。发展了的"滚山珠",已从重在再现升华为重在表现的艺术形式。除保留原舞蹈中已有的内容——舞蹈语汇如"蜻蜓点水""骏马奔驰""打场""滚地龙"等动作造型之外,又创造"二人立""三人立""双飞燕"等动作造型,并借鉴京剧的表演艺术加进了侧身翻、前后空翻等高难技巧,还创编了后仰空腰腹支撑二人立、三人立等高难造型。芦笙舞曲也由原来的不同调高改编为统一的调子。

有学者概括"滚山珠"的艺术特点时指出,作为独树一帜的苗族芦笙舞,"滚山珠"特色可以概括为"古""土""活""难""高"。"古"指它历史悠久、已经流传数百年;"土"指它的演出场所、演员构成以及村社传承的乡土特色;"活"指它的演员、技巧和造型、芦笙曲调、发展和传播都是开放性的;"难"指动作技巧难度高、芦笙吹奏和舞蹈动作配合要求高等;"高"则指其起点高、艺术品位高。

纳雍苗族人民形成了这样的共识:"滚山珠"风格粗犷豪放、动作高难惊险、文化内涵深厚,其不可复制的唯一性,蕴含着苗族人民坚忍顽强、不屈不挠的性格,能够带给人们更多的启迪与审美享受。强烈的自豪感和保护意识,促使纳雍运用现代法律手段保护民族民间文化遗产。2005年12月,"滚山珠"商标在国家工商总局完成注册。

2005年8月,王景才率领"滚山珠"参加了"中国·贵州黄果树瀑布节"开幕式演出;同年9月,又参加了大型民族歌舞晚会"多彩贵州风"演出。

2006年5月,纳雍县申报的"滚山珠",以"苗族芦笙舞(滚山珠)"名目列入国家级非物质文化遗产名录(民间舞蹈类)。

王景才成为国家级"非遗"传承人

2007年1月，经过细心打磨后的"滚山珠"受邀赴哈尔滨，参加了贵州电视台、黑龙江电视台联合打造的"龙之韵、黔山情"2007年春节联欢晚会演出。4月1日，参加"中国·贵州杜鹃花节"开幕式演出。7月27日，参加"多彩贵州"舞蹈大赛并获"银瀑奖"。

2008年2月，王景才成为这一项目的国家级代表性传承人（第二批国家级非物质文化遗产代表性传承人）。

由于为"滚山珠"所做的突出贡献，王景才曾荣获"纳雍县第二届优秀乡土人才奖"。

2012年3月23日，纳雍县"苗族芦笙舞'滚山珠'文化传习所"在猪场乡新春村木花营组挂牌成立。传习所起初由王景才、王景全兄弟担任教练，学员近20名。此外，二三十年来，王景才已经培养出70多名弟子。

现在，王景才的长子李飞龙已经继承了父亲的芦笙舞技艺，成为新一代"滚山珠"舞蹈队的主力队员，并担任传习所的教练，负责"滚山珠"的培训。从2004年开始，李飞龙连续参加了"中国·贵州黄果树瀑布节"开幕式、大型民族歌舞晚会"多彩贵州风"等演出，苗族芦笙舞"滚山珠"的传承可谓有了新的接班人。王景才的另外两个儿子，如今也都是"滚山珠"最主要的成员，他们已经在青海、台湾等地区以及泰国等国家演出，获得好评。

近年来，王景才的"滚山珠"训练环境与经济状况有所改善，县、乡政府从经费等各个方面都给予了不遗余力的支持。王景才坚信，纳雍的"滚山珠"在大家的共同努力下，一定会再创辉煌。

约 相
——傣家"孔雀舞王"

约相（1948～），民间舞蹈师，傣族孔雀舞传承人。云南德宏州瑞丽市人，傣族。他自幼喜爱孔雀舞，通过观察野生孔雀和向老艺人学习，熟练掌握了傣族孔雀舞技艺，并在继承基础上有所创新，发展了孔雀舞的舞蹈动作，编创了新的舞蹈节目，形成了自己的风格，并多次获奖。他还致力于孔雀舞的传承、普及，培养了一大批学员。2008 年成为第二批国家级非物质文化遗产项目（传统舞蹈类）代表性传承人。编演代表作有孔雀舞独舞、祖孙孔雀舞、雌雄孔雀舞等。

一、放牛时向孔雀"偷艺"

1948 年，约相出生在今云南德宏傣族景颇族自治州瑞丽市勐卯镇喊沙村的一个傣族家庭。

喊沙村是一个傣族自然村，隶属姐东村委会。这是一个具有浓郁民族风情的傣族自然村，拥有别具一格的傣族奘寺，典型的傣族特色民居——竹楼，以及宜人的田园风光。同时，这里还拥有独特的民族文化，其中最为突出的是傣族孔雀舞，而喊沙村正是这项国家级非物质文化遗产的传播和传承地。

傣语"喊沙"，意即"黄金休憩地"。而如今的喊沙村，早已成为名副其实的黄金休憩地，不仅自然、人文风光使人陶醉，民族织锦、工艺首饰加工作坊，以及傣族孔雀舞培训班，也都令人流连忘返。2008 年 10 月，喊沙村成为云南省首批乡村旅游特色村。

约 相

2015年，喊沙村又获得了云南省"特色文化产业示范村"的荣誉称号。瑞丽市第一个傣族民间文化博物馆，也将在喊沙村落户。

由于气候及自然条件关系，在傣族地区，孔雀并不是难得一见的动物。傣家人很早就有饲养孔雀的习惯，他们认为孔雀美丽、善良、智慧，是吉祥的象征，对它们怀有崇敬的感情。傣族群众把孔雀作为民族精神的象征，并以跳孔雀舞来表达自己的愿望和理想，歌颂美好的生活。傣族的许多村寨都有擅长孔雀舞的艺人，代代相传，异彩纷呈。耳濡目染，约相自幼年开始就喜爱孔雀舞，并且暗下决心："等我长大了也要跳孔雀舞。"

因为家庭贫困，7岁的时候，约相就和村里其他孩子一样，要去放牛，为家里做些力所能及的事情。

在大山里，小伙伴们总是能意外地碰上野孔雀。野孔雀成群来去，却不乐意接近人。因此，伙伴们多是在孔雀飞过的地方去捡孔雀羽毛，而约相则有别的想法，那就是向孔雀"偷艺"。放牛时，他会悄悄走到孔雀栖息的地方躲起来，等待孔雀的来临。耐心的等待总也不会虚度，约相无数次与孔雀相遇，无数次悉心观察，并开始学着孔雀走路、展翅和开屏……

有一次，耐心等待之后，一只美丽的公孔雀飞来，落在了离约相不足一丈的地方，旁边有一潭清水。只见公孔雀先是站在水塘边，"啾啾"地叫两声，开始低下头"照镜子"，之后喝水，再用喙一点一点地梳理羽毛。接着，又飞来了几只孔雀，它们有的啼叫，有的嬉戏，有的开屏……约相知道，这是真正属于孔雀的聚会，它们更自然、更灵动，也更富有生气。就这样，从童年到少年，约相收获了孔雀最美的舞姿。

在悉心观察的基础上，约相开始模仿孔雀的动作，练习孔雀舞。牛儿悠闲吃草的时候，约相就像孔雀一样喝水、洗脸、吃东西、抖羽毛，进行练习。有一次，他的这番举止被村里人看见了，说他："是不是发神经！"于是，害羞的约相就把练习改在了深夜或凌晨。

二、看一些、学一些、创造一些

约相生在农家、长在农家，他自己也一直是一位地地道道的农民。在24岁之前，约相的主要活计是放牛——那是生产队分配的工作。

大约1972年，约相结婚成家，同时开始正式拜师学习孔雀舞。拜野生孔雀为师，固然可以突出孔雀舞的原生态风貌，但约相认为，原生态应该是艺术的原生态，而原生态艺术应该是由人创造的。因此，开始向舞台上的舞者学习，拜孔雀舞名家帅哏撒卜等为师，练习孔雀舞。

约相第一次到北京（1976年）在天安门广场与同伴合影

渐渐地，约相成了小有名气的年轻孔雀舞者，受到了人们的欢迎。1976年，约相参加了北京全国少数民族文艺会演，这是他的孔雀舞第一次登上舞台，立即引起了轰动。

不过，约相并不满足。他深知，"孔雀的感情内在含蓄，舞蹈语汇丰富，舞姿富于雕塑性"。要想达到化境，还要多方请益，多多学习。20世纪80年代初，在一个培训班上，约相遇到了孔雀舞大师毛相，当即向他请教，不放过孔雀舞的每一个动作神态。记住老师教的要领后，约相进一步认真揣摩、比画，精益求精。他觉得，舞蹈的关键是既要有形，又要有神，而神韵才是最重要的，正如他所说："我觉得孔雀舞应该是骨子里发出来的，是内在的东西，同一个动作谁都会做，但只是抖抖羽毛就千差万别。"

毛相在20世纪80年代去世后，一心要把孔雀舞学到精熟地步的约相失去了最好的老师，于是在50岁的时候，他又一次"拜"孔雀为师——这一次是在家饲养。

经过有关部门的批准，约相把两只小孔雀带回家，在自家的院子里建了一间孔雀舍，亲近地称它们为"王子"和"公主"，精心喂养，悉心揣摩它们的动作神态。多的时候，约相家养过六七只孔雀。后来凡是来向他拜师学艺的年轻人，第一堂课就是要仔细观察孔雀一个月，"严格意义上说，就是拜孔雀为师"。约相总是对求学者说："要拜我不如直接拜孔雀为师，我这孔雀舞的精髓就是从它们那儿学来的。要学孔雀舞，孔雀是最好的教员。"

1986年，约相参加全国民间音乐舞蹈比赛，再次登上全国舞台表演独舞，原生态的表演和鼓乐引来了人们的阵阵掌声和惊叹，捧回了一个二等奖。此后，约相在瑞丽当地名声大噪，人们送给了他一个傣家人最为尊敬

约相在象脚鼓伴奏下表演孔雀舞

的称呼——"孔雀舞王"。

约相在全国各地巡回演出,一时间向他拜师学艺的人络绎不绝。可他却说:"其实我们这里谁都能跳孔雀舞,我就是看了一些,学了一些,自己创造了一些。"

"看"是观察孔雀,"学"是拜师学艺,"创造"则是在前两者的基础上,自己创编舞蹈动作乃至整个舞蹈作品。野生孔雀给了他灵感,他觉得"野生孔雀的动作太美了,如果能编到舞蹈里一定很好看"。在密林里、山溪边,约相长期细心观察、研究野生孔雀的生活习性,把孔雀行走、觅食、啄食、饮水、洗澡、亮翅、起飞、开屏等动作一一记录下来,最后编成了一套全新的孔雀舞。

农闲季节,约相到四周寨子里表演,甚至到邻近的缅甸北部表演,人们观赏了他那雍容华贵又不乏怪异奇趣的孔雀舞后,无不叹为观止。很快,约相就在傣族地区以及缅甸北部享有了很高的声誉,人们称他为"孔雀舞王"。

此后,约相新创的孔雀舞一次次搬上舞台。每次上台表演,当他灵活矫捷地把孔雀拖翅、晒翅、展翅、亮翅、点水、登枝、歇枝、开屏、遨游等动作以精到的舞蹈语汇一一展示出来时,观赏者无不为之赞赏不置。

三、"雄孔雀"的独特韵味

关于孔雀舞,因为对刀美兰和杨丽萍的熟知,人们大多以为这种舞是女人跳的,而最具代表性的舞者就是她们两位舞蹈艺术家。

实际上，在傣族孔雀舞的发源地云南德宏等地，孔雀舞自古以来就是男人跳的，舞姿明快阳刚，充满原始的生命力。对此，约相的解释是："事实上，因为雄孔雀才开屏，所以真正的孔雀舞在民间，都是男人在跳。"而且在傣族的传统风习中，孔雀舞还有传男不传女之说。

然而，杨丽萍太有名了，提及孔雀舞人们自然就会想到她。也因此，提到约相的孔雀舞，人们也不免比较一番。专家指出，约相的孔雀舞与杨丽萍的孔雀舞是有区别的。杨丽萍的孔雀舞是在傣族舞蹈的基础上，添加了其他民族的舞蹈元素，是一种独创的"杨氏"孔雀舞；而约相的孔雀舞则是原生态的，是纯粹傣族的，是阳刚明快的"雄孔雀"。

约相的师傅毛相，是傣族农民中成长起来的第一位民间舞蹈家，傣族第一代专业舞蹈工作者。他从小酷爱孔雀舞，最终成为雄性孔雀舞表演的典范。他表演的孔雀舞以独特的风格见长，舞姿优美、动作灵活、形象逼真、出神入化，被誉为俊美的"雄孔雀"，他本人也被誉为瑞丽江畔的"孔雀王子"。而青出于蓝的约相，则被誉为新一代的"孔雀王子"。

约相的孔雀舞，贵在既传承又创新。尽管传统的孔雀舞也有孔雀开屏等动作，但就整体而言，一直没有综合化和系统化。约相既继承了前辈大师的精华，又创造性地将孔雀追逐、嬉戏、起飞、饮水、啄食、开屏等动作融入舞蹈中，使孔雀舞栩栩如生、惟妙惟肖。40年来，约相继承、创造的孔雀舞动作达60个，举凡醒来、远眺、行走、扒沙、觅食、啄食、临水、照影、饮水、洗澡、拖翅、晒翅、展翅、亮翅、开屏、遨游、嬉戏、起飞、点水、入林、登枝、歇枝、入睡……可谓穷形尽相、应有尽有。

约相有一个招牌性的创新动作，据说至今没人能够学会的动作。这个动作俗称"孔雀伸腿"：表演者抖肩、转身、亮相，将身子呈半蹲状态，转身伸腿。约相说，"这是一个高难度的动作，叫卧圆"。年逾花甲的约相，做起这个动作来，下蹲的姿势仍旧非常的轻捷优美。

约相表演高难度动作"孔雀伸腿"

在给学员上课时，约相讲述说，孔雀舞"舞蹈动作多保持在半蹲姿态上均匀地颤动，身体及手臂的每个关节都有弯曲，形成了特有的三道弯舞姿造型，手形和手的动作也较多，同一个舞姿和步法，不同的手形或手的动作，就有不同的美感和意境，孔雀舞有严格的程式和要求，有规范化的地位图和步法，每个动作有相应的鼓语伴奏"。

约相孔雀舞的伴奏乐器也是原生态的。这些乐器全是最原始的家什：象脚鼓、钗、铓锣。每次使用这些乐器前，当地的乐师都会调整他们手中最重要的乐器——鼓。在象脚鼓接近中心的位置敷上一圈饭粒，留出手敲打的空间。约相说，这是用米饭进行调音，敷上米饭后，鼓声听起来更高昂、雄浑；没有米饭的，鼓声则单薄、脆弱。而另一种乐器铓锣，从小到大排列共有五个，大的有六斤重，小的只有几钱重，敲打起来各有其独特的声音。

约相向傣家姑娘传授孔雀舞头部动作要领

当锣鼓敲起来的时候，约相跳起孔雀舞，仿佛森林"孔雀会"就此开场。"非常的原生态，好像回到了森林，你就是孔雀，在森林里生活、起舞。"约相认为，就是最原始的乐器和最原始的舞姿，让他跳出来的孔雀舞独具特色。

不仅如此，约相还把孔雀舞创造性地运用于体育活动，推出了孔雀拳、傣棍等体育项目。

那还是1982年云南省少数民族运动会，傣族也需要参与一个运动项目。约相想，汉族有蛇拳、螳螂拳，都是以动物命名，傣族是否也能有一个以动物命名的拳术呢？于是他在傣拳的基础上自创了孔雀拳。啄物、走路、盘腿……动作柔中有刚，出拳时身体柔韧起伏，形成三道弯的造型。手法飘灵、脚步轻盈，双臂的缠绵起伏带动全身关节的和谐运转，挺胸、收腹、提气等每个动作都与眼神相配合。约相两次在全国少数民族运动会上表演孔雀拳，并在1999年荣获单人表演一等奖。

2002年，约相被云南省评为民间高级舞蹈师。2006年5月，傣族孔雀舞入选第一批国家级非物质文化遗产名录（民间舞蹈类）。2008年，约相成为第二批国家级非物质文化遗产项目（傣族孔雀舞）代表性传承人。

四、"祖辈传下的绝活丢不了，也不能丢"

在德宏瑞丽等傣族聚居区，孔雀舞有着深厚的群众基础。在20世纪60～70年代，每逢节庆，傣家寨子里简直就是孔雀舞的天下。喜欢跳孔雀舞的人，哪怕是在田间地头，也能聚拢在一起探讨舞技。现在想来，约相觉得那真是一个心境纯真的年代，为了自己的爱好，就算是他们这些天天与泥巴打交道的农民，也有自己的艺术梦。

如今，约相希望傣家人的艺术梦一直持续下去。作为代表性传承人，他说，孔雀舞是傣家人祖祖辈辈传下的绝活，丢不了，也不能丢。

为了让孔雀舞一代一代传承下去，约相在忙碌的表演生活中，不忘精心培养子孙们。经过他的教育，不仅三个儿子都会跳孔雀舞，孙子散瑞、吞明和孙女伦喊已经继承孔雀舞的精髓，时常陪祖父在北京、上海、湖北、浙江等地表演。散瑞在云南艺术学院舞蹈系深造之后，如今已经是瑞丽市民族歌舞团的舞蹈演员，还是喊沙歌舞团的副团长。

不仅是自己的后辈，只要是慕名前来学习孔雀舞的，约相都毫无保留，倾心传授。2008年，他依托"农家乐"，组建"洛永罕"（金孔雀）学校，面向各村寨广招学员教授孔雀舞，自家院里搭建的台子是训练场所和演出舞台，竹楼的二层则成了教室。

2010年，喊沙村建立了孔雀舞传承示范基地，约相的教学更趋于规范。每年他都举办两期培训班，学员可以一直在他那里学到会为止。如今，培训班已经办了十几期，有2000多人学成毕业。

随着时代的发展，傣族孔雀舞早已不再固守传男不传女的旧习。为了传承和推广孔雀舞，约相编创了祖孙孔雀舞，与孙子孙女同台演出。他还精心为孙子、孙女创作了雌雄孔雀双舞，使孔雀舞得到了升华。

约相说，作为傣族孔雀舞的传承人，自己有责任和义务把孔雀舞发扬光大，尽最大努力培养出优秀人才，让更多的孔雀舞爱好者参与到保护和传承工作中。

实际上，更多的时候，约相是个不折不扣的农夫，他得每天下地干活，种稻谷和甘蔗维持生计。而且这位孔雀舞王还是一位种地好手，堪称村里劳动致富的带头人。约相常说：我们从来就不是以跳舞来谋生的，而是靠耕种土地来养活自己，吃饱了才能跳，跳舞只是业余爱好。这也是他的孔雀舞保持原生态而未被商业味浸染的原因所在。

约相曾担任过村干部，尽管与泥巴为伍，但他乐于接受现代科技。30年前，村里人只种稻谷，作物单一，约相带头种起了西瓜、玉米。原来傣家人只会在旱地里种甘蔗，20世纪90年代初，约相接受了现代农业科技知识，主动去外地学习，领着村里人尝试将甘蔗种在了水田里，收成翻番，从此，村里人都种起了甘蔗，生活也越来越好。

对于孔雀舞的传承，约相也有所担忧。现在，不少冠以"孔雀舞"之名的舞蹈中，加入了许多现代音乐和各种不同的舞姿。约相觉得，"这种加入了现代音乐和夸张舞姿动作的孔雀舞，不能叫作真正的孔雀舞，但也不能说它就不美"。

约相表演孔雀舞

在约相的心目中，原生态的傣族孔雀舞才是"最民间的，最灵动的，也是最美的"。

对于专业演员的艺术变革，约相似乎持保留意见。他说："孙子现在成了专业的舞蹈演员，这是好事。但现在，连我的孙子都做不到形神兼备了，而孔雀舞也只是他所跳的众多舞种中的一个；我还是要强调原生态，变革不能脱离原生态。"他强调："本来最原生态的、最民间的孔雀舞到最后会走样，那就太遗憾了。"

达珍区批
——香格里拉的锅庄舞者

达珍区批（1931～），民间舞蹈师，锅庄舞（迪庆锅庄舞）传承人。云南迪庆香格里拉人，藏族。15岁正式开始跟随爷爷奶奶学习锅庄舞，逐渐熟悉了迪庆锅庄舞的全套动作、套路、队形及相关习俗，掌握了各种舞蹈样式，会演唱40多种曲调，还能吹奏鹰骨笛、说唱祝词赞词，主持婚嫁、丧葬、祭祀等礼仪，形成了自己的歌舞风格。2008年成为第二批国家级非物质文化遗产（传统舞蹈类）代表性传承人，已经有30余名徒弟出师。

一、技艺全面的"民间舞蹈师"

1931年，达珍区批出生在云南中甸县（今迪庆藏族自治州香格里拉县）东旺乡新联行政村列布村。

"香格里拉"是一个举世知名的称谓，藏语意为"心中的日月"。1933年，英国作家詹姆斯·希尔顿在其长篇小说《消失的地平线》中，首次描绘了一个远在东方群山峻岭之中的永恒和平宁静之地"香格里拉"，数十年来，一直引人神往。

1996年10月，寻找"香格里拉"的考察在云南启动。1997年9月，云南省人民政府在迪庆州府中甸县召开新闻发布会宣布：举世寻觅的世外桃源——"香格里拉"就在迪庆中甸。2001年12月17日，经国务院批准，"中甸县"更名为"香格里拉县"。

"中甸"，藏语称为"建塘"，相传与巴塘、理塘均系藏王三个儿子的封地。这里除主体民族藏族外，还生活着汉族、纳西族、彝族、白族、普米族、怒族、基诺族、独龙族等二十几个民族。

达珍区批的故乡"东旺"，系藏语"丢麻绒"的语音异变，意为"地下宝库"，因境内高山林立、沟壑纵横，农田、村舍掩映其间，故名。东旺乡有悠久的历史，20世纪70年代出土的石棺遗址显示，远在2000多年

东旺乡的藏族村寨

前,藏族先民氐羌人就已在东旺境内活动,创造了灿烂的古代文化。如今,东旺乡全都是世居的藏族居民,具有浓郁的藏族文化特色,包括富有东旺特色的藏式婚姻、妇女服饰和歌舞。锅庄舞自然也是其中之一。

达珍区批的爷爷翁姆和奶奶达珍布尺,是村里有名的锅庄能手和风俗礼仪主持人。小时候,达珍区批深受家乡藏族文化艺术熏陶,并显示出浓厚的兴趣。15岁时,达珍区批开始正式学习锅庄舞。

经过爷爷、奶奶的悉心传授,以及自己认真刻苦的学习,达珍区批逐渐熟悉了迪庆锅庄的全套动作、套路、队形及相关习俗,掌握了锅庄舞的各种样式,会演唱40多种不同音律的曲调,还能吹奏鹰骨笛,说唱祝词赞词,主持婚嫁、丧葬、祭祀等礼仪。

在长期实践中,达珍区批形成了自己的歌舞风格,名扬当地,德高望重。有人总结其歌舞风格指出:达珍区批的东旺锅庄唱词具有"低吟浅唱,娓娓叙来"的风格,舞姿庄重稳健,一招一式显得古朴典雅。

2002年,云南省文化厅、省民族事务委员会授予达珍区批"民间舞蹈师"的称号。

二、锅庄舞:欢乐、和谐之舞

锅庄舞,又称"歌庄""果卓""卓"等。"卓"是藏语音译,意思是"舞",或者语义稍微扩展理解,指"圆圈歌舞"。锅庄是藏族三大民间舞蹈（弦子、锅庄、热巴）之一，分布于西藏昌都、那曲，四川阿坝、甘孜，云南迪庆以及青海、甘肃的藏族聚居区。

据锅庄歌词和民间传说可知，"卓"舞是一种古老的民间舞蹈形式，早在公元7世纪的吐蕃时期就已经存在了。早期"卓"舞与西藏奴隶社会和盟誓活动有关，后来随着藏族人民生产生活的发展，逐步演变成为歌舞结合、载歌载舞的圆圈歌舞形式。《清史稿·乐志》音译为"郭庄"，近代也有"歌庄"之称。

达珍区批与孙子共舞

关于锅庄的形成，《卫藏通志》等文献有"锅庄是围着支锅石桩而舞"的说法。《西藏舞蹈概说》记载：以前的康定一带，有一种叫"锅庄"的商业组织。这类商行收购土产，代办转运，设有客栈，沿途过往的藏族商贾常携马帮宿居其中。晚上，人们往往在院内空地垒石支锅熬茶，喝茶吃糌粑，茶余饭后围着火塘歌唱跳舞，以驱除疲劳、保持精力。

锅庄有着极为丰富的曲调和舞姿，诚如民谣所唱："天上有多少颗星，卓就有多少调；山上有多少棵树，卓就有多少词；牦牛身上有多少毛，卓就有多少舞姿。"

锅庄的种类，以功能与规模分，有用于大型宗教祭祀活动的"大锅庄"，用于民间传统节日的"中锅庄"，以及用于亲朋聚会的"小锅庄"等；也有分成"群众锅庄"和"喇嘛锅庄"（寺庙锅庄），以及农区锅庄（包括城镇）和农牧区锅庄的。以内容分，有反映劳动生活的"羊毛锅庄"，反映婚庆的"吉庆锅庄"，表现生活情趣的"兔子锅庄"（杂以模拟兔子跳的动作）、"醉酒锅庄"（有模仿醉汉神态，显示身体灵巧的嬉戏动作）。

锅庄舞是一种无伴奏的集体舞。其舞步分"郭卓"（走舞）和"枯舞"（转舞）两大类。与歌唱的曲牌配合，锅庄有半步舞、六步舞、八步舞、索例哆、猴子舞、孔雀舞等形式。

锅庄边舞边唱，舞蹈时，一般男女各排半圆、拉手成圈，有一人领头，分男女一问一答，反复对唱。通常由男性带头起唱，女性随后唱和，

迪庆锅庄舞

舞者和着歌曲"甩手颤踏步"沿圈走动。整个舞蹈由先慢后快的两段舞组成，当唱词告一段落后，众人一齐"呀"（拟声）的一声呼叫，顿时加快速度，挥舞双袖载歌载舞。基本动作有"悠颤跨腿""趋步辗转""跨腿踏步蹲"等，舞者手臂以撩、甩、晃为主变换舞姿，队伍按顺时针行进，圆圈有大有小，偶尔变换"龙摆尾"图案。舞圈中央通常放有青稞酒、哈达。舞毕，由长者或组织者敬献美酒、哈达，借此联络情感、增进乡谊。

在藏族聚居区，每逢节日、庆典、婚嫁、新屋落成之时，广场上、庭院里，藏族民众就会跳起锅庄来，甚至是跳个通宵。因此，锅庄舞实质上是一种欢乐、和谐之舞。

锅庄舞具有广泛的民众和社会基础，其丰富的表现形式、独特的风貌、精湛的技艺、强烈的个性，不仅显示出很高的艺术价值，也体现了藏族人民纯朴善良、勤劳勇敢、热情奔放、剽悍豪爽的民族性格，蕴藏着古老而深邃的文化内涵。它所具备的凝聚力和激发力，在现代精神文明建设中也能发挥积极的作用。

三、兴致不减，徒弟成才

在长期发展过程中，锅庄舞在其主要流行的几个地区，形成各有特色的三大流派，那就是（西藏）昌都锅庄舞、（云南）迪庆锅庄舞、（青海）玉树卓舞。

2006年5月，分别由西藏自治区、云南省、青海省申报的三大流派锅庄舞，均列入了第一批国家级非物质文化遗产名录（民间舞蹈类）。

在迪庆藏族自治州，锅庄除称为"卓"，有的地方也称作"擦拉"，意思是"玩艺"。其中又分"擦尼"（古旧锅庄）和"擦司"（新锅庄）。"擦尼"相传在吐蕃祖孙三法王时就已流传于迪庆，反映了奴隶制社会和原始宗教形态，带有祭祀性质。宗教界和老年人大都喜爱"擦尼"，歌词内容和舞步形式等都比较古老，如《莲花生大师的诞生》《建立桑耶寺》《金碧辉煌的寺庙》《银光闪耀的王宫》《福气财运降此地》《丰收呀丰收》等。跳这种舞时，只能唱专用歌词，不能改动，舞蹈一般都具有缓慢、稳健、古朴、庄重的特点。"擦司"的歌词内容、舞姿等都比较灵活，反映生产劳动，歌颂农牧业生产的发展和经商贸易的歌词比较多，如《北方大草原》《白瓷碗里聚三色》《在金坝子的上方》等。

在迪庆藏族自治州，锅庄舞最流行的，是香格里拉县和德钦县。2008年8月，香格里拉县的达珍区批和德钦县的徐桂莲，同时成为第二批国家级非物质文化遗产［锅庄舞（迪庆锅庄舞）］代表性传承人。

达珍区批的徒弟娘念

成为"非遗"传承人之后，很多中青年人慕名前来拜师学艺。对于来学习锅庄舞的人，达珍区批总是热情接待，悉心传授。如今，他已经收徒30余人，遍及东旺、格咱、建塘镇等地。他的徒弟，如扎史培楚、都吉培楚、格茸七林、娘念、鲁茸旺堆、史律娘念、布尺娘念、阿茸区批等，已经逐步成长为当地锅庄舞的代表人物。其中，格茸七林学得最多、最全面，是达珍区批的得意传人。

达珍区批说，年轻的时候，自己曾经有过连跳七天七夜锅庄舞的纪录。年逾古稀之后，跳舞已经有些吃力。然而，每当村子里有锅庄舞表演时，他总忍不住去凑凑热闹。而遇到记者采访时，兴之所至，老人也会高兴地带着孙子表演上一段，以便让更多的人看到自己精彩的锅庄舞表演。

阿 吾
——土族於菟的世袭"拉哇"

阿吾（1950～），民间舞蹈艺人，土族於菟传承人。青海同仁人，土族。他出身于神职人员"拉哇"世家，是第七代传人，继承父亲主持"跳於菟"仪式，在新时期恢复和主持土族於菟活动。2008年成为第二批国家级非物质文化遗产项目（传统舞蹈类）代表性传承人，并致力于相关资料收集、保存以及活动宣传和传承。

一、"拉哇"世家的第七代传人

1950年5月，阿吾出生在青海省黄南藏族自治州同仁县年都乎乡年都乎村的一个土族家庭。

年都乎村位于青海省同仁县境内的隆务河谷中段，是一个有300多户人家、1400多人口的土族村寨。村里的村民以土族为主，但基本上都藏化了，所以人们大都会说三种语言——藏语、土语和汉语。年都乎与周边的吾屯、郭麻日、尕撒日都是闻名海内外的唐卡和堆绣艺术之乡，民族民间艺术非常发达。

阿吾出生在年都乎村一个"拉哇"（类似于"法师"一类的称谓，指土族宗教活动的组织者和主持人）世家。阿吾家祖祖辈辈都是法师，主持着土族特有的於菟仪式，传到他已经是第七代了。在年都乎村，家家屋顶都挂有经幡，但只有阿吾家的经幡是有华盖的，这也正是"拉哇"世家的标志。

阿吾家里还珍藏着古藏文写成的家谱，上面记载了前六代"拉哇"的名字。此外，另一份记载於菟历史的文献因为是用古藏文和梵文掺杂写成，没有人看得懂。这些珍贵的资料，是阿吾家翻修老屋时发现的。

1967年初中毕业后，阿吾回乡务农。

1980年，作为"拉哇"世家的第七代传人，阿吾开始主持每年的土族於菟活动。几年后父亲去世，阿吾继承了"拉哇"一职。

年都乎村的寺庙

1998年，阿吾担任了年都乎村生产队四队队长，后来还曾在县供销社工作过。

阿吾平日主要以务农为主，闲暇时制作唐卡、堆绣；而他最具有社会性的活动，则是在土族民族节日主持"於菟"仪式。

二、土族"於菟"：古老傩文化的遗存

"於菟"是土族的一种古老的宗教文化习俗，是民间原生态傩文化的遗存。它是一种基于原始信仰的傩舞，年都乎村的艺人把这种古老的舞蹈称为"跳於菟"。

"於菟"一词，在古汉语里是"老虎"的意思，年都乎村正是把跳"於菟"的人化装成老虎的样子。不过，土族的跳於菟不同于民间节日中的狮虎表演，它是一种祭祀仪式，有着浓郁的原始宗教色彩。

跳於菟的时间在每年农历十一月二十（一说在冬至，农历十一月二十二），直接目的是驱除一年中积压的所有邪恶妖魅，同时祈求新的一年吉祥幸福。因此，阿吾说："事实上，冬至这一天在我们土族眼中，是最不吉利的一天。"这也正是古老傩舞傩戏的本质指归。

作为年都乎村当今的"拉哇"，阿吾详细讲述了土族於菟的活动步骤。

农历十一月二十，滴水成冰，土族人认为是"黑日"，妖魔鬼怪纷纷出来作乱。在这一天，於菟们要施展本领，降妖除怪。

在"拉哇"主持下，於菟诵读经文、跪拜二郎神与山神。此时的"拉哇"头戴五神帽，手持单面羊皮龙鼓。

扮演於菟的七个小伙子走进山上的二郎神庙，赤裸上身，仅在腰间围一块兽皮，脚蹬兽皮靴开始化装。先用煨桑香灰涂抹全身、面部，撒进头发里，再用墨汁从脸到脚画出虎豹斑纹，头扎念过咒语（咒语加持）的白纸条，腰缠红布带，手执荆条棍。据说，跳了於菟的小伙子们一年之内不会生病。

跳於菟正式开始，"拉哇"在神殿里为於菟祷祝。一阵锣鼓过后，於菟舞出庙门，迈着"垫步吸腿跳"绕祭坛顺时针舞三圈。随即鞭炮声大作，五个小於菟从陡峭的乱石坡上狂奔下山，扑向村庄，分两路擒妖噬怪。两个大於菟伴着"拉哇"的锣鼓，在街里巡望震慑。

於菟进入各家不走门、不走道，而是翻墙越瓦，身手矫健。入院后如猛虎扑食，大块吃肉、大口喝酒，又跳又舞，驱除妖魔。

许多人家把早已做好的圈馍拿在手里，等於菟一来，便迅速把圈馍套在於菟手中的长杆上，意思是希望於菟把疾病和灾难带走。全村老幼有的跟在队伍后面，有的则爬到自家的墙头上，从上面直接把馍馍串在过往於菟的长杆上。於菟每到一家，在各屋蹦跳一番以示驱鬼逐邪后，便吃掉或叼户主事先准备好的肉块，再继续从屋顶进入另一家院落。最后，於菟从宅院大门出去。万一出现谁家被遗漏时，主人家会主动将备好的食物送给於菟们，以示於菟已经光顾，并带走了家中的妖魔。

此外，一些患病者还主动仰卧于於菟必经之路上，等待於菟从身上跨过，并反复数次，以带走病魔、获得痊愈。

经过一个多小时，於菟与"拉哇"会合，饮用青稞酒后，在鞭炮声中冲向隆务河畔，在冰面上凿开几个大窟窿，用冰水洗净身体，把手中的棍子扔

於菟舞的装扮

进河里，然后跳过火堆，意在阻断妖魔和瘟神回村的路，以免把妖魔的污浊之气再度带回村里。

"拉哇"则在锣声中诵经焚纸，表示已将妖魔邪祟彻底消灭。

这一天晚上，於菟的扮演者一律不能回家，以免把妖魔的污浊之气再带回村里。以前他们在隆务河边的水磨房里歇息，现在一般到山神庙过夜。

三、日常生活中的堆绣艺人

在整个"跳於菟"过程中，"拉哇"必不可少，而且他是代表神行事的，威严庄重。尤其是活动开始和结尾，一系列的祭祀环节，均由"拉哇"主持或独立进行。

当於菟们在二郎神庙里装扮整齐，"拉哇"就开始按部就班履行仪式的每个环节：煨桑、敬酒、敲钟，宣告祭祀正式开始。"拉哇"头戴五神帽（一说"五佛帽"），胸前飘动着一条哈达，显得非常威严。他招过七名於菟在大堂门前列队蹲下，喧闹一时的於菟们顿时屏息静气。"拉哇"打开酒瓶，逐一给於菟灌上几口。从这时开始，於菟就不能再说话，他们已经是神的代表。接着，"拉哇"和二朗神庙的看护人进二郎殿，"拉哇"手执扇形羊皮鼓，给二郎神跳一段叫"邦"的祭祀舞蹈。"拉哇"做完"邦"，击鼓敲锣出庙，一直蹲着的於菟起立转身向大门走去，"跳於菟"进入了驱魔逐疫的主体阶段。之后，"拉哇"在锣声中诵经焚纸，宣告仪式的结束。

仪式结束，回到日常生活，阿吾则是一名堆绣艺人，制作着护法神班丹拉姆、莲花生大士、白度母……他做的堆绣很有销路。

近些年来，年都乎村的许多村民都盖了新房，搬离了老寨子。阿吾家也是如此，他家的新居在古城

於菟舞表演

外，房间很多，整洁宽敞，屋子里洒满了阳光……

不过，阿吾还是时常萦系着老寨子。严格来说，其实是一个村子，只不过分成了两个部分，以原来村寨的老围墙为界，一部分是古村寨，另一部分是新村寨。现在，古村寨的居民已陆续搬到了新村寨，古村寨则作为古迹保存了下来。

年都乎古村寨跟别的村庄并不相同，院墙又高又厚，干打垒的土墙一般打到三四米，有的甚至高达五六米，墙基则一律用河卵石砌成，结实而厚重。因为墙高，巷道显得很是狭窄。这些巷道拐弯抹角，错综复杂，很有些迷宫的味道。进到古村寨里面，如果没有熟人引路，局外人很容易在七弯八拐的巷道里迷路。

老寨子的高墙、窄巷、老屋，说明了它的古老，也显示了它不凡的文化底蕴。窄巷子只能容两个人通过，连摩托车都进不来，比不上新村寨的宽敞明亮，所以邻居们纷纷离开了老屋。老屋平常一直锁着，只有到了节假日，或是"跳於菟"这样重大的日子，村民们才回到老寨子里来，高高兴兴地热闹一番。

2006年5月，土族於菟列入第一批国家级非物质文化遗产名录（民间舞蹈类）。

2008年2月，阿吾成为第二批国家级非物质文化遗产项目（土族於菟，传统舞蹈类）代表性传承人。

四、把"於菟"一代代传下去

这些年来，土族於菟恢复了活动，阿吾的年纪也不算太大，但作为国家级"非遗"传承人，作为家族内世袭的"拉哇"传人，阿吾不能不考虑这份民族文化遗产的传承问题。

阿吾说，他在儿女身上花了很多精力，希望能把他们培养成人。如今，阿吾的女儿在乡村当老师，儿子在青海民族学院艺术系读书。

阿吾的儿子叫周本才让，他知道按照习俗，父亲会把土族於菟艺术传给他，而他也已经做好了认真学习这门流传了近600年的古老民间艺术的准备。平时没事的时候，父亲就会和他有一句没一句地聊於菟。周本才让说，他现在的兴趣还在画唐卡上，父亲很宽厚，没有催促他当下就学於菟，而是希望他在完成自己喜欢的学业之后，再认认真真地学习於菟。

周本才让对父亲的精神追求表现出极大的理解和钦佩，他说："我爸爸非常喜欢它（土族於菟），老是在那里研究。他在村子里面很有威信，大家也很信任他。每年从11月份起，他就开始忙活，为於菟表演做准备了。自从评上非物质文化遗产传承人后，他就更努力了。"

"虽然我和爸爸聊天的机会不多，但他是我最尊重的人。他在生活上是一位好父亲，在我人生中他是一位好老师。他用自己的行动教我在学习上认真，更教我对自己热爱的东西要执着追求。"

如今，阿吾最大的心愿，就是将土族於菟这种民间流传的表演形式，以文字、图像资料的形式保存起来。他希望能有一部摄像机，把於菟表演及时记录下来；希望在同仁热贡文化园区里能有於菟的专门展览，让游客能随时走近於菟、了解於菟……

儿子了解父亲的心思，他说："我会帮我爸爸收集资料，以完成他的心愿。这不仅是他的责任，也是我的责任。我会画素描，我希望可以将父亲的於菟表演用素描的形式记录下来。"

"我们准备保留一套完整的资料，我要把那些慢慢写下来，一代代传下去。"阿吾的汉语说得不是很流利，但这不影响他表述对自己的要求和对儿子的期望。"我只有一个儿子，一年里跳於菟的时间并不长，我想儿子应该愿意学习，前面七代都坚持下来了，他知道自己有这个责任。"

如今更多的年轻人参与到於菟舞中来

库尔班·托合塔什
——帕米尔高原的"鹰舞之王"

库尔班·托合塔什（1931～），民间舞蹈艺人，塔吉克族鹰舞传承人。新疆喀什塔什库尔干人，塔吉克族。15岁时开始跟父亲学习鹰舞，逐渐成为帕米尔高原的"鹰舞之王"，并长期为塔吉克族群众服务，一生以跳鹰舞为最大快乐。2008年成为第二批国家级非物质文化遗产项目（传统舞蹈类）代表性传承人。代表作有《商人与马》《天鹅与狐狸》等。

一、成长为帕米尔高原的"鹰舞之王"

1931年，库尔班·托合塔什出生在今新疆喀什地区塔什库尔干塔吉克自治县瓦恰乡的一个塔吉克族家庭。

塔什库尔干，在维吾尔语里意为"石头城"，因城北有古代的石砌城堡而得名。这里位于帕米尔高原之东、昆仑山之西，是一片千峰万壑相隔的洁净世界。1954年9月17日，这里成立了塔什库尔干塔吉克自治县（简称塔县），隶属喀什地区。

库尔班·托合塔什

塔什库尔干塔吉克自治县是我国的一个边境县，与三个国家接壤：西北与塔吉克斯坦接壤，西南与阿富汗接壤，南部与巴基斯坦相连。这里生活着塔吉克族、柯尔克孜族、维吾尔族、汉族、回族等民族的人民，总人口33 000多人（2004年）。

如果对这个民族自治县还缺乏直观的认识，那么，不妨看看这些：红其拉甫哨所，电影《冰山上的来客》，名曲《阳光照耀着塔什库尔干》，还有塔吉克族鹰舞……

成长在塔什库尔干的库尔班·托合塔什，遗传了塔吉克族人善舞的天赋，从小又受到民族舞蹈艺术的熏陶。15岁时，他开始跟着父亲学鹰舞。尽管既没多少文化，也未受到过专业的舞蹈教育，他却成了帕米尔高原的"鹰舞之王"，他跳的鹰舞《商人与马》《天鹅与狐狸》等，无人能够媲美。

库尔班·托合塔什生活的瓦恰乡，位于喀喇昆仑山深处，那里生活的艰辛可想而知。一生生活在这里的库尔班·托合塔什，主要以农牧为生，与恶劣环境和气候搏斗是经常的事情。正是鹰，正是鹰舞，给了这里的塔吉克族人民生活的勇气和欢乐。

50多岁的时候，库尔班·托合塔什的老伴去世了。刚料理完后事，就有人邀请他去婚礼上跳鹰舞。尚未从丧妻悲伤中恢复过来，库尔班本不想去。然而，在塔吉克族人眼里，谁家举办婚礼，能看到他的舞姿，那是一种荣耀。他被人硬拉着去了，手鼓被递在手里，他还是不愿意跳。犹豫、矛盾了半天，在无数双期盼的眼睛注视下，最后他还是跳了。

音乐响起，库尔班·托合塔什跳了起来，舞步从沉重、缓慢，渐渐变得轻快、敏捷。跳了一曲又一曲，婚礼上的所有人都跟着他一起跳，气氛喜庆、热闹。婚礼结束时，他没落一滴泪，反而笑了。——塔吉克族的鹰舞与消沉悲戚无缘，有的只是雄浑苍劲、积极向上。

二、跳鹰舞是塔吉克族人一生的快乐

在我国帕米尔高原生活的塔吉克族，智慧、勇敢，向来有"鹰之族"的称誉。在塔吉克族民间，流传着很多关于鹰的传说、民歌、寓言和谚语。塔吉克族人民非常羡慕自由翱翔于雪山之巅的山鹰，他们视鹰为强者、英雄，对鹰几乎是"图腾似的崇拜"，以至将鹰人格化，把舞蹈与鹰的习性、动态联系在一起，于是形成了"鹰舞"。

关于鹰舞的起源，当地还流传着这样一个传说：相传有位老人，看到鹰有翅膀能飞，非常羡慕。于是他设法捉到一只鹰，用其翅膀做成鹰笛吹出好听的声音，又展开双臂像鹰一样盘旋起舞。这使老人感到非常愉悦，而且舞得非常好看。这样，大家都学他吹奏鹰笛、跳起了鹰舞。

鹰舞与鹰笛是双生姐妹，鹰舞的舞步与鹰笛的曲调协调一致。鹰舞的主要形式有"恰甫苏孜""买里斯"两类，前者主要是双人舞，即兴表演，并带有竞技性，代表了塔吉克族舞蹈的特有风格；后者是群舞，近似维吾尔族的"麦西莱甫"，属于民间集体舞。其实这也是音乐节奏的区别，"恰甫苏孜"在塔吉克语中意为"快速、熟练"，"买里斯"则意为"特定节拍"。

鹰舞主要是男人的舞蹈，但也有男女合跳的。男子舞姿，两臂一前一后，前臂较高，后臂较低，步伐矫健灵活，就像雄鹰飞翔。慢步时两肩微微颤动，显示出豪迈的理想、无敌的勇气和顽强不屈的性格；快步时盘旋俯仰，如鹰起隼落，刚劲而稳健。妇女舞姿，双手在头顶上部里外旋转，动作柔软，婀娜多姿，显示出和顺而勤劳的性格。

塔吉克族鹰舞

集体鹰舞，多在节日里或是婚礼上。那时，只要是鹰笛和手鼓声一响起，男男女女都会翩翩起舞。在鹰舞中还有"马舞""箭舞""刀舞"等舞蹈，也是用鹰笛和手鼓伴奏，其舞步和鹰舞的步伐差不多。舞蹈开始时，往往先由一名舞技较高者上场，接着众人便纷纷上场共舞。

鹰舞是塔吉克族的民间传统自娱性舞蹈，场地不受限制。无论田埂地头，庭院室内，只要人们兴致所至，都可起舞。诚如库尔班·托合塔什所说，"跳鹰舞是我一生最大的快乐"；跳鹰舞也是所有塔吉克族人一生的快乐。

提起鹰舞表演时的热烈奔放场面，塔县非物质文化遗产办公室主任都力坤动情地描述道："每到节日，在纳依（鹰笛）、手鼓、巴郎孜阔木（弹拨的七弦琴）和拉巴甫（即热瓦甫，弹拨的六弦琴）等乐器的伴奏下，塔吉克族人引吭高歌，一唱众和，音乐曲调悠扬，歌声热情奔放，再加上那如雄鹰搏击蓝天般的舞蹈配合，当歌舞进入高潮时，观众往往情不自禁，为舞者击掌助兴，吹起口哨，并发出'噢！噢！'的欢叫声，气氛更加热烈。"

2006年5月，塔什库尔干塔吉克自治县塔吉克族引水节和播种节（民俗类）、鹰舞（民间舞蹈类）两个项目，同时列入第一批国家级非物质文化遗产名录。

三、"把鹰舞的快乐带给更多的塔吉克族人"

2008年2月,库尔班·托合塔什和同县的买热木汗·阿地力同时成为第二批国家级非物质文化遗产项目(塔吉克族鹰舞)代表性传承人。

成为国家级传承人,使库尔班·托合塔什由衷地感动:"跳鹰舞是我一生最大的快乐。我做梦都不会想到,鹰舞会得到国家如此重视,被列入了国家级非物质文化遗产名录,自己也成了国家级传承人。"

国家的重视,让库尔班·托合塔什突然感觉到了鹰舞是多么宝贵,自己掌握的鹰舞技艺又是多么有价值。为此,他曾在一次表演时留下了泪水。

那天,库尔班·托合塔什喀喇昆仑山深处的家乡瓦恰乡,来了10多名自治区和州上的领导,和全乡人一起庆祝引水节。当大家砸开冰块,将清澈的雪水引入水渠,看着清澈的雪水缓缓流入耕地时,库尔班·托合塔什带头跳起了鹰舞。他时而盘旋仰步,如鹰起落;时而双肩微抖,如鹰空中傲视。他脚顿挫、手高扬、腰扭动,眉毛和嘴唇跟着节奏,不停地微微颤动。跳着跳着,眼泪突然"哗"地一下涌出了眼眶。他一边流泪,一边跳。跳完了,抱着一个领导,失声痛哭,像个孩子一样。这哭声,感染了在场人,很多人也跟着流下了热泪。

库尔班·托合塔什说:"我跳了一辈子,从来没有见过这么多大领导,就这一次,才知道自己和鹰舞的价值。"

一直以来,除了山里人,外界极少有人知晓,他跳的鹰舞有多么出色。多少年了,鹰舞这种来自塔吉克族人的普通艺术,难求最高礼遇的命运,此刻被他一语道出。这也正说明了包括少数民族在内的中华民族传统文化遗产的价值所在。

库尔班·托合塔什家客厅的墙上挂满了照片,照片上全是他在各种重大集会上的舞姿。每当有记者来访,老人总会坐在土炕上讲述自己鹰舞表演的各种动人情景,并深深地感染着听者。而情之所至,音乐响起,老人便与两个小孙子一起跳起鹰舞来……鹰舞,已经融入了塔吉克族老老少少的生命。

目前,库尔班·托合塔什老人最着急的,就是怎样把这门濒危的民间艺术传承下去,并让它发扬光大。现在他带了近20个徒弟,其中就有他的小孙子。"我要把我所有的舞蹈技艺都传授给他们,再让他们把鹰舞的快

生活中的塔吉克族鹰舞

乐，带给更多的塔吉克族人，带给全中国乃至全世界喜爱鹰舞的人们。"

塔什库尔干塔吉克自治县民族民间文化保护、传承工作做得很好，曾被文化部命名为"中国民间文化艺术之乡"。当地"民间艺人最多、'非遗'保护项目最多、代表性传承人最多……"的说法，并不为过。在2006年塔吉克族引水节与播种节、鹰笛与鹰舞四个项目列入国家级"非遗"名录后，后续又有马球、婚俗、塔吉克族服饰、民歌列入了"非遗"名录。

关于塔吉克族鹰舞，自2005年以来，塔什库尔干塔吉克自治县每逢重大节日和全国文化遗产日，都要举办塔吉克族鹰舞专题演出。除舞台上表演外，每次的活动都进行录像摄影，并在电视和广播上播放。城乡寄宿制小学还一度出现3000名小学生利用每天上午课间操时间，随着塔吉克族音乐，一起跳塔吉克族鹰舞的壮观场面。如今，塔吉克族鹰舞已经成为塔县各族人民的宝贵财富和不可或缺的精神食粮。

在库尔班·托合塔什和另一位代表性传承人买热木汗·阿地力的共同努力下，塔什库尔干全县十个乡镇的鹰舞融合为一体，鹰舞深入每一户人家。在两位代表性传承人的发掘和培养下，目前塔县鹰舞传承人已达200多名，而且还在不断增加。

赵明华
——瑶族长鼓舞王

赵明华（1943～），民间舞蹈艺人，瑶族长鼓舞传承人。湖南江华人，瑶族。他拜名家为师，熟练地掌握了长鼓舞的主要表演动作和表演技巧，多次参加各种会演比赛并屡获荣誉。同时，他还致力于瑶族长鼓舞资料的收集整理和研究，参与了《江华民间舞蹈集成》的编撰。退休之后，带着病痛开展长鼓舞传习，培养出达到初级和中级水平鼓手近200人。2009年成为第三批国家级非物质文化遗产项目（传统舞蹈类）代表性传承人。

一、江华瑶族长鼓舞第五代传人

赵明华

1943年5月2日，赵明华出生在湖南省江华瑶族自治县大圩镇文明村的一个瑶族家庭。

江华县是全国瑶族人口最多、居住最集中的瑶族自治县，有"瑶族神都"之称。江华的瑶族人民用自己辛勤的汗水和聪明智慧，创造了独具代表性的瑶族舞蹈长鼓舞。

赵明华从小受到长鼓文化的熏陶，爱上了长鼓舞，立志要把长鼓舞这门民族艺术发扬光大。为此，他拜同村被誉为"长鼓王"的李根普为师，全面、系统学习瑶族长鼓舞艺术。

通过师傅的指点传授和自己的勤奋努力，不到5年的工夫，赵明华就熟练地掌握了长鼓舞的主要表演动作和表演技巧。15岁时，他在全县的村村寨寨表演长鼓舞就达500多场次，赢得了好评和赞誉。

初中毕业后，赵明华上了中专。在学校，除了认真学习，他还是文艺积极分子。中专毕业后，赵明华回到了生他养他的家乡大圩，从事乡村教育工作。当然，瑶族长鼓舞并没有从他的生活中消失，而是转化为更深沉的热爱与更执着的追求。

为了将长鼓舞表演得更加形象生动，赵明华经常深入大山观察植物形态，模拟动物神态。经过悉心琢磨、反复练习，无论是模仿动物的金鸡跳杠、金鸡展翅、画眉跳笼、鲤鱼晒籽、山羊反臂等，还是模仿植物的大莲花、小莲花、扫地梅花、雪花盖顶、古树缠根等舞蹈动作，赵明华都表演得惟妙惟肖、生动传神。由此，赵明华成为江华瑶族长鼓舞名副其实的第五代传人。

几十年来，除在当地瑶族村寨为乡亲们表演，赵明华还多次参加县里组织的会演、调演、比赛、巡回演出，并屡屡获奖。1985年，在江华县30周年县庆和首届盘王节期间，赵明华师徒同台表演桌上长鼓舞，获地区"热忱献技艺，舞风传后人"荣誉奖。1986年，参加县里组织的首届民族民间赛歌会，获"优秀歌手"称号。1988年，参加在郴州举行的国际瑶族文化研讨会，师徒同台表演江华瑶族长鼓舞，受到与会者的赞誉。1989年，参加县国庆40周年文艺调演，表演瑶族长鼓舞，获二等奖。

同时，赵明华还致力于瑶族长鼓舞资料的收集整理和研究。为了把散落在民间广泛流传的长鼓舞文化资料搜集起来，赵明华跋山涉水，奔波于深山瑶寨。从1983年起，他开始整理所搜集到的长鼓舞资料，并与本县的民间艺人、文化工作者共同研究，用文字、图画记录下了瑶族长鼓舞72套打法的动作。赵明华还对瑶族民间的其他舞蹈进行研究、记录，并出版了《江华民间舞蹈集成》一书。

2009年6月，赵明华成为第三批国家级非物质文化遗产项目（瑶族长鼓舞，传统舞蹈类）代表性传承人。

二、"长鼓舞是瑶族人的灵魂"

瑶族长鼓舞是我国瑶族的民间舞蹈，流行于广东、广西、湖南等省的瑶族聚居地区，多在瑶族传统节日、庆祝丰收、乔迁或是婚礼喜庆的日子表演。

瑶族长鼓，瑶语称"播公"，历史悠久。南宋绍兴二年（1132）五月初三颁发的《十二姓瑶人过山榜文》载："天子殿前，国王长衫大袖，长

江华瑶族长鼓舞

腰木鼓，斑衣赤领，琵琶吹唱。"据此可知，瑶族长鼓已经有800多年的历史。

关于瑶族长鼓舞的起源，有着不同的传说。其中一个传说称，瑶族始祖盘王喜爱打猎，一次追赶一只羚羊，盘王失足跌落山崖，和羚羊一起被梓木叉死。盘王子女悲痛不已，把父亲之死归罪于梓木与羚羊，于是将梓木砍下挖成长鼓身，剥下羚羊皮蒙在两端，边打边跳边唱："回来吧！回来吧！"以招其父之魂。从此，瑶族就有了长鼓舞，过新年、盘王节、婚庆、祭祀、建屋，都要舞动长鼓。

瑶族长鼓鼓身用沙桐木（即梓木）制成，两端挖空，蒙以黄羊（黄羚，赵明华称作"野羊"）皮或牛皮作鼓面。有的还涂上红、黄、白等色彩，绘上龙凤图案，美化鼓身。鼓身呈喇叭形，两头大、中间小，其中一头又略大三分之一。一般长0.8～1米，包括大小两种，大长鼓长1米以上，鼓面直径20厘米；小长鼓长约80厘米，鼓面直径约10厘米。

长鼓舞表演时，舞者用一条彩带绑着两头"鼓颈"，挂在肩上，横于腰间。右手五指并拢，以掌拍鼓，左手持竹片敲打鼓面，随着音乐节拍，即发出各种类型的声音。有的则是鼓手左手握住长鼓的鼓腰上下翻转，右手随之拍击，边舞边击。舞蹈以自身鼓点为主要伴奏，也常用唢呐、锣、镲伴奏。在群众较多时，常一起伴唱"黄泥鼓歌"或"盘王歌"来助兴。

在表演形式上，长鼓舞分为单人舞、双人舞和多人舞（有4人、6人、8人的）。各地形式不同，表演程式有72套或36套之说，每一套又分"起堂""移堂"等若干细节。每套动作都是由慢变快，逐渐形成高潮结束。

小长鼓由大长鼓演变而来，主要流行在广西大瑶山和湖南瑶族地区。通常是2人或4人手持长鼓对打起舞，逢盛大节日时则多人群舞。小长鼓轻便灵活，舞蹈动作花样多，因膝部屈伸程度和耍鼓时部位高低不同而分"高桩""中桩"和"低桩"三种姿势。打

赵明华的瑶族长鼓舞刚劲洒脱

法上分为"文打"和"武打"，"文打"动作温和、舒展，"武打"动作粗犷、复杂。还有在一张或两张垒起来的桌子上对打的"打高台"，舞技难度较高。

瑶族长鼓舞的击鼓动作大多反映生产、生活内容，如建房造屋、犁田种地、制作长鼓、模仿禽兽动作等，舞蹈语汇模仿上山落岭、过溪越谷、伐树运木、斗龙伏虎等，形象生动，富有生活气息。诚如赵明华所说："这些动作都是来源于瑶族人民的生产生活，甚至于动植物的形态都融入了长鼓舞的动作中。"

瑶族长鼓舞动作粗犷奔放、雄健洒脱，不管是跳、跃、蹲、挫或旋转、翻扑、大蹦、仰腾等，都表现了瑶族人民热情奔放、坚强勇敢的性格特征。因此，有这样一种说法："长鼓舞是瑶族人的灵魂"。

瑶族长鼓舞属于喜庆舞蹈，几乎全是群众性、广场性的。瑶家逢"过新年"、农历十月十六"耍歌堂"等传统节日，或是喜庆丰收、恭贺新婚等喜庆场合，人们即兴而跳，一呼百应，龙腾虎跃，气势磅礴。而且有一定的道具，如长鼓、花鼓、牛角、阳伞等，形成了本民族的独特风格，亦为群众喜闻乐见。

1951年和1954年国庆节，江华瑶族长鼓手盘天丰、盘永明与周德成、赵庚妹，先后进京表演，在人民大会堂受到党和国家领导人的接见。1982年9月，江华瑶族长鼓手冯茂林、黄文贵在第二届全国少数民族传统体育运动会上作了表演。

2008年6月，瑶族长鼓舞经国务院批准，列入第二批国家级非物质文化遗产名录（传统舞蹈类）。

三、"至少在我们家，长鼓舞不会断代"

作为江华瑶族长鼓舞的第五代传人，赵明华早在20世纪90年代中期就开始收徒传艺，许多演出都是他和弟子共同完成的。1995年，赵明华曾带领部分优秀学员参加江华盘王殿开光仪式表演，并在广场向公众演出，受到了社会各界欢迎和来宾的赞誉。

进入新世纪以来，国家注重各民族文化遗产的保护、传承，赵明华感到自己的长鼓舞技艺有了更广阔的施展舞台，主动投入保护传承，并配合政府进行有关工作。

退休之后，赵明华带着病痛开展了5年的瑶族长鼓舞培训工作，在江华培养了近200人的初级和中级水平的长鼓舞表演后备队伍。

2005年，赵明华组织村里的青年人，成立了大圩瑶族长鼓舞队。舞队参加了50年县庆表演，并在附近村寨进行多次巡回演出，省、市、县里的新闻媒体曾多次给予专题报道。

2006年，应县文化馆邀请，赵明华到县城向老年艺术团传艺，指导排练节目。当年，这个艺术团表演的原生态瑶族长鼓舞《远山的鼓舞声》，获得永州市首届民族民间文化旅游节银奖，并荣获湖南省艺术节长鼓舞表演银奖。

2007年，赵明华又在村里组织了三十多人的长鼓舞歌队，队员包括社会青年和中小学生。这个长鼓舞队参加了宝镜古民居景点开业和来宾来访等演出12场次，受到领导及来宾的高度评价。

2008年，江华瑶族长鼓舞被列入国家级非物质文化遗产保护名录，这让赵明华非常高兴。遗憾的是，赵明华的师傅，钟爱长鼓舞一辈子的第一代鼓王李根普已经辞别人世，没能等到这一天。

瑶族长鼓舞入选"非遗"，让赵明华兴奋了好一阵子。文明村作为长鼓舞的发祥地之一，有望借此打造成长鼓舞的教学表演基地。然而，几年过去，一切似乎没有太大变化，传承情况不容乐观。

于是，赵明华自力更生，在家乡文明村筹建了瑶族长鼓舞传习、表演基地。场地就是自家老屋前的晒谷坪。一有空闲，他就带领以自己儿孙为骨干的乡村长鼓舞表演队练习。遇到有客人从远方来，四十多岁的大儿子跟着自己上桌表演，三十几岁的小儿子带着乐队在底下吹拉弹唱，一帮子十几岁的娃娃伴舞，其中大多是自己的孙儿。赵明华说："年轻人都出去打工了，小奶崽学这个大多是好玩。"

江华大圩镇文明村瑶族长鼓舞队

赵明华有四个儿子，大儿子是乡村教师，爱好文艺，早已学会了长鼓舞。小儿子自己组建了一个乐队，镇上或是农村的红白喜事都会请他的乐队去表演，因为会跳长鼓舞，有时还会被请去县城表演。赵明华和小儿子还参加过湖南电视台节目的录制。

还在孙女赵春湘上小学三年级时，赵明华就有意识地传授她长鼓舞的基本动作。在爷爷的悉心指导下，赵春湘很快就学会了长鼓舞的基本动作，20来岁就已经熟练掌握了18套难度较高的动作。赵明华说："我不能要求别人的小孩一定要学习跳长鼓舞，但是自己的孙子、孙女一定要学会，至少在我们家，长鼓舞不会断代。"

近几年，县里把推广普及长鼓舞作为打造"神州瑶都"文化品牌的重要内容。赵明华每年都应邀到江华民族艺术学校教授一段时间长鼓舞；每年的瑶族盘王节，他也不再登台表演，而是作为民族文化传承突出贡献者坐在嘉宾席，对长鼓舞表演进行现场指导和评判。

作为新一代长鼓舞王，赵明华已年过花甲。每当有远道而来的客人要看长鼓舞，赵明华就会很开心地召集孙儿们进行表演。

月 香
——传承"生命的舞蹈"

月香（1935～），民间舞蹈艺人，锡伯族贝伦舞传承人。新疆伊犁察布查尔人，锡伯族。她从小酷爱民间文艺，12岁开始学习贝伦舞，无师自通，熟练掌握了贝伦舞艺术；还学习本族民歌，并在秧歌剧中担任角色，成为当地贝伦舞、秧歌剧和民歌高手。她把民间贝伦舞与田野歌、秧歌剧结合起来，自创出一套别有风味的贝伦舞。2009年成为第三批国家级非物质文化遗产项目（传统舞蹈类）代表性传承人。

一、爱新舍里民间文艺高手

1935年，月香出生于新疆伊犁锡伯营一牛录（今察布查尔锡伯自治县爱新舍里镇乌珠牛录村）的一个锡伯族家庭。

新疆是锡伯族的第二故乡，这里的锡伯族是18世纪中叶从东北大兴安岭地区西迁而来的。200多年前，当锡伯族人从东北迁徙到这片土地上时，伊犁河边还到处是林莽沼泽，经过百余年的开垦才有了万顷良田，而"察布查尔"的锡伯语意思正是"粮仓"。

月香与儿子共舞

西迁伊犁的锡伯军民共3000余人，编为锡伯营，属伊犁将军统辖。清末民初，锡伯营先后隶属宁远县（今伊宁县）和巩留县。1938年，伊犁锡伯营（包括四营）撤销，同时成立河南设治局（因位于伊犁河南岸而得名），两年后升格为县——河南县；不久因与河南省重名，改名宁西县。1954年3月，经国务院批准，宁西县更名为"察布查尔"，并成立察布查尔锡伯自治县。

爱新舍里是距离察布查尔锡伯自治县城最远的一个乡镇，当地人习惯称呼它为"金泉乡"。"爱新舍里"在锡伯语里是"金泉"的意思，而这个地名的由来还有鲜明的锡伯族神话传说色彩，因而这里也被人们视作西迁锡伯族的文化摇篮。

月香出生在爱新舍里镇一个有文化传统的农民家庭。她从小酷爱民间文艺，尤其是对锡伯族民间贝伦舞情有独钟。幼年时的月香聪明伶俐，爱唱爱跳，喜欢模仿大人跳贝伦舞。

12岁的时候，月香开始自学贝伦舞。在多年的民间文艺活动中，月香积累了丰富的知识和经验，无师自通，熟练掌握了贝伦舞。在此基础上，月香又在"汉都春"（锡伯族秧歌剧）中担任角色，同时对锡伯族民歌进行学习、研究和创作。最后，月香成了自治县民间贝伦舞、秧歌剧以及民歌的高手。

20世纪70年代以后，爱新舍里镇组织了以月香为代表的民间贝伦舞文艺队，不仅在本县演出，还多次到乌鲁木齐、沈阳等地演出，得到了当地观众的好评。

二、贝伦舞——"生命的舞蹈"

锡伯族能歌善舞，舞蹈风格多样，异彩纷呈。锡伯语"玛克辛"和"贝伦"，都是"舞蹈"的意思，前者指宗教的、创作的和外民族的舞蹈，后者则是民间自娱性舞蹈的泛称，也是锡伯族民间舞蹈的第一大种类。

贝伦舞起源于古代锡伯族人艰苦渔猎生活中模仿生活、生产姿势的一种古老舞蹈。锡伯族最初游牧于大兴安岭东麓，世代以狩猎、捕鱼为生。那时，锡伯族民间有一种强身健体的娱乐形式，舞蹈动作模仿的是打猎动作，表现获取猎物后的喜悦心情。如今流传民间的贝伦舞保留了这种遗风，也具有较强的模拟性。西迁的锡伯族人民虽然主要从事农耕，但继承了祖辈的风俗文化，而且在与新疆各民族的交流中，进一步发展、丰富了贝伦舞。

贝伦舞流行于新疆伊犁地区的察布查尔锡伯自治县及其他县市、塔城地区和乌鲁木齐市等锡伯族散居区。贝伦舞被锡伯族人民称为"生命的舞蹈"，在新疆，凡是有锡伯族人居住的地方，都能见到贝伦舞的即兴表演。它有广泛的群众性和自娱色彩，不选时间，不择场地，兴之所至，乐手弹起贝伦舞曲，人们便翩翩起舞。

舞台上的锡伯族贝伦舞

虽然贝伦舞的动作以即兴表演为主，但有24个基本动作贯穿其中。比如有拍胸、扭脖子、抖肩、涮腰等动作，脚下是踢踏舞的动作。男性跳贝伦舞动作粗犷，展现出阳刚之气；女性跳贝伦舞动作优雅，渗透出阴柔之美。

跳贝伦舞，传统伴奏是民间乐器东布尔，现在也有用小提琴等乐器伴奏的。不过，在锡伯族人眼里，东布尔与贝伦舞是一个整体。凡是有东布尔的地方就会有热闹的贝伦舞，而且只有在东布尔的伴奏下，才能使贝伦舞更原始、更自然、更和谐、更完美。从某种意义上说，东布尔演奏的不同风格、不同节奏的音乐，使贝伦舞形成了多种多样的特色舞蹈。

狭义来说，贝伦舞指贝伦舞的基础舞蹈，即"锡伯贝伦"，各种贝伦舞的基本动作都包含其中。月香介绍说，锡伯族群众喜欢用东布尔弹奏曲调来跳锡伯族贝伦舞，老翁、老妪都喜欢跳这种贝伦舞。

广义的贝伦舞，包括"锡伯贝伦"，共有十多种（有研究称已搜集到十六七种东布尔曲子和贝伦舞蹈），诸如单阿克苏尔、双阿克苏尔、多禾伦阿克苏尔、行礼舞、拍手舞、招媳妇舞、仿形舞、烧茶舞、醉舞、蝴蝶舞、走马舞、踏地舞等。在锡伯族民间，贝伦舞家喻户晓，男女老少大都会跳其中的一两种。

"招媳妇舞"是一种具有叙事性的舞蹈，锡伯语叫"赫赫胡拉热贝伦"，一般在年节和婚礼上跳。舞蹈时，小伙子踏着节拍表演恋爱情景，舞着来到姑娘家门口吹口哨，或者在屋外向着窗户招手示意。惹得狗叫了起来，引来姑娘父亲的警觉，老人故意咳嗽，小伙子吓得赶忙跑开。小伙子不甘心就此离去，带着夸张的表情，闲跳一阵，又来到了窗下。姑娘终于被他召唤出来，双双对舞，情意缠绵。观众配合舞蹈动作，自发地学狗叫，学老人咳嗽，吹口哨助兴。舞者与观众心心相印，配合默契。

"扑蝴蝶舞"也有一定的叙事性。旧时，姑娘不能与男子共舞，因而锡伯族民间艺人就为男女青年创造了"扑蝴蝶舞"。这种舞由一男一女共舞，但却用一根五六尺长、挑纸蝴蝶的棍子让他们保持距离。姑娘挑着蝴蝶上下、左右抖动，小伙子总是在将要扑到的关口，被一次次"闪"过……其实这"抖"与"扑"的延宕，正是为了给跳舞的男女青年创造眉目传情的机会。一些有"心计"的姑娘在跳这种舞蹈时，把挑纸蝴蝶的棍子缩短到三尺左右，以便近距离接触心仪的男青年。

三、"贝伦舞的前景是美好的"

锡伯族的贝伦舞艺术地再现了锡伯族的社会生活、生产劳动，反映了锡伯族人民的思想感情和审美追求。比如"烧茶舞"，锡伯语称"查伊付伊不勒贝伦"。这是一种女性舞蹈，它模仿主妇早晨拾粪、挑水、挤牛奶、烧茶、冲奶茶等日常生活动作，节奏舒缓、细腻温柔，别具一格。

贝伦舞对于开展民间文艺活动、丰富群众文艺生活，具有重要价值。

察布查尔县万人起舞锡伯贝伦

月香擅长锡伯族贝伦舞,她曾经过悉心揣摩,把贝伦舞与田野歌、汗都春结合在一起,自创出一套别有风味的贝伦舞。这种舞蹈被锡伯族人民接受,并广为流行,而月香也因此成为察布查尔县众多贝伦舞艺人中的佼佼者。

贝伦舞还为锡伯族的舞台艺术创作提供着不竭的源泉,文艺工作者根据贝伦舞的特点创作出多部现代舞蹈,多次在地州、自治区、国家级文艺会演中演出并获奖。

孩子们也都喜欢贝伦舞

2007年8月,锡伯族贝伦舞列入新疆维吾尔自治区首批自治区级非物质文化遗产保护项目;次年6月,锡伯族贝伦舞又列入了第二批国家级非物质文化遗产名录(传统舞蹈类)。接着,2009年6月,月香成为第三批国家级非物质文化遗产项目(锡伯族贝伦舞)代表性传承人。

然而,受现代文化的冲击,近些年来会跳原始风格贝伦舞的民间艺人大都年事偏高,而年轻人跳的贝伦舞则变异较大,贝伦舞的舞蹈语言、原始形态和艺术风格正在丢失,亟须进行必要保护,培养传承人。

如今,作为国家级非物质文化遗产项目传承人,月香始终义务为当地群众办贝伦舞培训班,不遗余力地向青年人传授技艺,总是充满激情,乐此不疲。月香认为,贝伦舞传承注重传、帮、带,老年人都应该展示贝伦舞的魅力,这是一代又一代锡伯族人的责任。

尽管月香年事已高,但她的心还在舞台上飞旋,她还会时不时地跳上一段。县里有大型活动的时候,她偶尔也会参加。月香有一个儿子和一个女儿,他们都很喜欢贝伦舞,现在连孙子、孙女也都会跳贝伦舞。

对于锡伯族贝伦舞的未来,月香充满信心,她坚信:"各级政府对贝伦舞的传承都非常关心和支持,现在贝伦舞人才济济,后继有人,贝伦舞的前景是美好的。"

龙正福
——"不管去到哪里都是我的舞台"

龙正福（1943～），民间舞蹈艺人，哈尼族棕扇舞传承人。云南红河元江人，哈尼族。他从小受到民族歌舞的熏陶，16 岁时正式拜师学艺，20 多岁时成为远近闻名的棕扇舞艺人和三弦演奏师。他对棕扇舞舞蹈动作进行了改进，使其更具观赏性和趣味性，他还能自制乐器伴奏。2012 年成为第四批国家级非物质文化遗产项目（传统舞蹈类）代表性传承人。

一、出身世家，学成绝艺

1943 年 9 月，龙正福出生在今云南省玉溪市元江哈尼族彝族傣族自治县羊街乡西竜村的一个哈尼族家庭。

龙正福出身于民族歌舞世家，家里的哈尼族文化气氛十分浓郁。他的祖父龙保扎、父亲龙德嘎，都是当地有名的民间艺人，擅长民族歌舞和哈尼族器乐的演奏。在这个家庭里，龙正福从小就受到了民族民间艺术的熏陶，热爱民族歌舞，耳濡目染，他在十一二岁的时候就已经学会了不少民族技艺。

龙正福

到 16 岁的时候，按照哈尼族人的特有仪式，龙正福拜自己的祖父为师，开始正式学习棕扇舞，后来又向父亲学习演奏哈尼"小三弦"。此外，他还学会了吹叶子、演奏二胡、唢呐等。到了 20 多岁的时候，龙正福已经成为元江县哈尼族地区远近闻名的棕扇舞艺人和三弦演奏师。

龙正福不仅自己不断学习，而且先后收了 15 个学徒，向他们悉心传授

棕扇舞等哈尼舞蹈和哈尼三弦等民间乐器的演奏技巧。多年来，每逢哈尼族人的红白喜事、节日庆典、大型展演……乡里乡外的大小活动，只要有棕扇舞的地方，就一定有龙正福及其弟子们的身影。无论在本乡还是在外地，龙正福的表演都受到观众的热烈欢迎和好评。

龙正福说，在每年的哈尼十月年和祭龙节等节日中，哈尼族人开展民间祭祀活动和庆典时，他都会被邀请去教棕扇舞："我也会作为演员出现在舞台上，而棕扇舞的表演常常将活动带入高潮。"此外，龙正福还曾作为元江县哈尼族民间艺术团的主要骨干演员到北京、天津、上海、郑州等地演出哈尼族棕扇舞。

如今的龙正福，已经成为当地有名的棕扇舞表演艺人，他熟悉棕扇舞的各种舞蹈套路和动作技巧，在当地可谓绝无仅有。同时，他还结合当地哈尼族文化特点，对舞蹈动作进行反复推敲和改进，融入自身的风格特点，使棕扇舞更具观赏性和趣味性。

龙正福给棕扇舞配乐的乐器，都是他自己制作的。像他弹的三弦，就是他自己精心制作的，不仅做工精细，还融入了哈尼族文化元素：上面装饰着白鹇鸟的羽毛。白鹇鸟是哈尼族的吉祥鸟。他借此提醒大家要爱护它，与它和谐相处。

50多年来，龙正福带领徒弟们四处表演棕扇舞，一直在积极传承和发展着这项古老的民族民间艺术，使其不致失传，并有所发扬光大。

二、棕扇舞：源于生活和生态的舞蹈

棕扇舞是哈尼族特有的一种民间舞蹈，主要流行于元江羊街乡、那诺乡哈尼族聚居地，是当地极具特色和代表性的传统民族民间舞蹈之一。

龙正福介绍说，哈尼族棕扇舞起源于古老的狩猎和祭祀活动。舞蹈通过模仿狩猎中的禽兽飞跃奔跑，表现猎人凯旋的心情；手拿棕扇的舞蹈套路，则是驱鬼祭神场景的再现。随着社会的发展，棕扇舞的原始功用逐渐淡化，娱乐性、艺术表演性成分大为增加。

棕扇舞最初主要用于祭祀活动，舞姿不求统一，但每个动作均有象征性，男性模拟动物或鸟类，女性手持棕扇模拟白鹇鸟动作，各自起舞，表示对死者的尊敬和怀念，既庄重肃穆又感情真挚。如今，棕扇舞不仅用于祭祀、丧葬仪式，逢年过节、农事休闲，也可用来自娱自乐或者进行表演。

棕榈树是哈尼族山寨常见的树木，勤劳智慧的哈尼族人，不仅用棕皮

热闹的棕扇舞表演

缝制蓑衣、避雨御寒，一年一度的春播时节都要穿上新缝的蓑衣，为秧姑娘送嫁（插秧）；而且还用竹子、树杈、棕榈叶作道具，模仿吉祥鸟白鹇行走、飞翔等动作，创造了大量原始、古朴的舞蹈艺术，棕扇舞就是流传至今的一种。

棕扇舞以牛皮鼓、铓锣、钹、唢呐等为伴奏乐器，主要道具即为棕榈叶制成的棕扇。娱乐活动中，男女均可手持棕扇舞蹈，但丧葬仪式中往往由"摩批"（哈尼族祭司）首先起舞。

棕扇舞表演时，表演者手持形似扇子的棕榈叶，在哈尼族民间音乐的伴奏下，踩着鼓点翩翩起舞。男性模拟熊、猴子等动物以及老鹰、公鸡等禽鸟的动作，动作古朴生动；女性舞者则用象征白鹇羽翼的棕榈叶，模拟白鹇鸟在树下嬉戏、漫步、四处窥探等形态，动作细腻传神，充分表现了哈尼族人民对美好生活的向往。

棕扇舞舞蹈动作的发展和定型，与哈尼族迁徙历史和定居梯田的劳作生活息息相关。其主要表现是屈膝、前倾、含胸的舞蹈体态和上下颤动、左右摇摆的舞蹈律动，既古朴、又风趣。棕扇舞有"老熊洗脸""猴子作揖""猴子抱瓜""老鹰叼小鸡""老熊穿裤""猴子搂腰""公鸡斗架""猴子掰苞谷""老鹰拍翅膀""老熊走路"等10多套动作，形态逼真、舞姿优美，民族特征鲜明，有浓郁的地方风味。其中一些动作有一定的技巧性，如"猴子搂腰"等动作，具有较高的难度，需要具备较好的身体素质和舞蹈功底。这类动作，当地村寨里很多年轻人都无法做到，而年事已高的龙正福却能轻松完成。

棕扇舞主要传承方式为师徒传授，由师傅向徒弟传授舞蹈的主要动作和基本技法。

作为哈尼族舞蹈代表作之一，棕扇舞表演多次在国内获奖，还曾赴瑞典、意大利等国家演出。

2006年，哈尼族棕扇舞入选云南省非物质文化遗产名录；2011年6月，棕扇舞列入第三批国家级非物质文化遗产名录（传统舞蹈类）。

三、"代代相传，民族文化才不会消失"

继2011年棕扇舞列入国家级非物质文化遗产名录之后，2012年12月，龙正福也成为第四批国家级非物质文化遗产项目（棕扇舞，传统舞蹈类）代表性传承人。而早在2010年6月，他就成了云南省"省级非物质文化遗产传承人"。

龙正福演绎的棕扇舞，集歌、舞、乐、竞技和仿生表演于一体，表现形式特色鲜明，技巧多样。有专家这样评价龙正福："舞技精湛、到位，对哈尼文化理解透彻。他一直在为民族文化的传承孜孜不倦地奉献着，作为哈尼文化的主要传承人，他当之无愧。"

像许多民间艺人一样，龙正福首先是一位农民。有时候记者来采访，会看到他正忙着打理烟叶。不过，一身娴熟的舞艺以及就地取材的道具，使龙正福能够随时应客人之邀，投入棕扇舞的即兴展示。

龙正福的一身服饰，时时显示着他的民族身份：墨蓝色棉布衣服，衣襟和袖口处点缀着花和蝴蝶的图案，配上一顶三角形的包头，极具哈尼族特色。如果有人问起来，龙正福会指着头上戴的三角形包头说："这三个角象征着人生的三朵花：出生、结婚和死亡。不论遇到

棕扇舞技巧表演

梯田里哈尼族丰收舞

什么样的不如意,这三朵花都要开得好,人生才是完整的。"

哈尼族没有自己的文字,一直以来,棕扇舞的主要传承方式为师徒之间的口传心授。龙正福正是这样从父亲那里学会了棕扇舞。而且由于身体协调性和悟性较好,别人要一两天才能学会的动作,他很快就能掌握要领。

如今,老一辈棕扇舞艺人都相继过世了,在众多学习棕扇舞的同辈人中,只有龙正福一人将棕扇舞的基本动作熟练掌握,并传承下来。

龙正福生性乐观,又爱琢磨事情。他不仅喜欢跳舞,还对设计制作情有独钟。他说:"表演用的三弦琴,家里的储物柜,甚至桌椅板凳,都是我亲手设计制作的,每件都有自己的特色和寓意。"

龙正福还介绍说,祭祀活动大多在晚上进行,由于光线不好,跳舞的时候看不清楚舞蹈动作。为此,他在自制的三弦琴把上安装了彩灯和照明装置。对于自己的这一创意,龙正福不无自得:"这样一来,不仅跳舞的时候更具观赏性,而且下山的时候也能起到很好的照明作用,简直是一琴三用。"

跳舞的时候,是龙正福最开心的时候,也是一家人其乐融融的时候,更是民族文化艺术代代传承的关键时刻。龙正福说:"只要想跳的时候,不管去到哪里都是我的舞台。我有五个女儿、一个儿子,他们都会跳棕扇舞。每天晚饭过后,我们一家人就会在院子里弹琴跳舞,别提多开心了。只有这样一代传一代,我们的民族文化才不会消失。"

班点义
——爱鼓如命的"寨老"

班点义（1944～），民间艺人，铜鼓舞（田林瑶族铜鼓舞）传承人。广西百色田林人，瑶族。自幼随父亲学习铜鼓舞，13岁时继承父亲衣钵，负责保管铜鼓、主持铜鼓舞活动，后来进而成为寨老。长期主持屯里的铜鼓舞活动，并多次组织、参与各种铜鼓舞演出，为个人和村屯等赢得了很大荣誉。2012年成为第四批国家级非物质文化遗产项目（传统舞蹈类）代表性传承人。

一、刚会说话就说"要打鼓"

1944年7月，班点义出生在广西百色地区田林县潞城乡三瑶村瑶怒屯的一个瑶族家庭。

在广西壮族自治区，壮族、瑶族等少数民族都有丰厚的铜鼓舞文化积淀，而田林县的瑶族民间，铜鼓舞尤其盛行。班点义的祖父和父亲，都是村里铜鼓舞队的队员。

班点义是在铜鼓声中出生和长大的。刚会说话时，他经常说的一句话是："我要打鼓！"那时，村里铜鼓舞队的铜鼓放在他家里，大家常过来练习敲鼓。每当听到铜鼓声，班点义就哭闹着抢大人手中敲鼓的木槌。爷爷疼爱孙子，每每孙子哭闹，老人总会停下来让他玩一会儿。班点义回忆说："记忆中，铜鼓是我小时候最喜欢的玩具了。"

7岁那年，班点义正式开始跟随父亲班家林（屯里铜鼓舞技艺第6代传人）敲鼓和跳铜鼓舞。10岁时，他就成了铜鼓舞队里年纪最小的演员。那时，他已经熟练掌握了各种铜鼓敲打方法，会跳团圆舞、迎春舞、扁担舞、丰收舞等舞蹈。

班点义少年有成，扬名远近。12岁时，田林县文化局领导和技术员慕名而来，在村里进行现场考试，当场录取他为县文艺队专业演员。

在县文艺队里，班点义是年纪最小的职业演员，有正式编制，月薪和

班点义向演员传授铜鼓技艺

成人演员相同。年纪虽然小,但排练却和大人一样,很是辛苦。当时县文艺队经常下乡表演,班点义主要扮演孩子角色。排练之余,班点义不忘自己的本行,经常练习敲打铜鼓、跳铜鼓舞,还当其他演员的"小老师",教他们跳铜鼓舞。

13岁的时候,班点义接过了父亲的鼓槌,负责保管瑶寨里的铜鼓,主持铜鼓舞活动。

"文化大革命"开始时,县文艺队解散了。班点义回到村里,本来打算重振铜鼓舞表演队。可村里正在搞"破四旧"运动,被视为"四旧"的铜鼓舞哪里还有容身之地!

进入新时期以来,瑶族铜鼓舞又开始活跃在各地瑶寨的礼俗活动中,活跃在民间的、官方的文艺演出中。1984年,班点义率瑶族铜鼓舞队参加南宁盘王节演出,得到中外专家学者和观众的高度评价。此后又多次参与百色市、田林县、潞城乡的铜鼓舞演出。

作为屯里铜鼓舞技艺的第7代传人,班点义也是寨老。屯里大到敬天祭祖,小到个人家的婚丧嫁娶,都要由他出面主持。他是屯里的头面人物,更是民族民间文艺的传承者、保护者。

二、视鼓如宝,爱鼓如命

田林的瑶族人称铜鼓是祖先们从湖南古州八万寨迁入广西时,从东兰、凤山带到田林的,已经有200多年的历史。对此,班点义也如此解释,并说现在屯里共两对铜鼓中的一对，就是那时从山里背来的。

这对老铜鼓已有明显的破裂痕迹，每个有 10 多公斤重，直径为四五十厘米，鼓面雕刻着细密的花纹。班点义说，铜鼓分公、母，"大的是公的，小的是母的"。公的铜鼓声音铿锵利落，而母的低沉一些，但更富余韵。

班点义说："铜鼓是我们瑶族祖先留下的宝物，一直被视为神灵。平时铜鼓都是埋在地底下，只有每年农历正月初二至正月三十（或二月初二），才会挖出铜鼓，跳起铜鼓舞。"

班点义祭铜鼓

自从接替父亲掌管屯里的铜鼓后，班点义将之视为珍宝，亲自保管，经常用新毛巾细心擦拭，精心保养。有一次，县文艺队借去表演，由于公路不通，送回来的时候放在乡邮电所里。那些日子，他坐卧不安、茶饭不思。当时没有电话，消息不通，班点义非常着急。终于，在一次到乡里赶圩的时候，他走进邮电所领报纸，看到了搁在地上多日的铜鼓。他心疼地将铜鼓擦洗干净，小猪仔也不买了，挑起那两口大铜鼓步行 20 多公里回了家。

"文化大革命"时期，村里搞"破四旧"运动，队长对班点义说："把那些没用的铜鼓砸烂了卖废料，换一些铁来打锄头才实用。"班点义一听急了，立即把家里的铜鼓拿到山上，找一个隐蔽的地方埋了起来。队长多次在大会上批斗和盘问，问他铜鼓藏在哪里，还威胁说要报告到县里，把他抓去坐牢。班点义毫不畏惧，坚决地说："那是祖先留下来的宝物，杀死我也不交出来！"

田林瑶族铜鼓舞包括起鼓、祭鼓、打鼓、埋鼓四道程序，其中起鼓、祭鼓、埋鼓三道程序，都意在宝重、礼敬铜鼓；而打鼓时，寨老鼓槌在手时，先要默念、祷告，然后才打铜鼓——这一切，表现的都是对铜鼓的崇敬，对仪式的郑重；而起鼓又称"起宝"，更是透露了人们对铜鼓的珍视。

田林铜鼓舞用三面鼓：两面铜鼓，一面双面牛皮木鼓（也称"长鼓"）。两面铜鼓平排挂在三脚架上，公左母右，相距约50厘米，鼓身离地面30厘米。木鼓悬挂在右侧，离铜鼓有三四米远，鼓身离地面一米多。

与两面铜鼓一起，还有一个鼓槌，一个鼓棒。鼓槌用来敲击鼓面，发出浑厚的声音；鼓棒敲击鼓沿，声音更为清脆。演奏时，按照鼓点的节奏交替使用鼓槌和鼓棒。木鼓与铜鼓配合，三面鼓按照传下来的鼓点敲击，丝毫不能出错，如班点义所说，"打错了就全乱了"。

埋鼓是把两面铜鼓秘密存放起来，由寨老完成，班点义说："到了夜里，趁着大家睡觉，我就扛着铜鼓，到寨外找个地方埋起来，埋藏的地点全寨只有我知道，其他人都不知道，埋鼓的地方也不固定。"保密性显示了铜鼓对于瑶族人的特殊意义。

几十年来，班点义每年都遵从前辈传下来的规矩，重复"请鼓"和"埋鼓"。不过，现在情形有了变化，班点义说："这几年宣传的人来得多了，每次都要看鼓，我就埋不动了。"

于是，班点义将两面老铜鼓存在自己家中，此外还有县里赠送的两只新铜鼓。

三、"闹年打铜鼓"

瑶族铜鼓舞是瑶族人民创造的一种民间舞蹈形式，是深受广大瑶族人民喜爱的地方艺术。据记载，清代雍正年间，生活在今湘、黔、桂交界处的瑶族祖先，为躲避战乱举族迁入广西腹地。铜鼓舞随着民族迁徙而在田林落脚生根，至今至少已有200多年的历史。

田林铜鼓舞主要流传在田林县浪平乡和潞城瑶族乡一带，其发展经历了雍正年间的形成期、清朝末期的成熟期、"文革"的岑寂期以及新时期以来的振兴期。虽然历经坎坷，但每年除夕（或正月初二），瑶寨男女老少都要穿上节日盛装，聚在寨前的空场上，伴随着铜鼓的旋律，跳起一支支舞蹈。

作为寨老，田林瑶族铜鼓舞起鼓、祭鼓、打鼓、埋鼓的四部分仪俗活动，班点义都要全程参与并主持。

起鼓又叫"起宝""请铜鼓"，每年届期，趁着天未亮，寨老会同三四个村人到寨里秘密埋藏铜鼓的地方，把铜鼓起出来，抬回寨老家中，用煮粽子的水将铜鼓擦洗干净，粽子水既可以去掉千里的泥气，又可以保护铜鼓，还能把瑶族人的喜气、吉利的心情传递给铜鼓。洗净之后检验铜鼓的颜色，通过颜色来判定当年年景的好坏，然后敲铜鼓三下，起鼓仪式结束。

瑶族铜鼓舞

起鼓之后要举行祭鼓仪式。祭鼓时将铜鼓、木鼓、鼓架、鼓槌摆放在岑王大将军庙中，用碗盛酒放在鼓面上，上香、上供品（鸡、糯米饭、鸡蛋），由寨老诵经祝祷、烧纸钱、验鸡骨（鸡骨卜）。祭鼓仪式结束，将两面铜鼓、一面木鼓抬到平地架好挂起来，由寨老先打一轮铜鼓，之后就可以打鼓跳铜鼓舞了。

打鼓也叫"闹年打铜鼓"，一般从大年初一（或初三）开始，到正月三十（或二月初二）结束。第一趟鼓一定要由寨老开头。打鼓时，寨老将击打铜鼓的鼓槌拿在嘴边默念、祷告，然后敲打铜鼓，由一人或两人起舞击打长鼓（高悬的木鼓），之后则由村中众人随意敲打。

"闹年打铜鼓"是整个铜鼓舞仪俗的主体部分，也就是狭义的铜鼓舞，包括打长鼓、圆圈舞、迎春舞、扁担舞、丰收舞等。"打长鼓"是田林瑶族铜鼓舞的核心部分，有单打和双打两种形式，长鼓合着铜鼓的节拍，舞者踏节而舞、舞中击鼓，渲染节日的欢乐，展示个人的技艺。"圆圈舞"由青年男女牵手绕圈而舞，取团结、齐心、相连之意。"迎春舞"由男女青年手执短红绸巾走穿插队形，表示对春天到来的喜悦。"扁担舞"是男女青年各为一组，每组由两人蹲下，手执扁担两端开合碰击，舞者在扁担开合间跳跃起舞，情绪热烈，有狂欢的色彩。"丰收舞"则由每个男女青年一手拿杯、一手执短红绸巾，在队形变化之间表演互相敬酒，表示对过去一年丰收的喜悦以及对来年丰收的祝福。

到一年一度的铜鼓舞结束时，寨老将铜鼓放在厅堂上，用香、酒等祭祀品祝告后，在夜间悄悄地背到野外埋藏起来。

在瑶怒屯，铜鼓舞是一年里最盛大的公共活动。多年以来，寨老班点义一直担当领鼓人的角色。开始时，鼓声缓慢轻柔，接着逐渐加快，高亢激昂，最后如疾风骤雨。场上的男女老少则纷纷加入舞蹈行列，陆续跳出各种舞步，舞步与鼓声往往通宵达旦。班点义曾颇有感触地说："经常跳到很晚，年轻人有时会跳到凌晨，除了跳舞还要唱歌、喝酒，整个正月里都是这个样子。"

田林铜鼓舞是一种半祭祀、半自娱的活动，意在纪念先人、欢庆节日，祈求健康长寿、六畜兴旺、五谷丰登。

2008年，铜鼓舞（田林瑶族铜鼓舞）列入第一批国家级非物质文化遗产扩展项目名录（传统舞蹈类）。

四、以更大热情传承铜鼓舞艺术

如今，班点义有两个身份。一个是瑶怒屯的寨老，屯里大到敬天祭祖，小到个人家的婚丧嫁娶，都要由他出面主持。另一个身份是，2012年12月成为第四批国家级非物质文化遗产项目（铜鼓舞，田林瑶族铜鼓舞）的代表性传承人。

其实，早在成为"非遗"传承人之前，班点义就开始了他传承民族艺术的历程。

改革开放后不久，铜鼓舞恢复表演。班点义很快召集原来的几位老演员，组织了30多个年轻人学习铜鼓舞。开始，村里还是点煤油灯，他家买了几只大号煤油灯点起来，大家就在屋里敲打铜鼓、跳起舞蹈。每晚都要练习到12点多，一晚耗了几斤火油。有时候，大家练累了饿了，班点义就拿出腊肉、米酒来，煮夜宵给大家吃。队员们说："传授徒弟，一般都是徒儿请师傅吃饭，但这里是师傅出钱请大家学习。"

2006年，田林县对潞城瑶族乡三瑶村的铜鼓舞进行挖掘和保护，政府出资购置了新的铜鼓和服装，还在村里修建了表演场地。班点义趁机组织了一个半专业的铜鼓舞表演队，培训了20多名固定演员，使大家掌握了大、小鼓的敲打方法，各种舞蹈的表演技巧，配合县政府打造铜鼓舞。

2009年，班点义被田林县政府聘为铜鼓舞传承教师，每年数次到县专业剧团传授铜鼓舞技艺。同时，他还得到了县财政拨付的每月800元生活补贴，以便有更多时间从事铜鼓舞的传承工作。

2007年以来，在区内外各种比赛、会演活动中，田林瑶族铜鼓舞以原生态舞蹈登台，并邀请知名艺术家编导了舞台节目《鼓韵瑶情》，演出均获得了广泛好评。而这些活动中，班点义要么是主角，要么是指导。

虽然年纪大了，但为了更好地展现铜鼓舞的艺术魅力，每到县外参加表演赛，班点义都亲自带队，主持表演仪式，并参加表演活动。县里非物质文化遗产表演队演员说："他老人家要敲打那两只起总指挥作用的大铜鼓，因为节奏很重要，必须由他亲自出马。"

2013年12月，田林县三瑶村瑶怒屯获得广西壮族自治区文联授予的首批广西"千村万户文艺惠民工程"瑶族铜鼓舞村称号，班点义家庭同时获得了"文艺户"荣誉称号。班点义捧着"文艺户"牌匾激动地说："没想到我们的舞蹈受到自治区的肯定，以后我们将以更大的热情，传承和发扬我们的铜鼓舞艺术。"

不过，铜鼓舞的传承也不是没有隐忧，一是传承人或已过世，或已年近古稀，且后继乏人；二是村里的青壮年多外出打工，常年不在村里，造成铜鼓舞的传习不能顺利开展，出现断层。班点义说："寨子里的年轻人都到了外面，跳的人少了，会打鼓的人更少，大家不那么感兴趣了。"

然而，铜鼓舞的传承也大有希望。2015年春节期间，田林县举办了瑶族铜鼓舞民俗文化活动，精彩的瑶族铜鼓舞表演让八方宾客领略了瑶族独特的民俗文化魅力。班点义自豪地说："我们三瑶村瑶怒屯瑶族铜鼓舞表演，不仅深受周边村屯群众的喜欢，同时也吸引了县内外八方宾客在每年的正月前来欣赏，感受少数民族文化的独特魅力。"

班点义向村民传授铜鼓技艺

高荣华
——华安高山族同胞的拉手舞情结

高荣华（1978～），民间舞蹈艺人，高山族拉手舞传承人。福建漳州华安人，高山族。他和聚居华安的同胞从小耳濡目染，跟随家人学会了高山族舞蹈，并参加各种表演和竞赛，扩大了高山族舞蹈的影响，获得了不少荣誉。在父辈成为省级"非遗"传承人后，高荣华也于2009年成为福建省第二批非物质文化遗产项目（传统舞蹈类）传承人，并在经营餐馆的同时，致力于"非遗"项目的传承。

一、跟爷爷学习高山族舞蹈

1978年6月，高荣华出生在福建省漳州市华安县仙都镇送坑村的一个高山族家庭。

高山族是我国台湾地区南岛语系各族群的统称，主要居住在祖国宝岛台湾，也有少数散居于大陆福建、浙江等沿海地区。

居住在大陆的高山族有4462人（2000年第五次人口普查统计），其中福建漳州市的华安县是祖国大陆高山族同胞聚居最多的县份，共有52户、137人，分别属于台湾的排湾、阿美、卑南和布农四个高山族支系，分布在仙都、华丰、新圩3个乡镇的送坑村、大地村、

高荣华在自家的小餐馆

市后村、云山村、下林村、大燕村和沙建村等7个村。

据介绍，跨海到华安县的高山族同胞，有到大陆经商的，有投身抗日战争的，还有国民党募兵而来的。第一代在华安落户的只有8人，现在已经发展到

近140人，有了第二代、第三代甚至第四代。如今，来大陆的第一代台湾高山族人均已离世。

华安县素有"茶都"的美誉，居住在这里的高山族居民主要从事茶叶生产加工。近几年来，国家加大了对这些高山族聚居村基础设施、民生工程、生态环保等领域项目建设的支持，累计补助资金达4500万元，帮助高山族同胞走上了致富之路。2013年，高山族群众人均纯收入达8100多元。

高荣华属于大陆高山族的第三代，从小就跟着第一代高山族的老人们学习高山族舞蹈。他说："我爷爷的名字叫作柯那斯（音译），是台湾台东县的阿美人。"

高荣华一家三口其乐融融

高荣华的爷爷1946年被国民党政府抓壮丁来到大陆，后来被解放军俘虏并被送到学校学习，成为一名政府干部，先后在县台办、粮食局工作过，娶当地女子为妻，生育了七个儿子、两个女儿。

对于爷爷的这段经历，高荣华也是小的时候断断续续从大人嘴里听到的。他还从老人们那里知道，高山族是个能歌善舞的民族，"对于隔海相望的那个并不算遥远的家乡充满了期待，老人们说那里的高山族无论劳动、恋爱、婚宴、节庆、祭祀，都用会歌舞来表达我们的情感"，于是高荣华就跟着第一代的高山族老人们学起了高山族舞。

像高荣华一样，华安县高山族同胞都是受家庭影响，从小就跟着家里大人学习高山族舞蹈的。同为"非遗"传承人的严志强也说，他从小受家庭熏陶，逢年过节一家人自娱自乐，在外公严长谷和母亲严密治等长辈的言传身教下，学会了高山族舞蹈。同族人集会或访亲问友时，他们也总是用舞蹈来进行交流，并一起切磋技艺。

二、高山族舞蹈在大陆的成长

高山族是一个能歌善舞的民族，民族民间文化十分发达，民歌、舞蹈早已为大陆同胞所熟悉和惊艳，其他如神话传说、民间故事、器乐也极具特色，还有纺织、竹编、藤编、刳木、雕刻、削竹和制陶等手工工艺。

高山族歌谣既有反映农耕、渔猎、采集等各种生产活动的生产歌，又有记载部落征战、抗击外侮、捍卫疆土的打仗歌，此外还有习俗歌、时政歌等，歌谣格调清新、音乐优美。高山族无论是劳动、恋爱、婚宴、祭祀等，均有歌舞表演，挽手合围，顿足踏歌，富有特色。

居住在华安县的高山族同胞对自己民族丰富多彩的歌舞艺术十分自豪，他们说："我们是能歌善舞的民族，无论劳动、恋爱、婚宴、节庆、祭祀，都用歌舞来表达我们的情感，我们每个家庭全家人都会跳高山族舞蹈。"高山族常见的歌舞形式，有阿美人的拉手舞，泰雅人的祭舞、酒舞，雅美人的甩发舞，其他如杵舞、竹竿舞、陀螺舞等舞蹈，也都有很高的艺术水平。

华安县高山族舞蹈的传承谱系，均是家族代代传承。传承路线主要有三条：高文贵传授给高建设、高建源、高建生、高建智，再由他们传授给高荣华；严长谷传授给严密治，再由严密治传授给严志强和严丽贞；林忠富传授给林秀兰，再由林秀兰传授给林江风。

高山族的舞蹈大多为集体舞，这是与他们劳动生产的集体性分不开的。凡是重大活动，都有集体载歌载舞的热烈场面。在歌舞聚会时，人们堆柴点火，围火高歌豪饮。先是十来个青年人款款起舞，并唱序歌，渐入高亢激越，众人齐声欢呼，场面非常热烈。形式通常为拉手舞，跳舞时腿部动作多，手的动作少。

1992年，高荣华的祖父高文贵等落户华安的第一代台湾高山族同胞，

华安高山族拉手舞

华安高山族竹竿舞

带着自己的子孙受邀到深圳"锦绣中华"表演、培训。

1995年，华安县第一代高山族同胞林忠富担任舞蹈编导，组织了20多人的高山族舞蹈队，赴深圳"中华民俗文化村"，向世人展示了高山族文化在祖国大陆发扬光大的景象。

2000年，华安的高山族同胞组建了一支高山族文艺表演队，到当地新落成的高山族民俗风情园进行表演。

经过一段时间的开发保护，华安高山族舞蹈影响力不断扩大，并不断获得各种荣誉。2003年，华安高山族舞蹈队获得第七届全国少数民族传统体育运动会文艺表演一等奖；2011年，在第九届全国少数民族传统体育运动会上，华安高山族代表队的"抛陀螺"和"竿球"分别荣获二等奖、三等奖。此外，华安高山族舞蹈还获得了福建省第三届少数民族文艺调演银奖、第九届音舞节铜奖等。

2015年8月，高荣华和叔叔高建生等参加了在内蒙古鄂尔多斯举行的第十届全国少数民族传统体育运动会。这一次，他们一个家族来了五对夫妻，而高建生夫妇已经是第五次参加全国少数民族传统体育运动会了。

近些年来，随着两岸交流的增加，不少台湾文艺团体经常来到华安进行文化交流，看到这里的高山族舞蹈跳得这么地道，都感到既惊讶又亲切，都说到这里就像回了家一样。华安县民族与宗教事务局负责人说："歌舞能传情，是一个很好的交流工具，通过这一平台，我想更能增进大陆高山族和台湾人民的了解和联系。"

2008年6月，高山族拉手舞列入第二批国家级非物质文化遗产名录（传统舞蹈类）。

三、"民族的东西不能丢"

在高山族舞蹈列入国家级"非遗"之后,2008 年,30 岁的高荣华和叔叔高建生、严志强,一同被评为漳州市第一批市级非物质文化遗产项目代表性传承人。2009 年,在高建生、严志强成为第一批省级"非遗"传承人之后,高荣华也被认定为省级"非遗"传承人。

2009 年 11 月,严志强、高建生、高荣华、严丽贞、高建源等十多名高山族同胞,出于对高山族舞蹈的热爱,自发组建了华安县民间高山族舞蹈队。他们来自各个行业,有的是个体户,有的是制茶能手,有的是教师。舞蹈队聘请专业舞蹈教练进行了指导,排练了《山地情歌》《阿美山风》等精彩节目。

不过,高山族舞蹈的发展和传承并不容乐观,一方面是节目老旧,另一方面是传承后继乏人。

节目陈旧,极大地影响了表演场次。高荣华经历了在民俗风情园表演的繁荣景象:"以前演出很多,有时候一个月能演二三十场,好的时候一天就演出三场。但现在一个月也演不了两三场。"

高荣华分析原因说:"无论是节目、舞蹈动作、服装还是音乐,几年来都没有更新,太老化了!"最初的表演队是大家自发组建的,后来由于缺少资金投入,出不了新东西,时间久了自然没了观众。他拿服装举例说,台湾高山族分十几个族群,即便在华安也有布农、排湾和阿美等几个

在第九届全国少数民族传统体育运动会上的高山族舞蹈表演

族群，但是老表演队只有一套阿美人的服装，而且多年不变。"内行人一看就能看出破绽来！"

"非遗"传承，政府的支持必不可少，而华安县政府各部门在这个方面做了不少工作。有关负责人说："大陆高山族的人口虽然少，我们还是要让民族文化更好地传承下来，文化是融于血脉的东西。"因此，各部门多管齐下，如：县民宗局免费赠送高山族同胞100套抛陀螺器械，让他们利用闲时进行家庭式训练；县委统战部联合县妇联，组织聘请专业老师编排了具有高山族特色的广场舞，把高山族舞蹈推广成全民健身性舞蹈。

高山族拉手舞表演

如今，高荣华在县城开着一家小吃店，同时致力于高山族舞蹈的传承。他组建了自己的表演队——娜鲁湾演出队，12个团员因为兴趣走到了一起，先由他垫资排练节目。服装、道具、音响，投入巨大。但高荣华觉得差的不仅仅是钱，他认为，高山族舞蹈从祖辈口述流传下来的资料原本就不多，老一代去世后就更没有多少人了解了。

高荣华说："民族的东西不能丢，如果再不重视的话，民族的宝贵文化很有可能就在我们这辈身上消失了，那就什么都没有了。"不过，令他欣慰的是，华安高山族的第四代——自己的儿子和侄子等，对本民族的传统舞蹈都很感兴趣，已经逐渐掌握了高山族舞蹈的一些技艺。

白腊先
——为振兴基诺族民间舞蹈不懈努力

白腊先（1957～），民间舞蹈艺人，基诺大鼓舞传承人。云南西双版纳景洪人，基诺族。他自幼喜爱舞蹈，初中毕业后担任村文艺表演队队长，其间正式拜本村老艺人为师学习基诺族民间舞蹈，掌握了大鼓舞的整体仪式程序和全部舞蹈动作。2002年被云南省有关部门命名为"民族民间舞蹈艺人"，成为国家级"非遗"项目"基诺大鼓舞"（传统舞蹈类）的省级传承人。

一、拜师学艺，博采众长

1957年6月，白腊先出生在云南省西双版纳景洪县（今景洪市）基诺乡巴坡村的一个基诺族家庭。

基诺族是我国人口较少少数民族，人口约2.2万（第五次人口普查统计）。"基诺"是民族自称，过去汉语多音译为"攸乐"，意为"跟在舅舅后边"，引申为"尊崇舅舅的民族"。主要分布在云南省西双版纳傣族自治州景洪市基诺乡，其余散居于基诺乡四邻山区。

基诺族主要从事农业，善于种茶，也经营打铁、竹篾编织、纺织、酿酒、木工等手工艺制作，砍刀布十分出名。与该地区其他

白腊先

民族一样，基诺族人民热爱歌舞，保留有丰富的神话传说、故事和诗歌等民间文学，以及叙事歌、山歌、贺新房歌、哄娃娃歌、儿歌等丰富的民歌，主要乐器有口弦、毕叶鲁、洞箫、二胡、七柯（用7根竹筒组成，有7个音阶）、塞吐（大鼓）、铓锣和钹等，大鼓舞远近闻名。

生长于基诺乡的白腊先，自幼喜爱舞蹈，在学校读书时一直是文艺骨

基诺族大鼓舞·祭鼓

干。1976年初中毕业后,他在本村组织了文艺演出队,担任队长和编导,主要编创、表演当时流行的一些文艺节目,并开始接触基诺族民间舞蹈。

白腊先被本民族流传下来的原始粗犷的舞蹈所吸引,劳动之余,经常和本村会跳舞的长辈聚在一起,向他们请教基诺族民间舞蹈的来源和动作要领。

1978年,白腊先正式拜本村老人切沙为师,开始比较全面系统地学习基诺族舞蹈,并对一些面临失传的传统节目进行挖掘、整理。在拜师学艺期间,他博采众家之长,凡是本民族舞蹈跳得好的老人,他都一一请教。

1979年6月6日,国务院批准基诺族为单一民族,成为我国的第56个民族。由此,基诺族传统的民间舞蹈陆续在各种欢庆或祭祀场合呈现。

在乡文化站的组织下,白腊先积极参加州、市、乡组织的有关文艺演出活动,对自己民族的舞蹈艺术越来越了解、越来越热爱,舞蹈技艺也越来越娴熟。

二、大鼓舞纪念创世女神

大鼓舞,是基诺族民间舞蹈中历史悠久、在群众中有着深远影响的舞蹈,流传于云南省西双版纳傣族自治州景洪市基诺山基诺族乡的基诺族村寨。

基诺族跳大鼓舞,是为了感谢传说中用大鼓拯救了基诺族人的创世女神阿嫫腰白。基诺族民间神话传说称,远古洪荒年代,基诺族的祖先阿嫫腰白造了一只大鼓,让麦黑与麦妞藏在鼓里躲过了洪水灾难。此后,麦黑与麦妞繁衍了基诺族的后代。因此，基诺族人民世世代代跳大鼓舞，以纪念阿嫫腰白。

大鼓被基诺族人民视作神圣之物，只能挂在卓巴（大寨老）家的神柱上。基诺族大鼓长约1米，直径40～50厘米，两面均蒙牛皮。鼓的两端边沿嵌有十数根木楔，形似太阳射出的光芒，所以基诺族大鼓又称作"太阳鼓"。如今，大鼓已经成为基诺族的一个文化符号，在第三届中国艺术节上，大鼓是代表基诺族的吉祥物；第五届全国少数民族传统体育运动会开幕式文艺表演《共创辉煌》的第一个场面，是一位基诺族姑娘挥槌敲击一面巨大的"太阳鼓"；云南民族村中的基诺族山寨，寨门顶端也是"太阳鼓"的图案。

基诺族大鼓平时禁止敲击，只有在过"特懋克节"（"打铁节"，也即基诺族的年节）和祭祀称为"铁罗嫫嫫"的神灵时，才能敲响大鼓和跳大鼓舞。跳大鼓舞以过"特懋克节"时最为隆重，时间是在立春后三天。祭祀"铁罗嫫嫫"在春天三月百花盛开时。

跳大鼓舞有一套完整的仪式：舞前，寨老们要先杀一头乳猪、一只鸡，供在鼓前，由七位长老磕头拜祭，其中一人念诵祭词，祈祷大鼓给人们带来吉祥平安。祭毕，按惯例由大寨老卓巴先击鼓舞蹈，依次是二寨老卓生等七位寨老和首席铁匠、新铁匠。舞蹈时，一人双手执鼓槌边击边舞，另有几人打铓（铓锣）、击钹（镲）伴奏，而寨子里的男女老少则围成一个圆圈，徒手起舞。合着大鼓和钹、锣的节奏，青年们旋转腰身，脚跟起伏，边歌边舞，往往通宵达旦。

基诺大鼓舞有专门的鼓经歌调，调查记录的曲调有《特模阿咪》（即"过年调"）、《乌攸壳》（"拜神灵"）、《厄扯锅》（"欢乐跳"）。《特模阿咪》是最古老的大鼓舞歌调，由五声音阶组成，速度缓慢，歌者在大鼓前手持锣或钹边歌边舞，表现过年的喜庆气氛。跳大鼓舞时的所唱歌词，多为基诺族人的历史、道德和习惯等内容。

"特懋克节"跳大鼓舞，表现了基诺族对祖先的崇敬，

基诺族太阳鼓

基诺大鼓舞

也透露了基诺族由原始石器时代的采集、狩猎向铁器时代的农耕转变的历史信息。节日里祭太阳鼓、抢鼓、跳大鼓舞的一系列仪俗，融祭祀（祭太阳鼓和祭铁）、迎新、备耕于一体，显示出悠久的历史渊源和深厚的文化底蕴。

过去，基诺大鼓舞只限于几个特定时节（除了两个节日，此外还有卓巴、卓生家盖新房时），一般在卓巴的家举行，还有妇女不能在鼓前跳舞的习俗。如今，基诺族跳大鼓舞的场所从卓巴家搬到了寨场，妇女也可以在大鼓面前跳舞，举凡节庆典礼等均可以尽情欢跳，而且大鼓舞也登上了艺术殿堂。

2006年5月，基诺大鼓舞经国务院批准列入第一批国家级非物质文化遗产名录。

三、为振兴基诺族民间舞蹈不懈努力

基诺大鼓舞把本民族的舞蹈、音乐、民俗等融为一体，蕴含丰富的历史文化内涵，热烈奔放、风格独特，体现了厚重的文化底蕴和浓郁的民族特色。

作为这种民族民间舞蹈的省级传承人，白腊先指出，基诺族的大鼓舞历史悠久、影响深远，流传于基诺山乡大部分基诺族村寨。大鼓是基诺族最神圣的祭器和乐器，每个村寨一般都有两个，祭祀大鼓，目的是祈盼它能保佑全寨人丁兴旺、五谷丰登。大鼓平时都摆放于村寨大公房，不得随意敲击，只有重大节庆时才能敲。基诺族的大鼓舞，极能表现人们内心深处的真、善、美。逢年过节时，男女老少在无音乐伴奏的鼓声中自娱自乐、其乐融融。

然而，基诺大鼓舞的传承也遇到了困难。如今，只有3名年过七旬的老人尚能掌握大鼓舞仪式的全过程和全部舞蹈动作，已处于极度濒危的境地，亟须加以保护、传承。

早在1983年，白腊先就收本村基诺族青年肖则、陈建军为徒，传授基诺族民间舞蹈。现在，肖则、陈建军已能独立编创本民族舞蹈，与白腊先一起参加过州、市、乡组织的文艺演出，在当地有一定影响。

2002年，白腊先被云南省民委、省文化厅命名为"民族民间舞蹈艺人"，成为国家级"非遗"项目基诺大鼓舞的省级传承人。

现在，作为基诺族传统民间舞蹈艺术比较全面的传承人，白腊先除了配合文化站组织好乡里和村里举行的文艺演出外，还参加州、市举办的文艺演出活动，积极介绍和宣传本民族的传统优秀文化，为振兴基诺族民间舞蹈不懈努力着。

基诺大鼓舞传习所揭牌

杨文锦
——普米族四弦乐舞传承人

杨文锦（1964～），民间乐舞艺人，普米族四弦琴乐舞传承人。云南怒江兰坪人，普米族。少年时代经父亲传授四弦琴弹奏技艺，又拜师学习了四弦琴制作的木工手艺，是目前普米族为数不多能够演奏并制作四弦琴的艺人。他改进普米族四弦琴的琴头形制，雕刻成羊头形，赋予其独特的民族文化符号。2015年成为云南省第五批省级非物质文化遗产项目代表性传承人。

一、歌、舞、乐，样样在行

杨文锦

1964年，杨文锦出生在云南省怒江地区兰坪县河西乡联合村下安乐村的一个普米族家庭。

兰坪白族普米族自治县（1987年设立），隶属怒江傈僳族自治州。该县地处云南省怒江地区横断山脉纵谷地带，北接维西傈僳族自治县，东北连玉龙纳西族自治县，东南靠剑川县，南邻云龙县，西与泸水县、福贡县接壤。这里是怒江、澜沧江、金沙江"三江并流"世界自然遗产的核心区，有"三江之门"的誉称。

兰坪是我国唯一的白族普米族自治县。境内居住有白族、普米族、怒族、藏族、汉族、傈僳族、彝族等14个民族，少数民族占总人口的93.4%。其中，白族占48.2%，普米族占7.5%。

普米族是具有悠久历史和古老文化的民族之一。云南省怒江傈僳族自治州的兰坪县、丽江市的宁蒗县、玉龙县和迪庆藏族自治州的维西县，是普米族的

杨文锦在舞台上

主要聚居地。

普米族人能歌善舞，民族文艺十分发达。尤其是歌乐舞三位一体的民族舞蹈"搓磋"（普米锅庄），在民族乐器四弦琴的伴奏下，几乎每一个普米族人都会跳；又由于其带有集体舞的性质，男女老少都可以加入舞蹈行列，普米族人聚居地区也因此成为歌舞之乡。

在歌舞之乡成长起来的杨文锦，热爱自己民族的歌舞艺术，舞蹈、民歌、弹琴样样在行。尤其是普米族的四弦琴（普米语称"比拍"），杨文锦钟爱有加，不仅学成了精湛的弹奏技艺，还学会了四弦琴的制作。

杨文锦的四弦琴弹奏是跟随父亲学的，父亲曾以口传心授的方式教他弹奏。13岁的时候，杨文锦又跟随老一辈族人学习木工手艺和制作四弦琴，初步掌握了四弦琴的制作技艺。

"文化大革命"期间，与其他民族的传统歌舞艺术一样，普米族民间歌舞也被视为"四旧"，受到了禁止和摧残。那个时候，以集体舞为突出特点的普米族"搓磋"，更是噩运连连；抒情色彩浓郁的四弦琴，不仅失去了伴奏的机会，单独弹奏也转入了地下。

进入新时期以来，曾经被禁止的民间文艺、民俗活动，逐渐在广大农村恢复并发扬光大。普米族聚居区也是如此。村村寨寨有歌舞，一年到头有活动。后来，每逢喜庆佳节，唱民族歌、跳民族舞、着民族装，在兰坪城乡形成风尚。每逢走亲访友、贵客临门，或者男娶女嫁、吉庆佳节等集会时，在山野河谷、田边、牧场或庄房庭院，少则几十人，多则成百上千，男女老幼围着篝火，随着四弦琴的伴奏旋律边歌边舞，彻夜欢腾。

杨文锦自然是这欢腾中的一员，而且不仅歌舞，还常常弹奏四弦琴给大家伴奏。

二、"手拉手跳成十五的月亮"

"搓磋"是一种独特的民族娱乐舞蹈（相对"宗教舞蹈"而言），主要流传于云南兰坪县的通甸、河西、啦井、金顶及石登等乡镇的普米族聚居的村寨。它是普米族人民钟爱的艺术形式，也为周边各族群众所喜闻乐见。

"搓蹉"是普米语，"搓"意为（这种）舞，"蹉"意为跳，即跳（这种）舞之意。舞时，领舞者按一定节奏击羊皮，起到鼓声的效果，因而也叫"羊皮舞"。此外，也有"四弦舞"或"普米锅庄"之称，还有"打跳"的俗称。

"搓磋"起源的历史无文字可考。民间传说称，在一次战争中，普米族先民在夜间燃起篝火，通宵达旦跳"搓蹉"舞，令敌人误以为人马无数，最终智退强敌。

据老艺人说，传统的"搓蹉"舞原有72调，即72套舞步的变化。现在保留下来的，只有"团聚舞""碗筷舞""相近舞""鞋底相碰舞""臂部相撞舞""结尾舞"等12套。

普米族搓磋舞

普米族娱乐舞蹈全是手拉手转圆圈的舞蹈形式，"搓磋"也是如此。其舞蹈形式，正如普米族民歌所唱的，"如金线把珍珠穿成一串，手拉手跳成十五的月亮"。舞蹈队形主要有（手牵手的）单圆圈、双圆圈及半圆圈，一般习惯逆时针方向跳，也可以顺时针方向跳。如果围成双圆圈，同方向和不同方向跳均可。速度一般为中速；速度慢时，舞步轻盈、飘洒；速度加快时，舞步粗犷、有力。

杨文锦倾情演出

普米族的民间娱乐舞蹈，普遍具有歌、舞、乐三位一体的特点。"搓磋"有舞蹈，有乐器伴奏，有民歌演唱。人们在乐器伴奏下挽手而跳、边歌边舞，或者部分人跳舞，部分人边走边唱，唱完后随之起舞。舞步和谐、节奏明快，声音洪亮、情感激越，伴奏简单、清新欢快。特别是普米族妇女雪白的长裙随舞步轻盈飘旋，好似白鹭翻飞，非常优美。

"搓磋"舞不受时间、地点和人数的限制，少则三五人、数十人，多可上千人，参加者可随时介入。只要有一块平地，有一支伴奏的葫芦笙、四弦琴或竹笛，就能翩翩起舞、欢乐歌唱。白天伴着太阳，夜晚围着篝火，尤以夜晚最为普遍。不论是婚丧嫁娶，还是年节庆典，只要有喜可庆、有心想乐，就可以欢聚歌舞，通宵达旦，尽兴狂欢。正如《打跳歌》中所唱的："笛声不停莫歇脚，舞场上没有陡岩子，脚底板下没有刺，跳它个地动山也摇。"

总之，"搓蹉"舞保留了古代歌、舞、乐三位一体的特点，是普米族人民最喜爱的舞蹈，在羊头四弦琴的伴奏下，领舞一人按节拍敲击卷裹的羊皮，以舞步变化产生伴奏的节奏型乐曲，连臂踏歌、蜿蜒起伏地变化出"龙开门""龙出水""龙翻身""龙钻洞""龙摆尾""龙抱柱""龙关门""龙欢腾"等艺术造型，刚健明快，优美和谐。它是一种象征团结友爱、吉祥幸福的欢快的民间舞蹈，体现了突出的民族民间艺术特色。

2006年5月，兰坪县申报的"普米族搓蹉"，经国务院批准列入第一批国家级非物质文化遗产名录（传统舞蹈类）。

三、乐舞艺术与手工技艺全能

普米族四弦琴既是"搓磋"的伴奏乐器，又是琴手传情达意、倾诉人生喜怒哀乐的工具，它陪伴着普米族人从远古走到今天，是普米族社会生活中不可缺少的"盐"。然而，在十年"文革"期间，这种民族乐器连同民族歌舞，均被视为"四旧"，失去了展现其风采的舞台。

20世纪90年代，民间歌舞重现蓬勃生机，普米族的"搓磋"也呈现出歌舞达旦的传统景象。然而，随着老一辈手工艺人的相继离世，通晓普米族传统文化的人越来越少，有的地方甚至出现了青黄不接的现象。其中之一，就是四弦琴的制作。因为费工费时，售价又上不去，传统制作技艺逐渐被人忽视、遗忘，比如用牛尿脖或羊胃包琴箱，用羊肠做弦线的四弦琴制作手艺，已经基本没有人做、更没有人学了。

普米族四弦琴

现实生活中对四弦琴的需求越来越多，而制作四弦琴的人却越来越少。眼见这一状况，杨文锦很是焦急，决定重拾四弦琴制作技艺。在早年学习的基础上，杨文锦奔走于各个普米族村寨间，拜访老艺人，虚心学习四弦琴制作工艺，兼及弹奏技艺。历经数载，杨文锦终于学有所成，并创办了四弦琴作坊，招收年轻人为徒弟，从事四弦琴制作及普米族民族音乐的表演和传承工作。

2005年，杨文锦对四弦琴的形制作了重大改进，以羊头为四弦琴的琴头装饰，命名为"羊头琴"。普米族先民生活在青海湖边，以游牧为生；南迁后生活在高寒山区和半山区，至今仍以畜牧为主。家家户户都养羊，每户的羊少则十几只、多则上百只，除了食用外，羊皮是冬天主要的御寒物品，而卷起来的羊皮还是"搓磋"的传统节奏乐器。因此，杨文锦的革新有本有源，赋予了普米族四弦琴独特的民族文化内涵，赢得了广大普米族同胞的认可和社会的赞誉。

2007年，杨文锦投资10多万元，办起了羊头琴制作坊，每年制作羊头琴 120 多把，此外还有各种小工艺琴和口弦。作坊生产的普米族乐器，当地群众和演出队踊跃购买，怒江傈僳族自治州、兰坪县的各类艺术团体和表演单位也都十分喜欢使用杨文锦制作的羊头琴。此外，一部分羊头琴销往昆明、北京、上海等地，还被中央美术学院、北京舞蹈学院、云南大学、贵州大学等收藏。

杨文锦还是本村的致富能手。有记者去他家采访，随行的村干部曾诙谐地提醒"注意低头看路，尽量捡着空地走，不然一不小心就会踩到杨文锦的'钱'"。因为杨文锦家房前屋后的260亩山地，种了3000多棵核桃树，500多棵果树，1000多棵花椒树，下面还套种了120亩的秦艽、重楼等药材……为此，2005～2009年，杨文锦三次被中共兰坪县委、河西乡党委评为"优秀共产党员"；2006年，又获得了怒江傈僳族自治州"民族团结进步先进个人"称号。

带着羊头琴，杨文锦曾多次在中央电视台亮相，讲述他与羊头琴的故事及情缘。2005年，他因四弦琴制作而荣获怒江傈僳族自治州第十四届"特殊才艺奖"。而在"非遗"传承领域，2011年，杨文锦获得县级"四弦传承人"称号；2013年，成为州级"四弦舞乐"传承人；2015年，他又成为云南省第五批省级非物质文化遗产项目（普米族四弦乐舞）代表性传承人。

如今，杨文锦的作坊办得红红火火，精美的羊头琴，精致的普米族民居木雕模型，放满了一屋子。杨文锦说："政府很重视发扬我们普米族文化，因为我有手艺，就找我做了几把羊头琴作为展示和收藏。一开始只想到把文化传承下去，没想到一下子就火了，全国各地甚至国外的客人都来找我买这些民族手工艺品。"听来爽快的话语里，透露出杨文锦对民族文化的自豪感，以及传承民族艺术的使命感。

杨文锦在制作四弦琴

闭克坚
——"一辈子都是农民,一生都在搞壮剧"

闭克坚(1938~),戏剧艺人,壮剧传承人。广西田林人,壮族。他8岁学琴、9岁操琴伴奏、10岁登台表演,20岁即能出师传戏,后成为北路壮剧第11代传人。他不仅唱、演、伴奏、编、导均甚为精熟,还在壮剧唱腔、剧目、传承等方面进行了革新。2008年成为第二批国家级非物质文化遗产项目(传统戏剧类)代表性传承人。演出代表作《夫妻相会》,编著有《广西北路壮剧教程》《北路壮剧古今音乐集》。

一、出身世家,少年有成

1938年7月,闭克坚出生在今广西壮族自治区田林县利周瑶族乡百达村的一个壮族家庭。

田林百达村有着深厚的北路壮剧传统,演出从未停顿,艺人层出不穷。对于哺育自己成长的这块乡土,闭克坚说起来不无自豪:"我们百达村是一个深受北路壮剧影响的村庄,村里的壮剧团从同治年间成立至今,演出都未曾停断。而在我们田林县,平均每100个人里就有一人演过壮剧。这在全国都是少有的,可以说壮剧已经深入田林县各族人民心中。"

闭克坚

闭克坚出身于壮剧世家,祖父闭必熙是著名壮剧艺人,集编导、演员、乐师于一身,远近闻名,表演剧目多达47出;父亲也是能拉能唱的壮剧能手,叔叔也是"搞壮剧的"。受祖父和父亲的影响,闭克坚自幼热爱文艺。8岁时,他开始跟父亲学拉二胡,9岁跟随伴奏,10岁登台表演。可以说,少年时代的闭克坚已经是出色的壮剧苗子。

12岁时，闭克坚有幸得到北路壮剧第8代艺师黄福祥的青睐，被黄老收为徒弟。那年，黄福祥从八桂乡来到利周乡百达村指导壮剧，他示范了一个较有难度的表演动作，几个大人半天都学不会，闭克坚目不转睛地看着，抓住了动作要领，不由自主地模仿了起来。这一举动引起了黄福祥的注意，他发现这个孩子有表演天赋，是个好苗子。当天晚上，黄福祥便让闭克坚上台扮演一个小孩角色，成为当时剧团里年纪最小的演员。

回忆起拜师学艺，闭克坚说："我12岁拜北路壮剧第8代传人黄福祥为师，当时他50多岁了。那时我开始练基本功，包括生、旦、净、武、丑。他精心培养我，我学得很认真、刻苦。"这段经历，为闭克坚以后的艺术生涯打下了良好基础。

除了向老师学习，闭克坚还自费到田林县、隆林县和西林县等地的剧团拜访老艺人，学到了不少壮剧剧目和表演技艺，并掌握了历代艺师的传承历史。

1954年，16岁的闭克坚小学毕业，接着升入田林中学读书。在校期间，他积极参加学校文艺活动，并开始学习编写短篇壮剧。1955年春，他参加了田林县文艺会演。

1957年初中毕业后，闭克坚开始专门研习壮剧。他虚心向老艺人学习，基本掌握了壮剧各个音乐曲调的演奏，还学会了表演生、旦、净、武、丑各个行当，得到老艺人和乡亲们的称赞。20岁的时候，闭克坚就已经出师传戏了。

二、对歌获佳偶，师传古戏本

二十出头的小伙子，已经到了结婚成家的年龄。而闭克坚与妻子的美好姻缘，也正是壮剧成就的。

1958年春天，闭克坚跟着剧团到邻近的凌云县朝里乡那巴屯唱戏。那几天，闭克坚唱的是传统剧《夫妻相会》，一连演了一周，场场满座，有的人甚至是带着干粮从几十里外赶来的。到剧团准备离开时，想到不知何年何月才能看到如此好戏，屯里的老人们急了。为了挽留闭克坚，老人们想出了对歌相亲的招儿。盛情难却的闭克坚和屯里的10位姑娘对了好几天歌，最终被年龄小自己10岁的陈美兰折服。就这样，两人以戏为媒，以歌传情，成就了一段美好姻缘。打那以后，闭克坚就留在了那巴屯，村民们"从此不愁没戏看了"，而那巴屯也成了闭克坚的第二故乡。

在接下来的几年里，闭克坚在北路壮剧的曲子创新、剧目改编等方面都取得了突出成绩,并得到了黄福祥的认可。其间,闭克坚曾被百色地区的"右江壮剧团"吸收为演员,但为了师傅的嘱托,他还是选择了回到凌云。对此,他这样解释:"考虑到老师培养我的目的是继承他的舞台艺术,我宁愿牺牲个人职业前途,自动离开'右江壮剧团',回来钻研北路壮剧,发展和壮大本地北路壮剧团队。"

1964年8月的一天,在百色传艺的黄福祥把闭克坚叫到旅馆里,对他说:"以你的天赋和努力,完全可以胜任北路壮剧的传承,我这里有上百部戏书传给你,你可要把它们好好地传承和发扬光大了。"

闭克坚对自己被选为北路壮剧传人有所顾虑,认为自己身材矮小、相貌一般,担心影响北路壮剧的发展。老师语重心长地说:"北路壮剧对传人的要求很高。要具备过人的天分,必须是各个行当都拿得起放得下的全才;更重要的是人品要好,有艺德。要有发展和创新北路壮剧艺术的事业心和领导力。"闭克坚表示自己决不辜负老师的期望,一定会以毕生精力去传承北路壮剧,把它发扬光大。

据闭克坚自己介绍,老师交给他36册古老剧本,最可贵的是《侬智高》《台符》和《太平春》。《侬智高》反映本民族的历史,是北路壮剧最出色的武打戏;《台符》是掌台请师用本,每一次壮剧开台、闭台都不能缺它;《太平春》编成于清朝康熙二十年(黄福祥民国元年抄),是北路壮剧最古老的资料,也是代表性祖传证本,其中包括壮剧演出的程式性歌词和唱腔唱法,一直沿用至今,每次唱壮剧都要用到,特别是头晚开场和最

闭克坚一家还是当地的"最美家庭"

后闭幕，都少不了它。

《太平春》以及其他古本，正是壮剧接班人的凭证。把它们交给闭克坚，也就意味着黄福祥把北路壮剧的衣钵传给了闭克坚。就这样，闭克坚正式成为北路壮剧的第10代传人。

随后，闭克坚挑着简单的行李和戏书回到了凌云县。一个星期后，黄福祥也安然辞世。

三、壮剧：带着壮族民歌风味

壮剧是壮族戏曲剧种的统称，在壮族民间文学、歌舞、说唱艺术的基础上发展形成，清代同治、光绪年间已有演出，主要流行于广西的西部和云南省文山壮族苗族自治州的富宁、广南一带。

由于流行地区和语言、音乐唱腔、表演风格等的不同，流行于广西的壮剧分为南路壮剧、北路壮剧、壮族师公戏三类，云南壮剧则有富宁壮剧、广南壮剧之分。

广西的南路壮剧用壮语南部方言演出，主要分布在靖西、德保、那坡、天等、大新、田阳、田东等县；北路壮剧用壮语北部方言演出，主要分布于广西田林、西林、隆林、凌云、乐业等县。壮族师公戏又称"壮师剧"，主要流传于河池、宜山、来宾、贵县、上林、武鸣、邕宁一带，是在"跳神"的基础上发展起来的。

壮剧的主要唱腔叫正调，女角起唱都带"快哥来"（意即"哥快来"）三字，男角起唱都带"侬阿里"（意即"妹在哪里"）三字，明显带有壮族民歌风味。曲调比较自由，可根据剧中人物感情需要，加以变化发挥。此外，还有悲调（近似"皮黄"哭头、滚板）、小调等。

壮剧的伴奏音乐，采用多声部的手法，各种乐器定弦不同，在旋律上形成多种和声关系，演奏起来饶有情趣，是我国少数民族多声部音乐宝库中的珍品。伴奏乐器，北路壮剧主要有马骨胡、葫芦胡、月琴等，南路壮剧则主要有清胡、厚胡、小三弦等。其中北路壮剧的马骨胡最有特色——琴筒用马大腿筒骨做成，配以金属弦，音色清脆明亮、余韵悠远。这是壮剧艺人独创的伴奏乐器，在各地剧种伴奏乐器中可谓独一无二。

壮剧剧目非常丰富，据不完全统计，南路壮剧有传统剧目100多个，北路壮剧有传统剧目200个，总计有340多个。其中有根据演义小说改编的连台本，有取材于民间唱话的，还有生活小戏以及创作、改编的剧目。壮剧题材多反映本民族生活内容，如《布伯》《侬智高》《莫一大王》《百

北路壮剧艺术节开幕式

鸟衣》《刘三姐》等。

　　壮剧深受壮族人民的欢迎。在壮乡，每逢节庆喜事，壮剧都是必不可少的，一听说有剧团来演出，戏台前早早就会挤满从十里八乡翻山越岭赶来的乡亲，不管刮风下雨，大戏一唱就会连演几天几夜。对此，闭克坚有过惟妙惟肖的形容："当马骨胡的弦子奏响，开场的锣鼓锵锵地敲起来，正在吃饭的会马上丢下饭碗，正在睡觉的也会一骨碌爬起来。当乡亲们凑在一起，看上一场剧目，浑身的毛孔都会张开来，直让人舒坦到骨子里。"

　　在壮乡，壮剧演出还有一些别具韵味的"风景"：有剧团来到村里演出，村民们会"抢"演员到家里吃饭，在谁家吃得多，主人会很有面子。闭克坚就曾笑嘻嘻地向记者说过："我就是被妻子家给'抢'去的上门女婿。"而演出时如果唱得出彩，人们就会把手帕、头巾等送上台表心意，甚至会送出精心制作的衣物、布鞋等。

　　2006年5月，壮剧列入第一批国家级非物质文化遗产名录（传统戏剧类）。

四、一面坚守，一面创新

　　闭克坚是集演、编、乐师为一身的全能壮剧艺人。他从小生、小旦学起，直至精熟各种角色的表演，正调、山歌调等多种声腔的演唱，以及马骨胡等各类乐器的演奏，还有剧本的改编创作。当有人问起学戏苦不苦，闭克坚说："学壮剧真的是很苦，但是自己喜欢，家乡人更喜欢，练功、练嗓再累我也不怕，每次唱歌、演戏的时候心情就很舒畅，无比快乐。"

更苦的是"文革"时期因壮剧所受的折磨，而也正是壮剧使闭克坚在那个艰难岁月里获得了格外的快乐和信心。

"文革"时禁唱壮剧，但闭克坚和村里人还是偷偷地唱。闭克坚回忆说："'文革'时候禁演，当时我是村里面的新女婿，没事的时候就把大家组织起来演戏，没想到红卫兵进来了，他们不让我们拉乐器，也不让唱，但是走了以后我们就又开始了，他们没有办法了。回去后打探到组织者是我，就把我抓走了，后来就关了3个月（实际为78天）。"

闭克坚舞台剧照

在被关押的那些日子里，挨斗的伤情稍好，闭克坚又唱起了北路壮剧。有个看守喜欢听壮剧，每当值班时就偷偷递香烟给闭克坚，听他唱壮剧……民众对北路壮剧的由衷喜爱，使闭克坚更加坚定了守护、传承北路壮剧的决心。

在鼓噪砸烂一切的"文革"时期，历史上流传下来的许多民间文献都在劫难逃。不过，闭克坚手里的古戏本却安然无恙。原来，就在闭克坚被揪斗前夕，村支书秘密相告，说他五天之内逃不脱一场劫难。于是，闭克坚当晚就把《太平春》《台符》和《侬智高》三个戏本，放在小缸里偷偷藏在了后院的园子里。五天之后，适逢凌云县那巴一年一度的歌节，当天正在演出壮剧《秦香莲》的闭克坚，被红卫兵扣上"四旧头目"的罪名，捆绑下台，进行游街批斗，并遭受残酷对待，关入凌云监狱。

闭克坚被关进监狱后，家里的剧本全被红卫兵付之一炬，损失极大，只有《太平春》等三个古戏本得以幸存。1983年3月，百色地区壮剧座谈会在田林召开，闭克坚在会上献出了三个戏本。

除了三个古戏本，闭克坚还保存了一套第7代艺师黄永贵在光绪二十年（1894）所画的老戏服，一套第9代艺师黄芳声所画的老戏服，以及清咸丰年间的《自己害身》、光绪年间的《三颗夜明珠》两个剧本，还有一张珍贵的艺师牌位以及马骨胡、葫芦胡、土胡等田林壮剧伴奏乐器。

闭克坚牢记老师"要发展和创新北路壮剧艺术"的教诲,坚守的同时也不忘发展,尤其是成为第 10 代传人之后,在北路壮剧曲调、剧目、表演乃至传承等方面都做了探索和革新。

北路壮剧旧传的曲调只有 9 个,都是比较简单的谱子。早在 20 世纪 50 年代末,闭克坚就自学简谱,创新了北路壮剧的"采花调""太平歌""十二月花调"等曲子,还改编了剧目《大闹桃花村》《九莲杯》和《金山取女》,这些革新都得到黄福祥的认可。在闭克坚的经营下,北路壮剧发展到了如今的 40 多个板调。

传统北路壮剧中,武戏缺少高难度动作,舞台效果较弱。看到这些问题,闭克坚采取"走出去"的办法,到外地看别的流派的演出,向粤剧等其他剧种的老艺人求教,从而对壮剧的武戏进行了改革。

与众多传统戏曲一样,北路壮剧也采用师徒口传身教的传承方式,不利于推广和教学。于是,闭克坚把这 40 多个北路壮剧板调全部收集,出版了《北路壮剧古今音乐集》。现在,广西、云南、贵州各地的北路壮剧剧团,都在用闭克坚这份创新成果。

按照传统,北路壮剧的每一代艺师传人都得有一个属于自己的名号。比如,第 1 代杨六练是"台师",第 2 代岑和、岑宗三是"歌师",第 3 代岑秀龙、岑会明是"原师"……闭克坚身为第 10 代传人,后辈们尊称他为"新师"。正是这一系列推陈出新的举动,为闭克坚赢得了"新师"的称号。

五、努力把壮剧代代传承下去

闭克坚十来岁开始学戏,一生忙于演戏、传戏,把所有时间精力都贡献给了北路壮剧。几十年来,除了农忙时节,他一年到头没几天着家的。这么多年,带过多少戏班,带出多少演员,他也记不清。有时因为忙于传戏,家里没米下锅,闭克坚也毫不知晓。还是所教戏班的学生得知后,自发地送米来,一家人才勉强有粮糊口。

闭克坚曾这样概括自己的一生:"我一辈子都是农民,一生都在搞壮剧,我平时不在家种地,生活来源都是靠搞壮剧。"

当有人问:"您搞了一辈子壮剧了,天天也没时间干活,这媳妇儿能乐意吗?"闭克坚说:"媳妇儿对我特别好,也乐意,支持我搞壮剧!"

2007 年,闭克坚被聘请为"田林县北路壮剧艺术学校"名誉校长,每个月可领到 600 元工资。

2008 年 2 月,闭克坚与原籍德保县的南路壮剧艺人张琴音一起,成为

闭克坚与北路壮剧演员合影

第二批国家级非物质文化遗产项目（壮剧，传统戏剧类）代表性传承人。

闭克坚的壮剧传承，早在成为"非遗"传承人之前就已经在进行。据不完全统计，闭克坚已经辅导了40多个剧团，教过多少人、收过多少学生很难统计。为方便学员学习壮剧，闭克坚编写了《广西北路壮剧教程》，还应广大爱好者的需求，把壮语版本译成了汉语版本。

和许多传统戏剧一样，北路壮剧对传人的要求很高，不但要求具备过人的天分，更要讲艺德，还必须是各个行当都拿得起、放得下的全才。闭克坚说："北路壮剧的每一代艺师，都是为完善和发展这门艺术做出重大贡献的，这样才能得到先师和群众的承认。"

2013年，因为对非物质文化遗产传承的贡献，闭克坚获得第二届"中华非物质文化遗产传承人薪传奖"。

如今，闭克坚的北路壮剧艺术也有了接班人，那就是第11代传承人黄景润。人们问他为什么自己的儿子没有成为传人，闭克坚笑道："样样精通的人才能成为第11代传承人，我的儿子只精通一项，不够全面。"

在闭克坚的家庭里，受他的影响，他的儿子、孙子也很喜欢壮剧。2014年10月，闭克坚和儿子在中国音乐学院和中央民族大学举行的"壮家有戏　田林有情——广西壮族马骨胡与北路壮剧音乐展示会"上同台出演，一家人对民族艺术的热爱与坚守令人感佩。

尽管已经确定了第11代传人，但面对现代文明的冲击，如何传承发展壮剧，闭克坚还是不无担忧，尤其担心武戏失传。因此，闭克坚希望能够带出"半专业"剧团来，"和壮剧老艺人们一起努力，代代传承下去"。

李福国
——"傩戏一家班，技艺压三县"

李福国（1963～2011），民间戏剧艺人，傩戏（沅陵辰州傩戏）传承人。湖南沅陵人，土家族。他小时候学习汉戏，后改学傩戏，成为辰州傩戏河南教派（下河教）第四代掌坛师，长期在桃源、大庸、慈利、沅陵县演出，多达千余场次。2008年成为第二批国家级非物质文化遗产项目（传统戏剧类）代表性传承人。李福国夫妻以及女儿女婿乃至内兄，都是傩戏艺人，当地人誉之为"傩戏一家班，技艺压三县"。

一、辰州傩戏的一派掌坛师

1963年，李福国出生在湖南省怀化市沅陵县七甲坪乡（今为七甲坪镇）大岔坪村的一个土家族家庭。

沅陵在秦代时称辰州郡，今隶属怀化市，地处怀化市的最北部，沅水中游，与桃源、安化为邻，素有"湘西门户"之称。

七甲坪镇位于沅陵县境内东北边陲，离县城有150多公里，北倚张家界市（旧称"大庸"），东接常德桃源县。这是一个位于怀化、常德、张家界三市接壤地带的经济文化重镇，因此可谓真正的"一俗共三县""一山压三市"。而流行300多年的辰州傩戏，在这里历来最为盛行。

李福国

李福国小时候学习的是汉戏，1979年高中毕业后，遂进入乡汉剧团演唱汉戏。

1983年，李福国改学傩戏，拜在辰州傩戏河南教派（下河教）第三代传人向世显的门下，后成为辰州傩戏下河教的第四代掌坛师，法名李福显。

1985年出师后，李福国基本掌握了傩戏的演唱技巧和一定的剧目，开始从事辰州傩戏演唱及授徒。此后，他长期在桃源、大庸、慈利、沅陵县演出，多达千余场次，为土家族和兄弟民族的观众送去了欢乐。

李福国善于在继承的基础上革新，他

沅陵辰州傩戏《观花教子》剧照

演出的剧目，除保留原有戏曲节目的剧情特征外，或多或少都对内容、人物刻画、故事情节、语言表述等方面进行了调整和加工。经过不断完善，他先后整理出了《姜女下池》《观花教子》《八郎买猪》《买纱》《郭牛牛教书》《毛三编筐》《三妈土地》等傩戏。

李福国的妻子聂满娥，是远近闻名的才女、金嗓子，不仅戏唱得好，还会排戏、编戏、化装、布景等也都手到擒来。因此，夫妻完美配合，颇有无往不利之势。

1998年9月，在沅湘傩戏傩文化研讨会期间，来自日本、法国、德国、新加坡及国内的127位专家学者云集沅陵县七甲坪，观摩辰州傩戏和傩技的表演。其间，李福国与妻子聂满娥演出傩戏《姜女下池》，很受与会代表欢迎，同时获得了戏剧专家的高度赞誉。

此后，李福国夫妻名声大振，成为桃源、大庸、沅陵三县最为出色的傩戏演员，演出邀约不断，并曾多次参加省、地电视台的拍片演出。

此外，李福国还收藏有一副有230余年历史的"土地"面具，以及其他傩戏人物面具数十个。

二、辰州傩戏不仅是"戏剧的活化石"

傩戏，即傩坛戏，土家族称之为"傩愿戏"。它是我国最悠久的剧种之一，可追溯到原始群居时期。曾有资料称它源于古代的巫术。它既是一种古老的宗教活动，也是融文字、舞蹈、音乐、雕刻、绘画及戏剧等文化要素为一体的古老文化艺术活动。

沅陵"辰州傩戏"又称"土家傩""傩愿戏""傩堂戏",它源于原始宗教,上古时期就在楚文化中占有重要地位。王逸在《楚辞章句·九歌序》中曾说:"昔楚国南郢之邑,沅、湘之间,其俗信鬼而好祀。其祀,必作歌舞以乐诸神。"这种古俗,至今在沅陵,特别是七甲坪乡依然存在,那就是傩戏。

辰州傩戏的历史,见诸文献的记载十分明确。清康熙四十四年(1705)《沅陵县志》记载:"辰俗巫作神戏,搬演孟姜女故事。"乾隆十年(1745)《永顺县志》也记载有辰州傩戏的影响:"永俗酬神,必延辰郡师巫唱演傩戏。……至晚,演傩戏。敲锣击鼓,人各纸面一:有女装者,曰孟姜女;男扮者,曰范七郎。"

傩是一种宗教和艺术结合的仪俗表演活动,大致分为傩祭、傩戏、傩舞、傩技四个部分。它经历从人的神化到神化的人、从娱神到娱人,形成了娱人娱神的双重性特征。作为宗教信仰的傩事活动,一般在秋收后到次年春耕前进行。但晚近艺术化了的傩戏本戏,演出时间虽然与农业生产的农闲有关,时间要求却要宽泛许多。

辰州傩戏音乐情调古朴,地方特色浓郁。曲牌有"先锋调""师娘调""八郎调""土地调""姜女调""范郎调""下池调"等20余支。演唱时不用丝弦,只用锣、鼓、钹伴奏。有徒歌(锣鼓干唱)和帮腔两种形式,按"打—唱—帮—打"程式反复进行。此外,辰州傩戏的巫师班,一般都兼能表演"开红山""过火槽""上刀梯""踩犁头""滚刺丛"等傩技,颇多惊险与神秘。

辰州傩戏道具和服饰都很古朴,主要有裙子、法衣、牛角、司刀、牌带、马鞭、卦、令牌、令旗等。面具是傩戏必不可少的特征性用具,辰州傩戏有全堂面具和半堂面具之分,有固定名称,如唐氏太婆、仙凤小姐、报福三郎、歪嘴老娘、甘生、笑和尚、钱童、开山莽将关爷、判官、周仓、土地等。面具的雕刻绘制,构思诡谲异常,刀法刚劲粗犷,色调多样,形态生动传神,具有很强的艺术感染力。它既是傩戏最重要、最典型的组成部分,也是

沅陵辰州傩戏面具

沅陵辰州傩戏《三妈土地》剧照

民间艺术的瑰宝。

在沅陵七甲坪一带，巫傩分为上河教和河南教（下河教）两个教派。所作傩仪的场次有多有少，演唱的傩戏剧目则大同小异。按照演出形式，可分正戏、小戏和大本戏。正戏是傩祭仪式的一部分，由法师请神演变而成，表演剧情简单，剧目有《搬先锋》《搬师娘》《梁山土地》《三妈土地》《搬八郎》《仙姬送子》等。小戏存在于傩仪之中，但已具小型戏曲特征，内容却与傩仪无多关联，如《晒衣》《姜女下池》《观花教子》等。大本戏与傩仪没有关联，戏曲化程度较高，剧目有《孟姜女》《龙王女》《七仙女》《鲍三娘》等。

傩戏的传承，主要是口耳相授，家传与师传相结合，一般要拜师才传法，而"绝法"绝不传一般弟子。掌坛师一般都有较好的表演才能和惊人的记忆力。傩以坛为单位，每坛即为一个傩戏班，每个傩戏班有6～12名傩戏老师，有一至两名掌坛师，其余为师兄弟或徒弟。

辰州傩戏不仅是"戏剧的活化石"，它存在于民间土壤之中，已成为当地百姓精神生活和生产生活方式的重要组成部分。

2006年5月，沅陵辰州傩戏经国务院批准，列入第一批国家级非物质文化遗产名录（传统戏剧类）。

三、为辰州傩戏贡献终生

辰州傩戏源于荆楚，辐射于巴蜀吴越秦等地，并曾一度影响中原。近年来，沅陵七甲坪的辰州傩戏和傩技表演进入了旅游景点，成为沅陵县的文化品牌。

不过，如今沅陵县七甲坪镇的辰州傩戏的传人，却仅有17人了。

不过，就李福国一家来说，却是各个皆为傩戏传人。李福国夫妇之外，女儿李萍，女婿全军，还有李福国的大舅子聂平，都是傩戏艺人。

与任何一个农村家庭一样，李福国夫妇也希望自己的女儿能够走出山乡，可没想到女儿李萍却喜欢上了傩戏。傩戏本身蒙着浓厚的神秘色彩，向来传儿不传女、传内不传外，祖祖辈辈都是如此。李福国想了很久，最终还是亲自把傩戏传给了女儿。而后，又是傩戏为媒，一个爱唱戏的小伙子全军成了李福国的女婿。此外，李福国的大舅子和另外一个女儿，也成了傩戏的追随者。这样，一家子个个可以登台，而且技艺不凡，故而当地人誉之为"傩戏一家班，技艺压三县"。

尽管"技艺压三县"，但只要一有时间，李福国一家人还是会练功排演，不敢丝毫松懈。有一些规模较大的演出，其中要演古老的剧目，为了演得更好，李福国一家人要摸黑骑着摩托车去几里外的村子里，向那里的老艺人学艺、彩排，一招一式做得分外认真。

多年来，李福国夫妻俩戏不离口，唱戏已成为他们生命的一部分。只要是一说起傩戏，李福国就比喝上烧酒还来劲。祖上传下来的好多剧本与道具，都在"破四旧"时期烧毁或遗失了。现在的很多剧本，都是李福国自己凭着模糊的记忆整理出来的，其中还包括新创作的不少剧本。特别是说起那张已有两百年历史、不知传了多少代的面具，李福国总会有些激动，因为那是他们家祖传的宝贝。

傩戏传承走进校园

2008年2月，李福国成为第二批国家级非物质文化遗产项目［傩戏（沅陵辰州傩戏）传统戏剧类］代表性传承人。他还是怀化市傩文化研究协会的会员。

除了传给家人之外，李福国还收了一个徒弟，叫敬波，是从几百里外的桃源县前来拜师学艺的。

如今，越来越多的年轻人开始喜欢上了傩戏。一腔一板，一招一式，几千年来就这么唱着跳着，谁也不曾疲倦过。

2011年6月21日，李福国因病抢救无效，英年早逝，年仅48岁。而就在此前的4月25、26、27日，他组织的傩戏表演队伍连续3天在沅陵龙兴讲寺火神庙古戏台和文化大楼二楼傩戏堂，昼夜巡回展演《开洞请戏》《三妈土地》《捡菌子》等12个精品剧目。

吴胜章
——集众艺于一身的侗戏"戏师"

吴胜章（1948～），民间戏剧艺人，侗戏传承人。贵州黔东南黎平人，侗族。少年学戏，二十出头就成为戏班骨干，拉二胡、弹琵琶、歌唱样样当行，兼擅编剧、导演、表演，成为集众艺于一身的侗戏"戏师"。数十年来，创作和改编侗戏70余出，编导和演出100多出。2008年成为第二批国家级非物质文化遗产项目（侗戏，传统戏剧类）代表性传承人。编演作品有《白蛇传》《天仙配》《梅良玉》《祝英台》等。

一、演戏教戏，桃李遍布

吴胜章

1948年11月，吴胜章出生在今贵州黔东南苗族侗族自治州黎平县茅贡乡地扪村寅寨的一个侗族家庭。

黎平县茅贡乡是侗戏的发源地，侗戏鼻祖吴文彩就是茅贡乡腊洞村人。在吴文彩始创侗戏之后，茅贡乡的侗戏创作演出活动从未间断，侗戏创作人才辈出，"戏师"不断涌现。茅贡乡几乎每个村寨都有演出侗戏的固定场所——戏台，而且别具特色。

全乡"村村有侗戏队、人人爱看侗戏、个个会唱侗歌"的茅贡乡，1994年被贵州省文化厅命名为"侗戏之乡"。

生长在"侗戏之乡"的吴胜章，从小就特别喜爱唱侗戏。10岁的时候，吴胜章正式拜戏师吴照全为师，学习侗戏。从此，他与侗戏结缘。吴胜章自己的概括是：8岁拉二胡，12岁学弹琵琶，16岁学唱侗戏，一唱就是大半辈子。

吴胜章的学龄期，赶上了新中国成立，他也因此得以入学读书。那时，放学后他要跟随师傅学习侗戏，而在学校，他是侗戏骨干，学校的文艺表演总是少不了他。

高中毕业后，吴胜章在地扪村小学当了老师。教书之余，他经常组织学生学唱侗族大歌和侗戏。

1968～1972年，吴胜章在茅贡区公社宣传队的侗戏班里，从事侗戏演出、编导等工作。

1969年，地扪村寅寨成立了侗戏班，吴胜章成了戏班里的骨干。那时，侗戏在当地很受欢迎，因此几乎每个寨子都有侗戏班子；但戏班子并不固定，演员全都由村民自由结合。寅寨侗戏班子的演员，多达七八十个，都是换上戏装就成演员的村民。一般一场戏的演员、伴奏也就一二十人，也不固定，有人临时来不了，换一个顶上就是。

在戏班子里，吴胜章首先是演员，同时也是排练、演出的指导者，此外还是侗戏新戏的创作者、侗戏文化的传播者。每年逢年过节，他都带头组织乡亲们开展侗戏演唱活动，并带领侗戏班里的学生到附近侗寨进行侗戏演唱。每到一处演唱侗戏，都会受到乡亲们的热烈欢迎和一致好评。

吴胜章经常指导本村和邻近村寨的乡亲们，教他们学习侗戏、排练侗戏。地扪村以及周边村寨的侗戏艺人，大多可以算是吴胜章的弟子。吴胜章介绍说，自从出师后，每年都有很多不同地区、不同年龄的人到他那里学唱侗戏，到他门上拜师学艺的有近千人。这个名单，轻易就可以数出一

吴胜章和徒弟们在演奏侗戏乐器

长串，如地扪村的吴仕胜、吴海明、吴永光、吴家元、吴奇福、吴胜华、吴珍方、吴章成、吴珍华、吴永锋、吴培付、吴胜平等；寨母村的石正远、央师傅、石玉田、石长全、刘锦邦等；良常村的绍钧、绍贵、绍绿等；腊洞村的吴超斌、王一元；罗大村的吴苟顺、吴胜标；登岑村的吴显阳；已炭村的吴家光……

二、集演、教、编、导众艺于一身

吴胜章不仅演戏、教戏，他还导戏、编戏，多才多能，套用戏剧行里的一句话，可谓"文武昆乱不挡"。

侗戏的"戏师"，大略相当于戏剧导演，却比一般戏剧导演担负更多的职责。"戏师"有三个任务：一是掌握剧本，给演员讲解所演剧的剧情，介绍剧中人物的年龄、性别、职责和性格等；二是安排演员，根据剧中角色选择合适的演员；三是安排出场顺序和进行舞台调度。侗戏戏师通常坐在舞台一侧靠里处，这样，一方面可以向台上的演员提示台词和动作，又能方便地指挥后台候场的演员出场；另一方面可以指挥身旁的伴奏者。侗戏演员是不记台词的，因而戏师还得给他们提示台词。

对于侗戏戏师这种亦演亦导、兼顾台前幕后的"角色"，吴胜章深有体会："侗戏是我们侗族人自己创作的独立戏种，但是我们侗语又没有文字，我所创作的剧本都是通过汉语谐音记录下来的，这些因素使我在创作剧本和编导演出时十分的麻烦。例如，在编导一出戏的时候，我必须一直随同在旁，不停地纠正演员发音上的不准确处。有的演员没有什么文化，我就更得加倍地下功夫去指导，有时剧本从开始编导到编导完成，一连好多天，我不能离开一步，手头上的农活、家事，没能照顾到一点。"

侗戏的第一个剧目《梅良玉》，是"侗戏鼻祖"吴文彩从汉族戏剧改编而来的。此后的相当一部分侗戏剧目，也大都是新编剧本，或取材于本民族历史传说，或改编自兄弟民族戏剧，或根据现实生活创作。

吴胜章有文化，对侗戏编演有深刻理解，所以总是能及时编写出新的剧本，供戏班演出。而且他十分善于从其他类型的文艺作品中发现创作题材，改编成侗戏剧本。

吴胜章回忆说："1979年春季，县电影队到地扪村来放映，我第一次看到了《天仙配》电影，深受启发，便利用空余时间根据影片的意义编创了《天仙配》侗戏。牺牲几个月的休息时间，《天仙配》侗戏出世了。演出后受到广大观众的一致好评。1980年，县电影队再次来到我村放映《白蛇传》这部影片，于是我又萌生了对《白蛇传》的侗戏编著。这两出长篇侗戏出台后反响很大，观众们都很喜欢，以至远近村寨的侗戏爱好者纷纷前来欣赏，并把剧本带到他乡邻县，就这样，两部戏得以流传开来，歌词更是深入人心，这让我觉得很自豪。"

数十年来，吴胜章创作和改编了《井睡拔》《节约》《白蛇传》《天仙配》等70余出侗戏；编导和演出了《梅良玉》《祝英台》等100多出。

吴胜章编写和演出的侗戏，优美动听，自然流畅，具有浓郁的民族特色和乡土气息，可以说使侗戏登上了一个新的台阶。

三、"唱侗戏""跳丑角"

侗戏是我国民间戏曲的一种，是侗族人民创造并喜闻乐见的艺术形式，具有独特的民族风格。侗戏最早形成于贵州的黎平、榕江、从江一带，后来流传到广西的三江、龙胜和湖南的通道等地，现多流行于这些地区的侗族村寨。

侗戏的基础，是侗族的民间说唱艺术"嘎锦"（叙事歌）和"嘎琵琶"（琵琶歌）。"嘎锦"是演员自弹自唱，夹用说白来叙述故事，内容多半为侗族的传说故事；"嘎琵琶"分短歌和长歌，短歌为抒情民歌，长歌为叙述故事的说唱。侗戏正是在这两种本民族说唱艺术基础上，接受汉族戏曲的影响而形成的。

据记载，清代嘉庆、道光年间，黎平县茅贡乡腊洞寨的侗族青年吴文彩，不仅善于对歌，还将侗族起源传说编成"祖源歌"，把侗族习俗礼仪、道德风尚编成"劝世歌"，把男女青年的交往编成"情歌"，被人们尊为"歌师傅"。中年时期，吴文彩受汉族戏剧的启发和影响，开创了侗装扮相、侗语说白、二胡锣鼓伴奏侗歌唱词以及独特步调等表演形式的侗

侗戏舞台演出

戏。他把汉族的故事《二度梅》改编成侗戏《梅良玉》，成为侗戏的第一个剧目。由此，吴文彩被时人尊为"侗戏师傅"，被今人视为"侗戏鼻祖"。

侗戏剧目，一部分是从汉族戏曲中进行移植，如《陈世美》《梁祝姻缘》《生死牌》《十五贯》《白毛女》等；一部分是描写侗族生活的剧目，大多是新中国成立后编演的，如传统剧目《珠郎娘美》《刘美》《金俊与娘瑞》等，现代戏有《侗家儿女》《民族团结的花》等。其中，具有经典意义的《珠郎娘美》已经被摄制成影片。

侗戏最初仅有两人坐唱，形式简单，曲调单纯，动作朴实。演员分列两排，坐着对唱，而且只限于男子扮演，墨守说唱形式，保持着明显的"叙事歌"特点。后来发展为走唱，逐渐演变成如今的男女演员参加，有说有唱，曲调丰富多彩。

在表演上，侗戏虽然也强调唱、念、做、打、舞，但是主要是以唱、念为主，把唱作为侗戏唱、念、做、打"四功"之首。侗戏的叙事主要是通过唱来实现和体现的，在表演时，演员也主要是踩绕"∞"字形。因此，侗家人一般把"演侗戏"称为"唱侗戏"。吴胜章也说，侗戏"演员念白很少，以唱为主"。也因此，一直到今天，侗戏的长短还是以"首"来判断的，即一本侗戏里面包含多少首歌。比如，侗戏名剧《珠郎娘美》有侗歌250多首，而《梅良玉》则有500多首。

吴胜章还指出，"在侗戏中只有生、丑之分，并未形成定型的行当"。侗戏早期的表演情形是：角色到台前唱完一句后，在过门中绕"∞"字形

侗戏戏台

回到台中靠后方端坐的"掌本"戏师面前，听取提示的唱词，然后再到台前演唱。丑角在台上比较活跃，有独特的程式，不论从左右方向出场，都只能向里跳跃，叫作"跳丑角"。

对于侗戏，吴胜章有自己的总体把握："侗戏不比京剧、昆剧有成熟戏曲的精雕细琢和一板一眼，从艺术性来看，建立在（侗族）大歌、山歌基础上的侗戏和很多成熟戏剧相比，存在着比较大的差距，看起来还是一个尚在发展的剧种，但因为它是侗族人民在长期的劳动生活中创造的一种艺术形式，所以在民族地区特别受欢迎。"

2006年5月，侗戏列入第一批国家级非物质文化遗产名录（传统戏剧类）。

四、担心侗戏文化"断"在自己手上

吴胜章从48岁就开始收徒传艺，而且有一套行之有效的传习方法。至今，他的门下已有10多名弟子了，年龄最大的70多岁，最小的也过了而立之年。

吴胜章教戏很有自己的一套，他曾经详尽地谈到自己当年传习侗戏的方法，以及徒弟们学习侗戏的情况，他说："他们对文艺工作很爱好，起初登门来抄歌词和戏词，以后我又鼓励他们创作，从训练顺口溜到创作简单的歌词。创作歌词要讲究韵律，没有韵律就不成歌词。我们在练习创作时，从易到难，由浅入深，先学两言四句，再编创长篇歌词。而戏词同我们写作文一样，内容要具体，言之有物，有真情实感、有中心、有条理、有重点地展开联想，培养观察能力和思维能力相结合，更重要的是有教育意义，引导大家欣赏我们的'侗戏鼻祖'留下来的宝贝，来作为前进的路灯。在创作一出戏剧或一首歌时，要先命题，然后围绕题目中心展开联想。我鼓励弟子们用这些方法大胆去创作。编好一首歌，有空时拿来审查，好像老师批改作业一样，经过这样长时间的训练，新一代歌师就出来了。"

不过，吴胜章对侗戏的传承还是有所忧虑。这源于侗戏的特点以及对戏师的多面性要求。吴胜章说，虽然自己的弟子都开始收徒，延续着侗戏文化，可是没有一个能集吹拉弹唱编于一身。

侗戏戏师比歌师要求更严格。称"师"者，如果只会拉琴、唱歌而不会编剧，那是不够的。而且所编的剧本，歌词没有韵律不行，没有中心思想不行，没有创新能力也不行。

吴胜章在给村里人说戏

吴胜章说，因为侗族没有文字，从祖辈那里传下来的侗戏，都是口传心授，戏师将剧情、唱词等铭记于心。现代侗戏，需要戏师像写话剧一样，自行编写。但与话剧不同的是，侗戏戏词编写起来既要押韵、朗朗上口，又要通俗易懂，而且好的戏师还要具备"翻译"能力，即用汉字记音的方式将侗戏用侗族语言记下来。

这些本领，吴胜章花了50年的时间才融会贯通，现在地扪村除了他，再也找不出第二个能集众艺于一身的人。

数十年来，吴胜章收集收藏了几十本侗戏剧本，并且一直在做"翻译"工作。现在，他还在夜以继日地"翻译"，每天要工作很长时间。但由于右眼视神经萎缩，全凭左眼撑着。

现在，吴胜章最大的心愿，一个是尽快将手头的戏本译成汉字，他说："再不快就来不及喽！一来年事已高，二来右眼出现失明症状，怕有一天，侗戏文化'断'在我手上。"另外一个，就是利用剩余时间把自己的一身技艺教给弟子们，希望能尽快培养出接班人来。

说到侗戏的传承现状，吴胜章多少有些落寞："现在年轻一代都外出打工去找钱了，大家对学唱侗歌、侗戏不太感兴趣，反而喜欢哼唱情情爱爱的流行歌曲。"近些年来，吴胜章努力将更多现代曲艺形式融入侗戏文化中，他希望自己能将侗戏变得更加生动、时尚一点，引起人们的注意，不希望祖宗传下的文化逐渐消失。

黄朝宾
——"拿起锄头就下地，穿上戏装即登台"

黄朝宾（1926～），民间戏剧艺人，布依戏传承人。贵州黔西南册亨人，布依族。11岁正式拜师学艺，不断参访、问学，终于成为吹拉弹唱样样精通的布依戏师，并创建了自己的布依戏班。主持戏班，编导、排练20多个布依戏剧目，到全国10个省（区）演出数千场，培养了布依族古装戏戏师接班人。2008年成为第二批国家级非物质文化遗产项目（传统戏剧类）代表性传承人。

一、吹拉弹唱样样精通的布依戏师

1926年8月，黄朝宾出生在今贵州省黔西南布依族苗族自治州册亨县乃言乡（今八渡镇）乃言村的一个布依族家庭。

册亨县位于贵州省西南部，布依族占全县人口的75%。这里也是布依戏的发祥地和戏队集中地，布依戏在这里的众多乡镇都十分流行。在册亨县的许多村寨里，布依戏表演者也正是当地村民，他们往往"拿起锄头就下地，穿上戏装即登台"。2010年，册亨县获得"中华布依第一县"之称，并成为布依族文化传承与保护基地。

乃言村是一个具有数百年历史的布依族村寨。村寨四面环山，环境优美，风景秀丽，生态良好。这里不仅山水宜人，而且民族文化氛围浓郁、特色鲜明。1993年，乃言乡被文化部命名为"中国布依戏艺术之乡"；1996年，又被文化部命名为"中国民族文化之乡"。

黄朝宾家祖祖辈辈生活在乃言村，先人都十分喜欢跳跳唱唱、拉拉弹弹。黄朝宾的父亲就十分热爱布依戏，曾被人们称为"戏子"（能唱会跳）。黄朝宾从小就受到布依戏的熏陶，为它活泼、轻快的节奏所吸引。

十八岁还在读小学（私塾）的时候，黄朝宾就经常跟随父亲到乡邻家里去为人家祝寿跳戏。久而久之，布依戏就深深地留在了他的心中。他暗暗发誓，一定要学好、演好布依戏。

乃言布依戏师队的演出

11岁时，黄朝宾拜历史悠久的打言戏班（始创于1742年）第七代戏师黄施仁为师，学演小旦、小生及二胡演奏；中学时代，他又学习了"文官"和"武打"表演。高中毕业后，黄朝宾从贵阳返乡任教，又师从韦学风、蒙绍君等人继续学艺。

经过长时间的学习以及演出锻炼，黄朝宾各方面都有很大提高，表演技艺越来越娴熟，真正成了吹拉弹唱样样精通的布依戏师。

1960年5月，黄朝宾创办了乃言布依戏师队，经常深入布依族聚居地演出。每到一个地方，除演出之外，黄朝宾都会认真听取人们对布依戏的介绍，虚心请教民间艺人，不断充实和提高自己。

1984年，黄朝宾带领乃言布依戏师队参加文化部在昆明举办的少数民族艺术观摩演出，获得了荣誉奖。

1986年4月，黄朝宾应邀率队参加"全国少数民族布依戏史录像演出"。在一个星期的演出中，黄朝宾带领他的乃言布依戏师队，充分展示了布依儿女的能歌善舞，将布依戏推向了更高的艺术舞台。四场演出下来，摄制组对黄朝宾组织、编导、排练的布依戏纷纷叫好，其中《布依儿女唱山乡》尤其受到好评。

二、布依戏：多重影响形成的民族戏曲

布依戏旧称"土戏""欢戏"，布依语称为"谷艺"。它是布依族独有的民族戏曲艺术，主要流行于贵州南部及西南部布依族聚居的册亨、安龙、兴义等县、市。

布依戏是受汉族、壮族、苗族等民族戏曲影响，用布依语演唱布依族歌曲，在布依八音、布依彩调、八音坐唱（板凳戏）的基础上发展形成的。布依族歌舞最先是孕育于祭祀仪式的跳神活动，在跳神的基础之上，先后发展出布依八音、布依彩调、八音坐唱。后来民间艺人经过改造、融合，逐渐将其演变成为布依族的舞台综合艺术。

相传布依戏迄今已有近300年（又有近200年、近100年之说）的历史。有学者根据布依戏班"板万戏班"的手抄历史资料《欢戏历源》，认为布依戏至少在1741年（清乾隆六年）时就已形成，至今已有270多年的历史。1984年，布依戏传统剧目《罗细杏》赴昆明参加文化部举办的"全国少数民族戏剧观摩录像演出"，被评为"优秀剧目"，获得"孔雀杯"。至此，布依戏被国家正式认定为民族戏曲。

布依戏有生、旦、丑及大王、大将等分工，各角色的舞台调度都是三步或五步一转身，演唱过程中对面穿梭，形式活泼。布依戏的各个角色都戴面具（脸壳），面具有木雕、笋壳、竹篾壳几种，主要以红、黑、黄、绿、蓝、紫八色勾画、涂沥、雕刻，运用夸张、变形手法，在眼、眉、鼻、口、胡须上着力渲染。演出时，演员头上蒙青纱，戴面具，通过面具上的开孔观看。

布依戏的音乐由唱腔、器乐曲牌和打击乐三部分组成。所用乐器有牛骨胡、葫芦胡、二胡、笛子、月琴、包包锣、小马锣、钗、钹、鼓等。有的布依戏队还加入"勒尤"（布依族特有的竹管吹奏乐器）和木叶伴奏。弦乐、

布依戏演出

吹奏乐器主要用于烘托舞台情绪、表达人物感情,并演出过场音乐。打击乐较为简单,主要是创造舞台气氛、掌握戏剧节奏。

布依戏唱腔由"八音坐唱"发展而来,有"正调"(长调)"京调"(起落调)"翻演调""马倒铃""八谱调""反调""二黄""二六"等。布依戏唱腔古朴,富有抒咏性。布依戏唱词结构多为五字句、七字句或上下句。

布依戏根据剧目题材的不同,其演出分为布依语和"双语"演唱两种类型。根据布依族"摩公"经咒、古歌、傩仪故事、民间神话传说等编演的剧目,演员穿布依族服装,用布依语演唱。根据汉族故事或说唱改编的剧目,服装和道具与汉族戏剧基本相同,演员用"双语"演出,如在正戏演出前的"引子""定场诗""自报家门"等以及表现剧中"规定情境"时,均说汉语;抒情演唱、对话道白、插科打诨,则用布依语。

布依戏《罗细杏》剧照

布依戏剧目可以分为三类,即传统剧目、移植剧目和现代剧目。传统剧目来源于布依族题材,主要有《三月三》《六月六》《穷姑爷》《人财两空》《红康金》《四结亲》《借亲记》等。移植剧目来源于汉族故事,主要有《玉堂春》《秦香莲》《祝英台》《穆桂英》《樊梨花》《杨家将》《说岳传》等。现代剧目出现在新中国成立后,主要有《罗细杏》《金竹情》《好媳妇》等。

2006年5月,布依戏经国务院批准列入第一批国家级非物质文化遗产名录(传统戏剧类)。

三、"拿起锄头就下地,穿上戏装即登台"

布依戏主要由村寨的民间业余戏班加以传承,所谓"拿起锄头就下地,穿上戏装即登台"。戏班一般有30多人,以自然村寨为基础组织,戏

布依戏的戏装、脸谱

师担任班斗。册亨县的布依戏班一般由32～36人组成，取其双数，意在"双喜"。旧时册亨的布依戏班有20多个，加上2012年以后新组建的，现在能正常开展活动的仍有近10个，如乃言、弼佑、板万、者术、路雄、秧佑太和、板坝保和、纳阳等。

布依戏形成至今，表演活动均系群众业余组织，多于每年新春、重要的民族节日以及婚嫁、贺寿、乔迁新居等喜庆佳期举行（也有个别戏班的表演活动用于丧事）。其中"岁终新正"最为集中，届期各戏班必须为本寨或没有戏班的村寨演出，以禳灾祈福、驱鬼逐疫。

因为依存于信仰习俗，所以布依戏演出有一套较为固定的传统程序，可以概括为"加官开台、扫台封箱"两部分，中间是"正戏"。册亨布依戏演出仪式则包括八项之多："开箱""敬老郎"（即祭祀请祖师）、"点符浪"（即念咒语、施法术）、"降三星""打加官"（"主戏"）"升三星""扫台""封箱"等。布依戏服装、化妆较为简单，舞台背景多为具有驱邪祈福、消灾纳吉的"八仙"幕布。正是因为把演戏与消灾祈福习俗结合起来，布依戏长期以来才深受布依族人民的喜爱。

册亨县布依戏主要流传于巧马镇、丫他镇、秧坝镇、弼佑乡、八渡镇（前身为乃言乡）、百口乡、双江镇、者楼镇等地。其中，黄朝宾的乃言布依戏师队最为活跃。这个戏师队现有演职人员21人（5个专职演员），表演的角色有小旦、小生、文官、武将等，主要是在祝寿、婚丧、节日庆典等场合演出。

为了把布依族民间传统文化与正在蓬勃发展的旅游业结合在一起，

2003年11月，黄朝宾带领他的乃言布依戏师队赴兴义万峰林景区，参加"中法文化交流"观摩演出，深受法国友人好评。

2008年2月，黄朝宾成为第二批国家级非物质文化遗产项目（布依戏，传统戏剧类）代表性传承人。

多年来，黄朝宾始终致力于布依戏的发扬光大，在戏班建设、演出活动、文化挖掘、技艺传承等方面，都做出了杰出贡献。

在担任中学教师期间，黄朝宾将自身所学技艺用于教学之中，为传承布依戏、发扬布依族文化培养了大批人才。

在巡回演出以及其他活动中，黄朝宾曾深入到安龙、望谟、贞丰以及广西隆林、百色等布依族聚居地，调查了解不同区域布依族文化特点，收集整理布依戏等。

黄朝宾呕心沥血收集整理布依族文化艺术，不计个人得失，为布依戏默默奉献。迄今为止，他已主持戏班，编导、排练了《武显王闹花灯》《转路调》等20多个布依戏剧目，到全国10个省（区）演出数千场，培养了第九代和第十代布依族古装戏"谷艺"戏师接班人，发展了数百名布依戏爱好者。

饶世光
——谨记父亲的艺术传承教诲

饶世光（1944～），民间艺人，石阡木偶戏传承人。贵州石阡人，仡佬族。他是石阡木偶戏饶家戏班的第6代传人，9岁开始学艺，二十出头便能掌坛，独立带班演出。除"文革"期间外，他所带戏班一直坚持演出，是石阡仅存的两个戏班之一。2008年成为第二批国家级非物质文化遗产项目（传统戏剧类）代表性传承人。代表性剧目有《薛仁贵征东》《乌泥河救主》《磨坊会》《南山放羊》《文王访贤》等。

一、石阡木偶戏饶家戏班的传人

1944年4月，饶世光出生在今贵州省石阡县坪山乡沙坪村盐井坝的一个仡佬族家庭。

仡佬族是我国人口较少的少数民族之一，现有人口约55万人（2010年人口普查统计）。贵州省的仡佬族占到仡佬族总人口的96.43%，主要聚居于贵州务川仡佬族苗族自治县和道真仡佬族苗族自治县。

石阡县虽然不是仡佬族的主要聚居区，但那里有9个仡佬族侗族民族乡（其中一个还有苗族）。饶世光的家乡坪山乡就是一个仡佬族侗族乡，其中还有最为典型的

饶世光

仡佬族村落尧上村。这个村子坐落在风景秀丽的佛顶山下，依山傍水、竹林掩映，原始植被保存完好。村里居住着50户仡佬族人家，民居、服饰、风俗习惯具有典型的民族特征，拦路酒歌、敬雀节祭祀、山歌对唱、仡佬木偶戏、仡佬傩堂戏、仡佬毛龙……让人真切地感受到一种古朴浓郁的民族气息。"仡佬第一村"的美誉名副其实。

饶世光出身于木偶戏班世家，是这个家族的第6代传人。据饶世光介绍，他家这个戏班的木偶戏技艺，是1855年四川籍人黄思民传来的。当年黄思民逃难到石阡坪山乡沙坪村，见村里的人很善良，待他很好，于是将木偶技艺传授给了饶家。饶家的第一代传人叫饶德兴，后来代代相传，到饶世光已经是第6代。

饶世光读过初级小学，9岁开始跟随文华戏班子学艺。一年后的一天，有位唢呐师傅（俗名叫"有缘菩萨"）见他自己学着吹戏班里的唢呐，吹得很专心、反应快，于是便把他收为徒弟，悉心传授技艺。

在戏班子里，唢呐称为"上首"。饶世光用功多、学得快，之后的三年他一直担任唢呐手。一起学艺的第6代传人共有5人，其中有饶世光自己家的三兄弟，他位居老二。一起学习的徒弟中，只有饶世光学得最快，无论伴奏还是扮演角色，他一看就会，一学就懂。

有一次，戏班在邻近的五德区（今五德镇）长新村唱子孙戏还愿，饶世光临时顶班，经受了一次考验。当时宾客较多，准备演剧目《乌泥河救主》，谁知戏班人员出了差错，没法继续演出，父亲只好决定改演独角戏，要求饶世光一个人扮唱4个角色的唱腔。饶世光临危受命，虽说是仓促上阵，但因为平日注重积累，基本功扎实，演出效果非常好。父亲很高兴，并以他为例，教育其他几个徒弟要好好学习，要达到都能掌坛的程度。

1965年，饶世光正式出师。此时，他已经全面、娴熟地掌握了所在戏班木偶戏的整套技艺，并特别擅长吹、拉乐器。因此一出师，饶世光就担任了戏班班主，独立带班，在本县及周边县市演出。

二、原生态的"木脑壳戏"

石阡木偶戏，是我国各地许多木偶戏种类的一种。木偶戏分为杖头木偶、提线木偶、掌中木偶三大类，石阡木偶属杖头木偶。又因与"高台戏"相对，而称为"矮台戏"；因使用木偶头面，而俗称"木脑壳戏"。

石阡木偶戏的木偶，由木偶头、身、手杖三部分组成，其中头和手多用乌桕木制成。木偶头面及颈部长约15厘米，分别刻绘生、旦、净、丑、末以及猴头、魔怪等面部造型，每个戏班的头面少则24个、多则三四十个。头面套上戏装，整体长1米左右。木偶的手有握空拳和立掌两种造型，手连衣衫，左右手腕固定两根木棍（所谓"杖"），供艺人表演使用。此外，戏装有盔头、方巾、蟒袍、折子、披挂等；道具有肚腹、踩脚、手柄、髯须以及各种兵器等。

石阡木偶戏表演场景

在唱腔方面，石阡木偶戏包含"高腔"和"平弹"两种，由此有"高腔戏""评弹戏"之分。锣鼓分为"大出场""小出场"等十余个牌子。伴奏乐器有二胡、横箫、唢呐、锣鼓等，其中唢呐是仡佬族喜庆佳节不可缺少的乐器，配合锣鼓一起吹奏，气氛热烈。

石阡木偶戏的演出舞台为特制的围布舞台，呈方形，四周立四根竹竿为支架，以蓝色围布围绕四周下半段及后台上部，前台上半段形成舞台台口，高约2米。台中上部挂一幅蓝布，称为"档子"，形成前台和后台。"档子"左右两边分别挂有布门帘，左称"上马门"、右称"下马门"，表演时木偶上下场揭帘而出入。

表演中，艺人左手伸入木偶体内握住颈部之下木棍，以拇指食指通过接线，控制五官以及点头、回顾、弯腰、转身等动作。有的木偶装有活动眼珠，有的装有活动嘴唇，艺人通过拉线操纵木偶，喜怒哀乐，皆能随心所欲。右手则执连着木偶两手的木杆，以配合头部操纵其四肢动作，刀枪剑戟，翻滚扑打，腾云驾雾，表现得栩栩如生、惟妙惟肖。

石阡木偶戏的剧目大多取材于历史演义，经典剧目有《二进宫》《长坂坡》《过五关》《岳云比锤》《樊梨花招亲》等100多种。据称，饶世光表演剧目有《薛仁贵征东》《乌泥河救主》《秦王夜探北平关》《磨坊会》《南山放羊》《文王访贤》等40多种。

石阡木偶戏的历史，与民俗信仰和社会生活密不可分。过去，木偶戏演出有一套酬神、娱神等的完整仪式，诸如立牌位、请神、演出、送神，每个戏班都不会忽略；有不同的表演场合和社会功用，由此而分为"庙会戏"和"愿戏与众戏"两类；剧中大多贯穿伦理道德准则分类，因此而有

· 313 ·

"忠戏""孝戏""节戏""义戏"之说。这些，正是木偶戏在民间得以安身立命并流传不衰的根基。

石阡木偶戏是宋元时期杖头傀儡戏在贵州民间的唯一遗存，大约在200年前自湖南辰溪传入。它至今仍然保留着木偶艺术的原生形态，原始古朴、色彩夸张、形象粗犷，具有独特的艺术魅力。

2006年5月，木偶戏（石阡木偶戏）列入第一批国家级非物质文化遗产名录（传统戏剧类）。

三、谨记父亲的传承教诲

石阡木偶戏历代均以"口传心授"的方式传承，学徒跟班学艺。主要有家传、师传、家师结合传授三种方式。班主（辈钵继承人）的选定和传承最为严格，其人品、德行、技艺均须严格的考验。同时还要举行复杂的传辈钵仪式，包括设香案、请神、伏愿、卜卦、赐法名、传祭祀词等程序。

20世纪40年代是石阡木偶戏发展的鼎盛时期。新中国成立后，石阡县在1956年7月成立了石阡木偶戏剧团，并经常下乡巡回演出。"文化大革命"期间，木偶戏被视为"四旧"，木偶戏装和道具也大部分被毁。饶世光主持的饶家戏班也难逃厄运，被迫停演。

新时期以来，石阡县积极抢救民间艺术，1979年拨出专款，由县文化馆会同老艺人到湖南辰溪县重制木偶头面，到贵阳等地制作木偶戏装、道具，以原有戏班的艺人为主，恢复了木偶戏演出。饶家戏班恢复演出后，饶世光一家人节衣缩食、想尽办法，才添置了现存的残缺不全的衣箱道具，并一直带领戏班不定时地演出。

然而，随着经济建设的不断深入，现代文明与传统文化激烈碰撞，石阡木偶戏开始急剧衰微。由于人们的精神文化趣味的改变，石阡木偶戏被贬斥为土气、缺少品位，观众大量流失。

石阡木偶戏木偶

老艺人相继辞世，全县只剩下饶世光、付正华等三位70多岁的老人，后继乏人。伴奏乐器、头子（木偶面）、戏装损坏严重，剧目、唱腔、表演得不到及时整理而迅速失传……

进入新世纪以来，一直坚持下来的石阡木偶戏戏班，只有花桥镇花桥村大塘的付氏木偶戏和坪山乡的饶家班。在2006年"石阡木偶戏"列入国家级非物质文化遗产名录后，2007年，两个戏班的艺人付正华、饶世光成为第二批国家级非物质文化遗产项目代表性传承人。

在"非遗"保护与传承热潮的推动下，石阡县有关部门经常请饶世光、付正华等老艺人向群众展示木偶技艺，让更多的人了解、学习木偶艺术。在石阡民族中学实施"濒临失传的技艺进校园"行动，请来老艺人向师生传授木偶技艺。

饶世光表演木偶戏十分投入

在老艺人的精心指导下，民中的8位年轻教师掌握了木偶戏表演的基本要领，并整理出大量木偶剧幕。如今，木偶戏也开始走进民族中学的课堂，成了该校的民族特色课。

2000年至今，饶世光所带的戏班，每年有3个月左右时间在坪山尧上民族文化村做接待游客的表演，同时传承木偶戏技艺。随着时代进步，饶世光还在唱词和唱腔艺术上加以改进、创新，推动地方艺术的发展。无论走到哪村哪寨，戏班演员都能见机行腔，进行精湛的表演，深受群众喜爱。

饶世光的大哥饶世印说："我和他（弟弟饶世光）是由父亲一起传（指掌坛）的，由于我没有文化，他有点文化，所以我的各方面都不如他。我父亲也只对他强调，要他好好地把这门技艺一代一代地传下去。"

饶世光谨记父亲的教导和期望，他说："我的下辈接班人有8个，我自己有3个儿子，其中饶泽木基本上得行（可以）了。由于他们不能经常在家务农，所以我每年都是在过年、收割、秋种之余抓紧时间集中教演几次，我一定要按我父亲的要求，尽最大力量传下去。"

刀保顺
——集编、演、教、研于一身的傣剧艺术家

刀保顺（1937～），傣剧艺术家、研究者，傣剧传承人。云南德宏盈江人，傣族。毕业于云南民族学院，当过教师、宣传干事、调解员及县文化馆馆长。在青年时代就熟练掌握了傣剧的演唱、演奏以及创编技巧，并长期致力于傣剧的整理、翻译、研究和普及，为傣剧的传承和发展做出了突出贡献。2008年成为第二批国家级非物质文化遗产项目（传统戏剧类）代表性传承人。代表性剧目有《朗推罕》《千瓣莲花》《娥并与桑洛》等。

一、在寺院学成傣剧艺术

刀保顺

1937年4月，刀保顺出生在今云南省德宏傣族景颇族自治州盈江县旧城镇姐告村的一个傣族家庭。

盈江地处祖国西南边陲，与缅甸山水相连。大盈江纵贯全县境内，形成风光秀美、景色如画的国家级风景名胜区。这里是我国古代南方丝绸之路（蜀身毒道）的主要出境通道，也是傣族民族戏剧——傣剧的发源地。

生长在傣剧的发源地，刀保顺从小就跟随母亲学习傣剧的编创和演出，打下了一定的演出和戏文基础。

10岁的时候，按照傣族的传统信仰习俗，刀保顺在本寨的培龙寺出家当了和尚。

傣族人民信奉南传佛教，在傣族聚居区，几乎每一个寨子都有佛寺，所谓"寨寨有佛寺，寺寺有经声"。旧时，佛寺曾是傣族人受教育、学文

化、习礼仪的重要场所，"佛寺是学校，佛爷是老师，经书是课本"的俗语充分说明了这一点。出家修行是傣族男子一生必经的一个阶段，一般在七八岁时送入佛寺，修行3年左右；修行年限越长，意味着修养越全面、学识越深厚，在社会上的地位也越高。尽管后来新式教育不断普及，很多傣族人还是不愿改变心灵深处和精神上的轨迹，还都保持着送孩子到佛寺里出家修行一段时间的传统习俗。

在培龙寺，刀保顺拜高僧龙福（傣语为"招弄"）和任法大师（傣语为"召几"）为师，除诵经学佛之外，跟随师傅系统全面地学习了傣剧的编创、演出、唱腔、化妆、道具等技艺，熟练地掌握了演唱、演奏剧目的技巧。

17岁时，刀保顺还俗，并进入云南民族学院读书。毕业后，他当过教师、宣传干事、调解员，后来担任了盈江县文化馆的馆长。

刀保顺熟悉傣剧各方面的技艺，又精通新、老傣文以及汉文，除演出、编创外，长期坚持致力于傣剧的整理、翻译、研究和普及工作，并做出了突出贡献。特别是1981年担任盈江县文化馆馆长以来，他走遍了县里所有的傣族村寨，收集、整理了大量傣族民间文学艺术资料。

2005年，刀保顺被列入德宏傣族景颇族自治州州级傣族民族文献、资料保存者名录。

2008年2月，刀保顺成为第二批国家级非物质文化遗产项目（傣剧，传统戏剧类）代表性传承人。

二、傣剧——瑰丽的民族艺术之花

傣剧是云南独具特色的少数民族戏曲剧种之一，流传于云南省德宏傣族景颇族自治州潞西、盈江、瑞丽、陇川、梁河等县及保山市保山、腾冲、龙陵等县傣族聚居区。

傣剧发源于有一定人物情节的傣族歌舞及佛经讲唱，先后吸收了花灯戏、皮影戏、滇剧、京剧等民间小戏和地方剧种的艺术营养，逐步形成比较完整的戏曲形式。

清朝末年，盈江干崖土司署在19世纪80年代用傣语搬演京剧、川剧、滇剧的基础上，集中民间艺人和知识分了30多人，于1910年组成了德宏历史上第一个专业的傣戏班。不久，傣剧流传到德宏其他地区，德宏十个土司衙门先后建立傣戏班，建造戏楼。与此同时，傣剧从土司衙门扩散到民间，涌现出大量民间傣剧表演组织。新中国成立后，傣剧有了新的发展。1960年，第一个专业演出团体潞西县（今潞西市）傣剧团成立，1962年扩建为德宏傣族景颇族自治州傣剧团。除德宏傣族景颇族自治州傣剧团这样的专业团体，较大的傣族村寨几乎都有业余演出队伍。

起初，傣剧中由男性扮演的女性角色穿傣族女装，男性角色的装扮及男女角色的动作套路与滇剧和京剧相仿。表演时，演员上前三步演唱或做动作，再退后三步听场边人提词，唱段之间以锣鼓等打击乐器伴奏。后来唱腔逐步发展形成"喊混"（男腔）和"喊朗"（女腔）两个基本腔调，傣族民歌曲调被广泛吸收为唱腔及器乐曲。演出中着傣装，表演动作中融入傣族民间舞蹈的步态，伴奏方面增加了葫芦丝、二胡及象脚鼓等乐器，民族风格更加浓郁。

新中国成立之后的20世纪60年代初，傣族艺人用新艺术眼光改革傣剧，在艺术革新和提高上取得不少成绩，如剧中加了前奏和尾声，唱腔更为丰富，乐器更加多元，舞台表演更加规范，并且引入了导演制，创作了新剧目。

1980年，傣剧恢复演出。傣族艺人纠正了此前傣剧演出中汉族戏曲化的倾向（如完全套用滇剧的锣鼓和戏装），注重突出本民族特色，使傣剧成为傣族节日集会的一朵瑰丽的民族艺术之花。

傣剧传统剧目有的源自傣族民间故事、叙事长诗或佛经故事，如《相勐》《千瓣莲花》《朗推罕》等；有的翻译移植自汉族剧目，如《庄子试妻》《甘露寺》《杨门女将》等。20世纪60年代以来，傣族艺人整理改编和创作演出了傣剧《娥并与桑洛》《海罕》《竹楼情深》等一大批剧目。

1987年，傣剧第一次走出国门到缅甸演出。其间，每场演出观众都超过万人，盛况空前。

1992年，第一批傣剧学员到北京戏校学习，如今这批毕业的演员已经成为傣剧艺术的接班人。他们根据《盗仙草》改编演出了《热

傣剧《娥并与桑洛》剧照

西姆洛》，使原本只有歌、舞形式的傣剧又增加了打斗场面，深受傣族人民的欢迎。

傣剧是德宏傣族景颇族自治州的傣族以及与之杂居的德昂族和阿昌族人民极为喜爱的艺术形式之一，是傣族文化长期积淀的艺术结晶，是饮誉东南亚的一颗艺术明珠。

2006年5月，傣剧经国务院批准列入第一批国家级非物质文化遗产名录（传统戏剧类）。

三、集编、演、教、研于一身

刀保顺是集编、演、教于一身的傣剧艺术家，同时，他还是一位傣剧的研究者。

刀保顺熟悉傣剧传统剧目的演出，又能胜任新编剧目。他演出的传统剧目代表作有《朗推罕》《千瓣莲花》等，新编剧目则以《娥并与桑洛》为代表。

傣剧《娥并与桑洛》取材于民间歌手演唱的本民族叙事长诗。这是出爱情悲剧，剧中青年桑洛经商来到勐根，姑娘们打扮得漂漂亮亮到集市上去看他，他们一起跳起了孔雀舞。桑落与娥并相爱，但却遭到封建家长的反对。桑洛得知娥并被母亲拒绝，并受到凌辱、虐待，被迫回家，在归途中流产，到家后不幸去世，他悲痛欲绝，在娥并身旁拔剑自刎。这对情人死后变成了一对孔雀，在大青树下翩翩起舞。剧作歌颂了美好的爱情，风格凄美绝艳，极具感染力和观赏性。1962年，《娥并与桑洛》参加西南区少数民族戏剧观摩演出，引起轰动。

刀保顺在青少年时代就有过编创傣剧的经历。1962年，他改编加工了傣族民间优秀传统剧目《千瓣莲花》第三场，参加了云南省第一届民族戏剧观摩大会。1984年，该剧被收入《云南戏剧剧目汇编》。20世纪80年代，他还将《十二龙女》改编成了歌舞剧。此外，刀保顺根据傣族民间文学作品改编创作的短剧还有不

刀保顺编写傣剧剧本

少，如《阿暖女罕》等。

作为技艺精到的傣剧艺术家，刀保顺长期以来一直在盈江县旧城镇教唱傣剧。

与此同时，刀保顺还致力于傣剧文献的收集、整理、翻译、研究。20世纪80年代至今，他已经收集了120多部傣剧剧本，翻译了310多种剧本。此外，刀保顺还收集、整理了大量的故事，主要有：历史故事，如《郗中国》和《思汉法》；动物传说故事，如《大象》《马鹿》《老虎》《白兔》《白蚂蚁》等。

进入全球化的时代，傣剧的发展出现了一定的变数，传承方面的困难日益凸显。喜爱傣剧的更多是老年人，年轻人因为听不懂而缺少兴趣。

作为代表性传承人，刀保顺承担起了自己的责任。退休之后，他不仅醉心于傣剧的文献整理、翻译以及研究，还收徒带徒。如今，他收的徒弟就有龚元政、刀承东、刀静鸾、咩哏德、思治团等。年逾古稀的刀保顺，还在为傣剧的传承与发展贡献着自己的光和热。

傣剧主要传承人合影

次旦多吉
——"藏戏就是我的'命根子'"

次旦多吉（1938～），民族戏剧艺人，藏戏（拉萨觉木隆）传承人。西藏拉萨堆龙德庆人，藏族。他8岁开始学戏，先后拜名家为师，在高等学府深造，毕业后在西藏藏剧团担任演员，长期坚持演出。退休后仍旧指导剧团青年演员，并担任民间藏戏团体的顾问。他是目前唯一能将藏戏八大经典剧目按传统表演方式完整表现出来的艺人。2008年成为第二批国家级非物质文化遗产项目（传统戏剧类）代表性传承人。

一、"每个细胞好像都会表演藏戏"

1938年，次旦多吉出生在今西藏自治区拉萨市堆龙德庆县的一个藏族家庭。

堆龙德庆的觉木隆村，是藏戏拉萨觉木隆戏班的发祥地。这个戏班开办之初住在堆龙德庆县觉木隆村的"雄白拉穷"泉水边，故称"觉木隆巴"。"觉木隆巴"（蓝面具戏演出戏班）是旧时西藏唯一受官方直接管理的职业藏戏班，但也没有薪俸，除参加雪顿节会演可以得到赏银和食物外，其他时间则到西藏各地卖艺乞讨度日；唯一的权力是可以任意挑选演员，其他业余藏戏团体中的尖子，只要让这个戏班的戏师发现，马上就可以挑走，不得阻拦。

次旦多吉

次旦多吉出生在一个藏戏世家，父母都是"觉木隆巴"的藏戏演员。童年时代的次旦多吉，被藏戏的服装、面具以及乐器鼓、镲等所吸引，每天都会了解到不同的藏戏故事。耳濡目染，他对藏戏入了迷，仿佛自己就是为藏戏而生，用他自己的话说就是："我身体里的每个细胞好像都会表演藏戏。"

为了更好地继承父母的事业，年仅 8 岁的时候，次旦多吉就开始在"觉木隆巴"系统学习藏戏。传统戏班的技艺传习都比较辛苦，师傅们要求极为严苛；藏戏作为传统大戏，学徒习艺也是如此。由于勤奋刻苦，加之天赋较好，次旦多吉很快就从众多小演员中显露出来。

次旦多吉回忆那时的习艺生活说："那时候条件也比较艰苦，有时候老师去外地演出，会耽误我们的课程，不管他什么时候回来，只要他一叫我们，我们这些小演员就马上到排练的地方集合，丝毫不马虎。可能是我比其他演员的基础要好一些吧，虽然年纪还小，但我就已经是我们那个藏戏班里表现比较突出的一个了。"

父母是次旦多吉的藏戏启蒙老师，而他习艺的正式师傅，则是扎西顿珠（参见本丛书《共和国少数民族艺术家传》）。扎西顿珠是藏戏艺术大师，担任过"觉木隆"戏班的演员、戏师，以及西藏藏剧团团长，他全面改革藏戏，在藏戏发展史上做出了杰出的贡献。他培养了众多弟子，次旦多吉就是杰出的一个。

提起老师扎西顿珠，次旦多吉满怀感激之情："可以这么说，我的父母是我的启蒙老师，但真正让我走上藏戏表演这条道路的还是扎西顿珠老师，是他教会了我如何处理不同人物的性格、如何让表演贴近观众。我现在了解的很多关于藏戏的知识都是他传授给我的。"

"我印象最深的是有一次去罗布林卡表演，当时我的状态不是很好，身体也不是很舒服，所以在表演时负面情绪比较多，演得也不太好。我的老师一眼就看出来了，表演完以后他把我狠狠地揍了一顿，也就是从那以后，我无论干什么都保持着非常认真的态度，因为我首先要对得起自己，更要对得起老师。"

1957 年 19 岁的时候，次旦多吉考入西藏大学艺术学院藏戏本科班，学习藏戏唱腔、动作和基本乐理，同时进行舞蹈形体训练以及藏戏历史发展等文化课程的学习。

1960 年，西藏自治区歌舞团成立。歌舞团共有三个演出团体，其中包括以"觉木隆"藏戏班为基础组成的藏戏团（1962 年成立的西藏藏剧团的前身）。正好大学毕业的次旦多吉进入藏戏团，成了职业藏戏演员。

二、藏戏：庞大的剧种系统

藏戏的藏语名叫"阿吉拉姆"，意思是"仙女姐妹"。据传，藏戏最早由七姐妹演出，剧目内容又多是佛经中的神话故事，故而得名。

藏戏起源于8世纪藏族的宗教艺术。17世纪时，从寺院宗教仪式中分离出来，逐渐形成以唱为主，唱、诵、舞、表、白和技等基本程式相结合的生活化的表演。

藏戏是一个非常庞大的剧种系统，由于青藏高原各地自然条件、生活习俗、文化传统、方言语音的不同，它拥有众多的流派。西藏藏戏是藏戏艺术的母体，它通过来卫藏宗寺深造的僧侣和朝圣的群众远播青海、甘肃、四川、云南四省的藏语地区，形成青海的黄南藏戏、甘肃的甘南藏戏、四川的色达藏戏等分支。

藏戏的各种面具

西藏藏戏有白面具戏、蓝面具戏之分，由此也形成新、旧之别。旧派戴白面具，动作和唱腔都比较简单，影响较小，琼结的宾顿巴、堆龙德庆的朗则娃、乃东的扎西雪巴等属于这一派。新派演出开始时由戴蓝面具的演员出场，表演艺术有较大发展，影响也比较大，故而逐渐取代了旧派。蓝面具戏在流传过程中因地域不同，又形成觉木隆藏戏、迥巴藏戏、香巴藏戏、江嘎尔藏戏四大流派。

藏戏在几百年的表演实践中，逐步形成了一种比较固定的程式。演出时，服装从头到尾只有一套，演员除戴面具外，一般不化妆或者简单化粉面与红脂，没有复杂的脸谱。乐器也比较简单，打击乐只有一鼓一钹，演出时有一人在旁用快板向观众介绍剧情发展情况。剧中人道白很少，演员专心致志地吟唱。

藏戏唱腔很多，大致分为表现欢乐的长调，藏语叫"党仁"；表现痛苦忧愁的悲调，藏语称"觉鲁"；表现叙述的短调，藏语称"觉统"。由于多为广场演出，演员的唱腔多高昂嘹亮，拖腔也多，显示出粗犷有力的风格。后台一般有帮腔，形式与川剧差不多。

藏戏演出中也广泛运用武功、舞蹈等技艺，一般是演唱一段以后，便出现一段舞蹈。舞蹈动作多为爬山、行船、飞天、入海、骑马、斗妖、擒魔、礼佛等，都有一定的舞姿。

面具是藏戏艺术独有的面部化妆手段，藏语称为"巴"。从面具的造型和色调上，可以区别出人物的身份地位和善恶忠奸。如深红色象征

在罗布林卡演出觉木隆藏戏

国王，绿色象征王妃，浅红色代表大臣，黄色象征活佛，白色象征善者，蓝色代表反面人物，而半黑半白象征女巫的两面派，妖魔则是青面獠牙，等等。面具多用夸张手法制作，这也是藏戏面具保留至今的一个重要原因。

藏戏中没有角色行当的分工，戏班里一般只有剧情讲解者、演剧者、逗趣者、祝福者、伴唱伴舞者等，尚未形成完整的行当体系。但在长期演出实践中，随着大型剧目演出的增多，已逐渐形成各种角色类型。如在艺术发展最为丰富的蓝面具戏中就有13种角色类型，如男青年、男老年、男配角，女青年、女老年、女配角，正丑角、小丑角、反派主丑角、反派次丑角，以及穿插角色、动物角色、伴唱伴舞角色。

每台藏戏的演出，一般都可分为三个部分。第一部分为"顿"，主要表演祭神歌舞，是藏戏开场的序幕；第二部分为"雄"，主要表演正戏；第三部分称为"扎西"，意为告别祝福，旧时的戏班演到这里，就是通过集体歌舞向观众募捐。

藏戏的演出，一般是广场形式，少数也有舞台演出形式。演出时间可长可短，有的演几小时，有的演一两天，过去连演几天的情况也有。要演长，则细唱细作；要演短，则用后台快板道白叙述剧情，一下子跳过去。

藏戏的传统剧目相传有"十三大本"，经常上演的有8部，习称"八大藏戏"：《文成公主》《诺桑王子》《朗萨雯蚌》《卓娃桑姆》《苏吉尼玛》《白玛文巴》《顿月顿珠》《智美更登》，此外还有《日琼娃》《云乘王子》《敬巴钦保》《德巴登巴》《绥白旺曲》等，合计13部。

三、演员和观众就像手心手背

藏戏中以蓝面藏戏影响最大，而蓝面藏戏的四大派中，又以次旦多吉曾经习艺的"觉木隆"派最为突出。所有藏戏剧团和流派中，拉萨觉木隆藏戏在艺术方面发展最为完备丰富，影响最大，流传也最广。

比如，在传统的八大剧目中，"江嘎尔"派最擅长的是《诺桑王子》，"香巴"派是《文成公主》和《智美更登》，"迥巴"派是《顿月顿珠》，而"觉木隆"派则有三个擅长的剧目：《卓娃桑姆》《苏吉尼玛》和《白玛文巴》。所以在自五世达赖时期以来一直保持的雪顿节藏戏会演中，"觉木隆"派的表演总是被安排在蓝面具戏压阵的位置上，表演的剧目也比别的藏戏班子要多一两个。

又如，觉木隆藏戏人才辈出，唐桑、米玛强村、扎西顿珠等都是大师级的藏戏戏师，组织经营、精心创造和改革丰富样样在行。觉木隆还出了几位著名的演员。其中次仁更巴在觉木隆传统特技上有很深的功夫，如躺身蹦子，藏戏中叫"拍尔钦"，双臂平伸与地面成 60 度转大圈旋舞，最多时能在大场地或大舞台上一气转四大圈，计有一二十个蹦子。

觉木隆藏戏分布、影响的地区很广。像江嘎尔剧团演出《朗萨雯蚌》和《文成公主》时，许多唱腔都是直接学用觉木隆的，其他一些独具风格的剧团也有这样的情况。拉萨、山南地区的藏戏团体，多数属于觉木隆派。就连边远的亚东县的四五个藏戏队，也属于觉木隆派。

西藏和平解放前，西藏地方政府对民间职业、半职业戏班的演出有着严格的管理规范，凡违反或不能达到要求的，均要面临严厉处罚。藏戏艺人大都是农奴，除奉差演出外，常年要靠劳动和流浪卖艺为生。唯一受官方直接管理的"觉木隆巴"（蓝面具戏演出戏班），也只有在全区各地流浪卖艺的权利，每到冬季，也有一到三个月的时间要由演员自谋生路。

西藏和平解放后，"觉木隆巴"戏师扎西顿珠曾揖出建立藏剧团，并且参加过全国文艺会演。1959 年 8 月，在获得批准后，扎西顿珠将流散西藏各地的 40 多位"觉木隆巴"艺人找回来，成立了拉萨市藏剧队。同年 10 月 1 日，藏戏队以剧目《文成公主》参加了庆祝建国十周年献礼演出。1960 年西藏歌舞团成立，藏戏团成为其中三个演出团体之一。1962 年，西藏藏剧团成立。到 1966 年，西藏藏剧团陆续上演了《文成公主》《朗萨雯蚌》《卓娃桑姆》《诺桑与云卓》四个大型传统剧目和《苏吉尼玛》《白玛文巴》的片段，还创作演出了一批中小型现代戏剧目。

民间藏戏演出

回忆起那个时代的藏戏演出，次旦多吉可谓历历在目。他曾不止一次告诉记者，过去到农牧区演出的时候，也没有什么报酬，只提供一顿便餐。"像我们这些藏戏班去农牧区演出，有时候要走很长的时间，到那里表演完后，如果人家提供的饭菜比较多，我们就能吃饱，少的话就吃不饱。但这些都没有关系，只要有人愿意看，我们就愿意演，观众们也很热情，有些是拖家带口从很远的村子赶来看藏戏的，我们这些演员知道后也很感动。"

对于演员和观众的关系，次旦多吉认为就像手心手背一样，紧紧联系在一起。而他自己就是这样的，从观众的反应中获得了艺术灵感、积累了演出经验。他曾描述过自己的一次演出经历："我记得有一次到牧区演出，我扮演的是一个'土匪头子'，我把这个人物的阴险狡诈通过语言、肢体很形象地表演了出来。或许是塑造得比较成功吧，观众们看了之后都对我非常'恨'，我就感觉他们随时都会上来揍我一顿，演出完后吓得我赶紧躲了起来。"

2006年5月，藏戏（拉萨觉木隆）列入第一批国家级非物质文化遗产名录（传统戏剧类）。而作为"觉木隆"派的代表，2008年2月，次旦多吉和堆龙德庆县觉木隆村的旦达，成为这一项目的代表性传承人。

四、"我会尽可能地为藏戏做贡献"

目前，次旦多吉是唯一能将藏戏中的八大经典剧目按传统表演方式完整表现出来的艺人，但他始终保持谦逊、学习的态度去看待藏戏。在他看来，对于已经传承了几百年的藏戏来说，他只是一个初学者，还有很多需要了解、探索的东西。

另外一个让他操心的问题，就是藏戏的传承。退休之后，每天的生活反而变得更加忙碌，但他却乐在其中："我最担心的是没人能够继承。退休后，一些藏戏团也把我请过去给他们指导技艺。我发现他们所表演的内容或多或少都有点问题，有些是故事性不强，有些是唱腔、动作不太规范。反正退休以后闲着也是闲着，只要他们愿意让我教，我就会无偿帮助他们，也算是'老有所用'吧。"

次旦多吉很清楚传统藏戏现在面临的问题与挑战：随着演出机会的不断增多，传统藏戏有时要进行改编、再创作，过去表演一天的剧目现在可能要浓缩为一两个小时。除此之外，传统藏戏如果想要让更多人了解、熟知，就要培养更多、更优秀的传承人。

不过，次旦多吉对传承人的挑选却绝不将就，"我现在年纪也大了，有些动作做起来也比较费力，所以我在一些藏戏团指导时会特别留意表现突出的演员。在挑选传承人时，我也有着自己的原则，首先必须要热爱藏戏，男女不重要，只要把藏戏视为自己的生活就可以；然后要懂藏戏的历

次旦多吉给年轻演员讲解藏戏面具的历史

史，还要对各个剧种的内容、人物、动作等牢记于心，像在表演时所用的乐器也要会演奏。只有满足了这些条件，我才会选择他（她）为传承人"。

现在，虽然传统藏戏受到越来越多的人的欢迎，但次旦多吉还是有所担忧："我最害怕传统的东西白白流失，像在舞台上表演的藏戏和在广场上表演的藏戏还是有很大不同。舞台上表演的东西大多都是经过浓缩、改编的，如果你想要完整地去了解这个剧目，光看舞台剧是不够的，但现在传统藏戏就面临着被改变的命运，所以我一直在呼吁要大力传承传统藏戏。我觉得原汁原味的东西是最美的，也是最能打动人心的。"

次旦多吉如今已经有了两个"入室弟子"，一个是30多岁的班典旺久，一个是20来岁的普布多吉。普布多吉在西藏大学艺术学院藏戏班受过

完整的藏戏表演艺术理论训练，而班典旺久在藏区已经是小有名气的藏戏演员。

次旦多吉总是谆谆告诫年轻演员，要肯于下苦功打好基础，不能贪快求得："我们以前哪有现在这个条件，冬天天气那么冷，我们也没有排练厅，就随便找个院子排练，如果生病了还要咬牙坚持，不过这样一来，我们的成果也就出来了。现在的年轻演员闯劲比较大，都想要干出一番事业，也有一些好的改编作品，但我还是希望他们要把基础打好，在懂得藏戏的渊源、历史、故事后再进行创作，千万不要走得太快，这样会很容易出问题。"

就像自己把演员与观众看成手心手背的关系一样，次旦多吉也强调演员为观众服务，在观众的反映中体现出艺术价值来："在表演时要忘记你是谁，当那么多的观众只看你一个人的时候，一定要给他们留下个好印象，不然你在台下受的那些苦、受的那些罪就全白受了。"

如今，平日里除了指导藏剧团他的那些"徒子徒孙"外，次旦多吉还经常往来于拉萨市城关区娘热乡民间艺术团等几个民间的藏戏队，给这些藏戏队当顾问。在家里的时候，他就仔细翻阅一些改编的藏戏剧本，纠正其中的错误。

对于这种生活状态，次旦多吉很是满意："我现在每天忙是忙，但生活很有盼头，每天过得也很充实。我对物质生活从来不做太多要求，只要有吃有穿就行。现在国家也越来越重视藏戏，很多快要消失的传统技艺也得到了很好的传承，我打心眼儿里高兴。"

次旦多吉说："我做这些就是为了把藏戏搞好，藏戏就是我的'命根子'，只要我身体状况还允许，我就会尽可能地为藏戏做贡献。"

格桑旦增
——"让勒布沟每个人都会唱门巴戏"

格桑旦增（1970～），门巴戏演员，山南门巴戏传承人。西藏山南错那人，门巴族。青年时代开始学习门巴戏，后任当地勒布民间艺术队队长，同时担任乡村干部。他带领戏队排演门巴戏，并积极推动这一民族艺术的传承。2008年成为第二批国家级非物质文化遗产项目（传统戏剧类）代表性传承人。代表性剧目有《诺桑王子》等。

一、成长为"阿吉拉姆乐器"师

1970年，格桑旦增出生在西藏自治区山南地区错那县勒门巴乡勒村的一个门巴族家庭。

门巴族是我国人口较少的少数民族之一（人口不足8000人）。绝大多数生活在喜马拉雅山脉南部的深山里，以西藏山南地区错那县和林芝地区墨脱县境内人数最集中。"门"指门隅，地名，"巴"是藏语后缀，指人。"门巴"，藏语意为"生活在门隅地方的人"。

门巴族有丰富的民间文学，民歌曲调优美、流传久远。其中以"萨玛"酒歌和"加鲁"情歌最为奔放动人。正是

格桑旦增

这块民歌的丰沃土壤，孕育出了六世达赖喇嘛仓央嘉措那样的浪漫诗人。已被译成多种文字的诗集《仓央嘉措情歌》，即脱胎于门巴族民歌，在格律和风格上都保留着门巴族情歌的特色。此外，门巴族还有自己的民族戏剧——门巴戏。

17岁那年，格桑旦增开始跟随父亲学习门巴戏。由于勤奋努力，加上

格桑旦增与门巴戏演员合影

与众不同的天赋，父亲教什么，格桑旦增很快就能学会什么，因而很快成了村里的小名人。

后来回忆起当时的情景，格桑旦增说："每当春秋两季，村民在田间地头干农活。他们在劳作之余，常常把我叫到中间来，让我唱门巴戏，他们都很爱听。父亲看我学得像模像样，也十分高兴。门巴戏我从家唱到田间地头，从田间唱到节日的舞台上，深受群众的喜爱。"

当时，乡亲们喜欢门巴戏，门巴戏得到的传承保护也比较好。1987年，勒门巴乡组建了勒布门巴戏队，格桑旦增也参加了戏队，成了队里最年轻的演员。在戏队里，格桑旦增主要担任"阿吉拉姆乐器"（鼓钹，门巴戏的主要乐器）伴奏。

勒布门巴戏队不仅组织演出门巴戏，还对门巴戏进行文字记录等初步整理。但后来不断有演员离开戏队，外出务工或者跑运输，运作几年后，戏队便基本解散了。

格桑旦增回忆说："十七八岁的时候，我加入勒乡门巴戏的表演队伍。那时候，老师只收了9个徒弟，但是由于当时大家生活条件艰苦，没有固定的人组织专门的培训，门巴戏就这样渐渐地消失了。"

二、门巴戏的曲折历程

"门巴戏"又称为"门巴拉姆"，即门巴藏戏，流行于喜马拉雅山东南门巴族聚集区。因其剧本直接使用藏戏的藏文剧本，故民间习惯称这种戏剧为"门巴阿吉拉姆",而"阿吉拉姆"是藏族对藏戏的称谓。这也正说明了门巴族文化与藏族文化息息相关的亲密关系。

据史料记载,门巴戏产生于西藏藏传佛教五世达赖时期(1617～1682年)。它的发源地,正是格桑旦增的家乡勒布沟。在勒布沟区域的麻玛、勒、基巴和贡日四个乡里,居住着600多名门巴族人,而他们也正是传统上门巴戏的主要观众。

作为一种古老戏种,门巴戏继承了门巴族民间文化里丰富的神话传说、歌舞和宗教跳神动作,并在长期发展过程中形成了独具一格的戏剧表演艺术形式。与西藏地区的其他藏戏相比,门巴戏至今仍保留着自己更为原始的味道,风格更为质朴。

格桑旦增说:"门巴戏是西藏八大藏戏之一,其表演主要由六名演员和一名司鼓伴奏员完成。六名演员分别扮演渔夫、法王、公主、仙女等15个角色,有意思的是,所有角色必须由男人来扮演。这更为门巴戏添上了一层神秘的色彩,也成为门巴戏的一大特色。"

格桑旦增介绍,表演一出完整的门巴戏至少需要三天时间,有的甚至需要五天。为了活跃气氛,戏中还穿插了节奏较快的、模仿各种动物形态的舞蹈,有雄鹰展翅飞翔的动作,有獐子缓缓攀岩的动作,有马鹿下跪的动作。模拟各种动物行为的舞蹈动作极为丰富,全部来源于门巴族人生存环境中所能看到的野生动物的动作,并与门巴族人的自然崇拜密切相关,深受门巴族人民的一致喜爱。

《诺桑王子》是藏戏最古老、传演最广泛的传统剧目之一,同时也是

门巴戏演出现场

门巴戏装扮

门巴戏最主要上演的剧目。其中的表演基本源自门巴族的民间舞蹈、歌曲和宗教艺术，音乐主要来源于门巴族民歌"萨玛"（酒歌），戏中的服装主要以门巴族生活服饰为主，同时吸纳了藏族服饰的部分元素。这部戏演员全部为男性，戏曲中的女性角色也是男扮女装。完整的《诺桑王子》的演出至少需要5天的时间，因此演出中间活跃气氛穿插的舞蹈表演，模仿了多达18种动物的动作形态。

在时代的变迁中，门巴戏这种极富地域特色的艺术形式，也经历了从日趋兴盛到盛极转衰，再到如今重现生机的过程。历史上，门巴戏在一度辉煌之后，在新中国成立前，地处偏远的勒布沟地区，门巴戏就已经停止了演出活动。

1987年，政府扶助的传承抢救（成立戏队、组织演出），走过5年的艰辛历程，也在1991年停歇了。

2006年，错那县的门巴戏列入第一批国家级非物质文化遗产名录（传统戏剧类），给予重点抢救扶持。

2007年年初，错那县的门巴戏班又得以恢复，6名勒乡村民和3名麻玛乡村民联合组成了一个9人的民间艺术队（简称"戏队"），两个乡终于再次拥有了自己的戏队。新组建的戏队不但在藏历新年等重大节假日期间在乡里演出，还曾到外地表演。现在，外出表演的机会越来越多，除了山南地区错那县，戏队还在拉萨雪顿节期间演出，西藏电视台等媒体都给予了热情报道。

2008年，格桑旦增成为第二批国家级非物质文化遗产项目（山南门巴戏，传统戏剧类）代表性传承人。同时成为这一项目代表性传承人的还有巴桑。

三、"让勒布沟每个人都会唱门巴戏"

2006年门巴戏列入国家级"非遗"名录的时候，勒乡门巴族中仅有6名老艺人会表演门巴戏。他们当中，除了格桑旦增的父亲，没有一个人看过整本演出的门巴戏，每人只会唱出其中一小段。

正是在这些人的基础上，2007年，格桑旦增组织恢复了勒布门巴戏民间艺术队。其中6名正式演员，1名鼓手，2名工作人员。经过老艺人不断彩排、回忆、推敲，门巴戏才逐渐恢复到接近原来的表演形态和剧目剧情。随后，戏队开始演出，并以勒乡为中心向外辐射。

对于演出来说，勒布门巴戏队恢复之初人数显然不够，因为一场最正规的演出需要12名演员。好在情况陆续改观，戏队先后发展到了10人、12人、16人、17人。

对于门巴戏队的演出，政府部门也给予了尽可能的扶持。比如，政府为戏队更新了全部戏服，还为每名演员提供一定数额的补助。

然而，演出之外，最让格桑旦增挂心的是门巴戏的传承。对于格桑来说，抢救、保护和传承门巴戏，既是他父亲和师傅的希望，也是他自己的最大愿望。

门巴族有自己的语言，但是没有文字，加之艺人文化水平相对较低，因而不能把门巴戏的剧情、声腔、唱词和表演经验记录下来，也没有进行录音的条件，所以老艺人的表演绝活只能靠口耳相传、言传身教。

如今，政府文化部门积极展开抢救工作，把已经抢救恢复将近80%的门巴戏演唱的声腔、唱词和表演经验等用文字记录成书，还对一些演出进行了录音。但戏团新招收的徒弟学历不高，大多只有小学文化。教育文化水平仍旧是门巴戏传承的一个制约因素，而这也使格桑旦增对门巴戏下一

勒布沟门巴戏民间艺术队

步的传承感到有点焦虑。错那县文化局负责人也说，现在门巴戏传承遇到的最大困难是语言过不了关："让一个不懂门巴语的人去学习门巴戏，这是不可能的。"

现在的格桑旦增有着多重身份：他是门巴戏的国家级代表性传承人，还是错那县勒乡、勒村的负责人。在家人支持下，除了做好家里的农活、村委会和乡里的工作，格桑旦增把更多精力放在了门巴戏的传承上。他利用自己的威望，带领勒乡门巴戏队不断外出演出，同时向当地文化部门争取经费，保证了门巴戏队的运转，也维系了这个剧种的传承。

格桑旦增期待着门巴族的文化瑰宝能够继续传承下去，这样，他才觉得无愧于乡里老艺人以及许多人对门巴戏的关注、关心和爱护。他说："现在国家政策好了，对非物质文化遗产的保护和传承投入大量人力和经费补助。我也会毫无保留地把自己所有的技艺全部传授给徒弟们，也希望以后可以收更多的徒弟，让勒布沟每个人都会唱门巴戏。"

门巴族唯一的全国人大代表白丹措姆也说："门巴戏是门巴族的历史传统文化，不能丢掉。作为国家级非物质文化遗产，我们要好好保护它，培养更多的年轻演员。"

孟永香
——为传承灯戏自建舞台

孟永香（1946～），民间艺人，灯戏传承人。湖北恩施人，土家族。7岁时拜师学习灯戏，逐渐成为戏班的顶梁柱，并最终成为第九代传人（班主）。60年间，为邻里乡亲演出灯戏场次不计其数，并创作排演了十余出新剧目。2009年成为第三批国家级非物质文化遗产扩展项目（传统戏剧类）代表性传承人，自建灯戏舞台，排练、传承灯戏艺术。

一、灯戏传人的"游击"生涯

1946年2月，孟永香出生在今湖北省恩施土家族苗族自治州恩施市白杨坪镇洞下槽村的一个土家族家庭。

灯戏在湖北恩施地区的历史已经有200多年，这里的灯戏也被称作"恩施灯戏"。其中，尤以流行于恩施白杨坪乡羊角坝一带的"羊角灯戏"最具代表性。

白杨坪最早的灯戏班叫"姜撮瓢灯戏班"，班主"姜撮瓢"是白杨坪洞下槽人。按师承关系计算，至今已有九代传人，其中第八代传人（班主）为廖南山（已故），第九代传人（班主）即孟永香，他们均被恩施土家族苗族自治州人民政府授予了"民间艺术大师"称号。2005年，恩施自治州文联和州民间艺术家协会正式授予这个戏班"恩施市白杨坪灯戏表演队"队旗。2013年，以灯戏著称的白杨坪乡，被湖北省文化厅命名为"民间文化艺术之乡"。

生长在民间文化艺术之乡，孟永香自幼热爱民间文艺。7岁的时候，

孟永香

孟永香灯戏表演剧照

她便跟随民间艺术大师廖南山的师傅——灯戏创始人之一唐世东学艺，而且进步神速。

小学四年级时，孟永香被县文化馆相中，培养她学习唱戏和跳舞。一年后，廖南山又将她从县文化馆"抢"回了乡里，自此她开始了以灯戏为主的艺术表演生涯。

在当地，说起孟永香和灯戏，可谓无人不晓。几岁的小孩都能哼上几句："……不去娘要打，浑身打起紫疙瘩，要打你就使力打……"

在师傅廖南山故世后，孟永香担当起了白杨坪"姜撮瓢"戏班班主的重任。在孟永香的带动下，白杨坪乡的灯戏班发展到了5个，灯戏艺人有70多人，剧目达到112个，演出活动频繁。戏班的成员多是当地农民，散居在乡村各处，每当有百姓办喜事，他们就会前去助兴。每逢重大节庆，则由孟永香调集灯戏艺人灵活组班，一般也就是5～7人。

在近60年的灯戏表演生涯中，逢年过节、欢乐喜庆，孟永香都要为乡亲表演灯戏，忙得不可开交。孟永香说，其实在当地，过去一直都有在庆生、拜年、婚嫁之时请灯戏班表演的习俗，一则因为"灯戏都是用地方方言来说唱我们身边的事情，通俗易懂，大家喜欢看"，二则因为此方百姓一向都有"一家有喜，大家同庆同乐"的风俗。

"灯戏与其他剧目相比，具有情节简单，表演人数相对较少，表演场地要求不高等特点，深受百姓喜欢。"孟永香说，重大节日或谁家红白喜事都要邀请他们去演出。"过年期间最忙碌"，每年大年三十在为乡亲们义演一场后，他们便要在全乡上下进行"巡演"，一直要演到正月十五。

由于小戏班活动的经常性和演出地点的不确定性，人们戏称其为灯戏

"游击队"。而这些"游击队"的演出,装点了乡亲们的生活,给他们带去了慰藉和欢欣。

二、恩施灯戏 200 年

恩施灯戏俗称"唱灯(儿)",是湖北省恩施土家族苗族自治州土家族人民群众喜爱的民间传统剧种之一。

灯戏是在花灯歌舞的基础上发展形成的,而恩施灯戏则源于四川灯戏。四川灯戏是川剧的"祖宗戏",广泛流行于广大农村。恩施与四川山水相连,文化习俗相近或相似,语言也相互沟通,因此,清乾嘉年间,灯戏由四川毗邻地区传入了恩施。

灯戏传入恩施后,与本地文化习俗、语言等相融合,逐步形成了具有本土特色的地方剧种——恩施灯戏。从传入到本土化、定型化,其间经历了近 200 年的历史。

恩施地区的灯戏,以白杨坪乡羊角坝一带的"羊角灯戏"最具代表性。"羊角灯戏"的班底规模、活动范围较大,历时也较长。1952 年和 1954 年,白杨坪乡灯戏班《雪山放羊》和《神狗打柴》剧组,先后两次代表恩施地区赴武汉参加中南六省业余戏剧会演,均获极大成功,湖北省戏剧界正式将恩施地区的灯戏定名为"恩施灯戏"。

灯戏是恩施自治州南、堂、灯、傩、柳五大地方剧种之一,属单本折子戏,角色大多是平民百姓,情节均为日常生活中的琐事趣闻,基本上不

灯戏演出场景

涉及帝王将相、才子佳人和历史事件，具有"小情节""小人物""小戏班"的"三小"特点。服装、道具和舞台布景简单，田头、场院等随处可设场演出。

关于灯戏的表演，孟永香总结出六个字：扭、跩、跳、嘻、笑、闹。演员始终载歌载舞，随着朗朗上口的声腔和节奏鲜明的锣鼓节拍，边扭边唱，唱腔、道白诙谐幽默，动作滑稽生动，表情夸张，风格鲜活，因此成为男女老少喜闻乐见的艺术形式。

孟永香整理灯戏剧本

恩施灯戏多使用相对文学化的恩施方言，唱词一般为七言对偶式，句式为二二三，也有十字句。唱腔主要有正腔和小调两大类，文场只需一人用称为"大筒子"的胡琴伴奏，武场增加鼓、锣、钹。剧中人物大多只有生、旦、丑三行，出台常为一男一女，最多不超过4人。

恩施灯戏主要流行于恩施自治州下属的恩施市、利川市、宣恩县、咸丰县、来凤县及建始县的广大农村，多在年节、婚嫁、寿诞等民俗吉期演出。因演出意义不同，灯戏名称也有所不同，如：新春元宵，欢度佳节，称"贺新灯"；清明祭祀，称"清明灯"；寿诞祝寿，称"寿灯"；男婚女嫁、抱子添孙，称"喜灯"；烧香还愿、酬神祭祖，称"公灯"。

恩施灯戏的主要剧目是灯戏固有的传统剧目，以及与川剧、南剧合班演出灯戏艺人所谓"风绞雪"类剧目，此外还有从川剧、南剧移植、改编的剧目，新中国成立后也改编和创作了一些剧目。如今，恩师灯戏的剧目已经发展到112个，传统剧目如《雪山放羊》《洞宾点单》《拦算》《庙会》《王麻子打样》《小说媒》《寡妇门前》《接干妈》等常演不衰，新时期以来的《劝君莫赌博》《暴风雨之夜》《纳税夫妻》《情定茶山》《家庭风波》等新剧目也十分抢眼。

2008年6月，湖北省恩施市申报的灯戏，列入了第一批国家级非物质文化遗产扩展项目名录（传统戏剧类）。

三、为传承灯戏自建舞台

2007年8月,孟永香被恩施土家族苗族自治州人民政府授予"民间艺术大师"称号。2009年6月,孟永香成为第三批国家级非物质文化遗产项目(灯戏,传统戏剧类)代表性传承人。

荣誉同时也意味着责任,对此孟永香有着清楚的认识。在2007年8月被授予"民间艺术大师"称号后,孟永香就曾说:"我感觉那不仅是一种荣誉,更是一种责任,不能让灯戏在我手里失传了。"幸运的是,她收了7个弟子,有了新的传人。

为了更好地传承和推广灯戏,孟永香自己掏钱,为其他艺人买来服装和道具,一起排练。没有经费,自己贴;没有办公场所,就在自己家里练。每次演完后,她都把一起演出的农民艺人接到家里吃饭。

2014年,孟永香做出了一个惊人的决定:在自己家修建灯戏舞台。谈起自己修建灯戏舞台的缘由,孟永香说,自己唱了60多年灯戏,生活、生命已经和灯戏融为一体。但由于年迈体力不支,已经不能去远处演戏。以前每次为演出排练,一大群人都挤在孟永香家的客厅里,有时候排练的节目多,客厅里根本转不开身。因此,孟永香希望建一个舞台,在家里收徒弟教灯戏,将灯戏传承下去。

进深6米、台宽12米、高6米(两层)的灯戏舞台,前期工程就花费了10余万元,没有家人的支持是修建不起来的。谈到家人尤其是小儿子

孟永香成为国家级"非遗"传承人

对自己事业的支持，孟永香总是滔滔不绝："一个属于灯戏的大舞台能从我家院子拔地而起，我们全家人都有功劳，要不是家人的支持，这个大舞台建不起来！而给我最大支持的便是我的小儿子。"

孟永香传授灯戏表演动作

孩子们成家立业后，都搬到了城里，他们虽然工作都很忙，但都很孝顺，隔三岔五总会给孟永香打电话，关心老人的身体。每次在电话里，只要一听说她正在排练灯戏，总是轻声问候，说声"您先排练，我不打扰您了"，然后挂断电话。

"小儿子得知我有修建灯戏舞台的想法后，不仅没反对，还大力支持。"有记者采访时，孟永香指着用杉木原木做成的舞台说，"你现在看到的这些杉木就是我儿子从全州各地搜罗来的，有的是从鹤峰深山寻来的，有的是从利川找到的，每一根杉木全都一样粗细，一样长短，连来做木匠的老师傅都说，他做木匠这么多年，从来没看到如此好的木料"。

"儿子为她建戏台，一来是对母亲传承灯戏事业的支持，二来图的是让我们老两口高兴，家里客人多，热闹。"谈及儿子的孝顺，孟永香的老伴也赞不绝口。

如今，在孟永香家的院子里，一个土家族吊脚楼风格的灯戏舞台已经修建完成。平时，孟永香会和大徒弟刘少美，一起在舞台上排演《山放羊》，老伴杨国兴则拉着二胡给他们伴奏。平日里一有空，孟永香就会整理许多年来收集的灯戏剧本，其中有些是早年手抄的，也有近几年打印的，至今已集录了好几本，都保存完好。

孟永香说，看着属于自己的灯戏大舞台巍然矗立，最疼爱的大徒弟刘少美也在灯戏的道路上越走越顺，现在，她最大的愿望就是将她毕生所学传授给自己的弟子，让灯戏发扬光大。

李家显
——"我十数折戏装了满满的一肚子"

李家显（1934～），民间戏剧艺人，佤族清戏传承人。云南腾冲人，佤族。他是甘蔗寨佤族清戏的第四代传人，从小跟着祖父、父亲听唱清戏，逐渐喜爱并习艺，进而全面掌握清戏声腔"九腔十三板"的唱法，能熟练演唱数十折常演剧目。他还对清戏进行大胆革新，将"板凳戏"改为站着唱并加入表演动作，丰富伴奏乐器；保存并抄录了许多传统剧目。2009年成为第三批国家级非物质文化遗产项目（传统戏剧类）代表性传承人。代表剧目有《姜姑刁嫂》《顺目休妻》《安安送米》《芦林相会》《和尚化斋》等。

一、"我就是喜欢这清戏"

1934年11月，李家显出生在云南腾冲甘蔗寨的一个佤族家庭。

南方古丝绸之路穿过腾冲境内，而甘蔗寨就是地处古丝绸之路要冲的一个古老村落，是古道上有名的马帮驿站。这就使甘蔗寨的人受到了不少外来文化的熏陶，其中湖北人创造的清戏（又称湖北高腔）传入后，就在这里生根、长大，并成为这个佤族村寨独有的戏曲剧种。

明末清初，许多来往客商露宿在甘蔗寨，等候次日天亮赶路。这时，客商们少不了找些乐子解乏，于是便点上马灯，唱上一段——唱的正是清戏（湖北高腔）。

李家显

李家显的曾祖父李如楷，曾是当地佤族的"佐拉王"（即"头人"）。外乡人唱清戏时，李如楷偶尔也跟着唱上几句。李家显曾回忆说："我曾祖父特别喜欢清戏，因为马帮赶马累了，他们就想坐在板凳上清唱一下。"

不过，李如楷并不是只唱几句就了事，而是动脑子让外乡人的清戏留下来，用李家显的话说，就是让它"落地生根"，而方法则是"多加点好玩的东西"。于是李如楷改良了清戏，他把弦子、二胡等轻便乐器拿了出来，让农民在地里干活时，戏班子也能边走边唱。李如楷还收集整理了清戏剧本，据说保存有厚达一寸的三大本绵纸抄写的剧本。就这样，每逢节庆，甘蔗寨村民就搭起戏台唱上几出清戏，欢欢乐乐。汪家寨、芒垒等几个佤族村寨受甘蔗寨的影响，纷纷派人来借抄剧本学唱清戏。

后来，清戏在甘蔗寨的佤族农民中一代代地传承着，成为佤族群众自娱自乐的一项活动：不管舞台有多简陋，人们插完了秧苗或是收割了庄稼，洗干净了下田的泥腿，点亮一盏汽灯驱走昏黑，一寨子的男女老少聚在一起，清戏就唱了起来，欢乐也就滋长起来……

算起来，李家显算是佤族清戏的第四代传承人，祖父李润有、父亲李茂广则是第二、第三代传人。李家显回忆，父亲是一个"戏油子"，李家显很小的时候，父亲就和祖父一样，走村串寨唱清戏，李家显则跟在后面听。

常年跟着父亲听戏，清戏在李家显幼小的心里开始生根、发芽。虽然小时候不识字，但戏词却记在了心里。"耳朵灌饱，根据腔板再自己学、自己唱，我就是喜欢这清戏。"9岁的时候，李家显便随父亲演唱过折子戏《安安送米》。到16岁时，一个剧目他已经能唱上三四折了。

初小毕业后，李家显没有继续读书。对此，李家显颇感遗憾，因为唱清戏需要文化。尽管如此，他还是成了佤族清戏的领头人。

17岁时，正值新中国成立初期，李家显当了乡里的文书。那一时期，他把祖辈留下的清戏剧本当宝贝收藏，还凭记忆将一些剧目一折折写下来。"我不懂简谱，但我会唱，就是想留下来传给后人。"因此，尽管在20世纪70年代清戏剧本大多散失，但他会在家里悄悄唱，把祖辈的老东西保留了下来。

二、佤族清戏的来龙去脉

佤族清戏源于湖北清戏，湖北清戏则源于青阳腔。明末清初，湖北人源于古老的青阳腔，创造了一种新的戏曲，称为"清戏"，又叫"湖北高腔"。湖北高腔曾流传在湖北襄阳、荆州、黄冈等地，成为颇具影响的地方剧种。

从明代开始，因战争等原因，大量汉族人从内地进入或通过云南腾冲，带来了大量的汉文化。地处古道要冲的甘蔗寨，成为腾越至缅甸南线古道上商旅、马帮、军伍必宿的驿站，居民日渐增加，村中古道两旁建起了大大小小的店铺。过往的商贾军民，也给甘蔗寨带来了内地的文化，其中就有熟悉清戏的戏曲艺人。就这样，清戏就在甘蔗寨传播开来，久而久之，逐渐演化为佤族清戏。

清同治年间，甘蔗寨佤族头人、李家显的曾祖父李如楷，对流传当地的清戏加以改进，并积极加以组织排练，还亲扮角色，使清戏在村中常演不衰。他还到周边汉族村寨去演出。附近汪家寨、芒垒等几个佤族村寨受其影响，纷纷派出人来借抄剧本学演清戏。这是佤族清戏最为繁盛的时期，培养了一批骨干艺人。

此后，佤族清戏时盛时衰。过去，佤族清戏一般在春节期间走村串寨巡回演出，兴盛时"灯友"（演员）成百。20世纪20年代后，佤族清戏渐趋衰微，几至灭绝。1958～1964年，佤族清戏曾演过数场。1984年，腾冲县文化部门对清戏加以发掘整理，培训演员，参加县文艺调演，并参加了同年举办的云南省农民文艺调演，受到省内外戏曲界的关注，被誉为"珍贵的民族剧种"。

佤族清戏以"清唱"为主，人物上场时往往要先念引子或念诗，然后再唱或道白；没有复杂的身段，台上的做功均是依据演员对剧情的理解而发挥。李家显曾介绍说，佤族清戏演唱时腔板穿插变换，一唱众帮，锣鼓伴奏，只是"干唱"，故称为清唱戏；但声腔丰富，有"九腔十三板"之说，曲调抑扬顿挫、悦耳动听，既善叙事、又极抒情，具有较强的表现

古老的佤族清戏台

力。因此，尽管演出形式较为简朴，但佤族清戏不是简单的说唱节目，而是具有生动故事情节和鲜活人物性格的"本子戏"。

佤族清戏角色有生、旦、末、丑之分，早先不化妆，白嘴白脸，用一种叫"红药"的染料彩脸，显示人物身份，化妆是20世纪80年代才开始的。角色穿戴不一，服饰分衣、褶、蟒、靠，头饰有盔、冠、巾、帽，还有髯口、鞋靴、面具等；行头不太讲究，多为在普通布料上粘贴一些用纸剪的飞禽走兽之类的简单图案。

佤族清戏的伴奏乐器，早先仅有小勾锣、小镲两件，每唱一句或一段即用"锵锵，锵锵锵齐锵齐锵锵"一类的锣镲点隔开，烘托节奏气氛，大鼓、大钹、大锣等都是后来添加的。曾有人尝试用"叫鸡弦"（京胡）进行伴奏，但未能坚持下来。直至1984年底，才由专业艺术工作者正式把文场音乐（主要是二胡）引进了清戏伴奏之中。当地艺人一般把武场（打击乐伴奏）称为"打家事"，把文场称为"锯弦子"。

佤族清戏一般在春节期间上演。节前，村寨中的艺人们便聚集商议，选定剧目，分配角色，由熟知剧本的人负责排练。所选剧目多为二至四人的折子戏，其中表现悲欢离合与神仙故事的剧目最受欢迎。演出从大年初一准备开始到正月十六结束。

甘蔗寨流传下来的佤族清戏剧目，有《姜姑刁嫂》《逐赶庞氏》《芦林相会》《安安送米》《回朝缴旨》《加封韩愈》《文龙辞妻》《钟离点化》《越墙成仙》《湘子度妻》等数十折。这些剧目故事感人，情节生动，文辞优美，人物性格鲜明。

2008年6月，佤族清戏列入第二批国家级非物质文化遗产名录（传统戏剧类）。

三、"佤族农民戏剧家"

李家显是目前佤族清戏最重要的传承人和活动组织者，是对佤族清戏声腔和剧情最为了解的艺人。他全面掌握清戏声腔"九腔十三板"的唱法，能较熟练地演唱流传下来的《安安送米》《回朝缴旨》《文龙辞妻》《湘子度妻》等数十折常演剧目，如他自己所说："我十数折戏装了满满的一肚子。"

在长期的艺术实践中，李家显还大胆地对清戏进行了一些革新。比如，将父辈的板凳戏（仅坐着唱）改为站着唱，并加入了一些戏剧表演动作。原先伴奏乐器单一，现在则加入了二胡、京胡、锣、鼓、钹等乐器，

民间的佤族清戏演出简朴快乐

丰富了音乐伴奏。

李家显不但是清戏的传承者，还是清戏表演的组织者，几个经他培养的村民，都能唱出些名堂了。他是当地佤族人民心目中的"佤族农民戏剧家"。2007年，他被云南省批准为省级非物质文化遗产传承人；2009年6月，他又成为第三批国家级非物质文化遗产项目（佤族清戏，传统戏剧类）代表性传承人。

李家显这位"农民戏剧家"对佤族清戏珍爱有加，不无骄傲，他说："湖北高腔早已不存在了，现在的清戏只有我们甘蔗寨才有。""我们是俗人，但我们唱的是雅戏。城里人都唱不来，他们还要向我们讨教。"

虽已年过八旬，李家显唱起清戏来还是"得心应口"、说唱就唱——穿上小生服，长袖一舞，小走几步，一段《白鹤传》小生戏的韵调就流淌出来："相公听奴劝，终南山上休贪恋，那一些道人们吃的黄精淡饭，住的草舍茅庵。相公啊，这般苦楚怎能受得……"

清戏陪伴着李家显，也陪伴

准备登台的李家显师徒

着山寨的佤族村民。村民们在田里干完活,洗干净泥腿,便开始唱起清戏。李家显说:"农闲时,村里人老老小小聚在一起,白天晚上地看,不分昼夜地唱,乐子咱们自己来找……"

清戏是快乐的,不管舞台多么小,不管生活多辛劳。但李家显有些偏爱忧郁的调子。比如清戏名剧《安安送米》里,旦角的那段非常舒缓和抑郁的调子,唱起来能很快把人引入哀伤的氛围。李家显说:"人生当中哀多喜少,所以在清戏里悲调特别多,我也很喜欢唱这种调子。"

李家显对于佤族清戏的这种体认,可谓达到了人生哲学的境界。他说中了人生,也说中了佤族清戏。

四、"我们肯定要传承下去"

20世纪80年代,腾冲县文化部门对清戏加以发掘整理,中国艺术研究院专家也深入甘蔗寨,为佤族清戏录音录像。县里开始培训演员,参加市、县级文艺调演。不过,进入90年代以后,佤族清戏已不能坚持正常演出活动,只是上级文化部门、部分专家学者、新闻媒体来调查了解时,才组织一些片段性演出,但也仅限于《安安送米》等少数剧目。

在沉寂了十多年之后,随着国家文化遗产事业的推进,甘蔗寨的佤族清戏被再次搬上了舞台。此时,与李家显同出一门的佤族清戏在世的三位第四代传人,其中两位年事甚高,已经不能登台演出。李家显不仅是清戏演唱的主角,他也开始教村里人学唱清戏。在李家显等人的悉心传授下,甘蔗寨又培养出了张政仙、廖美灵、王祖芳(李家显儿媳)等艺人。"我们是独一无二唱清戏的团队,全国都没有。"李家显说。

其实,佤族清戏的传承还是存在不少隐忧。由于缺乏投入,加之现代娱乐的冲击,佤族清戏的传承极为困难。李家显曾多方奔走和呼吁,尝试培养少年接班人,但响应者寥寥。即便是几位第五代传人,能熟练演唱的声腔和剧目也比较有限。因此,李家显有时不免感伤:"我现在就怕清

李家显的徒弟唱佤族清戏

戏传不下去。"

　　李家显一直记得，父亲临终前把曾祖父保留下来的剧本交到他的手上时，告诉他一定要把清戏传下去的情景。而如今，李家显的两个儿子对此都不感兴趣。为了能把清戏传给后人，已是年逾古稀的李家显开始到县里找老师学习简谱，实在搞不懂简谱，他就唱词，请老师把简谱记下来。

　　儿子们不感兴趣，两个儿媳却学上了清戏。佤族清戏并不存在"传男不传女"的说法，只是因为清戏有近半个月走村串寨的演出，女性多有不便，男性文化基础较好而更容易学记剧本。"现在反而是女性更容易学唱清戏，因为她们识字、嗓子好、身段表演到位，比男子更认真努力。"李家显说。

　　现在，李家显的两个儿媳妇都会唱清戏，"老二媳妇唱旦角尤其唱得好"。这让李家显家"清戏世家"的家声延续了下来，从曾祖父复兴清戏到他儿媳这一辈，他家不间断从事清戏表演已经整整五代。

　　村里人但凡有人来学，李家显也都会不遗余力地教。一位叫李立忠的60多岁的老人说，现在放羊时经常练习唱清戏，"越唱越有滋味"，获得了李家显的称赞。几个经李家显培养的村民，现在都能唱出些名堂了。

　　佤族清戏至今仍保留着它传入时的原生态，是甘蔗寨人的骄傲，也是珍贵的民族剧种。李家显说："既然国家都承认是非物质文化遗产，那我们肯定要传承下去，绝不能让它消失。"

劳斯尔
——"幸福与快乐"的"乌力格尔"人生

劳斯尔（1946～2010），民间说唱艺人，"乌力格尔"传承人。内蒙古通辽扎鲁特人，蒙古族。他从小受到民族曲艺的熏陶，上中学时开始拉四胡说唱"乌力格尔"，后又拜名师学艺，并成长为专职艺人。他不仅为牧民群众说书，还致力于民族曲艺的收集整理、研究交流、传承教学。2008年成为第二批国家级非物质文化遗产项目（曲艺类）代表性传承人。有"好来宝"《青史演义》、"乌力格尔"《故乡的珍珠》等多篇作品获奖，出版有《乌力格尔、好来宝完整教程》。

一、"幸福与快乐"地学习"乌力格尔"

1946年12月22日，劳斯尔出生在今内蒙古自治区通辽市扎鲁特旗格日朝鲁苏木霍日格嘎查的一个蒙古族家庭。

蒙古族民间文艺十分发达，歌舞之外，曲艺就有"乌力格尔""好来宝"等。扎鲁特草原辽阔而富饶，居住在这片草原上的蒙古族牧民喜爱"乌力格尔"这一民族曲艺形式，代代相传，杰出艺人层出不穷，因而这里也被誉为"乌力格尔之乡"。

生活在扎鲁特的劳斯尔一家，也都喜爱民间文艺。劳斯尔的父亲特木尔珠日河喜欢唱民歌，是一位业余歌手；祖父手上则有一把说唱用的四胡。

劳斯尔家里兄妹7个，他排行老大。

劳斯尔

"劳斯尔"是藏语，汉语意思是"幸福与欢乐"，后来虽然不乏生活的坎坷，"幸福与快乐"也确实可以概括劳斯尔的一生。

上小学的时候，劳斯尔就表现出了对民族曲艺的强烈热情。11岁那年，村里召开那达慕大会，请来说书艺人助兴，劳斯尔第一次听书就被深深地吸引了，随后开始到处去听书，天天晚上收听电台播出的说书节目，沉浸在蒙古族英雄史诗的海洋里，如醉如痴。

15岁时，村里又请来了乌力格尔大师琶杰的徒弟、著名"胡尔奇"却吉嘎瓦说唱《东辽传》，他一听就是几个晚上，记住了不少情节和内容。

渐渐地，劳斯尔不满足于单纯地听，而是开始边听边学着说，有时候坐着勒勒车就说起书来。就这样，劳斯尔萌生了拉四胡说书的念头，可当时家里并不宽裕，买把胡琴也是件困难的事情，只好偷着用祖父的那把四胡练习起来。

1963年，上中学的劳斯尔参加了学校的文艺宣传队，开始试着拉四胡说唱"好来宝""乌力格尔"。

1966年7月，霍林河举办那达慕，刚满20岁的劳斯尔作为学校业余文艺队成员参加了盛会。会上，他突出的表现赢得了说书艺人却吉嘎瓦的赞赏，开收他为徒。劳斯尔悉心学习，勤奋练习，得到了却吉嘎瓦的真传，开始说唱《封神演义》《降妖传》等长篇历史演义，从而扬名远近。

初中毕业后，劳斯尔回到了霍日格嘎查。从此，他怀着对家乡人民无限的爱，深入生活，研究"乌力格尔"的表演技巧和相关文献。每逢旗里、苏木召开会议，他都要到会议驻地说唱一段。

那是1976年1月的一天，天寒地冻，大雪纷飞。劳斯尔来到呼格图嘎查，想听他说唱"乌力格尔"的牧民们早已聚在一间新房里，围坐在火堆旁。劳斯尔不顾天寒赶路的劳苦，全情投入说唱起来。还没等一段故事说唱完，附近敖德木嘎查的牧民又骑着马找上门来。就这样，劳斯尔又连夜赶到敖德木嘎查。寒风刺骨，劳斯尔脸冻得青一块紫一块，但他毫不畏缩，因为"乌力格尔"不仅是他的艺术追求，更是乡亲们的精神营养。

二、"乌力格尔"：蒙语说书

"乌力格尔"，蒙语意为"说书"，俗称"蒙古书""蒙古（语）说书""蒙古琴书"。这是一种集蒙古族说唱艺术发展大成的曲艺形式，主要流传于内蒙古自治区及相邻的黑龙江、吉林和辽宁的蒙古族聚居区。

相传"乌力格尔"起源于宋元时期，经过明代的发展，形成于清朝初年，在清末民初达到鼎盛。

劳斯尔与同仁交流"乌力格尔"艺术

明代的蒙古地区，蒙古族英雄史诗进入鼎盛时期。因此，以英雄史诗（镇服蟒古斯的故事）为内容，以"潮尔"（马头琴的前身）为伴奏乐器的说书应运而生，被称为"潮尔沁"派。产生于明代的英雄史诗《江格尔传》和《格斯尔传》，就是通过"潮尔沁"的传唱才留给后世的。

清朝雍正年间，河北、山东连年旱灾，民不聊生，哀鸿遍野。清廷不得已改变此前防止蒙汉人民接触的政策，向卓索图蒙旗提出"借地养民"，于是大批黄河流域的汉民进入关东蒙旗。移民的到来推动蒙汉文化交融，京韵大鼓、评书、莲花落等走入草原，并逐渐与以潮尔为伴奏乐器的"陶力"（专门演唱英雄史诗的艺术形式）融合，衍化而出一种极具草原特色的曲艺形式——"乌力格尔"。

起初，"乌力格尔"只是说唱蒙古族民间故事和英雄史诗，后来出现了职业艺人，逐渐开始说唱自己编创的新故事和改编的古典小说。清末民初，蒙汉文化交往更加密切，汉族古典作品和民间曲目如《隋唐演义》《封神演义》《三国演义》《东周列国志》《水浒传》《红楼梦》等大量作品被译成蒙文，以书面和口头形式流入。此时，在蒙古东部地区长期说唱"乌力格尔"的"潮尔沁"中产生了主要传播汉族古典文学的"胡尔沁"派的蒙古说书。"潮尔沁"派与"胡尔沁"派在自由发展中，前者逐渐衰弱下去，而后者渐渐繁荣起来。清末以后，"潮尔沁"已近绝迹，"胡尔沁"派却到了鼎盛时期。

"乌力格尔"主要有两种形式，一是无乐器伴奏口头说唱，称为"雅巴干乌力格尔",又称"胡瑞乌力格尔";另一种是有乐器伴奏的"乌力格尔",其中使用"潮尔"(马头琴)伴奏的乌力格尔称为"潮仁乌力格尔",使用四胡伴奏的乌力格尔称为"胡仁乌力格尔"。

"乌力格尔"的演出形式分为三类:一是全用散文体的讲述,与汉族的评书相似;二是以唱为主的韵文体;三是说唱结合,近似汉族的说唱鼓书,这也是最为流行的形式。散文体讲述的说书,乐器主要用来烘托气氛和调节语言节奏,其他两种形式则是用来伴奏唱腔。

劳斯尔和他的徒弟们

"乌力格尔"的表演,通常都是一个人自拉自说自唱。一般在说书前,都有个引子(即"书帽"),为说书人的即兴创造,多是因地因人的恭维、祝贺之词。开篇后,以"说"引出故事,唱的部分则多是抒情、赞美的段落,而人物介绍或情节急转处又要靠说白交代清楚。通常用中音四胡伴奏,其中以唱为主的形式有时也用马头琴伴奏。唱腔曲调丰富多彩、灵活多变,其中功能特点比较明确的有"争战调""择偶调""讽刺调""山河调""赶路调""上朝调"等。

"乌力格尔"曲目有长篇、中篇和短篇,尤以长篇最为吸引人,讲述内容多是传说故事和史书演义。其中,反映蒙古族历史的书目有《格萨尔》《江格尔》《降服蟒古斯》等,还有大量蒙译汉文书如《唐代五传》《三国演义》等。"乌力格尔"曲目题材来源广泛,除传统古典作品外,有来自民间故事的,如《太阳姑娘》;有出自文人或艺人创作的,如《青史演义》;有源于民间叙事诗、叙事民歌的,如《嘎达梅林》《达那巴拉》;还有根据现实生活事件创作的,如《红太阳》《烟酒之害》《整齐的林落》。新中国成立后,还编演了《二万五千里长征》《刘胡兰》《黄继光》《草原儿女》《金光大道》《西沙儿女》《创业》等新曲目。

2006年5月,蒙古族"乌力格尔"经国务院批准列入第一批国家级非物质文化遗产名录(曲艺类)。

三、全面推动"乌力格尔"的收集、研究、传承

说唱"乌力格尔"的艺人称为"胡尔奇"（也作"胡尔齐""胡尔沁"）。他们仿佛苍茫草原的"游吟诗人"，身背四弦琴（即四胡）或者潮尔，在大草原上四处游走，一人一琴，自拉自唱。蒙语说书以语言生动形象见长，不仅说唱传统曲目，经验丰富的"胡尔奇"也可以即兴表演，只要给出题目，就能出口成章。

从清代到民国，再到新中国，"乌力格尔"艺人群星璀璨，比如在新中国活跃的琶杰、毛依罕以及劳斯尔的老师却吉嘎瓦，都是大师级的著名艺人。而经过十几年的学习和历练，劳斯尔也成了远近闻名的"胡尔奇"，而且因为他赶上了好时代，做出了较之前辈更为出色的贡献。

1973 年，扎鲁特旗里恢复蒙古语说书馆，1976 年劳斯尔受聘至说书馆，成了职业说书艺人。在那里，他开始将《智取威虎山》《铁道游击队》《保卫延安》《难忘故乡》等十多部汉文作品译成"乌力格尔"曲目，并自己说唱，由吉林省、内蒙古自治区和哲里木盟（今通辽市）人民广播电台录音播出。

自 20 世纪 70 年代以来，劳斯尔在内蒙古人民广播电台等先后录制播放了《保卫延安》《图门乌力吉达》《洪格尔珠兰》等 23 部"乌力格尔"曲目；《乳赞》《致富赞》等 100 余首"好来宝"。有 17 篇作品被选入《蒙古族当代好来宝选》。此外，他还创作了 200 多篇小说、诗歌、散文，在国家级和自治区级刊物上发表。

《劳斯尔及其作品研究》书影

除了自己说书、编曲，劳斯尔还参与了旗里每年举办的"胡尔奇"培训班。几年下来，劳斯尔辅导培训的"胡尔奇"有 20 多人。1993 年，内蒙古艺术学校赤峰分校 4 次邀请劳斯尔担任蒙古语说书专业艺术课教师，培养了 9 名中专"胡尔奇"艺人。他的学生张德力格尔、照日格图，现在已经成长为民族曲艺"乌力格尔"的佼佼者。

此外，劳斯尔还十分注重"乌力格尔"剧目的收集以及研究。进入新世纪，

他前期的辛勤工作终于结出了硕果：利用 10 年时间，撰写了 100 万字的《乌力格尔、好来宝完整教程》，填补了蒙古族"乌力格尔"艺术书面教程的空白。此外，他还有《商谈怎么说唱"乌力格尔"》《蒙古族说书艺术起源、发展及特征》《琶杰、毛依罕的艺术风格及创作特点》等 23 篇曲艺研究论文分别发表在国家级和区内报纸杂志。

1998 年 7 月，扎鲁特旗被中国曲艺家协会命名为"全国曲艺艺术之乡"。这一年，世界著名的口承艺术研究者、美国密苏里大学教授弗里来到扎鲁特，听过劳斯尔的现场说唱，被他非凡的口才和语言天赋折服。他表示，回国后，要写论文把劳斯尔的

劳斯尔在自己的作品研讨会上即兴说唱"好来宝"

说唱天赋介绍给国外学者，让"乌力格尔"这一蒙古族曲种名扬海外。

多年来，劳斯尔及其作品频频获奖，获得了众多荣誉："好来宝"《青史演义》荣获内蒙古"鸿嘎鲁"文艺评比三等奖；"好来宝"《乳赞》荣获自治区"乌力格尔好来宝比赛"特别奖；《致富赞》荣获中国城市文化研究中心作品评比三等奖；《和睦的婆媳俩》荣获全区首届"美的韵律"广播大赛三等奖；"乌力格尔"《故乡的珍珠》荣获全国"乌力格尔好来宝大赛"特别奖。

2008 年，劳斯尔成为第二批国家级非物质文化遗产项目（"乌力格尔"，曲艺类）代表性传承人。此外，他还曾任中国蒙古语"乌力格尔"艺术家协会副会长、中国曲艺家协会会员，内蒙古自治区曲艺家协会第三、四届副主席，通辽市文联委员、曲艺家协会名誉主席、蒙语说书艺人学会会长。

晚年的劳斯尔，一直在为"乌力格尔"忙碌着，诸如参与全国"乌力格尔"大赛，筹办毛依罕诞辰百年纪念活动，办培训班集中选手集训，担任大赛评委，参加百人四胡表演……只要有关"乌力格尔"，就都能见到他忙碌的身影。

2010 年 7 月 4 日，劳斯尔因病在扎鲁特去世，享年 65 岁。

那音太
——多才多艺的"乌钦"艺人

那音太（1935～2011），民间说唱艺人，达斡尔族"乌钦"传承人。黑龙江齐齐哈尔人，达斡尔族。他从小受到民族民间文学艺术熏陶，青少年时代多方拜师学艺，掌握了达斡尔族"乌钦"说唱技艺，成为能够自拉自唱说唱长篇作品的优秀艺人，还能进行创作、翻译等。2008年成为第二批国家级非物质文化遗产项目（曲艺类）代表性传承人。说唱代表作有《少郎和岱夫》，创作作品有《马上的哥哥你在何方》等，翻译有《少郎和岱夫》《达斡尔族英雄叙事》（均合作）。

一、勤奋学习，刻苦磨炼

那音太

1935年7月，那音太出生于黑龙江龙江的哈拉屯。今天这一代的村屯属于梅里斯区，它是齐齐哈尔市下辖的达斡尔族民族区，达斡尔族人口达12 000多人。梅里斯地处松嫩平原西部，嫩江中游右岸，达斡尔语意为"有冰的地方"。

哈拉屯是一个古老的达斡尔族村落，而"哈拉"原本是达斡尔族父系氏族组织的统称。这个达斡尔族村落有百十来户村民，大多数是达斡尔族。村里传统民居特色鲜明，"介"字形草房，红柳篱笆，古朴自然。年节和农闲时，村屯有走家串户说唱"乌钦"的习俗。当地人的房子里四面都是炕，围成一圈，俗称"蔓子炕"，说唱就在地的当中。每当此时，往往炕上炕下都是人，小孩挤不进去，就在外面把窗户纸舔破往里瞅。

生长在歌舞之乡，那音太的童年是在听老人们讲故事、听爷爷演唱"扎恩达勒"、听民间艺人说唱"乌钦"中成长的，虽不能像大人们那样熬个通宵达旦，但也总是熬到不知不觉间睡去。受到这种环境的熏陶，从七八岁起，那音太就对音乐产生了浓厚的兴趣，希望自己也能像老艺人们那样能够自拉自唱。

　　那音太和妹妹鄂彩凤都有说唱的天赋，兄妹俩在少年时代就是村里民间文艺活跃分子。鄂彩凤成了村里表演"哈肯麦"的名角，那音太则积极参与乡村演出，并醉心于民间文艺的学习以及创作和革新。

　　为了深入学艺，青少年时代的那音太曾拜多位民间艺人学艺，既学"乌钦"等演唱唱腔，也学四弦琴（类似四胡）等伴奏琴艺，几乎碰到的每一位优秀艺人都成了他的老师。

　　那音太首先是拜本屯双目失明的民间艺人二布库为师，学习"扎恩达勒"琴艺和唱腔。后来，他又跟本屯的山东老人徐文章，学唱京剧的二黄、慢板、快板等段子；跟天津人余淑芬大娘，学习评剧选段。其中拜胡瑞宝为师学艺，更使他获益匪浅。胡瑞宝悉心指导和教唱长篇"乌钦"，使那音太成为族人中能够唱得响、叫得硬的艺人之一，而他们也因此成为终身的好朋友。直到几十年后，还有村民记得俩人一起"鼓捣"民间音乐的事情："小时候常看到那音太和胡瑞宝两个人在一起，一个编曲调，一个记谱子，一个拉'华常子'，一个唱。"

　　那音太不仅好学，而且意志坚定，肯吃苦。学习中遇到困难时，他总是鼓励自己："优秀艺人绝不是生下就会拉琴、跳舞、唱歌，他们不都是从刻苦磨炼中学来的吗？他们哪个不是几十年如一日好学好唱，才成了多才多艺的民间艺术家呀！"

　　为了学习四弦琴的演奏方法，那音太还自己制作了一把四弦琴。他见二布库能凭感觉在自制的琴头上雕刻精美的六和塔图案，自拉自唱，于是也自制了一把四弦琴。他曾这样回忆道："我就自己动手做

那音太表演"乌钦"

胡琴，锯断碗口粗的榆树木头，再用粗铁丝做了一把长长的锥子，用力锥透这个实心榆树干木头。锥透之后用烧红的铁棍烧，小心地用凿子凿，用碗茬子刮，胡琴筒子就做成了。我用黑鱼皮蒙上琴筒，用牛筋搓成绳子当琴弦，胡琴就做成了。之后，我天天拉，经过一个多月的时间，我也会自拉自唱了。"

二、自拉自唱，多才多艺

20世纪50年代，那音太参加了梅里斯达斡尔族区雅尔塞乡的"哈拉剧团"（1954年冬成立），并成为剧团的骨干。为了剧团的需要，他订购了歌曲刊物。因为不识谱，没法教大家新歌，他又向村小学的德馨老师学习识简谱。由于刻苦学习，只用了一个星期，那音太就基本能够识谱、记谱了。学会识谱、记谱之后，那音太不仅可以记录民间乐曲，而且逐渐开始创作简单的歌曲。

就这样，那音太既演唱、又伴奏，也从事作曲和导演，一身多职，多专多能。除了在本屯和周围村屯演出之外，他还经常应邀参加各地达斡尔族政府和民间组织的庆典演出及活动，用歌声、琴声传播达斡尔族传统音乐。

每次出外演出，那音太都会把所见所闻写成新颖的唱词。这种随时随地的学习和创作，不仅丰富了他的演出，也为中国现代音乐史贡献了一些优秀作品。比如，20世纪50年代初与他人合作创作的《心上人》，一经达斡尔族歌唱家何德志唱出，便流行起来，成为达斡尔族具有代表性的民歌之一。

电影《傲蕾·一兰》剧照

1967年，他写出了歌曲《马上的哥哥你在何方》。1979年上映的反映17世纪中叶黑龙江流域的达斡尔、鄂温克、赫哲等少数民族共同抗击沙俄侵略的影片《傲蕾·一兰》，就选用这首歌曲做了主题歌。

几十年来，那音太背着心爱的胡琴游

达斡尔族风情音画《爱唱乌钦的老爸》剧照

走在城市乡间，在北京、沈阳、哈尔滨、齐齐哈尔、海拉尔、莫力达瓦、扎兰屯、富裕等地，演唱民族曲艺"乌钦"，讲述民族民间故事。只要是达斡尔族人聚居的地方、有达斡尔族人聚会的地方，无不留下他的身影、琴声和歌声。而无论走到哪里，他都会受到人们的热情欢迎，他的节目都会获得热烈欢呼。

出于对民族艺术的热爱，那音太对演唱"乌钦"总是全情投入、乐此不疲。20世纪70年代，他与二布库、胡瑞宝三人在梅里斯卧牛吐乡东卧村二布库的表兄弟家，一连唱了九天九夜"乌钦"，给达斡尔族群众带去欢乐的同时，更在他们心中留下了深刻的印记。而回忆起当时站在屋子外面听唱的乡亲挠破窗户纸的情景，那音太老人也不无得意地说："那是最高兴的日子，乡亲们给打酒，给鸡蛋下酒。"在今天看来，"用鸡蛋下酒"这点犒劳也许算得上慢待，但在那个年代，鸡蛋是每个家庭的零花钱和孩子学费的来源，"用鸡蛋下酒"实在是无上的礼遇和发自内心的崇敬。

多专多能的那音太，熟悉本民族文学艺术，精通"乌钦"等民族曲艺的演唱技巧以及伴奏乐器，能够自拉自唱讲述长篇故事，模仿人物表演动作则是惟妙惟肖。

那音太自己以及同剧团伙伴的合作演出，获得了达斡尔族群众的欢迎和热爱，也得到了各级政府的表彰。他与哈拉剧团演员喜荣一起表演的《达斡尔族情歌》，在黑龙江省、齐齐哈尔市各级文艺会演中均获"优秀节目奖"和"优秀表演奖"，并经历了谢幕8次的"永生难忘的幸福时刻"。

三、"乌钦"——达斡尔族人的最爱

在历史上，达斡尔族人民创作了极为丰富的文艺作品，而"乌钦"堪称达斡尔族文学艺术样式的代表性品种。它是达斡尔族的说唱曲艺形式，形成并流行于黑龙江省齐齐哈尔市梅里斯达斡尔族区、富拉尔基区、富裕县和龙江县，内蒙古自治区莫力达瓦达斡尔族自治旗、呼伦贝尔盟（今呼伦贝尔市）、喜桂图旗，以及新疆维吾尔自治区塔城地区等达斡尔族聚居地。

达斡尔族"乌钦"又作"乌春""舞春"等，是一个借自满语的词汇，原意为"歌"。满族将历代保留下来的民歌乐曲称为"乌钦"，达斡尔族人则借用"乌钦"一词来指称本民族历代相传的民间说唱艺术。

"乌钦"本是在清朝年间由达斡尔族文人用满文创作并以吟诵调朗读的叙事体诗歌，后来民间艺人口头说唱表演这些作品，遂逐渐演变成含有"故事吟唱或故事说唱"之意的一个曲艺品种。"乌钦"最初的演出多为徒口吟唱，后来出现了艺人采用"华昌斯"（也称"华常子""华昌子"，四弦琴，类似四胡）自拉自唱的情形。演唱曲调也逐渐丰富起来，除原有的吟诵调外，也采用叙事歌曲调和小唱曲调表演。

"乌钦"节目内容丰富，有讲唱民族英雄莫日根的故事的，有反映爱情和婚姻生活的，有歌唱家乡山水风光的，也有讲述神话、童话和传说故事的。在这些节目中，尤以三种题材的作品最受达斡尔族民众欢迎：一是反映民族英雄莫日根历史功绩的故事，二是民族英雄史诗《少郎和岱夫》（也作《绍郎与岱夫》），三是改编自汉族古典名著《三国演义》《水浒传》等的故事。新中国成立后，达斡尔族艺人还创作了一些歌唱新生活和新时代的作品，如《祖国啊母亲》《北京颂》《四季歌》《梅里斯达斡尔人民奔小康》等。

那音太演唱《少郎和岱夫》

"乌钦"节目的容量长短不一，长者可说唱几天几夜，短者几分钟到数小时不等。旧时"乌钦"演出多在逢年过节和吉日庆典期间，主要在传统民居室内进行。新时期也有在文化馆等群众文艺场所以及舞台进行演出的。

"乌钦"是达斡尔族人民的集体创作,其内容取材于达斡尔族的历史、经济和文化生活,比较全面地反映了达斡尔族人的历史和生活,具有珍贵的史料价值;作为曲艺形式,它是达斡尔族人民非常喜爱的艺术样式,更是中华民族艺术宝库中的瑰宝。

2006年5月,达斡尔族"乌钦"经国务院批准列入第一批国家级非物质文化遗产名录(曲艺类)。

四、为达斡尔族留下宝贵遗产

达斡尔族的民间歌舞艺术,主要有"扎恩达勒""哈肯麦""乌钦"等几种形式。其中"扎恩达勒"是以歌唱为主的形式,"哈肯麦"是以歌舞为主的形式,"乌钦"则是一种说唱艺术。

由于难易程度不同等原因,晚近以来,"扎恩达勒"和"哈肯麦"在民间尚有一定的基础,而"乌钦"则显得有些后继乏人。到2006年"乌钦"入选国家级非物质文化遗产名录时,熟悉"乌钦"说唱的仅有色热、那音太等几人,而能说唱长篇叙事"乌钦"《少郎和岱夫》的民间艺人,则仅剩那音太一人。

2008年2月,那音太和色热均成为第二批国家级非物质文化遗产项目代表性传承人。

此时,那音太已经是70多岁的老人,身体不算好,日子也过得很清苦。但他仍然没有放弃对民族艺术的追求、对"乌钦"的热爱,他说:"只要有人听,我就愿意唱,一直唱。"直到77岁高龄的时候,有记者采访,老人还用两种语言自拉自唱了那首流传久远的《马上的哥哥你在何方》。

不过,年事已高之后,那音太已经唱不动长篇的"乌钦"了。但老人对民族艺术的热爱不减当年,对"乌钦"的记挂一刻未停。他用自己的有生之年,抓紧时间整理唱了一辈子的"乌钦"资料,希望能将这份宝贵的遗产传承下去。

《少郎和岱夫》英译本书影

达斡尔族民族艺术传承汇报演出

晚年的一些日子，那音太住在内蒙古自治区呼伦贝尔市莫力达瓦达斡尔族自治旗的巴彦塔拉。2005年，莫力达瓦达斡尔族自治旗电视台特邀那音太录制了达斡尔族说唱史诗《少郎和岱夫》。

作为黑龙江省的"非遗"项目传承人，黑龙江省非物质文化遗产保护项目小组对那音太的"乌钦"演唱和文本资料等十分重视。项目组从那音太创作的几十篇"乌钦"和歌曲中，选录了《四季歌》《观花》《劝戒赌》《歌唱扎兰屯》《鄂伦春山乡好风光》《回到故乡梅里斯》《高高的火焰》《秃小子我不嫁给你》《北京城里文人多》《四色歌》《老舍勒与嘎库热》《马上的哥哥你在何方》《得都热哥哥乘船来》《迎新娘》《歌唱美丽的尼尔基》《歌唱白音塔拉》《共产党的恩情比水长》《妈妈我去采"库木勒"》《少郎和岱夫》《梅里斯达斡尔族人民奔小康》制成光碟，长期保存。此外，中央音乐学院、沈阳音乐学院还分别请那音太录制了他所演唱的达斡尔族传统音乐曲目，留作教学与研究资料。

此外，那音太还翻译了不少达斡尔族的民族歌曲和民族故事。那音太说唱的达斡尔族"乌钦"代表作《少郎和岱夫》，就曾由他自己和色热一起汉译，被《民族文学》的"民族经典"栏目选载（2007年第7期）。2002年，民族出版社出版了全本《少郎和岱夫》。10年之后，这部作品由张志刚翻译，由民族出版社出版了英文版。

2011年11月，那音太走完了他的人生历程，然而，他的艺术事业还在继续。2013年，民族出版社出版了由他和吴刚、孟志东搜集整理译注的《达斡尔族英雄叙事》（汉文、拉丁文）。达斡尔族学者杨士清还在整理那音太创作的作品，那音太将再为达斡尔族留下一份十分宝贵的非物质文化遗产。

吴明新
——"伊玛堪"是人生的最大乐趣

吴明新（1942～），民间说唱艺人，赫哲族"伊玛堪"传承人。黑龙江饶河人，赫哲族。他从小跟随父亲学习民族说唱艺术"伊玛堪"，后虽有过数年滑雪运动员和数十年铁路工人的经历，却从未放下赫哲语和"伊玛堪"；退休后，他建立传习所，积极推动民族语言及民族艺术的传承和普及。2008年成为第二批国家级非物质文化遗产项目（曲艺类）代表性传承人。传承作品除传统节目外，还有新编的《伊玛堪新唱》。

一、受父亲影响喜欢"伊玛堪"

1942年，吴明新出生在黑龙江饶河的西林子乡四排乡村。这里位于美丽的乌苏里江畔，山清水秀，风光宜人。乌苏里江流域以及三江口一带，是我国赫哲族人民的聚居地，也是赫哲族民间说唱艺术的发祥地。

过去，生活在四排乡的赫哲族居民，几乎人人都会哼唱"伊玛堪"以及"嫁令阔"。吴明新的父亲吴连贵（1908～1980），更是其中的佼佼者，有"赫哲族第一歌手"之称。吴连贵是地地道道的赫哲族渔民，他从小就跟村里（那时他住在三江口旁的莫勒洪阔渔村）一位叫莫特额的老人学唱"伊玛堪"，后来成为著名的赫哲族民歌手。他能讲述十余部长篇"伊玛堪"，能演100多首"嫁令阔"，能口传100多个说胡力、特伦固。广为传唱的《乌苏里船歌》《大顶子山高又高》等歌曲，就

吴明新

吴连贵当年说唱"伊玛堪"

是歌唱家郭颂到这里来采风,听吴连贵唱过"伊玛堪"大调,以其为基调整理加工成的。

吴连贵能唱出几天几夜的"伊玛堪",有记述"莫日根"(赫哲部落英雄)之事的,有唱四时劳作的,还有一些神狐鬼怪的故事。每到他说唱时,村里的大人小孩都聚在一起,倾心聆听。吴明新就是在这种环境里长大的,他虽然不能像父亲那样唱大段大段的"伊玛堪",却也记下了许多难忘的故事。

那时候的赫哲族,"伊玛堪"与生产生活紧密融合在一起。吴明新记得,"1956年,四排乡村归同江区富锦县(今富锦市)管辖。那时渔民打鱼要从上江走到下江,我跟着父亲就到了抚远,各地的打鱼能手都聚集到这里了,500多条船就在这里参加捕鱼比赛。我父亲获得了第一名,他就在乌苏里江上边摇着船,边放开嗓子唱起了'伊玛堪'。我经常听他唱,他高兴时唱,有发愁事也唱,听得多了,我也会唱几段了"。

对于少年时光的美好记忆,吴明新回忆起来充满了感情:"我喜欢'伊玛堪'是受父亲的影响。小时候,大人们打鱼或狩猎回来,若有收获,就会左邻右舍聚到一起,边吃狍子肉,边喝酒。为了助兴,乡亲们总是让父亲唱一段,旁边有人用口弦琴伴奏。也许是受父亲的影响,我也很喜欢文艺,听父亲说唱'伊玛堪'成了我生活中的一大乐趣。"

吴明新家兄弟姊妹6人,他是老大。十五六岁时,他就不念书了,夏天就和父亲在江上打鱼,冬天就穿滑雪板撵狍子。吴明新说,他滑雪的速度很快,当时在乌苏里江一带是很有名的赫哲族猎手。

二、人生转轨不忘民族艺术

也许正因为是滑雪能手，吴明新的人生走上了另外一条轨道。

1958年，合江地区举办了新中国成立后第一个山地滑雪训练班，在当时的人民体育馆进行培训，为国家培养滑雪运动员。吴明新被抽调到训练班，进行竞技滑雪的正规训练。

经过两年的刻苦训练，1960年冬天，吴明新参加了在黑龙江省哈尔滨玉泉举行的全国滑雪大赛。那次比赛有高山滑雪、花样滑雪和越野滑雪等项目。吴明新参加的越野滑雪项目中有200多名运动员，其中有汉族、满族、蒙古族、鄂伦春族、鄂温克族、达斡尔族的滑雪高手，个人实力都差不多，但比赛只取前八名。经过一番角逐，吴明新最终获得了第六名的好成绩，他也因此进入佳木斯体委，成为一名滑雪运动员。

1963年，许多项目下了马，体育当然也不例外。佳木斯的滑雪队解散后，吴明新到佳木斯铁路局当了装卸工人。后来，他开过铲车，做过商品检查员、行李员等。1988年，他被评为哈尔滨铁路局的劳动模范。1997年，吴明新光荣退休。

不过，虽然离开家乡较早，但吴明新并未丢下"伊玛堪"，他每年回家都要"淘宝"，向父亲吴连贵学习"伊玛堪"说唱艺术。

吴连贵对"伊玛堪"有着终身的热爱，并曾用"伊玛堪"激励和娱乐赫哲族民众。1943年春，日本侵略者在赫哲族居住地区强制进行集村并屯，吴连贵曾通过讲故事、唱民歌和说唱"伊玛堪"来激发同族人生存的勇气。新中国成立后，父亲的演唱和创作热情被激发出来，积极主动地在各种场合演唱"伊玛堪"和民歌，深受群众喜爱。1979年9月，他应邀赴京出席全国少数民族民间诗人和歌手大会，在会上演唱了许多"伊玛堪"唱段，受到与会者的一致赞扬。

由于吴明新痴迷"伊玛堪"艺术，每次回家都向父亲讨教，父亲十分高兴，曾现场改词说唱道："今天我真高兴，大儿子回来，不是看

吴明新演奏赫哲族乐器口弦

我,是为了学艺……"从父亲那里学完回家后,吴明新总是反复哼唱。妻子刚开始不懂,往往会上前摸摸他的脑门:"你总哼哼,是不是感冒难受啊?"确认吴明新没发烧后,妻子才会安心地做自己的事去。

吴明新曾说:"我小时候,当落日的余晖洒满江面,晚饭后的人们,喝着'木克若林'(米茶),围着篝火唱"伊玛堪",跳萨满舞。半个世纪过去了,赫哲族古老的文化却沉淀在我的血液中,让我魂牵梦萦,挥之不去。"

正是这种从未停歇的"留恋"与"挂念",离开家乡近40年,吴明新还能说出流利的赫哲语,演唱不少"伊玛堪"。

三、"伊玛堪"——北亚语言艺术活化石

"伊玛堪"是赫哲族的传统说唱艺术,流行于黑龙江省的赫哲族聚居区,是赫哲族民间流传最广、最受欢迎的曲艺形式。据现有资料,它至迟在清末民初就已经形成。

"伊玛堪"亦作"依玛坎",最早的含义为"鱼即哈(鱼)",现在学理上的含义,有的认为是故事之意,有的认为是表示赫哲族这个捕鱼民族的歌。总之,它是赫哲族人民在长期渔猎生活中创造的具有鲜明民族特色的光辉灿烂的文学艺术。

"伊玛堪"内容大多是叙述古代氏族社会时期部落之间的征战与联盟、氏族之间的血亲复仇以及维护民族尊严和疆域完整的英雄故事,也有一些记述降妖伏魔、追求自由以及歌唱爱情,还有讲述萨满求神、渔猎生活和风土人情的。

传统"伊玛堪"节目尽管篇目众多、长短不等,但故事情节全都围绕众多莫日根(英雄)展开,这些莫日根贯穿全篇。而且几乎每部"伊玛堪"的情节都围绕着固定的模式展开,即莫日根

吴明新主持萨满仪式

为拯救被异族部落掳获的父母而进行远征，最终获得胜利。

莫日根作为赫哲族的部落英雄，是"伊玛堪"全力描述、反复歌颂的英雄形象。他们与其他民族史诗的主人公一样，有着神奇的诞生经历，童年时代都有苦难遭遇，并在历次劫难中千锤百炼，成为意志坚强、力大无穷、文武兼擅、重情好义的英雄好汉。而且他们往往具有神力或获得神助，能够呼风唤雨、变幻形体。每一部作品中也都有女性形象出现，多为英雄莫日根的妻子。这些女性美丽绝伦、睿智善良、疾恶如仇，而且也是法力无边。她们大多是半人半神，总是在莫日根危难之际突然出现，帮助丈夫脱离险境、战胜强敌；而如果哪位英雄不听妻子规劝一意孤行，则难逃灭顶之灾。

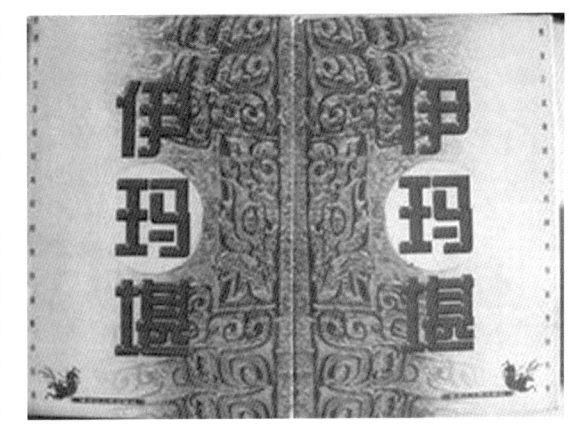

《伊玛堪》作品书影

"伊玛堪"是一种徒口曲艺，无乐器伴奏；有说有唱，采用押韵和散文体的语言，总体形式类似兄弟民族的"大鼓""说书"等。其节目类型及演出风格有"大唱"和"小唱"之分。"大唱"以说为主，侧重并擅长表现英雄传奇的内容，如各种莫日根故事和赫哲族创世传说；"小唱"以唱为主，侧重并擅长表现抒情性的短篇节目。伊玛堪的唱腔音乐具有鲜明的民族特色，因流行地和艺人的不同，所采用的唱腔曲调也各有区别，常见的曲调有"赫尼那调""赫里勒调""苏苏调""喜调""悲伤调"和"下江打鱼调"等。

"伊玛堪"现有典籍50多部，每部都在几万字至十几万字之间。代表作品有《西尔达莫日根》《香叟莫日根》《阿格第夏日丘莫日根》《满斗莫日根》《满格木莫日根》《木竹林莫日根》《英土格格奔月》《亚热勾》《西热勾》等。

"伊玛堪"是对赫哲族历史的忠实记录，集中体现了赫哲族的审美观，是赫哲族人民生活中不可或缺的艺术品类和娱乐审美的方式，同时还具有传承本民族历史文化的"教科书"功能，具有独特的史学、语言学、民俗学、宗教学价值，被誉为"北部亚洲原始语言艺术的活化石"。

2006年5月，"伊玛堪"经国务院批准列入第一批国家级非物质文化遗产名录（曲艺类）。

四、"尽我的力量去挽救'伊玛堪'"

赫哲族是我国的六小民族（指基诺、珞巴、门巴、赫哲、鄂伦春、独龙六个人口最少民族）之一。由于没有文字，据称目前会讲本民族语言的赫哲族人仅存20名左右，能流利演唱"伊玛堪"的还不到5人。"伊玛堪"这种赫哲族先民流传下来的艺术瑰宝有濒临灭绝的危险。

事情并非危言耸听的传闻。2011年11月23日，在巴厘岛举行的联合国教科文组织政府间保护非物质文化遗产委员会第六届会议上，中国申报的"赫哲族'伊玛堪'说唱"被列入《急需保护的非物质文化遗产名录》，成为继羌年、木拱桥传统营造技艺、木活字印刷技术等之后的第7个入选项目。

这情形，让吴明新很是焦急："我看到赫哲族的语言和"伊玛堪"快要失传了，我心疼呀，所以，我愿意来到敖其村教大家。"1980年父亲对吴明新说过的话，如重鼓之声一样清晰："咱们赫哲族人没有文字是一大困难，你们千万要把老祖宗留下的东西传给下一代……"

早在1997年退休起，吴明新就开始制作赫哲族人的生活用品及打鱼、狩猎工具，尝试着用实物唤起赫哲族文化的记忆。他还制作了鱼皮画、鱼骨画、桦皮画，而哼唱"伊玛堪"更是成了他生活中不可或缺的内容。

1982年，父亲吴连贵去世，老人家精湛的长篇"伊玛堪"说唱艺术被带到了另一个世界。吴明新一想到这些，就感到心神不安。退休后五六年里，他自费5000多元走访赫哲族聚居区，饶河县的四排乡、同江市的街津

吴明新为人们说唱"伊玛堪"

口乡、八岔赫哲乡，都留下了他寻访的足迹。他到处找人学唱"伊玛堪"，四排的吴玉兰，八岔的吴喜凤，街津口的尤金良、尤金玉等人，都当过他的老师。

在 2006 年"伊玛堪"列入第一批国家级"非遗"名录之后，2008 年，吴明新成为第二批国家级非物质文化遗产项目（赫哲族"伊玛堪"，曲艺类）代表性传承人，同时成为这一项目代表性传承人的还有他的侄儿吴宝臣。

成为国家级"非遗"项目传承人后，2008 年 8 月 4 日，吴明新在佳木斯市郊区敖其镇敖其赫哲村成立了全国第一个赫哲族语言、"伊玛堪"传习所。最初传习所有 40 多名学员，年龄最大的 62 岁，最小的 8 岁。敖其村原本没有一个人会赫哲语，吴明新就利用每周日下午一点至三点，在村小学把学生们召集起来，一天教一句。经过 3 个多月的学习，这些学员有的已经学会了 100 多句赫哲语。

吴明新还指导学员们精心排练了"伊玛堪"新节目——《伊玛堪新唱》，其中唱道："敖其都拜手依赫尼哪，古出库里座耶赫尼哪，乌提克笔拉呢赫尼哪，木克笔拉赫尼哪——"（大意是：我家住在敖具，这里有美丽的家乡，有山有水有河流……）2009 年 6 月，吴明新带领的一个由 23 人组成的舞蹈表演节目，参加了四年召开一次的第八届赫哲族"乌日贡"体育大会，获得了大会一等奖，并被认为是大会最精彩的节目之一。

面对媒体记者，吴明新道出了自己的新计划，以及他传承"伊玛堪"等赫哲族民族文化的心声："挽救赫哲族的文化遗产，不让我们的民族文化艺术和传统失传，我要在原有的培训班基础上，继续扩大培训人数。虽然达不到都学，但三四十岁以下的赫哲族人应该都会说唱几段'伊玛堪'，宝贵的民族文化不能灭绝，得往下传啊！我已经 70 多岁了，如果我走后，我的下一代都不会赫哲语，用不了半个世纪，中国就只剩没有语言的赫哲族了。所以我要用我剩下的这段时间，尽我的力量去挽救'伊玛堪'，只要我有一口气在，我就要将赫哲族要失传的文化艺术，继续挽救，继续发扬光大。"

莫宝凤
——从"疯丫头"到"摩苏昆"传承人

莫宝凤（1936～2013），民间说唱艺人，鄂伦春族"摩苏昆"传承人。黑龙江黑河市逊克县人，鄂伦春族。她从小生活在鄂伦春族猎民中，转徙流离，却学会了本民族多种民间文艺样式，尤以"摩苏昆"和"坚珠恩"最为突出；她还掌握了本民族的传统手工技艺，能够制作多种桦皮制品。2008年成为第二批国家级非物质文化遗产项目（曲艺类）代表性传承人。代表性说唱作品有《英雄格帕欠》《鹿的传说》《双飞鸟的传说》《诺努兰》《阿尔坦滚滚蝶》《雅林觉罕与额勒黑汗》等。

一、爱凑热闹的"疯丫头"

莫宝凤

1936年12月15日，莫宝凤出生于小兴安岭额尔坡依河畔大乌力得恩（猎民部族集居地），现居于黑河市逊克县新鄂鄂伦春民族乡新鄂村。

莫宝凤出生在一个鄂伦春族猎户家庭，祖辈、父辈个个都是出色的歌舞能手。爷爷善于讲唱，嗓音洪亮；奶奶是萨满，讲、唱、跳皆精；父母亲、大爷大娘、叔叔姑姑也大多能歌善舞，男子是"莫日根"（好猎手），女子是"额特力"（聪明能干、手艺精巧）。莫宝凤自幼就受到了鄂伦春族文化的全面熏陶。

最初的时候，莫宝凤随父母在尖多因（今沾河）流域的深山老林里过着游猎生活。5岁时，莫宝凤父亲病逝；6岁那年，母亲改嫁他人。当时，寡妇改嫁是不许带孩子的，因此莫宝凤和哥哥被迫留了下来，由伯父伯母抚养。伯母给莫宝凤起了个小名："该娜汗"，意思是"疯丫头"。

"疯丫头"对民间文艺确实着迷得有些发疯，她常常不着家，哪里有歌声往哪里跑，哪个热闹的场面都少不了她。她经常参加各种民间娱乐活动，聆听民间艺人说唱，即使有歌手在河边、在草滩、在岭上、在山下放声高歌，她也要循声而去，听个仔细，学个明白。尤其是萨满跳神和祭祀活动，不管是在谁家进行，还是在野外举行，她是回回先到、场场不落。对此，晚年接受访问时，莫宝凤曾说："从小就爱好这玩意，哪块讲故事，哪块有这个说唱啊、唱歌啦，我必须得听，人家撵我也得偷着听哪。"

莫宝凤生性聪颖好学，记忆力颇强，无论是参加各种祈祷、节庆活动，还是聆听民间艺人说唱，她总是牢牢记忆、暗暗揣摩，然后背地里学着唱、学着跳，细心模仿练习，很快就学会了。正如她自己所说："那时候，整个乌力得恩部落的猎民差不多都会唱会跳，爱讲唱故事，我天天去听，有时候连饭都不吃。不用多，听一两遍就学会了。"

9岁的时候，伯母为莫宝凤选定了亲事，并举行了订婚仪式。对于为自己定终身的事情，年幼的莫宝凤似懂非懂；可是吃喝、唱歌、跳舞，热闹非凡，倒着实让她快活了好一阵子，又学会了一些口传之作。

在一个春暖花开的季节，伯父伯母带着他们兄妹一同骑马迁居到了陶温尔一带的拉沁口子（今汤旺河附近）。在那里，莫宝凤结识了比她大一旬的民间说唱艺人李水花，俩人趣味相投，非常要好。虽然当时正值战乱时期，猎民的生活比较艰难，但传统文化活动仍然十分活跃。渐渐地，从民间艺人说唱、民间娱乐活动以及萨满跳神仪式中，莫宝凤学到当地的口头文学、歌舞艺术。十来岁的时候，她就能把萨满祭词神曲说唱、表演下来，而且开始学习自己编歌，成了能够对答如流的小歌手。

二、生活是源泉，磨难是动力

日本帝国主义侵占东北时期，日伪统治者对鄂伦春族人实行民族隔离政策，把沾河流域的毕拉尔千（亦作"比拉尔"，旧时逊克县鄂伦春族人的自称）猎民集中在雾都连山林里进行强化管制，莫宝凤也不得不跟着家人转徙而来。在那里，从各个乌力得恩部落迁来的猎户，分别住在河东、河西两岸的撮罗子和土窑子里。河东与河西的猎民经常赛歌，有时候则围着篝火说说唱唱来打发受管制的日子。莫宝凤如鱼得水，几乎天天扎在有说有唱的地方，人们也都喜欢这个能说会唱的伶俐丫头。

转徙流离的生活，给了莫宝凤丰富的民族文学艺术营养。她曾回忆说："多次迁居和游猎生活，使自己接触到不同地方的鄂伦春族文化，更全面地掌握了鄂伦春族的语言、传统文化艺术。"

日本侵略者投降以后，鄂伦春族猎民们仍然过着动荡不安的生活。

莫宝凤在讲故事

国民党的插手，使毕拉尔路的大多数猎民进了深山。那段时间，莫宝凤接触了更多的民间艺术，丰富了自己的歌舞语汇，提高了表演技艺。

新中国成立初期，政府工作组进山宣传党的民族政策，劝说鄂伦春族猎民下山定居，并带来了粮食、衣物、布匹、弹药和其他生活用品。1950年，各部落首领带领部族猎民陆续下山定居，开始了崭新的生活。

人民政府除了免费供给鄂伦春族人生活必需品外，还动员青壮年猎民参加社会工作，动员青少年上学。那时，已经15岁的莫宝凤和其他几个青年一起，进入逊河学校读书。在学校，莫宝凤认真学习文化基础知识，进步很快。

这期间，莫宝凤与离别十年的母亲相聚了。"男大当婚，女大当嫁"，在逊河银行任职的未婚夫提出要结婚，莫宝凤这才意识到自己已经是十七八岁的大姑娘，于是结了婚。婚后生活很是幸福，但因为怀上了孩子，莫宝凤不舍地离开了校园，做了家庭妇女。

不过，虽然家务负担较重，但莫宝凤仍然坚持参加业余文艺演出。她和别人共同编写演唱《我们有了新村庄》《清清的沽河》等新民歌，歌唱新中国的新生活。她的歌声优美动听，无数次深深打动了自己民族的同胞以及来访者。

"文化大革命"期间，鄂伦春族民间传统文化被当作"四旧"而横遭封杀，莫宝凤的丈夫也被列为"走资本主义道路"的典型。紧接着，丈夫患重病，几乎瘫痪；而莫宝凤自己也因为给老队长说了几句真话，被扣上了"保皇狗"的帽子。这一切，使莫宝凤再也不能一展歌喉，人们再也听不到她的歌声。

进入新时期，民族政策再度落实，鄂伦春族人民的生活日益改善，人们重新焕发出了青春活力。此时的莫宝凤仿佛回到了年轻时代，又开始用她清亮圆润的歌喉演唱民歌、说唱故事了。

三、"摩苏昆"，"能悲能喜"的讲唱故事

鄂伦春族"摩苏昆"是形成并流行于黑龙江大小兴安岭鄂伦春族聚居区的一种曲艺形式，是鄂伦春族人民在漫长的游猎生活中创造出来的独具特色的民族艺术。

"摩苏昆"是鄂伦春语，意为"讲唱故事"；更有专家解释为"说一段，唱一段"，并含有"悲调说唱"和"能悲能喜"的意思。其演出形式多为一个人徒口表演，没有乐器伴奏，说一段，唱一段，说唱结合。唱腔曲调多不固定，且因流行地的不同而有所不同，还有根据节目不同而使用不同曲调，以及自由选用或借用各种曲调表演的情形。

"摩苏昆"的内容相当丰富，有惊心动魄的英雄传奇，有青年男女的爱情故事，有受苦受难的生活故事，也有妙趣横生的动物、神话故事等。其中最为主要的是"莫日根"的英雄故事，这些故事一般都是长篇，一部作品往往需要讲几天，甚至十几天。

"摩苏昆"在清代末期形成后的整个20世纪，曾经是鄂伦春族人民重要的娱乐和教化手段，同时又是民族精神和思想的载体，对于了解和研究包括鄂伦春族在内的北方各渔猎民族的社会、历史、经济、文化和宗教传统等具有重要意义。

鄂伦春族没有自己的文字，"摩苏昆"说唱艺术一直以口耳相传的方式进行传承。晚近以来，受到现代化和全球化的强烈冲击，许多年轻人已经不会讲鄂伦春语，更不用说用本民族语言说唱"摩苏昆"了。而传统的桦皮画、桦皮船、桦皮器皿、兽皮制品、民族乐器和狩猎工具，也没有多少人会做了。"摩苏昆"的生存与传承出现了危机，鄂

鄂伦春族旧时居住的"撮罗子"

伦春族传统手艺传承与应用也出现了危机，这些都亟须加以保护。

2006年5月，鄂伦春族"摩苏昆"经国务院批准列入第一批国家级非物质文化遗产名录（曲艺类）。此外，鄂伦春族桦树皮镶嵌画、鄂伦春族赞达仁以及鄂伦春族萨满舞、日格仁舞，也列入了黑龙江省首批省级非物质文化遗产名录。

四、"把记忆中的歌留给后一代去传播"

莫宝凤非常全面地掌握了鄂伦春族语言、文化、宗教和民俗知识，她会跳萨满舞、会诵萨满祝词，熟悉故事传说，精通风俗仪式，还掌握了鄂伦春族的许多传统手工技艺，能够制作诸多种类的桦皮制品。

说唱"摩苏昆"更是莫宝凤的拿手好戏，说唱时老调脱口而出，新词信手拈来，是当代鄂伦春族最会唱歌的民间艺人。她说唱的歌词具有韵律合宜、语言精练、和谐优美的特点，故事形象夸张、语言诙谐、比喻恰当，讲述时风趣生动，现场气氛轻松热烈。她的说唱"摩苏昆"广受本族群众欢迎和尊崇，鄂伦春族的一些重大活动，她都必定参与。

因此，有鄂伦春族学者指出，"对于鄂伦春族来说，莫宝凤是珍贵的财富"。

遗憾的是，过去作为农村妇女，莫宝凤的演唱多数局限于村里和民族聚会上，很少对外演出。许多作品没有得到及时记录和保留，随着时间的推移，老人因年事已高、记忆力下降而逐渐遗忘，成为无法挽回的损失。

莫宝凤盼望着有传承人，能把这些东西都传承下去。

2007年6月，莫宝凤被中国文学艺术界联合会、中国民间文艺家协会命名为"中国民间文化杰出传承人"。第二年2月，莫宝凤又成为第二批国家级非物质文化遗产项目（鄂伦春族"摩苏昆"，曲艺类）代表性传承人。

进入新时期以来，莫宝凤就对各级文化工作者

莫宝凤说唱"摩苏昆"

莫宝凤为孩子们讲唱"摩苏昆"

的民间文化搜集、整理等提供了尽可能的帮助。成为"非遗"传承人之后，她在这方面更是做出了自己的最大努力。曾经有人在访谈过程中询问莫宝凤，如果有人想学"摩苏昆"她是否愿意教，这位直爽的老人说："行，能不教吗？选上了你，不教干啥呀！"

这些年来，莫宝凤多次接待国内外有关专家学者和文艺工作者，接受他们的采访调研，为他们演唱鄂伦春族民歌，介绍鄂伦春族民间文化艺术，还提供了大量的历史、语言、民俗、民间文艺、萨满歌舞等口碑资料。每当有人来访，她都不厌其烦地说唱"摩苏昆"，讲述民间传说故事，还多次亲自表演萨满舞。

2006～2010年，莫宝凤不顾年事已高、体力不支，先后在黑龙江黑河、加格达奇，内蒙古鄂伦春自治旗以及所在新鄂等地，积极从事传承活动；她还赴香港等地，进行民族文化交流。

莫宝凤的说唱作品，已经有多部长篇和几十个短篇被整理出来，包括长篇短篇"摩苏昆"（说唱）和"坚珠恩"（叙事诗）。诸如《英雄格帕欠》《鹿的传说》《双飞鸟的传说》《诺努兰》《阿尔坦滚滚蝶》《雅林觉罕与额勒黑汗》《婕兰和库善》《罂粟花的来历》等，已收入《黑龙江民间文学》第17、18集，其中一部分收入了北方文艺出版社出版的《英雄格帕欠》（1993年）一书。她演唱的民歌《歌手》《赛场上的召唤》《会亲家》《苦歌》等几十首，部分收入《鄂伦春传统民歌》（内部刊行），部分发表在一些刊物上。

2013年12月27日，莫宝凤因病去世。

梁秀江
——"传承八音技艺是贴钱都要做的事业"

梁秀江（1950～），民间艺人，布依族"八音坐唱"传承人。贵州兴义人，布依族。他从小痴迷"布依八音"艺术，先是跟家人和村里戏班师傅学习，后又正式拜师学艺，掌握了八种乐器的演奏，还能根据八音曲调自己编曲、套曲并填词。担任队长期间，带领乡演出队多次参加各种展演，屡获殊荣。2008年成为第二批国家级非物质文化遗产项目（曲艺类）代表性传承人。代表曲目有《八音贺喜》《敬酒歌》《布依婚俗》等。

一、从痴迷到执着

1950年8月，梁秀江出生在贵州省兴义市巴结镇田寨村的一个布依族农民家庭。

兴义市巴结镇（现更名为南盘江镇）是布依族聚居的地区，位于南盘江北岸。盘江是古夜郎文化的发祥地，千百年来，这里流传着一种特有的民间说唱艺术——"八音坐唱"。在南盘江镇，几乎人人都是"八音坐唱"的爱好者。每年春节，"八音坐唱"戏班一唱就是十天半月，村民扶老携幼，围坐静听，彻夜不散。

梁秀江

梁秀江就是伴随着南盘江的"八音坐唱"韵律声成长起来的。梁秀江的祖父梁小盖精通音律，父亲梁德超擅长吹箫，梁秀江从小耳濡目染，对八音古乐产生了浓厚的兴趣。由于痴迷，听说哪里唱八音，他都要跑去听。梁秀江后来回忆道："小时候对'八音坐唱'着了迷，有表演的地方，我都要去看。"

从八九岁开始，梁秀江便跟随长辈和父亲开始学习八音技艺。除了在家跟随长辈学习，梁秀江还经常到村子里的八音坐唱戏班去帮忙。在戏班帮忙的时候，他总爱缠着大家问这问那，戏班的老师傅们看他聪明伶俐，也愿意教他。

大约十多岁的时候，梁秀江正式拜八音坐唱戏班的王卜丹、罗老卜为师，跟随两位布依族老人学习八音演奏。梁秀江说："我的技艺为祖祖辈辈世代传承，我在拜师前，从1959年开始跟父亲梁德超学，而梁德超又是从祖父梁小盖那里学习技艺的，我们的技艺是家族传承。但因需要深层次的继承，所以又拜罗老卜为师。"

梁秀江对音律极有天赋，又有名师指点，很快他就能弹会唱、能歌能舞，"布依八音"八种乐器的演奏也是样样精通，而且还能根据八音曲调自己编曲、套曲并填词。

"文化大革命"时期，"八音坐唱"被视为"四旧"，禁止演出。整个南盘江地区的布依八音戏班，由原来的300多个锐减到了9个。

不过，就像历史所呈现的那样，民众的喜好是从来都不可能抹杀的，民众的追求从来都是不可能阻挡的。即使在特殊时期，民众的喜好和追求也总在潜滋暗长、迂回流淌。

"布依八音"也是如此，在偏僻的山寨，布依族村民的传承热情并没有被打击消失。他们偷偷地学，偷偷地乐，农闲时节，大家就会相聚在一起演习"八音坐唱"。那时，梁秀江明知学习会有风险，他还是不愿放弃、执着坚持。有一次，民兵半夜进村检查，梁秀江正带着一群村民在演奏"布依八音"。听到风声后，他带领大伙一路小跑躲进山林，民兵走后，大伙又继续敲打起来。

二、新旧剧目，交相辉映

"文化大革命"结束后，民间文艺重获青春，古老的"八音坐唱"恢复了活力，南盘江沿江村寨又纷纷组建表演团队。仅在兴义县，就有巴结、者安、新寨、歪染、者磨、梅家湾等十余个文艺队。

1983年，巴结民族文化站成立，梁秀江担任文化站站长。有了施展才能的平台，梁秀江凭着一腔热情，在1991年春节组建了兴义市巴结布依族"八音坐唱"表演队，自任队长；28名队员是从150多名报考人员中挑选出来的，年纪最大的70多岁，年纪最小的才17岁。

表演队成立之初，演员们没有专业、统一的表演服装，也没有一件像样的演出乐器。于是，梁秀江先后出资3万元购置服装，自制乐器，还腾出自家的房子作为排练室。

表演队首先在有着悠久"八音坐唱"群众基础的南盘江地区表演，受到热烈欢迎。每当寨子里哪家立房、办酒、祝寿，或者逢年过节时，梁秀江就会带着表演队去祝贺演出。由于语言相通、曲调优美，所唱内容又应时应景，因此一唱就是十天半月，当地布依族民众竞相观看。

谈起当时演出时的盛况，梁秀江孩子似的津津乐道："寨子里哪家有女儿出嫁就会请戏班，有的人家出嫁的女儿多，戏班也请得多，对唱三天三夜，曲目不能重复，重复就认输。布依族人家办酒席一般都要摆三天席，有时客人都散了，戏班还不散。"

除了演出老艺人传承的曲目如《琵琶记》《看山穿》《穆桂英》《武显王闹花灯》等之外，梁秀江还带领表演队，先后创作、排演了《八音贺喜》《敬酒歌》《迎客调》《共产党是水，老百姓是鱼》《共产党是布依族的大救星》等八音曲目。这些高质量的表演作品，为巴结布依族"八音坐唱"表演队打响了名声。1991年6月，巴结布依族"八音坐唱"表演队应邀参加"中国云南东方文化艺术村"成立庆典，演出获得成功，被誉为"盘江奇葩"。当年7月，参加兴义县文艺调演，巴结"布依八音"传到兴义城，折服了所有的评委和观众，表演队荣获一等奖。1992年，国际民间艺术节在意大利举行，梁秀江带着他的"八音坐唱"曲目《贺喜堂》参加表演，获得意大利观众和各国艺术家的极高评价。

梁秀江表演队的"布依八音"节目中，八音剧目《布依婚俗》值得大

梁秀江的"八音坐唱"表演队在村头演唱

书特书。这个节目是为宣传"布依八音"和布依族民俗文化而编排的。节目从接亲时送喜粑、打亲、画花脸，到送亲时的背新娘至新郎家拜堂、跨马鞍、跳转场舞，直至吃喜酒、抛喜糖等，囊括了整个婚礼程序，以歌舞形式艺术地再现了布依族人民的婚礼习俗。有一次演出结束后，还应客人之请，演绎了"真实"的婚礼：在"新郎"家摆上酒席，请客人坐首席，由"新郎""新娘"给客人唱敬酒歌，请客人喝喜酒，还给客人散发喜果等。

"八音坐唱"《布依婚俗》将民族艺术与本民族婚嫁习俗融会贯通、交相辉映，让观众身临其境、赞不绝口。曾经有美国客人专门点名要看这个节目，看过表演，这些客人无不为优美的八音演奏和独特的民族风情迷醉。1991年9月，在北京首届中华民族文化博览会上，《布依婚俗》的优美演唱和精彩表演倾倒观众和专家，获组委会颁发的特别展示奖。

三、布依八音，盘江奇葩

"八音坐唱"，又称"布依八音""八音坐弹""古乐八音"，旧时也曾叫作"八大行"，是布依族世代相传的一种民间说唱艺术。

据记载，早在唐宋时期，"八音"就在桂东南一带少数民族地区流传，宋人周去非《岭外代答·平南乐》有过明确记述。元、明以来，"八音"演唱内容加入民俗、喜庆的内容，吸收其他戏曲的特点，丰富了演唱内容，从而发展成为曲艺演唱形式。"八音"何时传入黔西南无明文可供稽考，一般认为明清之际就流传于南盘江流域的贵州兴义、安龙、册亨、望谟等布依族聚居区，并且一直传衍不衰。

布依族"八音坐唱"用8种乐器合奏，演唱者坐在凳子上表演，故称"八音坐唱"。早先的8种乐器为牛腿胡、竹筒琴、直箫、月琴、三弦、铓锣、葫芦胡、短笛（关于8种乐器，解释多有歧义，现在比较一致的解释是：箫筒、牛骨胡、葫芦琴、月琴、刺鼓［竹鼓］、包包锣、小马锣、小钗），后又加入唢呐以及布依族特有的民族乐器勒朗、勒尤、木叶等，旋律古朴流畅、悠扬悦耳。演唱时男生多采用高八度，女生则在原调上演唱，音色对比强烈，富有情趣。演出队伍由8～14人组成。

"八音坐唱"主要在民族传统节日以及婚礼、丧礼、祝寿、建房、祭祀等仪俗活动中演奏。演唱内容，除了贺喜、立房、祝寿等传统段子外，还有民族民间传统故事、汉族故事说唱剧目等，从而形成叙事性较强的民族曲艺。叙事性的曲目，按演唱故事内容分别扮戏中人物演唱，故有"板

"布依八音"演出场景

凳戏"之称。每岁新春正月,"八音坐唱"一唱就是十天半月,布依族人民扶老携幼,围坐静听,彻夜不散。

据有关资料记载,明清时期,在盘江流域布依族村寨普遍开设教乐坊"八音堂",传授"布依八音"技艺,而其中尤以兴义的巴结最为突出。几百年来,布依八音在巴结等布依族村村寨寨传承着。鼎盛时期,"布依八音"队达300余支。新中国成立后,"八音坐唱"得到蓬勃发展。兴义"布依八音"队多次应邀参加国内外演出,受到了热烈欢迎和广泛好评。

1954年4月,兴义县举办首届民族民间文艺调演,巴结镇者磨村的八音代表队,首次坐唱《梁山伯与祝英台》,以其娓娓动听的歌声和别具一格的艺术风采征服了观众。此后,巴结八音演出队多次进城参加文艺会演、调演,均获得了好评。

进入20世纪90年代后,梁秀江挑起了巴结八音演出队的大梁。演出队不仅在乡间村寨演出,还屡次登上正规舞台;不仅搬演传统的曲目,还编排了许多新曲目。尤其是在各种会演、比赛、展演中,这支演出队广受欢迎,屡获殊荣。此外,在珠江电影制片厂拍摄的《民族风情录》、北京电视台摄制的电视连续剧《托起太阳的人》中,都留下了它的音影。

巴结八音艺术,经过广播、电视、报刊等媒体的广泛报道,在国内外产生了影响。美国、日本、加拿大、新加坡以及我国香港地区的客人慕名前来参观考察,观摩演出表演后,无不伸出拇指大加赞扬。

布依族"八音坐唱"源远流长,风味古朴。这种说唱艺术没有文字,主要通过民间艺人口耳相传流传至今,被国内外专家学者誉为"声音活化石""凡间绝响、天籁之音""盘江奇葩""南盘江畔的艺术明珠"。它不仅是布依族人民喜闻乐见的民族曲艺,而且为其他民族群众所喜爱,是中国民族曲艺宝库中的瑰宝。

四、"传承八音技艺是贴钱都要做的事业"

在南盘江一代,有这样两句俗谚:"走进南盘江(也作"巴结乡"),先听八音昂。欲知八音底,得问梁秀江。"这说明,巴结是南盘江一代"布依八音"最为红火的地区,而梁秀江则是"布依八音"艺术的翘楚。

在众多布依族乡镇中,南盘江镇的"八音坐唱"最具代表性。不仅有独特的乐器、曲调、服装、道具,还有40多个传统曲目及100多个现代曲目,表演队成员都是土生土长的南盘江布依族人,唱腔、道白均为原汁原味的布依族语言。表演队带有泥土气息和生活情调的演出,深受社会各界观众好评。

1993年,贵州省人民政府命名兴义市南盘江镇为"布依八音艺术之乡";同年,"布依八音"载入《中国民族曲艺》。2006年5月,布依族"八音坐唱"列入第一批国家级非物质文化遗产名录(曲艺类)。

随着广泛影响和众多荣誉而来的,是更多的责任和更紧迫的使命感。梁秀江不仅是表演展示的"名家",是带领"八音坐唱"走出大山的使者,也成了技艺传承的"专家"——2008年2月,梁秀江成为第二批国家级非物质文化遗产项目(布依族八音坐唱,曲艺类)代表性传承人。

因为国家修建天生桥水电站,按照规划,梁秀江及部分村民搬迁到了兴义市区。虽然家在兴义,但梁秀江的心还在南盘江镇,他放不下"八音坐唱"的表演传承事业。于是,他把移民到兴义的部分邻居召集起来,重新组建了30多人的"八音坐唱"表演队。与此同时,他定期返回南盘江镇,义务指导另一支40人的演出队。

在梁秀江的带动下,他的家人也加入了"八音坐唱"的传承和推广之中。妻子李亚丽不是布依族,可她从最初的不理解到最后成了表演队的骨干;女儿梁学艺和欧阳开燕深得父亲真传,也会弹会唱。

梁秀江还在南盘江镇民族小学开设了"布依八音"技艺课程,每周他都要专程抽出两天时间从县城赶回去,为两个班的60多位学员授课。从2008年起,南盘江镇的"布依八音"技艺的课程开始固定下来,每周教授3次,报名学习的人越来越多。2014年3月,授课的班级增加到了3个。

梁秀江说:"传承'八音'技艺,是自己贴钱都要做的事业。现在我被选为国家级传承人,传承和教授是分内的事情,责无旁贷,干劲更足了。"

近年来，南盘江镇外出务工的年轻人增多，"八音坐唱"表演队受到影响，时聚时散。随着老一辈艺人的过世，"布依八音"技艺和曲目都面临断代失传的危险，而且现在有的地方自己组建八音歌班，把布依民歌当作"布依八音"曲目来唱，唱的曲调也与"布依八音"传统曲调相去甚远，使"布依八音"古乐的传承陷入了误区。

看着"布依八音"艺术的这种现状，梁秀江忧心忡忡，担心"布依八音"在年轻一代的身上失传。他整日思考着，如何留下村民，如何让传承文化和发展经济"两不误"。

2013年底，63岁的梁秀江做了一个大胆的决定：发展果林种植，帮助村民在家致富。经过半年多的调研，他带领部分村民成立了"兴义市南盘江镇苗岭果业种植养殖合作社"，规划种植2000亩东北大红枣和杧果，群众出土地和劳力，他负责果苗和水、电、路设施修缮。目前，他个人投入果苗和修路的费用已达60万元。

发展果林种植，让很多村民看到了发家致富的希望，留在家乡的村民逐渐增多。村民们白天在果园里忙碌，晚上练歌表演，悠扬的"八音坐唱"继续在南盘江畔飞扬。

梁秀江向小学生传授月琴弹奏技巧

郭天禄
——"一天不唱曲子，心里就像猫抓挠"

郭天禄（1937～），民间说唱艺人，新疆曲子传承人。新疆昌吉木垒人，回族。他从小受到乡土环境熏陶，少年时代跟父亲学习弹三弦、唱曲子，成年后又向曲子名家张生财习艺，从而熟练掌握了三弦以及板胡、四胡等的演奏技艺，熟悉了相关的曲调、曲牌、曲目。退休后，与同仁组织曲子剧社，为群众演出1000余场，并培养演唱、弹奏人才300多人。2008年成为第二批国家级非物质文化遗产项目（曲艺类）代表性传承人。演唱传统剧目有《小放牛》《张琏卖布》《李彦贵买水》《两亲家打架》等，新编剧目有《一根绳子》《王三耍钱》《张先生醉酒》等，刊行有《郭天禄新疆曲子弹唱集》。

一、社火和曲子的哺育

1937年11月28日，郭天禄出生在今新疆维吾尔自治区昌吉回族自治州木垒县东城镇的一个回族家庭。

郭天禄家以前在木垒县东城乡一个叫回回槽子的地方，他父亲郭成明是当地社火班子的领班人，既扭秧歌，又划旱船，但主要还是唱曲子。那时，木垒、奇台、古木萨尔三县，冬天农闲时节，人们最喜欢耍社火、唱曲子，社火班红火异常，常常是从这个县的村子唱到那个县的村子里去，从正月唱到春种，一唱就是两三个月。

郭天禄

郭成明最擅长连弹带唱，不仅唱得好，弹三弦，拉板胡、四胡，都是一把好手。幼年时的郭天禄酷爱乐器弹奏，常常是头枕在父亲的腿上，耳贴着三弦鼓进入梦乡的。

乡土环境的熏染，加上父亲这样一位高手，天天追随左右的郭天禄耳濡目染，不仅内里养成了民间文艺方面的素质，外在技艺也是逐步提高。12岁的时候，郭天禄开始跟父亲学习弹三弦，15岁时就能顶父亲的班。那时候，父亲表演累了，想歇一会儿，他就操起三弦，游刃有余地弹起来。

郭天禄学习乐器演奏非常上心，一边坚持刻苦钻研，一边寻师问友，见了高手就拜师学艺。就这样，三弦弹奏的单扣、双扣、滚弹、翻弓等指法，以及有关的曲调曲牌，他都一一掌握。此外，他还学会了拉板胡、四胡，吹笛子。

在掌握乐器演奏的同时，郭天禄进一步学习连弹带唱。在基本掌握曲目、剧目的曲牌谱、唱腔谱、伴奏谱的基础上，他又进一步熟悉剧情、唱词、曲调及不同类型曲子的通盘结构，逐步熟悉不同曲调的性质、速度及其深刻内涵，而且能在演奏中运用自如。

1951年在东城读小学时，在老师导演下，学校排演了曲子剧《血泪仇》，部分演员由学生担任。当时只有14岁的郭天禄，担任乐队领班并弹奏三弦。剧目排成后，县文教科决定六一儿童节在东城大戏台演出，要求全县各小学观看（当时没有中学）。演出当天，几十里以外的师生自带干粮都赶了来，几千名师生加上当地群众把剧场围得水泄不通。台上高潮迭起，台下掌声不断。演出结束后，郭天禄被推上了领奖台。从此，他的名字传遍了全县。

1954年，郭天禄参加了工作。之后，他先后担任秘书、知青办主任、经贸委副主任等行政职务，但大半辈子从事的工作就是下乡驻队搞农业。和农民接触的机会多了，凡是有会唱曲子和爱听曲子的人，他都愿意和他们交流。工作之余，田间地头有他的弹唱声；农闲时，百姓家的热炕头又成了他弹唱的舞台。这些，不仅为郭天禄的曲子技艺打下了扎实的基础，更使他对这种地方曲艺的挚爱深深扎根在心底。

二、新疆曲子，"天山奇葩"

新疆曲子，民间称为"小曲子"，是由陕西曲子、青海平弦、兰州鼓子、西北民歌等传入新疆后，融合新疆各民族的音乐艺术，进而逐步形成和完善的一个具有独特风格的地方曲种。

说起新疆曲子来，郭天禄可谓如数家珍。据郭天禄讲，"曲子"最早在西域出现，应在清朝乾隆年间。那时，以惠远为中心的伊犁九城，曲子

郭天禄给战士们说唱新疆曲子

戏很是盛行。产自当地的曲目，代表作为《兆惠将军征伊犁》。1755～1759年，清廷命兆惠为右副将军，进军伊犁平走准噶尔贵族阿睦尔撒纳和南疆大小和卓的叛乱。正是基于这一史实，艺人们创作了《兆惠将军征伊犁》的曲子。

光绪年间，陕甘总督左宗棠西征平叛，大批陕、甘、青、宁籍官兵驻疆戍屯，大批商贩、移民和手工业者也随之到来。这些人常常在冬闲和喜庆佳节，串门或集聚街头，吹拉弹唱。各地的人，演唱时各唱各的家乡戏，曲调有四大调：陕西人唱郿鄠，俗称越调；青海人唱平弦，俗称平调；还有兰州的鼓了、敦煌的佛腔。后来在流传过程中，这些曲调与新疆方言相融合，逐渐形成了以新疆方言为主的风格特点，始称"新疆曲子"。

新疆曲子在哈密、巴里坤产生后，就沿着天山山脉在北疆传播开来。当时在木垒、迪化（乌鲁木齐）、吉木萨尔、昌吉、古城子（奇台）、伊犁、察布查尔，甚至是南疆的焉耆，这些地方的村镇都能听到新疆曲子。

郭天禄说，名曲《张琏卖布》的唱词，"那一年，你害娃娃，一心想吃个大南瓜；害得我没办法，银子背了几疙瘩；跑哈密、过迪化，跨过盐湖星星峡；甘凉肃州全跑遍，没见南瓜在哪边；回头又返吐鲁番，买了个南瓜大又圆，骡子驮、大车拉，拉拉扯扯到咱家……"就足以说明新疆曲子的流布路径和方式。

如今，新疆曲子主要流行于东疆的哈密、巴里坤，北疆的乌鲁木齐、昌吉回族自治州、伊犁地区、塔城地区，以及南疆的库尔勒、焉耆等地。

新疆曲子以唱为主，分坐唱（接近于说书的曲艺形式）、走唱、舞台演出三种表演形式。它的另外一个特点，就是其念白。新疆曲子的念白是以一种介于读和唱之间的音调，将语言戏剧化、音乐化，形成最能表达人物的内心独白。而这种念白，用的是纯正的新疆汉语方言，因而新疆曲子也成为新疆唯一用汉语演唱的曲种。

新疆曲子短小精悍，一般一个曲目演出时间三四十分钟，唱腔也不受板腔体的束缚，曲调平和，容易上口；伴奏乐器简单，可大可小。无论什么场合，三弦一弹（或加板胡、四胡一拉），一台好戏就地开始。

新疆曲子多在农闲、节日、庙会以及婚礼、寿诞等场合演唱。因为很受欢迎，因此出现过不少业余戏班，也诞生了包括回族、汉族、锡伯族、维吾尔族等各民族的名角。20世纪30年代，新疆曲子非常盛行，在迪化的元新戏院，每天必有新疆曲子剧目上演。

新疆曲子是由新疆汉族、回族、锡伯族等民族共创共享的地方曲艺种类，它的历史演变、形成、发展也体现出各民族文化互相吸收、借鉴的特征，具有特殊的文化价值。

1959年，新疆维吾尔自治区文化厅决定将新疆曲子定名为"新疆曲子剧"，同时在昌吉回族自治州成立了"新疆曲子剧团"。

2006年5月，新疆曲子列入第一批国家级非物质文化遗产名录（曲艺类）。

三、幸遇名师，精益求精

郭天禄之所以在新疆曲子艺术上取得不凡成绩，缘于他的挚爱，缘于他的勤奋，而能够亲炙新疆曲子著名艺人张生财（一作"才"），也是一个关键因素。

1960年，郭天禄调回县城工作。那时，他以为听唱曲子的生活可能从此离他越来越远。谁曾想，在县城，郭天禄却遇到了最好的老师——张生财。

郭天禄说："张生财可不是一般人，从他可以追到新疆曲子的来龙去脉。"

张生财（1893～1970）祖籍甘肃玉门，生在新疆木垒，人称"瞎八斤子"，因为他生下来足有8斤重，却双目失明。为了能有一个维持生活的饭碗子，15岁那年，父母把张生财送到敦煌的一家戏班子里，师从丁昌学弹三弦和唱小曲子。由于天资聪慧又勤奋好学，在短短两年的时间里，张生财不光学会了弹三弦、吹唢呐、拉板胡、四胡，还学会了成套的小曲子曲目。学成出师后，张生财便返回新疆，开始了卖艺生涯。之后，他跟随驼队走新疆、走甘肃、走内蒙古，到处唱曲子卖艺。他的脚步到达哪里，新疆曲子就流传到哪里。

不仅如此，张生财还与同道艺友一起，在原有小曲子雏形的基础上潜心研究、锤炼升华，使新疆曲子日臻完善。民国初年，张生财等根据发生在奇台县的真人真事编唱的《下三屯》，成为新疆曲子的第一个原创曲目，标志着新疆曲子基本成为独具特色的地方曲种。因此，张生财成为新疆曲子的标志性人物，被誉为"天山阿炳"，在新疆曲子界享有很高的声誉。

后来，张生财在郭天禄的家乡木垒县落了户，而他的住所，正是在郭天禄妻子的外爷（即外公）家。原来，因为只会唱曲子，生活困难，张生财一家成了困难户。郭天禄妻子的外爷家是当地的大户，有两进院落，外院里还有当地唯一的水井。老人喜欢听曲子，于是便无偿让张生财一家住在了外院。

张生财每天在门前的凳子上坐定，唱新疆曲子，人们来院里挑水，打着水就能听一回曲了，听到高兴处叫一声好，给张生财留几张钞票。院门外路过的人，听到入迷处也便停下了脚步。一时之间，这外院成了小型戏院。

有一次，郭天禄来妻子的外爷家，巧遇张生财，从此跟定了他。哪天张生财弹累了，放下了三弦，郭天禄就接过来弹，张生财就唱起来；有时张生财住了口，郭天禄就接着唱。郭天禄得闲就往外爷家跑，张生财也好似遇见知音，由着他听、由着他学。《下三屯》《大保媒》《老换少》，就是在那段时间学成的。从张生财那里，郭天禄学到了30多个新疆曲子。

四、创办剧社，传承曲子

20世纪后半叶，新疆曲子进入了岑寂期，相关团体解体，正式演出停止。不过，在那段日子里，郭天禄并没有闲着。因为工作原因，郭天禄常有机会下乡，这为他的个人爱好创造了条件。新疆曲子在木垒县农村有着极好的民众基础，熟悉曲子剧的老人也很多。正是在那段时间，郭天禄收集到大量具有浓厚农村生活气息的新疆曲子。

20世纪80年代末，原来被视为"四旧"的乡土文艺重获生机。这种新的形势，为新疆曲子的新生和发展提供了契机，也给郭天禄推广、传承新疆曲子带来了新的天地。

1992年，由于健康原因，郭天禄开始半工半休。就在那一年冬天，郭天禄和县里一些爱唱新疆曲子的老人，办起了"芦河松"（芦河全称"芦花河"，亦即木垒河。"芦河松"取"芦花河"边"不老松"的寓意）新疆曲子剧社，为县城和乡村的人们演唱新疆曲子。1994年5月，郭天禄正式退休，进而把全部热情和精力都投注到了剧社的组织和演出。

郭天禄（右）说唱新疆曲子

"芦河松"剧社成立以来，郭天禄等老人在各种场合为各界民众演唱了1000多场，没有收过一分钱，而且演出行头、外出车费等也都是他们自行解决。郭天禄说："给老百姓唱曲子，那肯定得免费，要不然怎么叫普及呢？大家伙都喜欢，都爱听。我们虽然老了，但唱着心里头也高兴。"

起初，剧社演唱的"新疆曲子"以传统曲目为主，有《李彦贵买水》《张琏卖布》《两亲家打架》《断桥相会》《老换少》《龙凤配》《闹书馆》《小放牛》等10多个。传统曲目虽然"经典"，但毕竟不贴近时代，也就难免缺少吸引力。因此，郭天禄开始琢磨着新编剧目。经过一段时间的思索，他决定老调新唱，根据木垒县民风民俗的实际情况创编了《一根绳子》《王三耍钱》《张先生醉酒》等，让更多的人了解到酗酒和赌博的危害。后来，剧社又编写了新疆曲子联唱《赞两会》《赞奥运》《赞科学发展观》，以及《歌唱新木垒》《歌唱十六大》《新风赞》等，新曲目达到了40多出。

谈起下乡演出，郭天禄常说："我们下去一次被感动一次，就是这种感动，无数次地激励着我们。夏收前，村民们说，你们提前唱台戏，我们看完戏后搞夏收。夏收时节他们又说，你们把好曲子留下，等夏收结束了再唱。"一次次地听着郭天禄和剧社同仁们的曲子，乡村的民风习俗发生了可喜的变化：赌博少了，健康娱乐活动多了；打架斗殴少了，和睦相处多了；游手好闲少了，勤劳致富多了。新疆曲子在构建和谐社会中发挥了积极的作用。

郭天禄不仅组织剧社演唱新疆曲子，他还帮助农村各乡镇办起了12个

郭天禄睾剧社同仁为群众义务演出

新疆曲子自乐班，培养出270多人专唱曲子，弹三弦的徒弟也已经有20多人出师。

2008年2月，郭天禄成为第二批国家级非物质文化遗产项目（新疆曲子，曲艺类）代表性传承人。郭天禄说："国家给了我这么高的荣誉，我得把曲子传给更多的人。"之后，他组办了新疆曲子学习班，二五八天不等，请人们在收割、放牧之余，来听他讲课、教曲子。仅2012年，郭天禄就先后在城乡举办了14期新疆曲子培训班。他还自己编写教材，自费刻录光碟，免费发给学员学习。

2008年冬至2009年夏，在县有关部门和专家的全力协助下，昌吉回族自治州文化局收集刊印了《郭天禄新疆曲子弹唱集》，为抢救和传承新疆曲子留下了珍贵的资料。这部新疆曲子弹唱集，收录了郭天禄弹唱的曲目68个，越调类唱腔曲调44个，道情类音乐及唱腔曲调3个，平调类唱腔曲调36个，器乐曲牌和常用过门18个。

郭天禄把新疆曲子当作自己生命中最重要的一部分，一天不唱就着急，每天晚上拉着板胡或弹着三弦，唱上几曲，才感到舒坦。要是几天不唱，用郭天禄的话说："心里就和猫抓挠的一样，痒痒得呀！"

连丽如
——"我得为北京评书争口气"

连丽如（1942～），评书表演艺术家，北京评书传承人。原名连桂霞，北京人，满族。她是"连派评书"第二代传人，从小受到评书及其他京派艺术熏陶，中学毕业放弃进入大学深造而开始学说评书，一年多后正式登台表演。历任北京宣武说唱团演员、中国煤矿文工团演员。2009年成为第三批国家级非物质文化遗产项目（曲艺类）代表性传承人。代表作有《三国演义》《东汉演义》《隋唐演义》《康熙私访》《鹿鼎记》等。

一、阴差阳错，学说评书

1942年3月18日，连丽如出生在北京的一个满族家庭，是家里最小的孩子。

连家是满族镶黄旗毕鲁氏旗兵的后裔，连丽如的祖父曾是午门的门甲，做过笔帖式，祖母曾在王府里给格格梳头，生活非常清贫。到了父亲连阔如这一代，连家才慢慢摆脱贫困，生活开始好转。

连阔如是京城著名的评书艺人，也是"连派评书"的创始人。他早年为谋求生路拜师学说评书，20世纪30年代在广播电台率先开说评书，在听众当中产生极大影响。当时，只要电台播放连阔如的评书节目，"大街上立马鸦雀无声，有话匣子的纷纷回家，行者且驻足，商家暂停贾，挑者卸其担，耕者忘其锄，大气不敢出，但坐听评书"。因此，连阔如便有了"净街王"的美称，"千家万户听评书，净街净巷连阔如"的民谣传遍大街小巷。

连丽如

受连阔如影响，连丽如从小就十分喜爱评书艺术。她还记得自己第一次在书馆听父亲说书时的感受："当时父亲正说的是《三国演义》里面的'三顾茅庐'，一下子把我带到了三国的世界里去了。特别是在父亲说到'隆中对'纵论天下大势的时候，我深深为我父亲的艺术造诣和才学所折服。我就觉得，这样好的艺术如果不传承下去，实在太可惜了。"

连丽如不但爱听书，还爱看书，这同样也得益于父亲的教导。小时候，连丽如家住在琉璃厂附近，离中华书局不远，父亲在说书之余常常带着她去买书。父亲的藏书范围很广，从老子的《道德经》，到孔子的《论语》，再到陈寿的《三国志》，应有尽有。仅《三国演义》就有40多个版本，其中有两部还是从西藏带回来的明代稀有版本。这些书陪伴连丽如度过了一个充实的童年，用连丽如的话来说，自己"从小就是在书堆里长大的"。

连阔如

后来，连丽如又爱上了京剧，仅张君秋的一出《望江亭》她就足足听了几十回。然而，虽然热爱文艺，可连丽如上学时最喜欢的课程却是数学。在北师大附中读初中时，她是学校的数学尖子，曾自学高一的课程；上高中后，她的成绩依旧名列前茅，还没毕业便被中科院天文研究所选中，准备保送她到南开大学深造。

1960年，就在即将启程前去南开大学时，连丽如却忽然改变了主意，打算放弃学业。原来，自从1957年父亲被划为"右派分子"后，家里的经济条件每况愈下，一家9口只能靠父亲十几元钱的微薄收入生活，再加上哥哥、姐姐先后得了肺结核，母亲也重病缠身，更是雪上加霜。于是，为了分担家务、养家糊口，连丽如决定留在北京，随父亲学说评书。

得知女儿要学评书后，连阔如并没有反对，只说了一句"要学，就要持之以恒"，并把她的原名连桂霞改成了连丽如，以表达"连门自有后来人"的期望。就这样，18岁的连丽如和父亲一起加入北京宣武说唱团，开始了与评书朝夕相伴的艺术生涯。

二、坎坷的评书之路

初学评书时，连丽如问父亲："怎样才能成为一个评书艺术家？"父亲答道："说透人情方是书，懂多大人情说多大书。心眼儿窄的人绝说不了肚量宽的书。你将来懂得人情世态了，必能成家。"

父亲的一句"懂多大人情说多大书"让连丽如体会到了说书的诀窍。带着这一诀窍，连丽如在北京宣武说唱团刻苦学习，她每天都去书场听父亲说正宗的"连派评书"，并博采众长，汲取说唱团里其他评书演员的长处，充实自己的表演，进步飞快。

1961年9月，刚学了一年多评书的连丽如壮着胆子要求登台说书，于是，连阔如便教了她一段《三国演义》里的《辕门射戟》。演出当天，连丽如和父亲来到天桥书馆，父亲先出场说了一段，然后向听众致意："小女随我说书，略有所成，下面由她来说，不周到处，还望海涵。"就这样，连丽如在父亲的引荐下从容登场，将40分钟的《辕门射戟》一字不落地全说了下来，并且毫无破绽，博得了听众的阵阵掌声，父亲高兴地对她说："你能吃上这碗饭了！"

没过多久，连丽如又将全本《三国演义》都学了过来，并在天桥书馆演出，一下子轰动了整个评书界，大家都对她精彩的表演赞不绝口，连阔如在台下更是听得直掉眼泪。从此，连丽如成为北京第一位女评书艺人，无论酷暑寒天还是狂风暴雨，她和父亲每天都雷打不动地在京城数十家书场里说书卖艺，名声逐渐响亮起来。

1962年，连丽如和说唱团里的三弦演员贾建国喜结连理。贾建国出身于曲艺世家，6岁就开始登台说相声，13岁开始弹三弦。连丽如和他十分投机，平日里，两人经常在一起谈天说地，慢慢产生了感情。结婚以后，

连丽如寿诞祝寿会（前左为贾建国）

连丽如的婚姻生活幸福美满，团里的其他演员都十分羡慕。

然而，就在连丽如的事业和爱情获得双丰收时，"文化大革命"开始了。1967年，北京宣武说唱团被迫解散，连丽如和丈夫双双下放到北京食品厂当工人。此后的十多年里，连丽如再也没能上台说书，父亲也在屈辱困顿和病痛折磨中辞世，她的心情一度跌落到谷底。

1979年9月12日，北京宣武说唱团恢复，连丽如怀着激动的心情重新加入进来，下定决心一定要将父亲开创的"连派评书"传承下去。4天后，她登上舞台，以一本《东汉演义》开始了崭新的评书生涯。

"文革"还没开始前，连丽如就曾经在书馆说过《东汉演义》，然而，由于12年没有上台，一开始她怎么也找不到感觉，越说越觉得不对劲。就在连丽如一筹莫展之时，贾建国在一旁对妻子说："我给你讲讲这书应该怎么说。"

贾建国的记忆力很好，他早年曾听连阔如说了两个月的《东汉演义》，对书中的每一个章节以及表演时的一招一式都过目不忘。在他的帮助下，连丽如这才逐渐找回了当初说书的感觉，在台上演出时如鱼得水、收放自如。

三、评书无国界

1979年年底，38岁的连丽如调入中国煤矿文工团，担任团里的评书演员。有了之前几个月的磨炼，她的说书水平突飞猛进，评书艺术生涯也进入了辉煌的时期。接下来的几年里，连丽如在团里陆续演出了《三国演义》《东汉演义》《隋唐演义》《明英烈》等几部长篇评书，均得到很好的反响。

20世纪80年代中期，由于种种原因，北京的书馆陆续关张。为了让评书艺术得以延续，连丽如转战荧屏，先后录制了《三国演义》《东汉演义》等电视评书节目。这些节目在各地电视台播出后，都取得了轰动效果，评书开始在电视上流行开来。

在连丽如的努力下，评书艺术打开了新局面，开始为更多人所知晓。到了20世纪90年代，不仅是国内的听众，就连外国友人也对评书艺术产生了兴趣，于是，连丽如又把心思花在了让评书走向世界上。

1994年，连丽如远赴新加坡参加第三届"华族文化节"，并准备举行为期3天的演出。在正式演出前，她先去看演出场地。那是一个商场，刚一进场，连丽如心里就咯噔一下："这场地太难演了，舞台前后有500个座位，四周全是做生意的柜台，楼上楼下共三层，上下相通、人声嘈杂。

这场地就像老北京的天桥明地、流水地，站不住人。要是他们的心思在买与卖上，不'给耳朵'，怎么办？"

演出当天，连丽如登上舞台，醒木一拍就开始说了起来，没想到观众很快就被吸引了过来，就连原本做生意、买东西的人也都停下来趴在栏杆上仔细聆听，连丽如这才放下心来。接下来的两天里，前来观看演出的观众有增无减，最后一天，新加坡文艺界的知名人士都来了，观众里三层外三层，把场地围了个水泄不通。

连丽如说书场景

演出结束后，连丽如又应邀在电台录制了《康熙私访》和《刘公案》等评书节目。后来，她又先后3次访问新加坡，为听众录制了《红楼梦》《水浒传》《聊斋》等评书。她曾在接受采访时说："我为弘扬中华民族评书艺术尽了微薄之力，现在，评书在新加坡扎下了根，我感到心满意足。"

除了到新加坡，连丽如还曾两赴马来西亚演出。她在马来西亚说《关公白马斩颜良》时，当地媒体是这样报道的："她只带来一把中国扇和节板，便在台上投入演出。整个礼堂只有节奏快慢的说书声，时而传来马嘶声、万军奔腾声、人头落地声……连丽如成功地把所有听书人，带向了古代的三国战场。"

此外，连丽如还在美国掀起了一阵"评书热"。她曾到哈佛大学、加州大学、麻省理工学院等高校作巡回展演，吸引了许多美国的教授与学生。她还在洛杉矶举行了专场演出，很多不了解评书的年轻人原本是开车送父母去的，结果听了一遍后第二天便主动问父母："您还去不去？我们还想去听。"连丽如用她精湛的表演向大家证明了：评书是没有国界的。

四、倾情奉献，开办书馆

进入20世纪，连丽如依旧为评书艺术辛勤耕耘着。从小在书馆里长大的连丽如，对书馆有着十分深厚的感情，因此，开办书馆成了她最大的心愿。

2003年，连丽如在朝阳区文化馆开设了"小梨园"书馆，没过多久因"非典"的爆发不得不中断。第二年，她在北京什刹海银锭桥畔的鸦儿胡同开办了"月明楼"书馆，每周二到周日晚间表演《三国演义》《东汉演义》《康熙私访》等评书，吸引了大批评书爱好者。然而，由于年事已高，再加上缺少评书演员，书馆开张3个多月后就无法维系，被迫关闭。

连丽如作品光碟

"小梨园"和"月明楼"虽然半途夭折，却帮助连丽如培养了一批忠实的听众，还为她带来了4个徒弟——吴荻、梁彦、贾林、祝兆良。2007年，连丽如重整旗鼓，在宣武区文化馆的支持以及4个徒弟的帮助下，创办了"宣南书馆"。10月2日，书馆正式开书，此后的每周六下午，连丽如和徒弟们都会在这里说书。

"宣南书馆"不仅是评书爱好者聚集的场所，也是连丽如培养徒弟的平台。平日里，连丽如的教学主要在书馆中进行："学评书就得上台去说，教一句背一句不行，那就不叫说评书了。"正如连丽如自己所说，她的教学重点在于亲自上台示范。在这种教学方式下，她先后带出了许多评书新秀，为评书艺术注入了新鲜的血液。

2008年，北京评书入选第二批国家级非物质文化遗产名录（曲艺类）。同年，连丽如在崇文区文化馆开办的"崇文书馆"正式开张。

2009年5月，连丽如成为第三批国家级非物质文化遗产项目（北京评书，曲艺类）代表性传承人。在接受采访时，她说："我得为北京评书争口气，得把它原汁原味地传承下去。评书艺术最早是在北京起源的，我不能让北京评书在我们这代人手里完了。"于是，本该退休在家安度晚年的连丽如，继续为推广评书艺术而努力着。

2010年，连丽如在东城区文化馆开办了第三家书馆——"东城书馆"。书馆开业这天，连丽如略显疲态，可一上舞台立马神采飞扬，说到精彩的桥段依然声如洪钟。她的徒弟吴荻说："这其实不算什么，有一次在宣南，我们眼看着我师傅在下面发烧，病得都不行了。到了台上，她依然是精神抖擞，你根本看不出来她病着呢。"

"东城书馆"开业后，每周五、六、日，连丽如都要在自己开的3家书馆"连轴转"地表演,虽然辛苦,可她却乐在其中:"我开这么多书馆,主要是为了他们。"这里的"他们",指的是连丽如的两个义子李菁、王玥波以及她的4个徒弟吴荻、梁彦、贾林、祝兆良。"评书演员要想提高水平,必须得经过书馆这种现场的锻炼。我要为他们搭建一个演出的平台,有了这个平台,大家都能有机会登台说书。"

五、"站在曲艺的第一前线"

几十年来,连丽如为评书艺术鞠躬尽瘁,她说的书不仅得到了老一辈听众的认可,也吸引了无数年轻的听众。有人曾说:"别看连先生这么大岁数了,她的书说得其实都挺'新'的。""旧书说新"正是她受年轻听众欢迎的原因之一。

在演出时,连丽如说《康熙私访》,里面会出现迈克尔·乔丹;说《三国演义》会蹦出 www.com 等新词。对此,她说:"我平时喜爱看体育比赛,也关心新闻,很注意年轻人都在做什么、想什么、穿什么、说什么,不懂就问他们,再融进书里。现在评书 90% 的听众都是年轻人,任何艺术只有与时俱进,才能有更好的效果。我说'康熙大闹月明楼,黄三泰会斗西门蛇'时,黄三泰纵身往上跃,西门蛇挥鞭去打,这鞭软中带硬,如果碰上,腿非折不可。但黄三泰来了个空中滞留,这时我就抖了个包袱,说'迈克尔·乔丹的空中滞留原来是和我们清朝的黄三泰学的',底下人哗的一声全乐了。"

连丽如在说书

连丽如说书的"新"不仅体现在语言上,还体现在其他方面。在说书时,她会针对不同评书的特点,设计不同的动作、包袱,在剧情结构上也会稍作调整,她认为评书要跟上时代才能够长盛不衰。

此外,连丽如深厚的评书功底也是她在评书界屹立多年不倒的原因。她非常喜欢钻研,平时总是勤学苦练、精益求精,一部《三国演义》,她从 19 岁就开始说，到了古稀之年仍在研究，求新求变。她还改编了金庸的《鹿鼎记》，既保留了原著的语言风格，又不失传统评书的特点，在电台播出后引起听众的强烈反响。这些都为她在评书界占一席之地打下了扎实的基础。

除了说评书，连丽如还曾朗诵过小说、出演过电影。她曾为北京广播电台文艺台录制了小说《康熙大帝》，收听率在同期评书节目中位居榜首。2009年，她又在40集电视连续剧《采桑子》里饰演了金家大福晋瓜尔佳氏一角。

进入21世纪，连丽如的评书艺术生涯仍在继续。2012年，由她和丈夫口述、吴欣还整理的《我为评书生——贾建国、连丽如口述自传》由中华书局出版。这本书通过对连丽如夫妇生活的真实还原，为读者展现了一幅评书艺术传承发展的美丽画卷。

2013年6月，连丽如荣获第二届"中华非物质文化遗产传承人薪传奖"。2014年，"北京评书传承基地"在北京戏曲艺术职业学院落户，连丽如成为学校的客座教授。这一年，连丽如还荣获了第八届中国曲艺"牡丹奖"终身成就奖。李金斗说，"连先生获奖是实至名归，因为她总是站在曲艺的第一前线。"

如今，连丽如还奔波在各个书馆，演出、教授北京评书。提到北京评书这一"遗产"，她说："它一点儿不增值、保值，你不去说，不去做，有一天就会没了，就永远消失了。所以我不玩命干，指望谁呢？"

连丽如与新收徒弟合影

常宝霆
——常派相声的"三蘑菇"

常宝霆（1929～2015），表演艺术家，相声传承人。天津人，满族。他出身于相声世家，6岁开始学习相声表演，艺术生涯长达80年，在舞台、前线、工厂、农村演出场次不计其数，形成独特风格。他还编写了不少新作，并参与过舞台剧和电影的演出。2009年成为第三批国家级非物质文化遗产项目（曲艺类）代表性传承人。表演代表作有相声《听广播》《不同风格》《大审案》《拉洋片》等，曲艺剧《中秋之夜》《检举》等；创作代表作有相声《水车问题》《一枝新花》《道德法庭》《诸葛亮遇险》等。

一、常家的"三蘑菇"

1929年，常宝霆出生在河北张家口的一个满族家庭，在兄弟6人中排行第三。他的父亲常连安是著名的相声表演艺术家，早年曾在"富连成"京剧科班学过3年老生，后因嗓子"倒仓"改随张寿臣学说相声，捧逗俱佳，尤其擅长说单口相声。

此外，常宝霆的大哥常宝堃和二哥常宝霖也是有名的相声演员，而在他之后出生的3个弟弟常宝华、常宝庆、常宝丰也都受家庭环境的影响，随父亲和兄长学说相声。

出生在这样一个相声世家，常宝霆自幼便耳濡目染，对相声表演艺术产生了浓厚的兴趣。"我从记事起就与相声结下不解之缘。小时候也没想过干别的，就是喜欢说相声。父亲和大哥经常在家练活，让我渐渐喜欢上了这门表演艺术。"

小时候，常宝霆总是跟在父亲和哥哥身后用心模仿。他的悟性极高，模仿起来惟妙惟肖，总是得到家人和邻居的夸赞。到了6岁，他在父亲的指导下正式学起了相声，从此再也没有离开这门艺术。

随父亲学相声期间，常宝霆没少吃苦，他曾在多年后的一次采访中回忆说："我父亲虽然文化水平不高，但家教很严，不许孩子们抽烟、喝酒、耍钱。排练时站在前面说大段贯口活，说得最多的就是《报菜名》《开粥厂》《八扇屏》《地理图》，既不许走神，也不能嘴里不清楚。为了让我们练好活，父亲有自创的一套'家法'，用一根二尺来长的木板子拴根绳挂在墙上，谁犯了错用它打手心。我们因为淘气都被'家法'伺候过。"

常宝霆（左起）、常宝堃、常宝霖兄弟与父亲常连安（坐者）

父亲的管教虽然严格，却起着良好的推动作用。在日复一日的练习中，常宝霆如饥似渴地学习着相声表演艺术，才刚满9岁就开始随父亲登台演出，积累经验。他第一次登台表演的是三人相声《小孩儿语》，在父亲和大哥的帮衬下，演出十分成功，场面非常火爆。

在演出的同时，常宝霆仍不忘继续学习，苦练嘴皮子上的功夫，表演水平迅速提高，不出一年就已经能独当一面，在说《报菜名》《地理图》等一些有大段独白的贯口相声时游刃有余，受到观众的热烈欢迎，名声大噪。

常宝霆成名后，观众们都亲切地叫他"三蘑菇"。说起"三蘑菇"的由来，弟弟常宝华曾回忆说："我的父亲常连安是一个流浪艺人，小时候生活非常艰苦，孩子吃糨糊长大的。常家有了大哥常宝堃以后，在经济、事业上才有所抬头。常宝堃是个天生的相声演员材料，三四岁在张家口演出的时候，被观众称为'蘑菇'。'蘑菇'是张家口观众的爱称，也就是我们现在口头上说的'宝贝'的意思。这样继承下来，后来有了我二哥，就随着叫'二蘑菇'，我三哥叫'三蘑菇'。"就这样，"三蘑菇"便自然而然地成了常宝霆的艺名，伴随他走过了一生。

二、从初露锋芒到独挑大梁

1940年,常宝霆前往北京,加入了父亲两年前在北京西单商场创办的"启明茶社"。茶社刚创办时演出的是曲艺节目,后来因不卖座改说相声。这一改变不但使以往"撂地"的相声走进大雅之堂,也给常宝霆带来了全新的机遇,让他登上了更大的舞台。

在"启明茶社",常宝霆严格遵守父亲立下的规矩,和许多相声名家一起做"有分量的事"——坚决不说"荤相声",演出时不带"臭活"和其他一些低级趣味的东西。这样一来,"启明茶社"的相声便成了观众喜闻乐见的"文明相声",而常宝霆也因演出"文明相声"获得了较高的声誉,成为京津两地的红人。

加入"启明茶社"一年后,常宝霆拜姑父郭荣起(启)为师,一边演出一边向师傅请教。郭荣起说相声以逗哏为主,表演"稳中暴脆、朴中见巧",善于刻画人物形象。在他的指导下,常宝霆学到了不少东西,活路也越来越宽广,为日后表演相声干脆、明快打下了扎实的基础。

1942年,常宝霆与弟弟常宝华合作出演了两部电影——时装喜剧片《锦绣歌城》和古装戏曲片《花田八错》,轰动一时。此外,兄弟二人表演的相声《影迷离婚记》也成为经典之作,赢得了大家的交口称赞。

1943年年初,北京天桥著名艺人"小云里飞"的儿子白全福加入"启明茶社",和常宝霆搭档表演相声。两人一见如故,配合十分默契,从此一说就是几十年,先后演出了《听广播》《不同风格》《大审案》《拉洋片》

常宝霆表演《卖布头》

《杂学唱》《卖布头》《珍珠衫》《夜行记》等脍炙人口的优秀相声作品。

白全福的捧哏艺术可谓炉火纯青，在相声界独树一帜。他尤其擅长演带"母子哏""腿子活"的节目，被大家誉为"捧哏大师"。在他的配合下，常宝霆的表演更加精彩，两人珠联璧合、相得益彰，逐渐形成了"严谨、机智、风趣、热烈，绘声绘形、活灵活现的艺术风格"，给观众留下了十分深刻的印象。

在演出之余，常宝霆总是和白全福一起研究相声，不断推陈出新。此外，他还从吉坪三、于俊波等老一辈相声表演艺术家那里得到了不少指点。常宝霆学相声非常有耐心，无论是前辈还是新人，只要给他的表演提出建议，他都虚心接受，从不因为自己的名气而产生半点骄傲。

从1940年起到新中国成立初期，常宝霆在"启明茶社"共演出了10年。这10年是他相声表演艺术生涯中最为关键的10年，他从一个初露锋芒的后起之秀成长为能独挑大梁的出色相声演员，并逐渐形成了独具特色的舞台风格，这与他长期悉心揣摩相声艺术并不断向人请教密不可分。茶社的演员们都说他为人谦虚，从不居功自傲；而观众则称赞他的相声"表演娴熟、洒脱明快、闹而不喧、热烈火爆、干脆流畅"。

三、写新作、送欢乐

1950年1月，常宝霆与孙玉奎、侯宝林等人在北京成立了"相声改进小组"，并出任副组长，对传统相声段子进行整理、改编，并创作新段子。他说："社会在发展，相声也要随之进步，没有任何一种艺术可以一成不变。"

在"相声改进小组"，常宝霆和大家一起改进旧相声、培养新演员，老舍、罗常培等人也为小组创作了不少新段子。几个月后，常宝霆带着小组在"长安戏院"和"吉祥戏院"举办了4场相声大会，并亲自表演了老舍创作的《假博士》《乱形容》，以及《不离婚》《婚姻与迷信》等一些新段子，每场都座无虚席。

后来，常宝霆又在小组成立了识字班，提高相声演员的文化、政治水平。在众人的共同努力下，相声新人频出，新相声也很快打开了局面，许多晚会都纷纷邀请改进小组说新段子，受到观众的热烈欢迎。

1951年，常宝霆应邀前往天津定居，并加入了"虹风曲艺社"。当年年底，天津市曲艺工作团（今天津市曲艺团）在此基础上成立，常宝霆由此成为团里的相声演员，开始了艺术生命的第二春。

在曲艺工作团，常宝霆除了说相声，还参与主演了《中秋之夜》《新事新办》《检举》《罗汉钱》等多部曲艺剧，精湛的演技赢得了同事和观众的交口称赞。

1956年，常宝霆随团赴朝鲜慰问演出，在当地引起了不小的轰动。1958年，他又前往福建前线慰问，冒着敌人的炮火在战壕里为战士们演出。也就是在这一年，常宝霆开始尝试自己创作相声，他的处女作《我爱体育》一经演出便大获赞扬，后来创作的《儿童乐园》《还乡记》等作品还曾刊发在《天津日报》上。

1962年全国青联大会上，周总理与常宝霆等亲切交谈

1962年，常宝霆来到中南海，为毛泽东、周恩来等党和国家领导人演出。在演出中，他和马季还有另外一位女演员共同说了一段新编相声《刘三姐对歌》，精彩的演出令台下笑语连连、掌声不断。演出结束后，周总理握着他的手亲切地说："你叫常宝霆，是常宝堃烈士的弟弟，你们常家有不少相声演员。"此后，常宝霆又先后3次到中南海为中央领导演出，这也成为他几十年相声表演生涯中最难忘的事。

从20世纪60年代中期开始，常宝霆开始频繁创作相声段子。他多次深入工厂、农村以及部队体验生活，创作并演出了《我爱乒乓球》《水车问题》《一枝新花》等作品，深受大家喜爱。

"文化大革命"期间，常宝霆与曲艺作家朱学颖共同创作了相声《挖宝》。这段相声与之后他和马季、唐杰忠演出的《友谊颂》一起，被誉为"文革"期间最为优秀的相声段子，蜚声全国。

1979年，常宝霆赴老山前线，在"猫耳洞"里为战士们演出，鼓舞士气。后来，他经常赴各地进行演出，无论是慰问基层，还是走访边疆，都少不了他的身影，他希望通过相声把欢笑带给千家万户。

四、"舌治心耕"，结集作品

从20世纪80年代起，常宝霆重新整理了大量旧相声段子，并创作了

《道德法庭》《诸葛亮遇险》等新相声。这些作品的题材都源于生活，具有很强的现实意义，得到观众的一致好评。

1992年，常宝霆从天津市曲艺团调入天津市艺术咨询委员会，专门从事对传统艺术的整理、挖掘，以及对年轻演员的传、帮、带工作。当时，有人邀请常宝霆到北京就职，他却婉言谢绝了。他说："我喜欢天津，亲戚朋友也多，不动了。"

1993年，白全福去世，常宝霆怀着悲痛的心情退出了舞台。当有人问他为什么不找个新搭档继续说下去时，他说："白先生大我10岁，他人很好，找个好搭档不容易，人老了恋旧，不想换了。"

常宝霆著作书影

其实，早在几年前白全福的耳朵就已经聋了，平时戴着助听器别人大声说话都听不清，却照样登台演出。常宝霆一张嘴，白全福就知道他说什么；万一搭错了话，常宝霆也能用"现挂"给折回来，严丝合缝，不露破绽。没有几十年的磨合，两人绝不会有如此高的默契。这也是常宝霆不想找新搭档的原因。

退出舞台后，常宝霆把全部精力都用在了对传统相声的整理及培养新人上。他先后整理了《打砂锅》《大审案》《洋药方》等传统段子，并与时俱进，在其中融入了现代内涵。在培养新人时，他总是对学生们说："相声要在继承的基础上再发扬。如果基础打不牢，光想着跑，连走还没有学会，势必会事倍功半，得不偿失。"

2009年年初，有关人士在北京中山堂举办了"常宝霆80寿诞暨从艺70周年纪念演出"活动。演出当天，常宝霆再度登台，与弟弟常宝华、常宝丰表演了《卖布头》。虽然已经80岁高龄，可他的风采丝毫未减。同年4月，中国曲协和天津文联还在天津大礼堂联合主办了庆祝常宝霆从艺70周年系列活动。

2009年5月，常宝霆成为第三批国家级非物质文化遗产项目（相声，曲艺类）代表性传承人。得知这一消息后，他非常激动，表示要在有生之年继续为相声表演事业贡献力量。

常宝霆是这样说的，也是这样做的。晚年时期的他不顾自己的身体，又收了几个徒弟，还亲临天津电视台节目录制现场，为天津市曲艺团相声队的专场演出指导、助威。

2012年，常宝霆荣获第七届中国曲艺牡丹奖"终身成就奖"。同年，他的女婿胡长江为他编写了作品集《舌治心耕》（同心出版社）。书中囊括了常宝霆的许多表演和创作作品，并收入了他的谈艺录，为相声爱好者提供了宝贵的资料。

常宝霆晚年醉心书法

2015年1月4日，常宝霆因病在天津逝世，享年86岁。

1月8日，常宝霆的家人按照他生前的嘱托，为他举办了一个简朴的告别仪式。当天，相声界的许多好友纷纷前来吊唁，共同缅怀这位德艺双馨的相声表演艺术家。

五、"常派相声"，泽被后人

常宝霆把一生都奉献给了相声表演事业，在近80年的艺术生涯中，他为继承和发展相声表演事业做出了很大贡献。

在相声表演方面，常宝霆可谓独具特色。他是"常派相声"的代表人物，在表演相声时充分继承了"常派相声"的特点。"常派相声"与其他派别最显著的不同就是逗哏、捧哏的戏份相差无几。常宝霆在演出时十分注重这一点，他和白全福在台上互为捧逗，成功避免了以往捧哏者仅仅"嗯、啊、就是"的一头沉局面。这一特点在相声《拉洋片》里得到了集中体现，在表演时，常宝霆和白全福旗鼓相当、你来我往，表演节奏变得十分紧凑，深深抓住了观众的心。

同时，常宝霆还敢于突破原先的表演模式，对传统相声进行改编。他的徒弟王佩元曾说："许多作品经老师努力后，和以往都不同了，跟现实更加贴近。比如他的相声作品《听广播》，在20世纪60年代大红大紫。这个作品是带着乐队在幕后弹唱的，在表演中还吸收了南方的滑稽剧等姊妹艺术。从内容到形式都很新颖。另外，老师演过戏，上过电影和话剧舞台，他在相声舞台上也擅长演'戏'。他一哼一哈，一举手一投足，围绕着整个作品的情绪,十分出彩。"正因为如此,许多人都用"帅气"两个字来形容常宝霆的相声特色。

此外,常宝霆的"贯口活""柳活"也炉火纯青,这些技巧在他演出《不同风格》等作品时都得到了较为全面的展现。

在相声创作方面,常宝霆总是精益求精。他善于从市井民间挖掘相声题材,不断深入生活、扎根人民。他对自己的要求十分严格,因此每次创作前后都会失眠。创作前失眠是因为不敢放松精神;而创作后失眠,则是因为要想清楚作品受欢迎的原因。倘若作品失败了,他还会不断思考是哪一环节出了问题。

在培养新人方面,常宝霆也一丝不苟,从未有丝毫怠慢。王佩元曾说:"老帅是一个很谦逊的人,从不说过去自己风采如何。他对自己要求很严格,说到就做到。当他的学生,可以明显地感受到他'正人先正己,身教胜于言教'的人生态度。"

天津市曲协秘书长王宏也在回忆和老师学习的经历时说:"1988年时我们去山东演出3个月,每天早晨常老师带我们吃过早点后就开始手把手地教,小到如何从侧幕上台,舞台上的一举一动、一言一行他都亲自示范,一点细节也不放过。当我们演出回津后,大家都感叹我们这些青年人在这3个月里技艺大增,这与常宝霆先生的付出是分不开的。"

如今,常宝霆精湛的相声艺术经验和他所留下的曲艺资料,已经作为宝贵的艺术财富被曲艺界什袭珍藏,仍然在滋养着他的学生和后辈们。

玉 光
——歌唱傣族历史的"娜婉"

玉光(1956～),民间艺人,傣族"章哈"传承人。云南西双版纳景洪人,傣族。她从收音机里听着父亲的歌声长大,18岁正式拜师学艺,逐渐成为西双版纳最著名的"章哈"歌手之一,多年来坚持为傣族群众演唱,并走出国门赴东南亚演出,还培养了10余名徒弟。除演唱传统"章哈"歌曲,她还创作了许多新歌。2009年成为第三批国家级非物质文化遗产项目(曲艺类)代表性传承人。出版"章哈"作品集《傣乡之恋》,叙事长诗《金孔雀归巢》等。

一、听着父亲的"跨国"歌声长大

1956年2月,玉光出生在今云南省西双版纳傣族自治州景洪市允景洪镇曼允村的一个傣族家庭。

玉光的父亲岩宰果(一作"艾宰阁")是当地傣族著名的"章哈"(意为"会唱歌的人")。不过,玉光对"章哈"的热爱,可以说并非源于父亲的亲身教诲,而更多的是来自对父亲的跨国思念。

在玉光两岁那年,由于"四清"运动的迫害,父亲不堪忍受精神折磨而被迫抛家弃子,只身逃往缅甸,后来又辗转到泰国清莱定居。由于早已达到一定的艺术水平,岩宰果很快就成了异国他乡的著名歌手,泰国地方广播电台经常传出他优美的歌声。幼小的玉光就是每天守在收音机旁,听着父亲的歌声长大的。就是这样的经历和感受,使玉光爱上了傣族民歌,并决心长大也要成为父亲那样的"章哈"。

玉光过早地失去了父爱，却要背负地主家庭的成分，这在当时成了影响她人生前途的巨大障碍。虽然学习优秀，玉光得不到升学的名额。不过，这也促使玉光主动思考、自觉把握自己未来的方向。

在一次做访谈节目时，玉光曾说："因为成分，不能继续升学，感到非常失落。看到别人能出来上学很羡慕，我开始思考自己的方向，决定要成为像父亲一样的'章哈'。当时波涛罕南甩鼓励我说，以前我父亲是一个很好的'章哈'。如果成为'章哈'，我同样会很优秀。另外，我自己也喜欢唱歌，然后做了这个决定，开始了学习。"

玉光热爱"章哈"

20世纪70年代初，15岁的玉光小学毕业，却因成分以及家境贫寒不得不放弃学业，担起了家庭生活的重担。那时，她整天在田间地头劳动，挣工分养家糊口。艰苦的岁月并没有动摇玉光的信念，成为杰出傣族歌手的梦想从未磨灭。

父亲的成就曾是玉光的人生目标，而玉光的选择和后来的成就以及傣族"章哈"新时期在国内的地位，又是父亲岩宰果没有想到的。

20世纪80年代中期，国内电台经常播出玉光的歌声，父亲收听到女儿的歌唱，知道女儿也当上了"章哈"，欣喜之余，出于对女儿的爱护，心有余悸的父亲却不同意女儿走这条路，写信托人带给玉光，表明不同意的三点原因：一是自己当初就是因为当了"章哈"才被迫背井离乡；二是女人不适合做"章哈"，结了婚的女人出去唱爱情歌，会被人说坏话，丈夫也会有意见；三是"章哈"通宵达旦进行表演，是一个辛苦的职业。玉光热爱"章哈"，父亲没有再干涉，反而鼓励她要做就做一个合格的"章哈"艺人。为帮助女儿学习，岩宰果经常托人从泰国带回有关"章哈"的资料，为玉光的学习提供了许多帮助。1997年，岩宰果从泰国回到西双版纳，一家人实现了团聚。

对于傣族"章哈"在"文化大革命"中的境遇，岩宰果感同身受。玉光也回忆说："那个时候是不准收听的，想听的人只能躲到卧室的被窝里、拿到山上偷偷收听。喜欢听也不能听，谁收听了要被批斗。"让岩宰果没有料到的是，新时期以来，傣族"章哈"不仅获得大发展，而且在新世纪又成为国家级文化遗产；"章哈"艺人得到了社会广泛的尊重，女儿也成了傣族"章哈"的国家级代表性传承人。

二、名师和勤奋造就著名"章哈"

1974年，一个偶然的机缘，18岁的玉光有幸正式拜景洪的傣族歌手康朗甩为师。康朗甩是著名的傣族民间艺人，曾在20世纪60年代献歌人民大会堂，受到过周恩来总理的接见。拜名家为师，玉光从此开始习艺生涯，踏上了系统学习和表演创作傣族"章哈"的道路。

那时学习"章哈"，玉光不得不"半工半读"，白天在地里干活，晚上收工回来，随便吃几口晚饭，就匆忙地骑着自行车来到师傅家里。按照当时的习艺规矩，她得虔诚地跪在师傅面前，专心倾听师傅的教诲。玉光认真聆听师傅的讲授，细心揣摩傣歌的演唱技巧，研习傣歌的编创方法；同时，她还要克服文化水平低的限制，了解一些佛教知识，学习傣族传统的诗韵格律，等等。

随着一段时间的耳濡目染，每当师傅康朗甩外出演唱，玉光也便作为徒弟跟随师傅去"实习"。如果师傅唱累了，玉光就有了表演的机会，表现不到位的地方，师傅会及时从旁指点。在康朗甩的悉心指导下，加上自己的刻苦学习、不断钻研，两年多的时间里，玉光逐渐掌握了较高层次的"章哈"演唱技巧，学会了逢年过节、婚丧嫁娶、迎宾送客、祝贺道喜、

玉光的老师康朗甩（左二）

玉光登台表演"章哈"

松火悼祸、播种开镰等各种傣族民间仪式上的演唱曲目，以及丰富多彩的民间叙事长歌。

由于分隔两地，生产队又要求社员必须每天下地干活，所以玉光跟师傅学习的时间是有限的。为更多地学习傣族民歌，玉光也就近跟寨子里的老歌手学歌。其中有位老歌手叫岩三，他教会了玉光许多傣族调子。

为了尽快掌握师傅们教唱的曲调，玉光走也唱、坐也唱，劳动之余唱，睡梦里仿佛也在唱，哪里有请就到哪里唱……

玉光的勤奋好学感动了很多人，她也因此得到了前辈们的不少帮助。20世纪80年代，玉光的师傅康朗甩在景洪文化馆担任馆长。师傅不遗余力地推介，玉光的名字开始被更多的人所知。玉光回忆说："80年代初的时候，州里很多领导都认得我，很多人都请我去唱歌，各种重大活动都让我去表演。那几年，基本上西双版纳的每个寨子我都去过了，有的寨子一年里去过都不下10次。"

玉光登台演出后，渐渐为大家所熟悉。到1980年时，她已经成为当地家喻户晓的知名女"章哈"。而真正实现梦想的转机则是在1981年，有了一定知名度的玉光被邀请到电台为听众演唱。玉光说："歌声通过广播电台传播到了村村寨寨，从此以后开始有勐海的人来请，勐遮的人来请，勐龙、勐罕的人纷纷来邀请，歌唱得也越来越好，有了更多的表演机会，会得到很多地方听众的邀请。"

通过电波，玉光的歌声和知名度广为传播。那时，玉光的演出日程总是安排得满满的；演唱的时候，总会有很多台录音机在录下她的歌声。此时的玉光，无疑已经达成了少年时代的梦想——成为著名的傣家"章哈"。

三、"章哈"：傣家人"生活中的盐巴"

傣族"章哈"又称"赞哈"，是傣族传统的曲艺形式，流传于云南省南部边陲的西双版纳傣族自治州及普洱市江城、孟连、景谷等地傣族村寨，与傣族毗邻而居的布朗族中也有传唱。

"章哈"直译成汉语是"会唱"，或"会唱歌的人"。因此，"章哈"既是对傣族歌手的称呼，也是傣族歌手演唱的一种曲艺形式的名称。傣族分布较广，在德宏、耿马、孟连、红河等地的傣族对"章哈"还有不同的叫法。

关于"章哈"的起源，傣族民间流传着一些优美的传说。一则传说说，"'帕雅拉吾'狩猎来到西双版纳，有一次打得一只金马鹿，他把鹿肉分给大家一起吃。于是，大家欢欣鼓舞，舞得好的成了'章凡'（跳舞者），唱得好的就成了'章哈'"。傣族学者的研究则指出，傣族祖先从吃果子时期走向吃麂子和马鹿肉的时期，摘果子往往会受伤哀鸣哭叫，打到马鹿会欢呼叫喊。天长日久，这种悲哀或欢乐的音调自然成为人们的口头流传语，逐渐演变成了歌。

关于"章哈"的形成年代，目前仍无法准确确定。民间传说则说：

傣族"章哈"表演

"距现在两千五百年前，有个叫'玛哈夏宰雅纳听'的人，把佛经编成了唱词。"一般认为"章哈"产生于公元6～8世纪之间，但那个时期是"零星歌谣的时代"，"还没有押韵，没有格律，纯属心喜则唱，满意则歌，音调像鸟啄木，像石头滚坡，像果子落在野藤上"。这与傣族群众"有傣族就有傣歌，有傣歌就有'章哈'"的说法基本相同。15世纪初，傣族民间形成了"章哈"习俗；15世纪上半叶和中期，"章哈"逐渐转化为半职业化歌手并上升为社会制度的一环。

作为民歌的"章哈"，其前身是傣族古歌谣，歌词简单含蓄但寓意深刻，如《关门歌》《摘果歌》《闹火塘》《下雨歌》《睡觉歌》等，唱的调式、旋律都很简单，发音音调和傣语差不多，唱词多为即兴发挥，表达不同的生活内容。

"章哈"与傣族人的仪俗生活紧密相连，每逢年节喜庆，如傣历新年、关门节、开门节、上新房、婚嫁、小孩满月、升和尚、赕佛等时刻，人们都要备好礼物，恭恭敬敬地去邀请几位有名气的"章哈"，到摆满酒席的竹楼上或者喜庆场所来演唱。

"章哈"的伴奏乐器主要用"玎"和"筚"。"玎"是类似于二胡的竹制拉弦乐器，多在舞台演唱中使用，演唱内容多为山歌、情歌。"筚"是竹笛（装有单铜簧片吹管乐器，也称作"傣笛"），运用较广泛，多在生活领域的喜庆场合演唱中使用；演唱内容有见什么就唱什么的即兴演唱，有程式的祝福歌、祈祷歌，还有固定唱本的叙事长歌等。

传统"章哈"演唱有独唱、对唱两种形式，对唱包括赛唱。如果有两位以上"章哈"对唱，气氛会更加热烈活跃，比头脑灵活，比见多识广，比演唱技能，你问我答，你来我往。唱者歌兴大发，听者如醉如痴。有的从白天唱到晚上，又从晚上唱到天亮，有的竟连续唱十几天几夜。

作为曲艺曲种，"章哈"演唱有一个表征性特点，就是不论男女，演员都要手持折扇遮脸。在听众"水！水！"的欢呼声中，"章哈"手持扇子遮脸，等伴奏的傣笛吹响前奏后，就亮开嗓子唱开来：先称赞主人怎样聪明能干和大方好客，又唱听众怎样热情真诚，在今天这样吉祥的日子来为主人祝福捧场，然后才转入今天演唱的主题。玉光说，去寨子表演的时候，她都会换上传统的傣族服饰，"女'章哈'还要裹头发"，"手拿扇子的习惯是以前保留的传统，现在也要拿着扇子唱"。

"章哈"作为傣族群众最喜闻乐见的民间艺术，在傣族社会生活中有着不可替代的影响和作用。傣族人往往把"章哈"比作"生活中不可缺少的盐巴"，一首傣族诗歌这样写道："唱歌使人快乐，没有'章哈'的歌声,在我们生活中,就像吃菜没有盐巴,吃饭没有糯米。"

2006年5月,"傣族章哈"列入第一批国家级非物质文化遗产名录(曲艺类)。

四、多才多艺的"娜婉"

在傣族地区,作为民间歌手的"章哈"有着非同寻常的价值,他们既是贝叶文化和文学艺术的创作者与传播者,又是傣族文学的继承者和发展者。对于傣族人来说,成了"章哈",也就成了有一定学问、有一定地位的人,也必然受到人们的尊敬和爱戴。

成名之后,玉光的演出日程总是安排得满满的。多年来,在西双版纳的广大城市、村寨,到处都留下了玉光辛勤表演的足迹。无论她唱到哪里,哪里就会出现欢声笑语。她被称作"波瑞""娜婉"(傣语,特等级"章哈",著名女"章哈")。在民众的心目中,她成了傣族民间音乐的代言人。

在多年的演唱生涯中,玉光带着"章哈"从西双版纳走向了全国,走向了世界。东南亚的老挝、泰国乃至日本等地,都留下了玉光的足迹。她曾应邀为泰国国王王姐的生日献唱,以自己的歌声为中泰传统友谊做出贡献。2002年7月,她还应邀赴泰国参加由美国加州大学洛杉矶分校东南亚研究中心和福特基金会合办的国际傣文化研究会,并以传统傣歌为题做演讲。

几十年的艺术生涯,也为玉光赢得了数不清的荣誉。1990年,玉光任云南省曲艺家协会第二届副主席;1991年,被中国曲艺家协会吸收为会员;1995年,任西双版纳傣族自治州"章哈"协会副主席。2002年,玉光被云南省民族事务委员会、省文化厅任命为"民族艺人高级音乐师";2009年5月,成为第三批国家级非物质文化遗产项目(傣族章哈,曲艺类)代表性传承人。此外,玉光还是西双版纳傣族自治州政协第八、九届常委会委员,景洪市政协第二届委员。

工作之余,玉光还积极投身民间"章哈"的整理、挖掘和创作。除了演唱传统傣族"章哈"歌曲,她还创作了许多新歌,如《梦游北京城》《勤劳致富歌》《尊重妇女》等。她创作并表演的《尊重妇女》,获得了第三届西双版纳傣族自治州少数民族艺术展演创作一等奖。1998年,玉光出版了自己的第一本"章哈"作品集。2012年,她又出版了汇集30年来作品的《傣乡之恋》(云南教育出版社)。2013年,玉光发行了自己的首张演唱专辑。此外,玉光精心创作的叙事长诗《金孔雀归巢》,也已经由云南民族出版社出版。

五、在演唱中传承和发扬"章哈"艺术

早在1999年,玉光就开始收徒传习"章哈"。到现在,她已经先后培养出10多个"章哈"徒弟,现在这些徒弟在州内也都小有名气。

当然,傣族"章哈"的传承也不无隐忧。20世纪90年代以后,各种外来的艺术和娱乐形式涌入傣族地区,民间听"章哈"的风气已远不及以往;近年来老一辈"章哈"艺人相继离世,一些传统的演唱内容也逐渐失传。

一个显著的例子是,两代傣族歌手(或曰"傣歌")的不同境遇。年轻人组织的傣语流行乐队,最兴盛的时候,频繁进行商业演出、名利兼收;而老一代"章哈"受到的邀请则越来越少。玉光就不无感慨地说:"现在有名的两个徒弟都比我强了,有演出的时候,徒弟们都会想着我,经常带我一同去表演,跟着徒弟们,多少也能挣点零花钱。"

傣族人能歌善舞,歌唱活动十分普遍,几乎每个傣族群众都会唱一些歌。但会唱歌的人不一定是"章哈"歌手,要得到"章哈"的头衔必须经过拜师学艺,经过严格的训练。其中,傣语、傣文的训练,应该是必不可少的。

玉光小有成就的徒弟玉儿扁说:"玉光老师在教我们学傣族'章哈'的时候,首先教的就是傣语,先让我们学傣文,傣文学好了以后才教我们唱歌。"

"章哈"越来越受到傣族群众的欢迎

玉光认为："我觉得现在的年轻人，来学傣歌的很少，因为他们没有读过傣文，所以没有心情来学。我希望政府重视点，把我们傣文教一下，给他们懂点傣文。现在，如果有人懂傣文，他们可能会来学。我希望以后会傣歌的人多一点，让傣族的民间歌手发挥（展）更多一点。"

尽管存在这样那样的困难，甚至是无奈，玉光还是执着坚持着。在她的心目中，"章哈"远不仅仅是歌唱。玉光常常告诉徒弟，"章哈"演唱不光是为了自己，还是为了这门技艺的传承和发扬。被称为傣族艺术之"花王"的"章哈"，不仅记载的是"章哈"歌手自己的心情，还表达和记录了社会万象。说大一点，"章哈"的歌，唱出的就是傣族的历史。

参考文献

[1] 冯骥才. 中国非物质文化遗产百科全书·传承人卷 [M]. 北京：中国文联出版社，2015.

[2] 叶鹏，周耀林. 中国非物质文化遗产项目代表性传承人名录的现状与发展 [J]. 牡丹江大学学报，2013（11）.

[3] 肖远平，王伟杰. 中国少数民族非遗名录及传承人统计分析 [J]. 西南民族大学学报（人文社科版），2016（1）.

[4] 文正杰. 王安江和他的苗族古歌 [J]. 杉乡文学，2011（9）.

[5] 张少华，邱存双. 守望古歌——一位苗族老人和他38年的苦旅 [N]. 贵州都市报，2006-11-06.

[6] 腊易勺. 曹明宽：我需要一个"继承人" [J]. 今日民族，2013（12）.

[7] 林林，刘国梁. 民族史诗代代传唱——访《牡帕密帕》国家级传承人李扎戈、李扎倮 [J]. 广播歌选，2012（8）.

[8] 常玉选. 朱小和：传承哈尼文化的使者 [N]. 红河日报，2015-08-26.

[9] 马光达，王菁，王忠朝. 王玉芳：活在当代的"阿诗玛" [J]. 今日民族，2013（12）.

[10] 黄适远. 居素甫·玛玛依：与《玛纳斯》史诗相伴一生 [N]. 中国民族报，2011-11-25.

[11] 帅·孟克. 江格尔奇加·朱乃演唱特征 [J]. 民间文化论坛，2011（4）.

[12] 李高仲. 黄达佳：祖传山歌不能丢 [N]. 华南新闻，2003-06-16.

[13] 金朝荣. 郭有珍与梅葛的不解情缘 [J]. 今日民族，2014（12）.

[14] 金朝荣. 痴情梅葛写风流——记国家级非遗传承人郭有珍 [N]. 楚雄日报，2015-02-05.

[15] 西藏《格萨尔》抢救办公室. 沉痛悼念著名《格萨尔》说唱艺人桑珠 [J]. 西藏艺术研究，2011（3）.

[16] 曾焱. "达斯坦奇"哈孜木 [J]. 科学大观园，2012（34）.

[17] 徐海洋，刘灏. 铜鼓与山歌里的人生 [N]. 人民日报·海外版，2010-03-16.

[18] 博特乐图. 永恒的丰碑：记长调大师莫德格 [J]. 草原歌声，2011（1）.

[19] 冯岩. 太子山下的"金唢呐": 访原生态花儿老歌手马金山 [J]. 回族文学, 2012 (6).

[20] 颜凑. 雷美凤: 让畲歌"双音"在畲村飘荡 [N]. 福建日报, 2010 - 11 - 03.

[21] 彭媛媛. 温桂元: 壮族三声部民歌像壮锦一样美 [N]. 南宁晚报, 2009 - 06 - 14.

[22] 于伟慧, 黎大辉. 海南"刘三姐"王妚大: 侬唱山歌传四方 [N]. 海南日报, 2006 - 02 - 07.

[23] 郭昕. 踏乐"黔"行——"非遗"视角下的侗歌、侗戏 [J]. 音乐时空, 2014 (15).

[24] 杨英. 民歌传承人传承现状与文化传播实录——以布朗族民歌国家级传承人岩瓦洛为个案 [J]. 民族音乐, 2015 (4).

[25] 武雪峰. 裕固族民歌传承人杜秀英和杜秀兰 [OL]. 肃南文化网, [2015 - 11 - 20]. http: //www. gssn. gov. cn/Category_ 167/Index. aspx.

[26] 薛正昌. "花儿"三大流派之一——六盘山花儿——张明星与他的花儿析论 [J]. 宁夏社会科学, 2010 (3).

[27] 赵剑尘. 一曲情深埃希来 [N]. 乌鲁木齐晚报 (汉), 2011 - 05 - 09.

[28] 陈晓旭. 考察呼麦演唱家胡格吉勒图对呼麦的传承 [J]. 内蒙古大学艺术学院学报, 2007 (2).

[29] 吴伟洋. 35 载坚持不懈苦练象帽舞 成为全国唯一甩 32 米象帽彩带演员 [N]. 延边日报, 2011 - 12 - 07.

[30] 湖南张家界旅游网. 土家族摆手舞传承人田仁信 [N]. 团结报, 2010 - 02 - 28.

[31] 聂元松. 永不停息的舞步——石顺民的苗族鼓舞生涯 [J]. 民族论坛, 2010 (1).

[32] 程红. 王景才: 苗族芦笙舞"滚山珠"传承人 [OL]. 中国西部苗族网, [2013 - 06 - 24]. http: //www. chinamzw. com/WebArticle/ShowContent? ID = 501.

[33] 张志. 滚山珠传承人王景才和传习所 [N]. 贵州日报, 2012 - 09 - 21.

[34] 欧阳小抒. 云南瑞丽勐卯镇喊沙村 "黄金休憩地"孔雀王子威武开屏 [N]. 春城晚报, 2015 - 12 - 07.

[35] 藏族锅庄舞传承人达珍区批 [J]. 文化月刊, 2010 (9).

[36] 杨尚燕, 张晓娟. 土族於菟传承人阿吾: 於菟舞——黄河上游的民

间古风[N]．西海都市报，2008-08-02．

[37] 张迎春．帕米尔高原上的鹰舞之王——塔吉克族鹰舞传承人库尔班·托合塔什[OL]．天山网，[2009-05-11]．http://news.ts.cn/content/2009-05/06/content_3995651.htm．

[38] 蒋文．赵明华：瑶族长鼓舞的守望者[J]．民族论坛，2011（4）．

[39] 李涛，李大伟．月香老人为锡伯族贝伦舞"传香火"[N]．伊犁日报，2012-03-23．

[40] 李冉．龙正福：传承哈尼歌舞五十载[N]．玉溪日报，2012-08-15．

[41] 黄绍碧　铜鼓人生的铿锵脚步——记田林木柄瑶铜鼓舞第七代传人班点义[N]．百色早报，2013-06-28．

[42] 刘豫．访北路壮剧传承人闭克坚[N]．南国早报，2013-05-12．

[43] 刘丹．怕侗戏"断"在我的手上[N]．贵州商报，2015-06-05．

[44] 周军．册亨县传统戏剧布依戏的传承人——黄朝宾[N]．黔西南日报，2008-03-14．

[45] 张传贵．石阡木偶戏传承人——饶世光[OL]．贵州非物质文化遗产网，[2012-05-24]．http://www.gzfwz.org.cn/WebArticle/ShowContent?ID=1066．

[46] 李林菊．盈江唯一的国家级傣剧传承人、傣族文献资料保存者——刀保顺[OL]．德宏网，[2015-08-19]．http://www.dehong.gov.cn/culture/mj/content-83-724-1.html．

[47] 阎家银．次日名吉：藏戏就是我的命根子[N]．西藏商报，2014-01-15．

[48] 贡桑拉姆，饶春艳．格桑旦增：24年的努力只为更好地传承门巴戏[OL]．中国西藏网，[2011-06-13]．http://www.tibet.cn/news/index/xzyw/201106/t20110613_1077531.htm．

[49] 宋正艳．孟永香的灯戏人生[N]．恩施晚报，2012-06-11．

[50] 邓建华．李家显：与清戏耳鬓厮磨一辈子[N]．生活新报，2011-01-11．

[51] 王力军．劳斯尔：乌力格尔代表性传承人[N]．农民日报，2008-10-14．

[52] 刘日强．让"伊玛堪"歌声永远飞扬——记赫哲文化传承人吴明新[N]．佳木斯日报，2009-05-25．

[53] 孟淑珍，侯建新．鄂伦春族的百灵鸟莫宝凤——鄂伦春族民间著名

的歌手、摩苏昆说唱家［OL］.东北网，［2014-08-05］.http：//heihe.dbw.cn/system/2014/08/05/055899688.shtml.

［54］杨维波.梁秀江：追逐"八音"50年［J］.当代贵州，2014（21）.

［55］汉文.连丽如——说书、评世事、话人生春秋［J］.北京纪事，2015（6）.

［56］砾华.常宝霆："常氏相声"掌门人［J］.乡音，2014（5）.

［57］盛川芮吉.另一种声音的言唱——记"章哈"艺人玉光［J］.民族音乐，2013（1）.

后　　记

在"共和国民族之魂"丛书出版少数民族英烈、英豪、文学家、文化学者、科学家、艺术家六种传集之后，《共和国少数民族非物质文化遗产传承人传》如期推出，而且是上、下两册，着实令人欣慰。

"非物质文化遗产代表性传承人"，应该说是一个有着严格限定的群体，不管是国家级还是省、市、县级的，都有政府有关部门公布的名单在。不过，也不是没有交叉，比如与艺术家、文化学者甚至科学家。曾经收入艺术家、科学家传集的人物，尽管名列国家级"非遗"代表性传承人名录，这里均不再收录。

少数民族国家级"非遗"代表性传承人多达 500 人，而这两册传集的容量也就是 120 余人，不能不多有割舍。不过，本集中，我国 55 个少数民族均有国家级"非遗"项目入选，也均有"非遗"传承人收入——尽管由于 8 个少数民族尚无国家级"非遗"传承人，我们不得不收录省级传承人。遗憾的是，由于资料的缺乏，出于项目、民族、地区等考虑，原本想写的却有些终于未能做到。

前几种传集，均是按照传主的出生年份排序的。本集则是按国家级非物质文化遗产名录的项目分类以及国家公布的代表性传承人名单排序的（省级传承人放在各类之末），10 个项类的数量分布，恰好可以做到大体平衡。这样，本集传主顺序的安排，也就有了较为科学的逻辑顺序。

书稿的写作，当然参考、借鉴了许多专家学者的研究成果，除传记、专著、论文之外，报刊专题乃至新闻报道、网上资料以及博客文章等，采撷尤多。对于这些成果的作者，尤其是专注于"非遗"报道的新闻记者，我们表示由衷的钦佩和诚挚的感谢。

少数民族"非遗"大多属于所谓"小传统"，有特出的民族性、地域性，"十里不同风，百里不同俗"，因此我们对"非遗"项目的把握和介绍难免一隅之偏；一些"非遗"项目数量不少、传承人众多的民族，因缺少汉语资料未能多予书写。这些，都可能使书中存在或此或彼的不足和错漏，敬请专家学者和广大读者批评指正。